Inhalt

I. Getto

II. Traum und bitterer Kelch der Lebensprosa

III. Gespenstisches

IV. Die Last dieser Stadt

IX. Ausklang

Anhang

I. Getto

Seligmann Kohn

Der Prager Tandelmarkt

Noch glaube ich, mit einigen Worten jenes großen Tummelplatzes für das Talent von mehrern Hunderten solcher Scherenträgerinnen, des sogenannten Tandelmarktes gedenken zu müssen, welcher in seiner ganzen Ausdehnung kaum drei Gassen bildend, demungeachtet mehr als tausend Familien zum einzigen Nahrungsorte dient. Leicht könnte ich hier dem Vorwurfe verfallen, daß der Autobiograph in den Ton eines Reisebeschreibers oder Topographen, sich selber unbemerkt, hineingeraten sei; allein die eigentümlichen Sitten, welche der Chorus von mehrern tausend Schachergeistern in der Länge der Zeit unter sich wohl bilden mußte, sind es, deren Abschilderung die Mehrzahl der Leser von mir als einem mehrjährigen Beobachter derselben mutmaßlich erwartet.

Der Tandelmarkt besteht schon so lange als die Intoleranz der Prager Bürgerschaft gegen die Erbfeinde Christi, nämlich Jahrhunderte. Weil nun die böhmischen Juden nicht im Besitze bürgerlicher Rechte sind, dürfen nur die bemittelten Individuen eine Wohnung oder einen Kaufladen außerhalb des Judenbezirks und des Tandelmarktes mieten, d. h. wenn sie mit den Magistratsbeamten und den Viertelsmeistern zuvor sich *verständigt* haben. Indem nun eine Amtsperson gar viele Dinge des Jahres über vorzunehmen hat und die Aktenstöße das kleine Gehirn gar bald vollmachen, vergessen die Herren nicht selten die an die einzelnen Individuen aus dem Stamme Jakobs erteilten Vorrechte; daher ist es eine längst bestehende Sitte, vierteljahrweise die sogenannten Verständigungen zu erneuern. Kaiser Joseph II. meinte zwar, auch der Jude sei ein Sohn des Vaterlands und sollte daher, wie billig, auch sein Blut für die heimatliche Erde verspritzen. Seit jener Zeit wird auch dem jüdischen Greise der sein Alter pflegende Sohn aus den Armen gerissen und kann, wenn er Rolandsche Bravouren unternimmt, bis zum – Offizier graduieren. Seine Brüder dürfen deshalb, weil sie bloß Landeskinder, aber keine Bürger sind, noch nicht wohnen und Geschäfte machen, wo es ihnen beliebt. Sie dürfen ein Haus kaufen, aber nicht auf ihren Namen das Grundstück einbüchern lassen, es sei denn, sie sind Fabriksbesitzer. Der größere Teil der Prager

Judenschaft denkt wenig nach über die ihm verweigerten Menschenrechte, läßt seine Söhne ihr Blut für ein Vaterland vergießen, das sie nie hatten, und läßt sie es wieder nicht vergießen, solange noch ein Gulden in seinem Säckel ist, um den Militärarzt, Visitator, Konscriptionsbeamten und Konsorten* zu bestechen, welche als gute Patrioten, sobald sie das Porträt ihres geliebten Landesvaters in mehrern Exemplaren von gediegenem Silber vor die Augen bekommen, ihre Sehnerven mit dem Beschauen der niedlichen Brustbilder dermaßen anstrengen, daß auch die ihnen vorgeführten Jünglinge von der kräftigsten Natur als Schwächlinge, Kommißbrot zu kauen, unfähig erscheinen. Der Losgekaufte eilt freudig nach Hause, empfängt die Glückwünsche seiner Verwandten, und dessen vom Gelde ausgeschälter Papa steht im Tandelmarkte vor seiner Gewölbtüre, reibt sich die Hände, denkt: Geld verloren, nichts verloren, rät seinen Nachbarn, wie sie es anzufangen haben, wenn an ihre Kinder die Reihe kommen sollte u. s. f. So verstreicht ein Decennium nach dem andern.

Geschlechter entstehen, Geschlechter vergehen,
Der Tandelmarkt aber wird ewig bestehen
Und Juden im Drucke man immer sehen.

Der Tandelmarkt dürfte füglich den Pragern die Stelle der Börse vertreten, welche eine Krämerstadt leicht entbehrt; denn an jüdischen Feiertagen, wo die Tausende geschlossener Gewölbe diesem Platze das Ansehen einer von der Pest verödeten Stadt verschaffen und Grabesstille sich auf diesem geräuschvollsten Terrain der Hauptstadt gelagert hat, an jenen Tagen stocken die Pulse des Geschäftslebens auch unter den christlichen Kaufleuten, deren Gewölbe von dem Kauflustigen nur gelegenheitlich besucht werden, folglich am wenigsten den Landmann zu einer Reise in die Hauptstadt vermögen werden. Das den Juden günstige Vorurteil, daß ihre Warenvorräte reichhaltiger, eleganter und vorzüglich auch billiger,

* Darunter sind die jüdischen Konscriptionsbedienten, die einen Tag vor der Berufung des Militärpflichtigen ihm oder dessen Eltern die nötigen Winke erteilen, und wie brauchbar diese Mittelspersonen sind, beweist der Umstand, daß im Verhältnisse dreißigmal mehr jüdische als christliche Landeskinder dem Haselstocke und allen mit ihm verknüpften Annehmlichkeiten entkommen.

bewirkt, daß in einem finstern unscheinbaren Kämmerchen im dritten oder vierten Stockwerke *, welches der Fremde beinahe mit Lebensgefahr hinanklettern muß, viel bedeutendere Geschäfte als in den mit schimmerndem Glanze ausgestatteten Kaufmannsläden der angesehensten Bürger des Tages über vorgenommen werden. Der Einheimische wie der Fremde, welchen sein Weg in das Theater oder nach dem Universitätsgebäude führt, findet sich gleich sehr überrascht, in der Nachbarschaft dieser den Musen geweihten Häuser feldlagerartig einen unübersehbaren Menschenhaufen mit Kramen, Warenständen, Boutiken u. s. f. vor sich zu erblicken, ohne das Geräusche und Getöse einer kampierenden Armee zu vermissen. Alte Weiber, auf deren von Runzeln entstellten Gesichtern die ewige Klage über nahrungslose Zeiten zu lesen, sind mit ihren Männern im lebhaften Wortwechsel begriffen, der Gegenstand ihres Zwistes ist ein entsprungener Landtölpel, mit welchem man schon einen Handel abgeschlossen wähnte, Männlein entschuldigt sich mit Beweisen, Weiblein aber ist nicht zu besänftigen und klagt der Nachbarin, wie sie nicht minutenlang von ihrer Kramstelle weichen dürfe, ohne Schaden im Geschäfte zu erfahren. Denselben Prozeß führt gegenüber eine Krämersfrau fast zu gleicher Zeit mit ihrer Ladendienerin; nur unterscheidet sich der Wortstreit insofern, als sie die Vorwürfe wegen der allzu niedrigen Preise erteilt, welche dem glücklichen Käufer gemacht worden. Weiter nach dem Ende dieses Platzes zu fallen sich zwei Weiber in die Haare, wegen eines abgelockten Käufers, die Umstehenden werfen sich als Friedensvermittler auf, scheitern jedoch an der Erbitterung der streitenden Parteien. Ein Heer müßiger Ladendienerinnen bietet den Vorbeiwandelnden mannigfache Waren an, und kann dieser Unfug wohl den reizgeschmückten ** Schreierinnen zur Last gelegt werden, die von ihrem Brotherrn eigens zu diesem Amte besoldet sind? Dieses Amt ist überdies aus dem Übelstande herzuleiten, daß die drei bis vier Stockwerke hoch angebrachten Waren-Depots von den auf der Straße Vorübergehenden begreiflicherweise unbeachtet bleiben.

* Hier ist von den bloß aus Waren-Depots bestehenden Gebäuden des Tandelmarktes die Rede.

** Die Natur, viel toleranter als die Bekenner des Christentums, hat die seltsame Laune, zuweilen auch den Töchtern Zions schöne Formen zu erteilen.

Weil nun der Besitzer jener Gewölbe nicht geringere Gaben und Steuern als sein beglückterer Nachbar in dem Erdgeschosse zu entrichten hat, daher die Aufmerksamkeit der Kauflustigen auch auf seine unten nicht sichtbaren Warenschätze hinlenken will, so wäre für den Unfug des Anfragens meines Erachtens weniger der vielfach bedrängte und bedrückte jüdische Handelsmann als die Behörde anzuklagen, welche ein so großes Heer von Verkäufern mit seinen zahllosen Gewölben, Depots und Kramstellen auf so engen Raum beschränkt; und überdies muß man beklagen, daß das dem Schacher angewiesene Terrain in einem der belebtesten Stadtteile die benachbarten Häuser und Kunstgebäude sehr entstellt. Ob dieses auf einen Fleck zusammengedrängte Heer von Trödlern einen angenehmen oder ekelhaften Eindruck auf die Vorübergehenden hervorbringe, ob die sonst so schöne Hauptstadt dabei an Wohlgestalt einbüße und die malerische Ansicht ihrer Straßen sehr dabei verliere, wird nicht befragt. Die löbliche Bürgerschaft übersieht diesen Übelstand gern und denkt im stillen: »Ihr jüdischen Bankiers, Fabrikanten und Großhändler, welche ihr den Kommerz des Landes ausschließlich leitet und mit euerm Gelde zuweilen auch Adelsdiplome erkauft, blickt hin auf diesen Tandelmarkt, wenn ihr in euern glänzenden Karossen vorbeisauset; blickt hin auf diesen Ort, in dessen düstern, feuchten Mauern eure vom Glücke minder geliebten Verwandten nebst ihren Waren verschimmeln; blickt hin auf diese euern Stolz demütigende Gebäude und labt euch, wenn ihr es noch vermöget, an dem Gedanken, zu Edelleuten erhoben zu sein, aber demungeachtet nicht auf die Vorrechte eines bürgerlichen Schuhmachers Anspruch machen zu können.«

Siegfried Kapper

Das leere Grab

Vor langen, langen Jahren lebte hier in Prag ein Bachur*, erzählte Rabbi Wolf bereitwillig. Namens Jehuda, der weit und breit im Rufe seltener Gelehrsamkeit stand. Er ging bei Rabbi Meir, der damals das Oberhaupt des Beth-Din (Synode) war, zur Schule. Rabbi Meir, der in ihm einen Bachur von seltener Schärfe des Verstandes erkannt, achtete ihn mehr als seinen Freund denn als seinen Schüler, und sie forschten und stritten miteinander und brachten Tage und Nächte zu in Ergründung des heiligen Wortes.

Als Jehuda achtzehn Jahre zählte, sprach Rabbi Meir zu ihm: Wenn du fortfährst, wie du begonnen, so wird sich an dir die Verheißung bewahrheiten, daß in Israel ein Mann erstehen wird, der Moses übertrifft und dessen Name von einem Ende der Welt zum andern getragen wird werden und dessen Ruhm so weit reichen wird, als man den einzigen Gott bekennt. Jehuda aber antwortete: Jawohl will ich zur Wahrheit machen die Verheißung! Zog jedoch Gott, als er Moses die Tafeln des Gesetzes gab, an ihm *unsichtbar* im Zuge des Ostwinds vorüber, so will ich ihn *schauen* von Aug' zu Aug', von Angesicht zu Angesicht; denn im Wissen liegen die Sprüche, die selbst Gott bannen! Fragen will ich ihn dann, wonach zu fragen Moses versäumt hat und um dessenwillen jetzt Israel in Knechtschaft jammert und in Elend! – und vergrub sich von Stund an noch tiefer in die Geheimnisse der Kabbala, die sich seinem Geiste so frühzeitig erschlossen.

Als ein Jahr herum war, sprach Jehuda zu Rabbi Meir: Rabbi, erlaube, daß ich von den Stufen der Lade herab zur Gemeinde spreche!

Rabbi Meir erlaubte es, und Jehuda hielt seine erste Predigt am Sabbat vor dem neunten Ab, und die Kenner der Schrift strömten von allen Enden des Landes herbei, so daß die Altneuschule ihre und des Volkes Menge kaum zu fassen vermochte, das herbeigekommen, die Rede Jehudas mit anzuhören.

– Möge der Herr deinen Geist beschützen, sprach Rabbi Meir

* Jünger

nach vollendeter Predigt zu Jehuda; du bist mir vorangeeilt in jungen Jahren! Ein Tag ist dir gewesen, was mir siebenzig Jahre, und ich nenne dich meinen Meister. Womit kann ich dir bezeugen, daß mein Mund spricht, wie meine Seele denkt? Es soll geschehen.

– Rabbi, erwiderte Jehuda, Ihr habt eine Tochter, an Schönheit Rebbeka und an Milde Rahel gleich. Laßt mich Euren Sohn sein nicht nur dem Worte nach und im Geiste, sondern auch im Blute – gebt mir sie zum Weibe!

Es geschehe nach deinem Willen, entgegnete Rabbi Meir, und nach wenigen Wochen schon lud er Freunde und Verwandte in sein Haus, und Malke, sein einziges Kind, wurde das Weib Jehudas.

Als wieder ein Jahr um war, da die Zeit des Sabbats vor dem neunten Ab kam, wurde Jehuda mit einem Male schweigsam und ernst und sprach weder mit Rabbi Meir noch mit seinem Weibe, sondern sperrte sich in seine Studierstube und forschte Tag und Nacht; denn er gedachte, an jenem Sabbat eine Predigt zu halten, in der die Verheißung, daß einst ein Mann über Moses erstehen werde, bewahrheitet werden sollte, und die Kunde davon war bereits zu allen Gemeinden gedrungen, und die gelehrtesten Rabbinen und Schriftkenner kamen herbei, den Mann zu hören.

Am Freitagabend vor dem bestimmten Sabbat erschien Jehuda in der Altneuschule, und Rabbi Meir nahm seinen Platz zur Linken; denn, sprach er, du bist mein Meister! Und aller Augen waren auf den gerichtet, von dessen Lippen morgen das Wort strömen sollte, das voller klingt als das Wort Mosis und tiefer gedrungen in den Geist des Herrn.

Jehuda aber sprach auch hier mit niemand; denn so verlangte es die Kabbala, daß, wer Gott will schaun von Angesicht zu Angesicht, eine gewisse Zeit lang allen irdischen Verkehres und Gespräches sich enthalten müsse. Aus der Schule ging er nach seiner Wohnung zurück, segnete hier schweigend Wein und Brot, nahm dann sein graues Gewand und seinen Stab und machte sich auf, fortzugehen.

Da trat sein Weib vor ihn hin, ihren Säugling, Jehudas erstgeborenes und einziges Söhnlein, an der Brust. Rabbi, sprach sie, wo willst du hin am Sabbat in dem sonderlichen Anzuge?

Jehuda aber erwiderte kein Wort, sondern legte schweigend seine beiden Hände auf das Haupt des Kindes, segnete es in Gedanken und segnete auch sein Weib und verließ die Stube. Schweigend schritt er durch die dunklen Gassen, denn schon waren allenthalben die Sabbatlampen erloschen und keine lebende Seele wandelte mehr zwischen den Häusern.

Vor einem schwarzen Pförtlein endlich blieb er stehen, zog ein kleines Büchlein aus der Brusttasche und las daraus ein Gebet, dessen Worte in wunderbaren Verschlingungen den Namen des Unnennbaren enthielten. Hierauf pochte er mit dreimal drei Hammerschlägen an das Pförtlein. – Wer bist du? ließ sich eine Stimme von innen vernehmen.

Jehuda antwortete: Ich bin Jehuda, Sohn Naphtalis, des Sohnes Benjamin, aus dem Stamme der Leviten, aus welchem auch Moses, der Lehrer, stammt und David, der König und Sänger!

– Wenn du aus dem Stamme der Leviten bist und Mosis Lehre bekennst, was nennst du ihn dann schlechtweg Moses, den Lehrer, und nicht Moses, *unsern* Lehrer, wie es geschrieben ist und wie jeder andere Bekenner in Israel tut? fragte die Stimme.

– Weil nichts, was lebte, unübertrefflich ist, antwortete Jehuda, und weil zwischen den Zeilen geheimer Bücher verheißen ist, daß einst ein Mann kommen wird, der auch Moses übertrifft!

– So zweifelst du an der Göttlichkeit Mosis? fragte die Stimme weiter.

– Nicht an der Göttlichkeit seiner Worte zweifle ich, erwiderte Jehuda; doch daran, daß er uns das Wesen Gottes vollständig enthüllt. Darum will ich Gott selber schaun und bin an diese Pforte gekommen und fordere Einlaß.

– Wende dich an die Schriften der Weisen, die sein Wort erläutert, sprach die Stimme. Suche die Spuren, auf denen sie gegangen, und du wirst dasselbe Ziel erreichen, das sie erreicht!

– Ich hab es getan, eh du es mir rietest! erwiderte Jehuda. Ungenügend sind Mosis Worte, und Verwirrung und Finsternis hat alles Forschen über sie gebracht. Darum will ich nicht weiterschreiten in dieser Finsternis und bin zurückgekehrt zu Moses selbst und will fortfahren, wo er aufgehört. Was er verschwiegen, das will ich kundgeben, und darum will ich Gott schauen von Angesicht; nicht aber wie ihn Moses sah im Hauche des Ostwinds! Und darum poche ich an diese Pforte des Lebens und fordere, daß sie sich auftue!

Hiermit pochte er abermals mit dreimal drei Hammerschlägen an

das Pförtlein. Dieses tat sich auf und schloß sich hinter Jehuda, nachdem er eingetreten war, mit ungeheurem Getöse wieder zu. Jehuda sah sich nach dem Pförtner um, der mit ihm gesprochen. Der aber war nirgends zu schauen. So weit sein Auge reichte, sah er nur Leichensteine und grüne Hügel. Der Ort, an welchem er sich befand, war der alte Friedhof, und die Ruhe des Todes lagerte rings auf Gräbern und Büschen.

Jehuda setzte seinen Stab vorwärts und nahm seinen Weg rings an der Mauer hin, den schmalen Fußsteig entlang, der an den ältesten Gräbern hinführt. Denn so hat er ersonnen, daß er tun müsse, wenn er finden wollte, was er suchte. Als er den Weg um die ältesten Gräber zurückgelegt und jenen um den jüngeren Gräberkreis antreten wollte, da sah er eine Gestalt auf einem Grabstein sitzen, ganz so in weiße Gewänder gehüllt, wie man die Leichen kleidet, bleich und regungslos.

Als er die Gestalt gewahrte, blieb er stehen, um zuzusehen, wer sie sei und was sie beginnen würde.

In der Tat auch erhob sich die Gestalt, ging ihm entgegen und redete ihn an: Jehuda, Sohn Naphtalis, warum hältst du inne in deinem Schritt? Zauderst du, da du so weit gegangen? Und so du nicht zauderst, sprich, was suchst du an dieser Stätte des Friedens und störst die Ruhe des Sabbats aller Sabbate?

– Kannst du mir Rede stehen, wenn ich frage, erwiderte Jehuda auf diese Anrede, so will ich dir sagen, was ich hier suche. Wo nicht, so laß mich meines Weges gehn, du bist nicht Gott.

– Wohl bin ich nicht Gott! sprach die Gestalt, doch kann ich über manches dir Reden stehen. Ich bin der erste Totengräber dieses Friedhofes; und wenn auch selbst seit länger denn tausend Jahren tot, höre ich doch nicht auf, der Wächter dieser Stätte zu sein, und weiß vom Kinde bis zum Greise, wer und wo hier ein jeder begraben liegt und wer noch hier wird begraben werden und an welcher Stelle!

– Nun wohlan! versetzte hierauf Jehuda, so zeige mir die Stelle, die bestimmt ist, einst mich aufzunehmen, denn die ist's, die ich suche, und diese muß ich finden!

Die Gestalt aber entgegnete: Sonst sucht ihr Lebenden nur die Stellen, wo eure Angehörigen liegen, daß ihr sie heimsuchet und für sie betet. Warum suchst du gerade dein Grab?

– Ist das Grab nicht die Pforte, durch die man hinaustritt aus diesem Leben, um in ein anderes einzugehen? fragte Jehuda. Und wenn es so ist, so muß ein Lebender es erringen können, durch diese Pforte in die Ewigkeit zu blicken und Gott zu schauen, wie er dort waltet in Wahrheit. Ich habe den Mut, ihn deutlicher zu schauen, als es Moses gewagt. Darum will ich hintreten an die Pforte meines Grabes, lebend wie ich bin, ich fühle die Kraft in mir, es zu wagen und zu ertragen und von Gott zu erfragen, was er gegen Moses verschwiegen.

– Wenn dem so ist, erwiderte die Gestalt, so schreite vorwärts! Nicht fern vom jüngsten Kreise findest du die Stelle, die du suchest.

Hiermit verschwand die Gestalt hinter einem der nächsten Büsche. Jehuda aber trug seinen Stab weiter und umging Kreis um Kreis, bis daß er auch den letzten zurückgelegt, worin die Toten der jüngsten Jahre begraben lagen.

Nach wenigen Schritten kam es ihm vor, als sähe er einen Stein aus der Erde steigen, weiß leuchtend im Mondschein, darauf geschrieben stand:

Hier ruht Jehuda, der Sohn Naphtalis,
Der mehr sein wollte als Moses
Und den Gottes Hand zurückgeführt
Durch das künftige Leben zu dem gegenwärtigen.

Als dies Jehuda sah, trat er vor den Grabstein hin und berührte ihn dreimal mit dem Stabe, indem er dabei die Namen gewaltiger Engel nannte, die nur die Kabbala nennen lehrt. Der Grabstein wankte, die Erde wich unter Jehudas Füßen, verschlang ihn und verschloß sich nicht wieder.

Indessen harrte Malke zu Hause ihres Gatten, brachte die Nacht in Sorgen und Tränen zu, und als die Leute sich morgens in der Altneuschule versammelten, Jehudas Lehre zu hören, die die Lehren Mosis an Weisheit übertreffen sollte, und dieser nicht kam, gingen sie in seine Wohnung.

– Wo weilt der Rabbi? fragten sie hier; weiß niemand es zu sagen?

– Gestern nach Sabbatbeginn ging er mit Gewand und Stab aus, erwiderte Malke weinend, und ist zur Stunde nicht heimgekehrt.

Der Totenwächter aber erzählte, er habe mit eigenen Augen in der letzten Nacht einen Mann gesehen, der in ein Grab gesunken, und der Mann habe ein graues Gewand getragen und einen Stab. Und als man auf den Friedhof kam, um nachzuschauen, fand man an der bezeichneten Stelle jenes offene Grab. So steht dies denn seit jenem Sabbat offen, und im Winter fällt kein Schnee hinein und im Sommer kein Regen, des Morgens kein Tau und des Nachts kein Reif, und kein Gras will an seinem Rande gedeihen, und kein Vogel fliegt darüber hin, und wer über den Friedhof geht, der weicht dabei aus und geht zehn Schritte seitwärts.

Salomon Kohn

Reb Jisroel Schachner und Reb Natel Schmeling

Sie waren beide brave, gute Menschen, Reb Jisroel Schachner und Reb Natel Schmeling – wie man zu sagen pflegt, dicke Freunde, die das Leben füreinander gegeben hätten, die einer ohne den andern gar nicht bestehen konnten, und wenn sie einander – was allerdings nur selten vorkam – einige Stunden nicht gesehen hatten, sich in Sehnsucht nach einander verzehrten; – aber vertragen konnten sie sich miteinander nicht! – Fast jede Woche gab es zwei-, dreimal einen heftigen Streit, der regelmäßig damit endete, daß jeder der beiden erklärte, er habe sich nun von dem andern schon genug lang ärgern lassen und wolle nichts mehr von ihm wissen – daß jeder der beiden seinem Erstaunen darüber unverhohlen Ausdruck verlieh, durch *achtzig* Jahre mit einem so unverträglichen Menschen in intimem Verkehr gestanden zu haben, ohne schon in der Blüte seiner Jugend von einer durch Ärger entstandenen Gallenverbreitung hingerafft worden zu sein. Dabei sang jeder seiner eigenen Geduld und Milde einen Hymnus, sich abwechselnd dem sanften Hillel oder dem leidenertragenden Job kühnlich an die Seite stellend, während der Gegner mit einer – es muß dies offen gestanden werden, im Laufe der Decennien etwas ermüdenden Gleichförmigkeit – als Korah, der als Empörer gegen den milden Moses als Prototyp aller Unverträglichkeit gilt, bezeichnet wurde. Jeder der beiden versicherte, daß ihm eben der letzte in leichtsinnigster Weise vom Zaune gebrochene Streit die schon lange geahnte höchst traurige Vermutung, der andere sei der eigensinnigste, streitsüchtigste Mensch auf der ganzen Gotteswelt, zur vollsten Gewißheit gereift hätte – daß jedes Ding in diesem irdischen Jammertale ein Ende nehme – und gerade diese letzte Alteration den letzten Tropfen seiner himmlischen Geduld erschöpft und ihm die lebhafte Überzeugung eingeflößt habe, daß es am besten sei, wenn er den Umgang mit dem andern aufgebe, der ihm nichts als Ärgernis und Verdruß bereite.

Wenn wir wahrheitsgetreu berichten wollen, dürfen wir es nicht verhehlen, daß, wie wir schon teilweise angedeutet, diese Zänkereien im Laufe der Zeiten eine gewisse Gleichmäßigkeit angenommen hatten und daß es sehr häufig vorkam, daß sich der eine wortkämpfende Teil genau jener Waffen zum Angriffe gegen seinen verblüfften Gegner bediente, die dieser zwei, drei Tage zuvor mit schönem Erfolge gegen ihn selbst angewendet hatte, und ihn dadurch gewissermaßen moralisch in die Zwangslage versetzte, die Antworten, die sein Widerpart ihm vor einigen Tagen selbst erteilt hatte, jetzt diesem an den Kopf zu schleudern. Der Ausgang eines solchen hitzigen Wortgefechtes war stets ein gleicher. Der Besucher schnupfte hastig einige anständige Prisen Tabak, ergriff Stock und Hut und versicherte dem Besuchten mit entschiedenem Spotte: er müsse sehr große Augen haben, wenn er ihn je wieder in seiner Stube sehen würde – worauf der andere regelmäßig mit einem leichten Achselzucken entgegnete: »Is' mir ganz stark recht – d'erspar ich mich zu ärgern!«... Nun aber war der stürmische Abgang des Gereizten stets von einem Umstande begleitet, der die Beachtung eines aufmerksamen Beobachters hätte herausfordern müssen, der Abgehende nämlich ließ sein Taschentuch fallen, was der andere sonderbarerweise nie bemerkte. Am andern Morgen gleich nach dem Frühgottesdienste, den beide besuchten, trat der Eigentümer des vergessenen Taschentuchs ins Zimmer. Nun versteht es sich ganz von selbst, daß, wenn jemand in ein Zimmer tritt, der Anwesende ohne Rücksicht auf Neigung oder Abneigung fein manierlich sagen muß: »Boruch habo«, das heißt: »Gesegnet, der da kommt«, worauf der andere zu erwidern hat: »Boruch hanimzo!« zu deutsch: »Gesegnet, der sich hier befindet«; – und wie der verständige Leser wohl erkennen wird, mußte dieser kleine, von der Höflichkeit gebotene Segensaustausch eine höchst kalmierende Wirkung auf beide Teile ausüben und die schroffe Spannung schon hierdurch eine starke Abschwächung erleiden. Darauf trat eine kurze Pause der Verlegenheit ein, während welcher der Ankömmling seinen Blick im Zimmer herumschweifen ließ und – noch immer mit einem Reste verbissenen Ingrimmes – sagte:

»Ich wär' nit raufgekommen – aber ich hab' gestern mein Taschentüchel da vergessen – und ich hab die andern noch bei der Wäscherin.«

»Hm«, hatte dann der andere mit gut gespieltem Erstaunen darauf zu erwidern: »Is' das vielleicht dein Tüchel?« und zog, wenn Schachner der Vergessende, ein rotes, wenn die Reihe des Vergessens an Schmeling hielt, ein blaukariertes Taschentuch aus der Schublade: »Hätt' ich sicher gewußt, daß das Tüchel dir gehört, so hätt' ich dir's geschickt, hättest du nit gemußt die Stieg' zu mir heraufgehen.«

Nun war das offenbar ein sehr freundliches Entgegenkommen, und das Sprichwort sagt: ein gutes Wort findet einen guten Ort – der Ankömmling reichte dem Hausherrn schweigend die offene Dose, worauf dieser eine Prise nahm und sagte: »Warum setzt du dich nit?« – und nun war das Eis gebrochen, und in wenigen Minuten war das alte gute Verhältnis wiederhergestellt, als wenn nie ein Zerwürfnis bestanden. Das dauerte dann wieder zwei, drei Tage, bis wieder ein neuer Streit ausbrach und sich die Begebenheiten wieder genau in gleicher Weise abwickelten.

Die beiden, Reb Jisroel Schachner und Reb Natel Schmeling, gehörten, obwohl man jetzt schon 1830 zählte, doch der Geburt nach der ersten Hälfte des vorigen Jahrhunderts an, Schachner war vierundneunzig, Schmeling einundneunzig Jahre alt. Die beiden Greise waren Nachbarskinder gewesen, hatten nie das Weichbild Prags verlassen und waren in fortwährender Berührung miteinander geblieben, aber ihr Lebensgang war doch ein verschiedener gewesen. Schachner war armer Leute Kind, hatte allerdings – nach Sitte der damaligen Zeit zu einundzwanzig Jahren – eine Frau mit einer kleinen Mitgift geheiratet und ein kleines Spezereigeschäft im Getto gegründet – aber das Glück hatte ihm nicht gelächelt; er hatte sein kleines Vermögen nach einigen Jahren verloren oder richtiger gesagt aufgezehrt, seine Frau war frühzeitig gestorben und er stand dann allein, verlassen im Leben. Schmeling war es besser geworden, er war der Sohn wohlhabender Eltern, hatte von diesen Vermögen und ein einträgliches Geschäft geerbt, hatte sich glücklich verheiratet, war erst spät Witwer geworden und besaß eine Tochter, die an einen braven, wohlhabenden Mann, einen Buchdrucker, verheiratet war. Er hätte bei seinem Schwiegersohn recht angenehm und ruhig leben können, wenn er es nicht vorgezogen hätte, unabhängig und selbständig zu bleiben, allein zu wohnen und ganz seinem Geschmacke und dem Umgang mit seinem uralten Freunde Schachner leben zu können. Schmeling hielt einen Dienstboten, während der ältere Schachner einen solchen Luxus entbehren mußte. Beide waren höchst eigentümliche Menschen und ihre gegenseitige Neigung konnte nur durch das Wahrwort der Franzosen »les extremes se touchent« erklärt werden. Die Greise waren, trotzdem sie beide – auch der Richtung des Jahrhunderts nach, in welches der größere Teil ihres Lebens fiel – streng orthodox waren, doch in allen ihren religiösen, politischen, sozialen Anschauungen bis auf die unbedeutendsten Kleinigkeiten herab geistige Antipoden.

Schachner kleidete sich im Jahre 1830 noch so wie vor dreiundsiebzig Jahren als junger Ehemann. Er trug einen langen Bart, der, das versteht sich von selbst, im Laufe der Zeiten weiß geworden war, und einen dreieckigen Hut. Schmeling, der während eines langen Zeitraumes ein bedeutendes Handelsgeschäft betrieben und mit großen Kaufleuten verkehren mußte, hatte dem Zeitgeiste, der Mode große Konzessionen gemacht, er trug nur einen Rundbart und einen Zylinderhut. Diese moderne Verwilderung hatte seinerzeit – das heißt dreißig Jahre früher – zu einem erbitterten Streite zwischen den beiden Kameraden Veranlassung gegeben, war endlich scheinbar beigelegt worden, aber die Kriegswut glimmte noch immer unbemerkt unter der Asche fort, und bei dem geringsten Windzuge loderte bei Schachner wieder der grimme Zorn empor und er warf dem alten Freunde, nach Jahrzehnten noch, häufig recht ungebärdig, seinen Abfall von der Kleiderordnung als religiöse Abtrünnigkeit vor und bezeichnete ihn geradezu als »Neumodischen«, was bei ihm als eine hart die Grenze der Injurie berührende Bezeichnung zu betrachten war. Ebenso waren sie in politischer Beziehung große Gegner. Schmeling war ein Freund und glühender Verehrer des ersten Napoleon gewesen; dieser, so behauptete er, war der erste Monarch, der den Juden gleiche Rechte mit allen anderen Menschen erteilte, er war der erste, der unter seinen Generälen und Marschällen Juden hatte, und könnte füglich als Vorläufer des Messias betrachtet werden. Schachner war einer entschieden entgegengesetzten Ansicht, er war ein erbitterter Gegner, ja ein Feind Napoleons; er bekannte sich nämlich zum Legitimitätsprinzip, erklärte Napoleon als einen »Rebeller« und keinen berechtigten Thronbesitzer, und auch dafür, daß er die Juden zu hohen Stellen beförderte, wollte er ihm keinen Dank wissen, da die von Napoleon begünstigten Glaubensgenossen sehr leicht in der Ausübung der konfessionellen Gesetze nachlässig und schlaff würden, und er sprach geradezu die allerdings durch nichts begründete, aber jedenfalls die jüdischen Offiziere der französischen Armee schwer bemakelnde Vermutung aus, daß ein solcher französischer General, wenn eine Schlacht mehrere Tage dauere, wohl zuweilen das Anlegen der Tfilin* vergesse oder durch seine Stellung zu verschiedenen andern Unfügen veranlaßt werden konnte, eine Vermutung, die Schmeling allerdings nicht vollständig siegreich zu widerlegen vermochte. Allein nicht nur in weltbewegenden Fragen, sondern auch in solchen von untergeordneter Bedeutung waren sie entgegengesetzter Meinung. Es waren zu jener Zeit in der altehrwürdigen Gemeinde Prag mehrere Rabbiner in Funktion, welche vereinigt ein Kollegium bildeten, jeder derselben hatte seinen Kreis von Anhängern und Verehrern, und auch hier fand man die beiden Freunde in verschiedenen Lagern. Weiter zeigte sich auch der Umstand als eine höchst ergiebige Quelle des Zankes, daß der ältere Schachner seine Jugendgewohnheiten beibehalten und die Autorität, die sich der einundzwanzigjährige verheiratete Mann über den achtzehnjährigen Burschen vor dreiundsiebzig Jahren angemaßt, unverändert anerkannt wissen wollte und den einundneunzigjährigen Mann zuweilen als einen unerfahrenen Menschen, einen Guck-in-die-Welt betrachtete, während Schmeling behauptete, daß bei Männern, die sich dem Säkulo näherten, eine Differenz von drei Jahren nicht zu einer so stolzen Überhebung berechtigte.

Einen erbitterten Hauptstreit bildete auch die entschiedene Weigerung des armen Schachner, von dem wohlhabenden Freunde eine Unterstützung anzunehmen. Jener war viel zu stolz, sich beschenken zu lassen. In der jüdischen Gemeinde zu Prag bestehen viele

* Philakterien, Gebetriemen, die von den Juden beim Gebete angelegt werden.

Stiftungen, die Männern verliehen werden, die dafür verpflichtet sind, sich talmudischen und religiösen Studien zuzuwenden, und Schachner befand sich im Besitze einiger solcher Fundationsgenüsse, aber diese reichten für seine, wenn auch geringen Bedürfnisse nicht aus, und er verwertete sein Wissen auf religiösem Gebiete auch dadurch, daß er, nach der in jener Zeit in jüdischen Kreisen stark geübten Gepflogenheit, im Sterbejahre wohlhabender Leute täglich und dann an deren Sterbejahrestagen für deren Seelenheil einen Abschnitt in der Mischna* studierte und dafür ein Honorar bezog. Da dieses keiner Norm unterlag, war es menschenfreundlichen Wohltätern leicht, ihn unauffällig auf diese Weise großmütig zu unterstützen, da sie behaupten konnten, seine Leistungen höher als jene seiner Fachkollegen zu taxieren. Wurde es nun bekannt, daß Reb Jisroel Schachner sich in harter Not befand, so tauchte immer rechtzeitig ein wohlhabender Mann auf, der ihn höflichst ersuchte, heute, als am Todesjahrestage eines weitschichtigen Groß- oder Urgroßvaters einen Mischnaabschnitt »zu lernen« – das war der usuelle Terminus für diese Funktion –, und es sollen Fälle vorgekommen sein, wo einzelne gutherzige Menschen die Todestage völlig apokrypher Großonkel benutzten, um den alten Mann zu unterstützen. Allein zuweilen war man doch gezwungen, zu außerordentlicher Hinterlist zu greifen, und mußte in solchen extremen Fällen ein großer Aufwand von Diplomatie getrieben werden.

Schachner war, wie jeder fromme Jude jener Zeit, im Besitze von drei verschiedenen Kleidern, solchen, die nur an Sabbaten und hohen Festtagen, anderen, die an Halbfeiertagen, endlich jenen, die an Werkeltagen benutzt wurden. Er machte sich nichts daraus, im strengsten Winter einen leichten, ungefütterten Sommerrock oder in den Hundstagen einen schweren, pelzverbrämten Caputrock zu tragen, aber keine irdische Macht hätte ihn vermocht, an einem Samstage ein Wochentagsgewand oder vice versa zu tragen. Nun war im Laufe der Jahre sein Halbfeiertagsrock äußerst defekt geworden, der Abgang einiger entwurzelter Knöpfe, die Entfärbung der Knopflöcher, ja sogar die Fadenscheinigkeit des ganzen Kleides hätte nicht allzuviel zu bedeuten gehabt, aber zwei großartige Löcher in den Ellenbogen der durchstoßenen Ärmel bildeten doch gar

* Ein die ersten rabbinischen Bestimmungen enthaltendes Werk

zu auffällige Schäden des Rockes, und alles Schimpfen des erbitterten Schachner, der behauptete, sich vor vierunddreißig Jahren beim Ankaufe des Tuches schmählich betrogen zu haben, und seine Versicherung, daß, wenn nicht auch nach talmudischem Rechte Verjährung eingetreten, er an den Enkeln des mittlerweile verstorbenen Tuchhändlers Regreß suchen würde, vermochte an dem traurigen Faktum nichts zu ändern, und guter Rat war sehr teuer. Hätte es sich um einen gewöhnlichen Wochentagsrock gehandelt, so hätten ein paar tüchtige Flecke auf den Ellenbogen unbedenklich den Schaden wettgemacht – aber ein Halbfeiertagsrock! – das war etwas ganz anderes – ein solcher mit Ellenbogenflecken war eine contradictio in adjecto, ein undenkbarer Begriff – und es hatte schon die Erwägung in seiner verdüsterten Seele Raum gewonnen, ob es unter den vorliegenden Verhältnissen nicht gestattet, ja sogar angezeigt sei, den ordinären, aber weniger ruinierten Wochentagsrock in den höhern Rang avancieren, dagegen das Halbfestgewand zum gewöhnlichen Rock degradieren zu lassen; allein bei reiflichem Bedenken erschien ihm dies doch als kein völlig zu billigender, korrekter Vorgang, und er konnte seinen Unmut über diesen Unfall seinen Freunden nicht gänzlich verbergen.

Alfred Meißner

Im Lederhausgäßchen

Ganz nahe dem Mittelpunkte Prags, dicht hinter dem volksreichsten Platze, dem Altstädter Ringe und der belebten Eisengasse, existiert wie im Versteck ein so desolater Häuserkomplex, daß sein Anblick den Besucher an die ödesten und verwildertsten Quartiere einer herabgekommenen italienischen Stadt mahnt. Ist man durch einen engen und winklig verschobenen Torweg der Eisengasse gegangen, der höchstens in einen Hofraum zu führen scheint, so befindet man sich in dem sogenannten Lederhausgäßchen; der Name stammt aus der Zeit, wo unter Karl IV. die einzelnen Gewerkschaften in einzelne Gassen verteilt waren. Tiefgeschwärzte, ungesund und baufällig aussehende Häuser von einer wahrhaft grotesken Difformität treten bald so nahe zusammen, als wollten sie jedem Sonnenstrahl, der hereinfallen möchte, den Zutritt wehren, bald weichen sie auseinander und bilden kleine Sackgassen von abstoßender Häßlichkeit. Aus den kellerähnlichen Gelassen und Spelunken im Erdgeschoß der Häuser blicken fremdartige, verwitterte Gesichter mit schwarzem Haar, brennenden Augen: hier handeln einzelne alte, unverfälschte Juden mit alten Büchern, altem Eisen, alten Möbeln, Trödel aller Art und müssen durch lange Übung die Fähigkeit erlangt haben, im Finstern zu sehen, denn sonst ließe es sich nicht begreifen, wie sie in Wohnungen, wo selbst in der Mittagsstunde ein Licht unentbehrlich scheint, ihr Kontobuch führen können. Fast jede Türe führt in einen Kramladen, doch ist auch ein Kaffeehaus da, welches den ganzen Tag leer und nur besucht ist, wenn die ganze Stadt schläft: ein Ort, wo die Marktweiber bei Talgkerzenlicht frühstücken; daneben eine Kneipe, über deren Eingang ein Bierzeichen hängt und wo auf die Vorhauswände ein Tüncherpinsel, das Auge zu erfreuen, einen Tannenwald gemalt hat, der wie eine Allee von Kehrbesen aussieht. Jedes Haus ist Jahrhunderte alt: das zeigen die ellendicken Mauern, die schmalen Aufgänge, die Wölbungen; nähme man den Mörtelanwurf hinweg, würde man gewiß allenthalben die Spur alter Spitzbogenfenster entdecken. Welch bizarre Dächer! Dort – auf einem niedrigen Hause steigt aus bauchiger Kuppel ein hoher Schlot empor – hier hat vielleicht vor hundert und hundert Jahren ein chemischer Laborant, vielleicht ein Alchimist, mit Kessel und Feuer gewirtschaftet. Eine seltsame Gasse! Nur wer in ihr zu tun hat, tritt da ein, und solche Öde unmittelbar neben so viel Lärm, so viel Misere neben der Wohlhabenheit macht einen eigentümlichen Eindruck. Noch im Sommer, wenn zur Stunde, wo die Sonne senkrecht aufs Pflaster brennt, die Hitze unerträglich, strömt hier aus den Häusern eine penetrante Kälte, welche zu solcher Zeit angenehm wäre, wenn nicht die Luft immer etwas Gruftartig-dumpfiges hätte und mit den absonderlichsten Gerüchen geschwängert wäre. Ihren seltsamsten Charakter zeigt aber das Gäßlein bei Nacht; da sind die schweren, eisernen Gewölbtüren verschlossen, uralte Vorhängeschlösser hängen von den Eisenstangen herab, die vergitterten, mit Eisenstacheln geschützten Fenster in den Erdgeschossen starren den Besucher unheimlich wie Öffnungen von Höhlen an. Das Mondlicht blickt über die hier hohen, dort niederen

Dächer, tiefschwarze Schatten fallen da über eine Mauerwand, dort gerade übers Pflaster, eine solitäre Öllampe brennt im Hintergrund, ein Stück Kafarnaum beleuchtend. Wohl mag da die Phantasie, und vielleicht nicht mit Unrecht, in jedes Haus eine unheimliche Geschichte verlegen.

So ungefähr war das Lederhausgäßchen vor zehn Jahren, wo unsere Geschichte zu spielen beginnt, so ist es noch heute. Anderswo wäre ein solches Proletarierquartier im Herzen der Stadt, dicht neben den elegantesten Plätzen, eine Unmöglichkeit. Längst wären diese schwarzen, rissigen, seit Jahrhunderten nicht wieder getünchten Mauern unter der Haue zusammengebrochen und ein schmukker Basar, mit Dielen von Marmor, die Mauern mit Stuck belegt, mit Glas gedeckt, von tausend Gasflammen beleuchtet, böte abends dem promenierenden Publikum seine lachenden Waren zur Schau. In Prag aber, der Wohnstätte eines melancholischen Stillstandes, durch Sprache, Sitte und Gewohnheiten isoliert, sich selbst in der Absperrung von der übrigen Welt gefallend, hält sich ein solches Quartier und wird, wenn die Zustände sich nicht ändern und solange nicht ganz andere Impulse kommen, vielleicht noch ein halbes Jahrhundert lang dem aufräumenden und umbauenden Neuerungsgeiste Trotz bieten.

In einem der ältesten der Häuser dieser Gasse, dort, wo sie die Biegung gegen die Schwefelgasse zu macht, wohnte vor zehn Jahren eine bunte Einwohnerschaft zusammen. Das Ladengewölbe und die erste Etage hatte der Handelsmann Abraham Lemberger mit seiner Frau und seinem einzigen Sohne inne. Ein Freund des letzteren, namens Thalheim, ein angehender Pianist, bewohnte als Aftermieter ein winziges Stübchen und hatte in einem Winkel desselben zur Übung daheim ein altes Spinett stehen, denn ein zeitgemäßes Klavier war weder über die schmale, niedrige, halsbrecherisch steile Stiege noch durch das Fenster hinaufzubringen gewesen. Im zweiten Stockwerke wohnte eine Beamtenwitwe mit ihrer Köchin, einem einfachen, aber schönen und freundlichen Mädchen; in der Dachstube hatte sich ein Kaminfegermeister mit mehreren Gesellen einquartiert.

Der Haupteinwohner, der alte Abraham Lemberger, handelte mit so vielen Sachen, daß es schwer gewesen wäre, einen Artikel zu nennen, den er nicht führte. Seine Keller und Magazine reichten geheimnisvoll weit und waren mit allem Erdenkbaren gefüllt: er hatte das Nützlichste wie das Überflüssigste. Wer sieht es ihm an? Da steht er an der Tür im alten, rotbraunen, schlafrockähnlichen Rock, der an den Ellbogen zerrissen ist, die Weste habituell schief geknöpft, die hageren Beine ohne Rücksicht auf Jahreszeit in dicken Winterhosen, auf dem Kopfe, unter dem alten Zylinderhut, eine schwarze, gewirkte Zipfelmütze, die bis tief in den Nacken gezogen. Sähe er nicht so unfreundlich und erbittert, ja menschenfeindlich drein, man wäre verlockt, in die Tasche zu greifen und ihm einen Kreuzer zu schenken. Doch, lieber Leser, ist Abraham Lemberger aller Wahrscheinlichkeit nach reicher als du. In seinem Laden, auf den Tischen und hinter den Fenstern der Schränke siehst du freilich nur alte Bestecke, alte Uhren, alte Teller und Schüsseln, alte Waffen, alte Glaswaren; aber wecke etwas Vertrauen in ihm, bringe ihn dazu, daß er in seinen Kasten krame, und er zeigt dir Juwelen, Schmucksachen, Rokokkogegenstände aus Gold, aus Stein und Elfenbein, Raritäten, teilweise vom höchsten Wert. Alles redlich erworben, das ist keine Frage! Und so fanden dazumal alle Liebhaber von Antiquitäten ihren Weg in das Lederhausgäßchen und in Abraham Lembergers Laden.

Abraham Lemberger stand jetzt eben in seinem siebenundsiebzigsten Jahre und war einer jener Menschen, von denen es ausgemacht ist, daß sie keinesfalls zur Lust und zum Vergnügen ihrer Mitmenschen da sind. Er war sehr orthodox, hielt den Sabbat auf das genaueste und hätte um keinen Preis in einem Christenhause gegessen. Er gehörte zu jenen altgläubigen Juden, die einen Brief, der am Sabbat ankommt, nicht öffnen, es für Sünde halten, am Sabbat Geld bei sich zu tragen oder ein Licht anzuzünden usw. Einmal, als er am Sabbat spazierengegangen war, hatte er eine Brieftasche gefunden, aber er wagte nicht, sie aufzuheben. Er wartete, bis ein Knabe des Weges kam, rief ihn an und ließ sie sich reichen. Daß er Versuche gemacht hätte, die Person ausfindig zu machen, die die Brieftasche verloren, davon verlautet nichts: das stand nicht im Kanon seiner Frömmigkeit. Er hatte sich vom Trödler zum reichen Mann emporgearbeitet, aber als solcher die Lebensweise seiner früheren Tage unverändert beibehalten: das Darben war ihm zur Gewohnheit geworden, und wenige Groschen genügten, ihn für den Tag zu verköstigen. Sein Wochentagsanzug ist bereits geschildert worden; sein Feiertagsanzug, von jenem vorigen streng geschieden, war nicht minder grotesk. Sein steter Gefährte bleibt der Zylinderfilzhut, der auch im Zimmer, zumal beim Essen, den kahlen Scheitel bedeckt hält.* Das Alter hatte seinen Rücken gekrümmt, sein Haar ausgerauft, sein Gesicht gefurcht, seine Stimme gebrochen, seine Augen mit roten Ringen umzogen, zugleich aber auch seine Rastlosigkeit vermehrt, sein Gemüt womöglich verhärtet, die Gier nach Besitz geschärft, seine Energie aufs äußerste gesteigert. Wenn er früher schon schwer zu lenken gewesen, so war er jetzt völlig unbeherrschbar, denn der Dünkel des Alters, alle Dinge besser zu wissen, wuchs mit jedem Jahre. Noch nie hatte ihn sein Weib oder sein Sohn, deren Verstand er als tief unter dem seinigen stehend verachtete, oder einer seiner Bekannten ihn auch in den geringfügigsten Dingen von einem Vorhaben abgebracht oder ihm etwas ausgeredet, was er sich in den Kopf gesetzt. Ein steter Ausdruck des Mißmuts und des Verdrusses lagerte auf der gefurchten Stirn und um den zahnlosen Mund. Jene, die in ihrem Urteil über ihn nicht bestochen waren und ihn näher zu kennen behaupteten, meinten: Er könne nur lachen, wenn ein fremdes Unglück da sei oder wenn es ihm gelungen, jemandem zu schaden.

Als Geschäftsmann war er unermüdlich, die Tätigkeit selbst, ein personifiziertes Perpetuum mobile. Man mochte bei ihm eintreten, wann man wollte, immer fand man ihn mit seinem Teufelskram beschäftigt, irgend etwas mit dem Lederfleck und verschiedenen Pulvern putzend und polierend, etwas leimend und reparierend. Dieses Reparieren war seine Leidenschaft, und er trieb diese Kunst mit Genialität. Es gab Dinge, welche alt waren, und sobald sie durch seine Hand gegangen, neu geworden waren, und andere Dinge, welche neu waren und die, wenn er sich mit ihnen eine Zeitlang beschäftigt hatte, auch für Kenner ein paar Jahrhunderte zurückdatierten.

Wie hier gewandt in praktischer Hantierung, war er anderseits nicht minder genial in der Kunst des Kaufens und Verkaufens. Er besaß die große Gabe, Dinge, die ihm zum Kauf angeboten wurden,

* Orthodoxe Juden haben den Kopf immer bedeckt, zumal beim Essen und Beten. Denn es heißt: Herr, vergib mir die Sünden, die ich *unbedacht* begangen. Aber unbedacht (bekalus harosch) könnte – im Hebräischen ähnlich wie im Deutschen – heißen: unbedeckten Kopfes begangen; man geht also am sichersten, wenn man auch auf diesen Wortlaut Rücksicht nimmt.

mit wenig Worten so tief zu diskreditieren, daß es der Verkäufer wirklich halb als eine Gnade ansehen mußte, wenn Lemberger sie überhaupt nahm und sein bereits vollgepfropftes Warenlager noch mit dem Trödel behelligte. Und wie sekundierte dabei das Gesicht, das augenblicklich den Ausdruck tiefster Verachtung annehmen konnte, seine lakonische Rede! War der Artikel ein gangbarer, so war der Markt mit ihm überschwemmt, war er ein seltener, so hatte er keinen Käufer. In beiden Fällen war er fast wertlos. Aber einmal in seinen Besitz gelangt, hatte das Ding, welches es auch sei, die trefflichsten Eigenschaften erhalten und den Gipfel möglichen Wertes erreicht.

So lebte Abraham Lemberger Tag um Tag und Jahr um Jahr und schien nicht zu altern. Ein paar Stunden Schlafs genügten ihm, und wenn er eben nichts »im Geschäft« zu tun hatte, war er flugs auf Auktionen und »Ausverkäufen« tätig oder auf geheimnisvollen Streifzügen, ja selbst auf Fußreisen nach irgendwelchen kaufbaren Objekten begriffen, ohne daß er, heimgekehrt, besondere Müdigkeit zeigte.

Als Abraham Lemberger in letzter Zeit einen Handel mit alten Ölgemälden berühmter Meister angefangen, sagte sein Geschäftsfreund Weissenberg zu ihm: Sie, Lemberger, handeln mit Bildern? Mein Gott, was verstehen Sie von Malerei? Da muß man ein Kenner sein, sonst kömmt man zu Schaden. Lemberger antwortete mit überlegener Miene: Sie reden, wie Sie's verstehen. Glauben Sie mir, lieber Weissenberg, die Sache ist viel leichter, als Sie sich denken. Die Namen der berühmten Männer kenne ich, die findet man in allen Büchern verzeichnet, übrigens verhält es sich mit den Bildern wie mit allen andern Kunstsachen. Es liegt nur an einem: man muß die Bilder zu kaufen wissen, als ob sie falsch wären, und anzubringen wissen, wie wenn sie echt wären; das ist das ganze Geheimnis!

Wie mochte den Alten bei diesem Handel seine bereits erwähnte mimische Kunst unterstützen!

Sein Standpunkt mochte übrigens für den Kaufmann der richtige sein, denn nachdem er bei einigen Pseudokennern von Bildern – und wie viele gibt es deren – zwei Rembrandts und einen Salvator Rosa angebracht, sagte er lachend zu seinem Sohne: »Es geht gut mit den Bildern. Ich hätte schon früher mehr geben sollen auf bemalte Leinwand. Leider finden sich unter den heutigen Malern so wenige, welche zu malen verstehen alte Bilder!«

Zu allen Eigenschaften, die den Vater schmückten und aus ihm beinahe das Ideal eines Handelsmanns machten, stellte David, der Sohn, der das sanfte Naturell seiner Mutter geerbt hatte, den direkten Gegensatz dar. Es war die stereotype Klage des Vaters, daß er einen Sohn habe, der alles eher als ein Geschäftsmann sei. Und David war wirklich ebenso sanguinisch und leichtblütig wie sein Vater cholerisch und ernst, ebenso offen und gesprächig wie jener verschlossen und voll Hintergedanken, ebenso weich, gutherzig und harmlos, wie jener hart und verschlagen. Doch wir müssen schon darangehen, auch die zweite Hauptperson unserer Erzählung mit ihren Eigentümlichkeiten und Schwächen etwas ausführlicher und eingehender abzuschildern.

David Lemberger war ein sehr kleiner Mann. Er hatte in seinem dreizehnten Jahre zu wachsen aufgehört, und da noch dazu der Bart sich bei ihm nur höchst spärlich einstellte, so behielt er noch in seinem dreißigsten Jahre, wo seine Geschichte zu spielen anfängt, den Anschein eines Jünglings. Nicht viel anders war es mit seinem Gemüte. Von seinen Freunden die poetische Seele genannt, war er ein Schwärmer für eine verschollene Literaturtrias: Matthison, Clauren und den tränenseligen Lafontaine. Nie fehlte er, wenn ein neues Stück gegeben wurde oder wenn eine schauspielerische Notabilität auftrat, auf der Gallerie des Theaters, wo er dann durch die ästhetischen Aperçus, die er zum besten gab, allen umsitzenden Köchinnen imponierte.

Wie dürftig die Gaben, mit denen ihn die Natur ausgestattet, und wie knapp das Budget, das ihm der geizige Alte ausgeworfen hatte – er schien für seinen Vater nur dazusein, daß dieser einen Kommis erspare – so reich war sein Geist an Erfindungen, sein unbedeutendes Äußeres durch raffinierte Toilettenkünste ins schönste Licht zu stellen. Niemand verstand es wie er, durch zweckmäßige Anheftung einer kostbaren Busennadel von farbigem Glase die Augen des sanften Geschlechts auf sich zu ziehen und durch eine Halstuchschleife von greller Farbe und genialem Wurf seine Persönlichkeit zu verjüngen. Während des Sommers deutete eine Nelke im Knopfloch auf stilles Liebesglück; war er aber an Sonn- oder Feiertagen auf einer Promenade, wo er gewiß war, weder seinem Vater noch auch einem Geschäftsfreund in den Wurf zu kommen, der dem grämlichen Alten eine Mitteilung machen könne – da verwandelte er sich in gar seltsamer Weise: er erschien mit Sporen, trotzdem er im Leben nie ein Pferd bestiegen, und schwang graziös eine Reitgerte in der Rechten.

Im Gegensatz zu seinem Vater war David ein Freigeist, ein Aufgeklärter. Allerdings war sein Freisinn von harmlosester Art und beschränkte sich auf Äußerlichkeiten. Er hätte es z. B. nie gewagt, am langen Tage Speise über seine Lippen zu bringen oder sich nur den Mund auszuspülen, dagegen pflegte er zuweilen samstags auf der Promenade eine Zigarre zu rauchen. In den Augen der Freunde und Bekannten seines Vaters war dies schon etwas sehr Bedenkliches, und er holte sich so manchen Verweis.

Hans Natonek

Getto

Die ersten Spätsommertage funkelten über Prag. Dächer und Kirchturmspitzen, von der Sonne gestreichelt, warfen gläserne Strahlen blendend in all das Licht zurück. Abends wurden die Schatten des Hradschin ganz groß und blau. Aus der Moldau stiegen Dünste auf.

Wir waren aus der Sommerfrische wieder heimgekehrt (ein wenig fremd in all dem Vertrauten), die Vorhänge wurden wieder an die Karnissen befestigt, die Möbel aus ihren Sackhüllen herausgeschält, und die Schule hatte begonnen.

An freien Nachmittagen nahm mich der Vater häufig an der Hand, und wir gingen spazieren. Obwohl geführt, war *ich* doch der Führer und mein Vater nur die Exekutive meiner Wünsche und Pläne, nur die Belehrung meiner Wißbegierde, nur der schützende Rückhalt, dankbar gefühlt und fest umklammert im beängstigenden Wirrwarr der Gäßchen, die ich immer wieder aufzusuchen bat.

Es war an einem hohen jüdischen Feiertage, als ich zum erstenmal in das engbrüstige Dunkel des Prager Getto eintrat.

Mein Vater, ein »Freidenker«, hielt keine Feiertage, indes meine Mutter zur Stunde bereits im Tempel saß – ein neuer, geschmackloser Prunkbau oben in der neuen Stadt –, unter Hunderten tratsch- und gefallsüchtigen Frauen eine der wenigen wahrhaft frommen.

Ich staunte die jüdischen Knaben an, die ernst und gar nicht kindlich, in Kleider der Erwachsenen gesteckt, meines Alters und doch über mich hinausgereift, ernsthaft redend in den festlich bewegten Gäßchen wandelten.

Ich wußte damals noch nicht, daß sie aufgehört hatten, Kinder zu sein, und, nach uraltem Gesetz mannbar erklärt, in die Gemeinde der Männer aufgenommen waren.

Wir traten in ein Bethaus – erst nach Jahren erfuhr ich, daß es die ehrwürdige »Altneuschul« war –, und ich sah in einem umgitterten Raum Männer in weißen Gewändern stehen; sie neigten ihren Oberkörper, ihre Hände schlugen gegen die Brust und ihre Lippen murmelten etwas, das ich nicht verstand; und wenn ihr Murmeln zu einem Singen, das mich seltsam erschütterte, anschwoll, verneigten sie sich heftiger.

Um die Schultern der Knaben lagen weiße, schwarz gestreifte Tücher mit Fransen an den Enden. Auch die Knaben murmelten und sangen, auch ihre kleinen Hände schlugen gegen die Brust und manchmal führten sie die Fransen des Tuches gegen ihre Lippen.

Alte Männer trugen von rotem und blauem Samt geheimnisvoll umhüllte Rollen durch die Reihen. Und alle berührten ehrfürchtig mit den Fingerspitzen die Umhüllung und küßten dann ihre Fingerspitzen.

Ich begriff von all dem nichts, das alles war so bedrückend fremd, und doch war etwas in den Zügen der Knaben, in ihren Augen etwas, das mir stumm »Bruder!« zurief, es waren meine Züge und meine Augen. Und doch standen wir zwei da, abgesondert von den anderen und taten nicht, was jene taten. Das ertrug ich nicht, das trieb mich fort. Ich griff nach der Hand meines Vaters und zog ihn ins Freie.

Da strömte mein entfesseltes Fragen in den Abend hinaus.

»Wo sind wir, Papa, was ist das alles hier, warum ist das so sonderbar?« (Oh, wie ich fühlte, daß ich nicht sagen konnte, was ich fühlte: wie ungeheuer diese Welt mir ans Herz griff und wie eine Heimat, nie geschaut und gekannt, mit ahnender Gewalt schmerzlich-süß in meine Seele einzog.)

»Das ist die Judenstadt – die letzten Reste des Getto. Man beginnt

jetzt damit aufzuräumen. Siehst du, dort« – er zeigte auf hohe Häuser, die, das winklige Gewirr überragend, wie drohende Schatten in den Abend wuchsen – »dringt schon die neue Stadt in das Getto ein.«

»Was ist das – Getto?«

»Hier leben die Juden, von der übrigen Welt abgesondert, nach uralten Gesetzen.«

»Und warum leben *wir* nicht hier und alle die anderen, die oben in der neuen Stadt wohnen?«

»Weil es hier ungesund ist, dunkel und feucht.«

»Aber wenn nun so viele hier wohnen – – ?«

»Es sind gar nicht mehr so viele. Früher wohnten alle hier beisammen, dann zogen die meisten fort und haben sich überallhin zerstreut.«

»Ja, aber warum zogen sie denn fort?«

»Weil es sie nach Licht und Luft und Freiheit verlangte!«

»Aber wenn nun die anderen zurückblieben, hier, wo es so eng und dunkel ist, und einander treu blieben, so konnten doch auch wir hier bleiben?«

»Was fällt dir ein, mein Junge; komm!«

»Aber hier sind sie doch auch viel frommer als bei uns oben. Wie die Knaben gebetet haben – – Warum gehe ich nie in den Tempel, Papa?«

»Weil – weil du freiheitlich erzogen wirst – und weil wir – bis auf die Mama – aus der Gemeinde ausgetreten sind.«

»Aber als du klein warst, bist du doch auch in den Tempel gegangen? – Was sind das für Tücher, Papa, die die Knaben um die Schultern hatten?«

»Das sind – – das weiß ich nicht mehr – Einst – legte – ich – sie – auch – um – diese Tücher – Aber nun komm; wir wollen nach Hause gehen; es ist spät.«

»Aber wenn früher alle im Getto wohnten, hast du denn da nicht auch im Getto gewohnt?«

»Ich auch.«

»Und nun hast du es ganz vergessen –«

»Man muß mit der Entwicklung gehen, mein Junge – Aber das kannst du noch nicht verstehen.«

»O doch, ich glaube wenigstens –«

»Was ist denn, Junge? – Du weinst? – närrisches Kind – –«

Er zog mich so heftig an sich, daß ich fast gestürzt wäre. Mein Hut war zu Boden gefallen. Seine Hand lag unendlich weich auf meinem Kopf. Als ich zu ihm emporsah, blickte ich in ein von Schluchzen zerrissenes Männergesicht. Ich warf mich vor ihm nieder und rief weinend: »Segne mich, Vater!«

Er sprach einen hebräischen Spruch bebend auf mein Haupt herab. Unsere Tränen netzten die stille, dunkle Judengasse.

In den niedrigen Häuschen hatten auf weißen Tischen sich die Sabbatlichter entzündet.

Leo Perutz

Mordechai Meisls Gut

Um die Jahrhundertwende, zu der Zeit, als ich fünfzehn Jahre alt und Schüler des Gymnasiums war – ein schlechter Schüler, der dauernd Nachhilfe benötigte –, sah ich die Prager Judenstadt, die diesen Namen freilich schon lange nicht mehr führte, sondern die »Josefstadt« genannt wurde, zum letztenmal, und in meiner Erinnerung lebt sie, wie sie sich damals mir zeigte: aneinandergedrängte altersschwache Häuser, Häuser im letzten Stadium des Verfalls, mit Vor- und Zubauten, die die engen Gassen verstellten. Diese krummen und winkeligen Gassen, in deren Gewirr ich mich auf das hoffnungsloseste verlaufen konnte, wenn ich mich nicht vorsah. Lichtlose Durchlässe, düstere Höfe. Mauerlücken und höhlenartige Gewölbe, in denen Trödler ihre Waren feilhielten, Ziehbrunnen und Zisternen, deren Wasser von der Prager Krankheit, dem Typhus, verseucht war, und in jedem Winkel, an jeder Ecke eine Spelunke, in der sich die Prager Unterwelt zusammenfand.

Ja, ich kannte das alte Judenviertel. Dreimal in der Woche durchquerte ich es, um in die Zigeunergasse zu gelangen, die von der »Breiten Gasse«, der Hauptstraße des einstigen Gettos, in die Gegend des Moldauufers führte. Hier in der Zigeunergasse, unter dem Dachstuhl des Hauses »Zum Kalkofen«, hatte mein Hauslehrer, der cand. med. Jakob Meisl, seine Studentenbude.

Ich haben sie noch heute vor Augen, ein halbes Jahrhundert hat ihr Bild in meinem Gedächtnis nicht verwischen können. Ich sehe den Schrank, der sich nicht schließen lassen wollte und dem Besucher den Ausblick auf zwei Anzüge, einen Regenmantel und ein Paar aufrechtstehender Kanonenstiefel freigab. Ich sehe die Bücher und die Hefte auf dem Tisch, auf den Stühlen, auf dem Bett, auf der Kohlenkiste und auf dem Fußboden, einzeln und in Stößen, und auf dem Fensterbrett die drei Blumentöpfe mit zwei Fuchsien und einer Begonie, von denen mein Hauslehrer sagte, er habe sie nur zu Lehen, sie gehörten der Zimmervermieterin. Unter dem Bett sah der Stiefelzieher hervor, der die Gestalt eines Hirschkäfers mit mächtigem Geweih hatte. Und ich sehe an den stockfleckigen, rauchgeschwärzten und mit Tinte bespritzten Wänden die gekreuzten Schläger des cand. med. Meisl und seine fünf Tabakspfeifen mit ihren Porzellanköpfen, die in lebhaften Farben das Gesicht Schillers, Voltaires, Napoleons, des Feldmarschalls Radetzky und des Hussitenführers Jan Zischka von Trocnow zu Schau trugen.

Mein letzter Besuch in der Judenstadt ist mir deutlicher als meine früheren in Erinnerung geblieben. Es war wenige Tage vor den großen Sommerferien und ich ging mit meinen Schulheften, die ich an einem Riemen trug, durch das einstige Getto, dessen Demolierung gerade in diesen Tagen begonnen hatte. Und zu meiner Überraschung stieß ich in der Joachims- und in der »Goldenen Gasse« auf breite Lücken, die die Spitzhacke gerissen hatte, und durch die Lükken sah ich in Gassen und Gäßchen, die mir bis dahin unbekannt gewesen waren. Und ich mußte mir über Berge von Schutt und Trümmern, von zerbrochenen Ziegelsteinen, Dachschindeln, verbogenen Blechröhren, morschen Brettern und Balken, zerfallenem Hausrat und sonstigem Kehricht meinen Weg bahnen. Verspätet, müde und über und über mit Kalk und Staub bedeckt kam ich in die »Bude« des cand. med. Meisl.

Aus diesem, aber auch noch aus einem anderen Grund ist mir mein letzter Besuch in der Judenstadt so lebhaft und so scharf umrissen im Gedächtnis geblieben. Denn an diesem Nachmittag zeigte mir mein Hauslehrer das Testament des Mordechai Meisl, das durch Vererbung an ihn gelangt war. Und beide Ereignisse, die Demolierung des Gettos und das Auftauchen des legendären Testaments, schienen mir miteinander verknüpft zu sein und zusammen den

Schlußpunkt der Geschichte zu bilden, die mir mein Hauslehrer durch viele Winternachmittage hindurch erzählt hat, der Geschichte von »Meisls Gut«.

Diese beiden Worte, »Meisls Gut«, hatte ich seit jeher gekannt. In ihnen lag der Reichtum eingeschlossen, jede Art von Besitz, Gold, Juwelen, Häuser, Liegenschaften und Gewölbe, die mit Waren aller Art in Ballen, Kisten und Fässern angefüllt waren. »Meisls Gut«, das war nicht der Reichtum, das war der Überfluß. Und wenn mein Vater erklärte, daß er sich eine Ausgabe, die man von seiner Freigebigkeit erwartete, nicht leisten könne, dann pflegte er hinzuzusetzen: »Ja, wenn ich Meisls Gut hätte!«

Aus einer abgenützten Ledermappe, in der er augenscheinlich Dokumente und alte Familienbriefe verwahrt hielt, holte mein Hauslehrer das Testament des Mordechai Meisl hervor. Es war auf einen Foliobogen niedergeschrieben, der stark vergilbt, stockig und in fünf oder sechs Stücke zerfallen war, denn im Verlauf der Zeiten war das Dokument vermutlich allzu häufig entfaltet, gelesen und wieder zusammengelegt worden. Behutsam nahm der cand. med. Meisl die einzelnen Stücke in die Hand und fügte sie auf der Tischplatte zu einem Ganzen zusammen.

Das Testament war in böhmischer Schrift abgefaßt. Es begann mit der Anrufung Gottes, der der ewig Lebende und Bestehende und der Erbauer der Welt genannt wurde. In einigen weiteren Zeilen, deren Schrift verwischt und nicht leicht zu entziffern war, bezeichnete der Mordechai Meisl sich als einen armen Mann, der nicht Geld noch Geldeswert sein eigen nenne und dem nichts geblieben sei als die wenigen Dinge des täglichen oder festtäglichen Gebrauches, über die er nunmehr letztwillig zu verfügen begehre. Doch habe er – fügte er hinzu – keine Schulden, und niemand könne mit Fug und Recht eine Forderung gegen ihn geltend machen.

Dann hieß es weiter:

»Das Bett, in dem ich schlafe, wie auch der Schrank sollen meiner Schwester Frummet gehören, daß sie meiner gedenke. Sie sei gesegnet, möge Gott ihr Glück mehren und sie vor Leid behüten. Den Rock für alle Tage und den Feiertagsrock wie auch den Sitz in der ›alten Schul‹ soll mein Bruder Josef haben. Möge Gott ihn seinen Kindern lassen zu langen Jahren. Das tägliche und das pergamentene

Feiertagsbetbuch soll dem Simon, meiner Schwester Frummet Sohn, gehören und die fünf Bücher Moses, auch von Pergament, dazu die Zinnschüssel für die ungesäuerten Brote dem Baruch, meines Bruders Josef Sohn. Die vier Bücher des Don Isak Abarbanel, die genannt sind ›Das Erbteil der Väter‹, ›Die versammelten Propheten‹, ›Die Blicke Gottes‹ und ›Die Tage der Welt‹, soll der Elias haben, meines Bruders Josef Sohn, der Gelehrte, der von Stufe zu Stufe steigt. Und ihnen allen wünsche ich, was ihren Herzen lieb ist, dazu Gesundheit und Frieden vom Herrn der Welt, und daß er ihnen Kinder und Enkel schenke, die in der Weisheit und in der Lehre leben.«

Unter diesen von Segenswünschen begleiteten Verfügungen standen die Namenszüge der beiden Testamentszeugen. Der cand. med. Meisl hatte festgestellt, daß der eine von ihnen der Sekretär der Prager Judengemeinde war, während der andere das Amt des »Schulrufers« versah, also dafür zu sorgen hatte, daß die Mitglieder der Gemeinde vollzählig und pünktlich zum Gottesdienst erschienen.

»Am Tag, nachdem der Mordechai Meisl begraben worden war«, berichtete mein Hauslehrer, »fielen die Gerichtspersonen und die Leute der böhmischen Hofkammer in sein Haus, um auf alles, was an Geld und Geldeswert und in den Magazinen an Gütern vorhanden war, die Hand zu legen. Doch es war nichts da, und die Überraschung darüber mag groß gewesen sein. Man verhaftete den Philipp Lang, er wurde beschuldigt, bei dem Verschwinden des Geldes die Hand im Spiel gehabt zu haben. Auch die Anverwandten des Mordechai Meisl wurden in Haft genommen, doch ließ man sie bald wieder frei, denn sie konnten überzeugend dartun, daß nichts von dem verschwundenen Geld an sie gelangt war. Nun strengte der Fiskus ein Verfahren gegen die Prager Judengemeinde an und verlangte die Rückerstattung des Meislschen Vermögens. Dieser Prozeß zog sich 180 Jahre lang hin, erst unter Kaiser Josef II. wurde er niedergeschlagen. Die Prozeßakten liegen im k. u. k. Haus-, Hof- und Staatsarchiv in Wien, und wenn du sie Seite um Seite durchgehst, wirst du den wahren Rechtstitel, auf den die Krone ihren Anspruch gründete, mit keinem Wort erwähnt finden.«

Mein Hauslehrer legte die Teile, in die das Testament zerfallen war, sorgfältig wieder zusammen und verwahrte sie in seiner Ledermappe.

»Dieser Elias, der von Stufe zu Stufe stieg«, sagte er, »soll mein

Urahne gewesen sein, doch die vier Bücher des Don Isak Abarbanel sind nicht auf mich gekommen. Auf dem Weg durch die drei Jahrhunderte müssen sie sich verlaufen haben, sie sind verschwunden, weiß Gott, welcher meiner Vorfahren sie zum Pfandleiher getragen hat. Denn sie sind allesamt arme Leute gewesen, keiner von ihnen hat es zu etwas Rechtem gebracht. Vielleicht haben sie allzuviel darüber nachgegrübelt, warum nichts von Meisls Gut in ihre Hände gelangt ist. Vielleicht haben sie immer nur zurück auf das verlorene Erbe geschaut und nicht ins Leben, nicht in die Zukunft. Kleine Leute sind sie geblieben, und was bin ich? Ein verbummelter Student! Aber jetzt, vielleicht, da Meisls Gut…«

Er faßte den Gedanken, der ihm durch den Sinn ging, nicht in Worte. Eine Weile ging er schweigend im Zimmer auf und nieder. Dann erhob sich seine Stimme zu einer Totenklage um die Häuser des Gettos, die der Zerstörung anheimgefallen waren, denn sein Herz hing an allem, was alt und zum Verschwinden bestimmt war.

»Sie haben das Haus ›Zur kalten Herberg‹ niedergerissen«, sagte er, »und das Haus ›Zum Kuckucksei‹. Sie haben das alte Backhaus niedergerissen, in das meine Mutter Woche für Woche ihren Sabbatkuchen getragen hat. Einmal hat sie mich mit sich genommen, und ich habe die mit Kupfer beschlagenen Tische gesehen, auf denen das Brot geknetet wurde, und die langgestielten Schaufeln, mit denen man es aus dem Ofen holte. Sie haben das Haus ›Zur Blechkrone‹ demoliert und das Haus des hohen Rabbi Loew in der ›Breiten Gasse‹. Es hat zuletzt einem Kistenmacher als Magazin gedient, und als man die Kisten forträumte, fand man Vertiefungen in allen Wänden. Sie dienten keinem mystischen Zweck. In ihnen hat der hohe Rabbi seine kabbalistischen Bücher aufbewahrt.«

Er blieb stehen und fuhr fort, die Häuser aufzuzählen, die es nicht mehr gab.

»Das Haus ›Zum Mäuseloch‹. Das Haus ›Zum linken Handschuh‹. Das Haus ›Zum Tode‹. Das Haus ›Zur Pfeffernuß‹. Und das kleine Haus mit dem sonderbaren Namen, hier in der Gasse, das Häuschen ›Keine Zeit‹. In dem hat bis vor kurzem ein Hayduckenschneider seine Werkstatt gehabt, der letzte, der sich noch so nannte. Er fertigte Livreen für Herrschaftsdiener an.«

Er trat ans Fenster und blickte über die Giebel, die Höfe, die Bauplätze und die Hausruinen hinweg.

»Das dort«, sagte er, »war das Siechenhaus und das drüben das Armenhaus. Was du dort siehst, ist Meisls Gut.«

Er wies auf zwei Gebäude, von denen nur noch die bloßen Mauern standen, und die Spitzhacken taten weiter an ihnen ihr Werk. Und wir sahen, wie Meisls Gut in Schutt und Trümmer fiel und wie es sich noch einmal vom Boden erhob und in die Höhe stieg, eine dichte Wolke von rötlichgrauem Staub. Noch immer war es Meisls Gut, und es stand, und wir sahen es, bis es ein Windstoß forttrieb und verschwinden ließ.

II. Traum und bitterer Kelch der Lebensprosa

Georg Carl Herlossohn

Bitterer Kelch der Lebensprosa

Da drüben ist ein Weinkeller, ein sogenannter Italiener. Steigen wir einmal dort hinab. Es ist hier ein anderes Leben und Regen, und damit kommt eine andere Stimmung. Man ist den Weingeistern nahe; die wollen im Dunkeln sein. – Von der Welt und der freien Aussicht ist man hier abgeschlossen, man hat die äußern Vorhänge heruntergelassen und befindet sich in der engen, dunklen Kajüte der Reflexion. Aus dieser Nacht spielen dann die Lichter, aber nur desto feuriger und blitzender hinauf und hinaus. Es gibt nur zwei Hellungen hier: das Licht auf der Tafel, das bloß den Tisch und kaum die engen Wände beleuchtet; dann den Wein in der Flasche, welcher sein Licht in die innern Gemächer wirft; ein Strahl davon fällt auch blendend in das Kämmerchen, wo die *Phantasie* schläft; – das liebe Kind erwacht, reibt sich die Augen, gähnt, lächelt mit dem Rosenmunde, erhebt sich, und, husch! ist es hinaus. Vorerst flattert es geblendet um die schimmernde Flasche, einer Mücke gleich, die die Kerzenflamme umkreist – aber versengt sich die Flügel nicht; dann fliegt es an der Kellerwölbung empor und an den dunklen Wänden herum. Dann kommt das Schmetterlingskind zu mir, setzt sich an mein Ohr und flüstert mir, wie Mahomeds Taube, allerlei seltsamliche Dinge zu, z. B. von der ersten Liebe.

Ja, von der ersten Liebe, von Elisa! – Es war auch meine einzige. – Was wäre ich ohne sie? – Ich säße vielleicht jetzt in einem vaterländischen Kapuziner- oder Redemtoristenkloster und betete das Brevier, zählte am Rosenkranz und seufzte höchstens beim

Ave Maria
Regina coeli etc.

die Worte: »Königin, das *Leben* ist doch schön!« – Oder ich trabte auf den Feldern herum, eine Schreibtafel in der Hand, die Bauern kommandierend, wenn sie ihre Frondienste leisten auf herrschaftlichen Äckern, und man titulierte mich: gestrenger Herr Amtsschreiber oder aber – doch wozu das alles ausmalen. Ich kämme weder als Kapuziner meinen Bart, noch tröste ich als Liguorianer Magdalenen am Krankenbette, noch renne ich über die Sturzäcker, noch registriere ich die Eingaben. Die erste Liebe, eben weil sie eine sogenannte *unglückliche* war, hat mir Armut gegeben und Freiheit: diese beiden müssen einmal Hand in Hand wandeln, und Kraft, mich dem Vaterland und der Kapuzinerkutte zu entreißen und in die Fremde zu ziehen und mir da eine Hütte zu bauen, wie die Schwalbe ihr Sommernest baut. Wenn auch wenig – etwas Poesie ist doch daran! Und ich habe etwas Licht und Wärme gewonnen; dort wäre vielleicht alles verkümmert. Meine erste Liebe!

Du braunes Kellnermädchen, gib mir eine andere Flasche her; doch einen feurigen Trank, es muß heller, klarer sein um mich: ich denke an die erste Liebe! – Sieh, mein Kind! da war ich kein so öder, trockener Philister wie jetzt. – Wenn ich nachts unter ihrem Fenster stand – und warf ein klirrendes Steinchen an die Scheiben: da öffnete sie und sang mir mein Lieblingslied, das alte Lied:

»Kennst du der Liebe Sehnen,
Fühlst du der Liebe Schmerz...«

mit ihrer glockenhellen unvergeßlichen Stimme; da drückte ich die Hand ans Herz und die Stirne an die Mauer und freute mich meiner Tränen. Und die Sterne am Himmel, die Hügel und Wälder, die silberne majestätische Moldau drüben, alles – alles wurde mir schöner, heller und herrlicher, und wenn der letzte Ton, der lispelnde Seelenhauch verschmolzen war, sie vom Klavier aufstand, sich im weißen Nachtgewande herausbeugte und »Gute Nacht!« flötete und ich »Gute Nacht!« hinaufhauchte, wenn sie dann verschwand und ich nach meiner Wohnung hinabflog, da breitete ich die Arme aus und schlug sie zusammen, als wollte ich die Luft an mein Herz drücken; da ging ich noch in den Park hinab, wandelte die Gänge auf und nieder, improvisierte, sprach mit allen Blumen und Bäumen und liebte die ganze weite Welt unendlich, mehr als mich selbst, und hatte doch nur einen Traum, einen Wunsch, einen Gott und eine Seligkeit, und dies war *Elisa*! –

Da lief ich einmal in meiner Verzückung über die Scheiben eines flach auf der Erde liegenden Melonenbeetes, welche ich für einen Lilienflor gehalten, und sie brachen krachend und klirrend unter mir zusammen, wie ich aber durch einen neuen Schritt mich hinaus-

arbeiten wollte, splitterte es immer weiter, daß es einen Höllenlärm gab, alle Hunde des Gärtners laut wurden, auf mich losfuhren, der ich mich nun nicht von der Stelle rühren durfte, bis die Gärtnerburschen herangestoben kamen mit Flinten und Prügeln, wie das wilde Heer, und mich so lange für einen Dieb hielten, bis sie meine klägliche Stimme erkannten. – Ich entschuldigte mich auf eine Art, daß sie mich von nun an für einen Nachtwandler hielten und mir kurz darauf die hundertjährige Großmutter des Meierhofhirten zuschickten, die mich durch Gebete und Besprechungen kurieren sollte. Die Geliebte wollte sich totlachen, als ich den Unfall meiner glühenden Begeisterung und meine nunmehrige Mondsüchtigkeit ihr erzählte. – Ach, was ist der Verliebte doch für ein glückseliger Narr! –

Und Elisa – das holde Kind mit den Gazellenaugen und den rosigen Lippen –, seit sieben Jahren schon deckt sie die Erde. Der bittre Kelch der Lebensprosa: die Ehe mit einem Landjunker, das Kindererziehen, der Familienjammer, die Plackerei einer ländlichen Wirtschaft usw. gingen an ihr vorüber; der Gevatter Tod kredenzte ihr dafür den seinigen, den Jungfrauenkranz im dunklen Haar legte sie sich, als noch der volle Lenz ihre Wangen umspielte, in das Haus von vier Brettern und zwei Brettchen. – Ihr Grab ist gar fern von mir – ich hätte sonst in der Christnacht einen Weihnachtsbaum darauf angezündet. –

Frisch eingeschenkt, du blankes Kind! denn ich muß mit dem Geiste wieder in den Keller hinab; da flattert der unbändige Schmetterling noch immer um Tisch und Flasche und um mich herum; die Kerze brennt immer tiefer und düsterer herab, und ich denke: Wie wär es, wenn du bleicher Gesell hier träumend sitzen bliebest ein Jahrhundert lang, ohne Bewußtsein der Zeit und Außenwelt, und stiegest erst nach dem einen Jahrhundert die Treppen zur Straße hinauf!?

Wie anders ist es da – die Häuser, teils neu gebaut, teils verwittert durch Regen und Staub – die Menschen da haben eine andere Kleidung, sprechen eine veränderte Sprache; keiner kennt mich, ich sehe kein bekanntes Gesicht. Die Firmaschilder sind fast alle verändert, hier und da ein bekannter Laden geschlossen oder ein neuer geöffnet; auch die Bedürfnisse sind andere geworden. Die Leute versammeln sich um mich und staunen den hundertundsechsunddreißigjährigen Greis und seine Tracht mit Grauen, Bedauern und

Neugier an. Kein bekanntes, befreundetes Herz aber schlägt mir hier, und ich kenne das Leben nicht, es ist mir fremd geworden und widrig zugleich; in dem Spiegelfenster des Ladens hier sehe ich mein fahles, verdorrtes Antlitz und die verloschnen Augen und das sparsame Schneehaar, die verkümmerte Gestalt und die modrigen Kleider. – Noch schrecklicher, wenn vielleicht bis dahin die Stadt in ihrem Erwerb und Wohlstand gesunken wäre, wenn fernab die Eisenbahnen führten, wenn die Straßen öde und menschenleer geworden – wenn dann immer nur der zwanzigste Laden geöffnet ist, auf dem Pflaster Gras wächst, hier und dort ein Gesicht aus dem Fenster sieht und nur selten ein Kind oder eine Magd über den öden, weiten, rasenbedeckten Marktplatz zieht – auf der Spitze des Rathausturmes ein Storch nistet und in viele Fensterhöhlen leerer, verlassener Häuser die Sperlinge ein- und ausfliegen! –

Dann, alter Gesell, würdest du lange betrachtend stehen, dir eine Träne aus dem vertrockneten Auge drücken und langsam nach der einen, wohlbekannten Straße hinabschleichen. An das Gegenhaus würdest du dich lehnen und lange, lange nach dem wohlbekannten, jetzt leeren Fenster hinaufschauen und noch *eine*, die letzte Träne weinen, dann das morsche Takelwerk des Leibes aufraffen und die lange Straße hinabziehen zum – Gottesacker, wo sie alle schlafen. Dort würdest du die Gräber auf- und abschwanken, die Grabsteine lesen, bis du den *einen* gefunden. An diesem Grabe würdest du halten, dich niederlegen und die müden Knochen ausstrecken. Die matte Hand aber würde nach dem *Namen* auf dem Grabstein langen und darauf ruhen bleiben; der ausatmende Mund würde noch hauchen: »Gute Nacht!«

Doch – ich trinke lieber ein frisches Glas und freue mich, daß ich noch lebe, solang die Schönheit blüht, solang das Lied erklingt und die Rebe glüht, und daß es nicht so ist, wie es wohl nach hundert Jahren auch nicht ist. –

Segen dir noch nach tausend Jahren, du liebe Stadt! –

Oskar Wiener

Stadt der Sonderlinge

Prag ist eine ungewöhnliche Stadt. Die Menschen, die dort leben, unterscheiden sich oft sehr von den Menschen anderer Ortschaften. Es ist eine Stadt der Sonderlinge, die eigenwillige Wünsche haben und einen stets wachen Trieb für das Verworrene. Pfahlbürger gibt es überall, sie gedeihen auch an der Moldau; aber dies sind meist eingewanderte Kleinstädter oder Dorfbewohner von ehedem, die ihre schlichten Gefühle nach dem hunderttürmigen Prag verpflanzt haben. Was erbgesessen ist im Prager Talkessel, trägt dumpfe und schwermütige Träume mit sich herum, ist erfüllt von einer krankhaften Phantastik, die einer gefährlichen und ungesunden Sehnsucht nachbetet.

Dies gilt nicht nur für die Bewohner der zerschlagenen Judenstadt, wo die letzten Trümmer des Getto wie eine verwaschene Kulisse eingeklemmt stehen zwischen dem Mauerwerk ragender Zinshäuser; nicht nur für die Kleinseite gilt dies, mit ihren verödeten Palästen, oder den Hradschin. Selbst die modernen Stadtviertel Prags, die nüchtern scheinenden Vorstädte, sind vielfach von seltsamen Menschen bewohnt, von Leuten, die merkwürdige Schrullen haben und oft ganz wunderliche Berufe.

Wer braucht Schlangen, um glücklich zu sein? Wem sind diese abscheulichen Tiere zur Freude geboren? Können sie singen wie die Vögel des Waldes, vermag man ihr Fleisch zu genießen oder mit ihrer Haut einen Winterrock zu verbrämen? Es sind unnütze Geschöpfe, die auf dem Bauche kriechen seit Adams Sündenfall; den Fluch der Gemeinheit müssen sie tragen und den der Überflüssigkeit. Und doch, in Prag gibt es einen Schlangenhändler, einen Mann, der mit dem Verkauf jener giftigen Reptilien sein auskömmliches Dasein verbindet.

In einem großen und sehr geräumigen Hof, den kühle Steinlauben einfassen, hat sich Jan Had sein Schlangenreich eingerichtet. Dort liegen die kaltblütigen Riesenwürmer faul und reglos in der Mittagsglut. Und ihr Herr, der mager und mürrisch ist, wie seine Geschöpfe, schleicht mit vorgestrecktem Kopf zwischen den Körben umher, starrt die Nattern und Vipern aus Bändigeraugen an und redet auch zu ihnen, als ob es Menschen wären, die seine Sprache verstehen.

Jan Had liebt die Schlangen. Er kennt ihre Gewohnheiten und Eigenschaften, und glücklich ist er nur, wenn er ihnen eine Wohltat erweisen kann oder einen Genuß. Die Menschen aber liebt Jan Had wenig, nicht einmal seine Tochter hat er gern, die rothaarige Jarmila.

In der ziegelgepflasterten Kammer des Herrn Had sah es aus wie in Großmutters Schlangenküche: aus verdrahteten Kisten, aus Schachteln und Gläsern züngelten die Pfleglinge des Händlers. Vor dem Herde stand Jarmila und rührte eifervoll in einem Kupferkessel, Jan Had aber saß an dem breiten, rohgehobelten Tisch, hatte die Ärmel seines bunten Schlafrockes bis über die Ellenbogen gestreift und bereitete ein Kaninchen mit der Würde eines Pastors zum letzten Gang vor.

Eben hatte er dem ahnungslosen Tierlein, ohne am Grünkohl zu sparen, die Henkersmahlzeit gespendet, nun knüpfte er ihm eine rote Masche um den Hals. Denn es zählte zu den Schrullen des Herrn Jan Had, sein lebendiges Schlangenfutter mit Feierlichkeit den Reptilien vorzusetzen. Jetzt stand er auf und trug das Opfer in den Hof hinaus, nach dem Käfig der kupferfarbigen Lanzenschlange, die schon unruhig des langentbehrten Genusses harrte.

»Gleich wird deine Bestimmung erfüllt sein, mein goldenes Haserl«, schmeichelte der Alte mit gespitzten Lippen, während er vorsichtig durch den Hausflur tappte. Da rannte plötzlich ein Mann gegen ihn an, der aussah wie ein Bauer, aber städtisch gekleidet war. Dieser viereckige Mensch kam durch die Toreinfahrt hereingepoltert, von dem Sonnenlicht draußen geblendet, und stieß derb gegen Herrn Had, augenzwinkernd und atemlos wie einer, der es sehr eilig hat.

Jetzt verbeugte er sich unbeholfen und sprach: »Hier muß es sein; die Hausmeisterin sagt, daß es hier ist.«

»Was wollen Sie?« knurrte Jan Had.

»Ich möchte das Zimmer besichtigen.«

Sofort wurde der Schlangenhändler freundlich: »Aber mit Vergnügen, mein Herr«, fistelte er und schob das Kaninchen, das den Fremden mit großen unschuldigen Augen angeglotzt hatte, eilfertig in die Tasche des Schlafrockes.

Trotz seines plumpen Wesens war der Fremde kein Bauer oder

Roßschlächter; zu den Priestern der tönenden Muse zählte er sich, und die Kinder kleiner Leute unterwies er in der Kunst, mit Gefühl das Pianoforte zu hämmern und der Fiedel ein paar kreischende Lieder abzupressen. Heinz Hille war ein armer Musiklehrer, der einst voll schwärmerischer Erwartung das Reich der holdseligen Polyhymnia betreten hatte, aber seine Hoffnungen waren bald vom Flugsand des Alltags verschüttet worden. Der Traum von Lorbeer und Gold war längst ausgeträumt: kein großer Künstler, nur ein gequälter Vorstadtgeiger war aus ihm geworden. Und anstatt dahinzuschweben in einer rosigen Wolke des Erfolges, kroch er wie die Schlangen des Herrn Had durch das schmutzige Leben. Nach Prag war er gekommen, um berühmt zu werden, nun zählte er die Groschen und war froh, wenn er einmal mit sattem Magen zu Bette gehen durfte.

Heinz Hille war arm wie ein herrenloser Großstadthund, arm und verlassen wie dieser. Und jetzt suchte er wieder ein Obdach, eine neue Wohnung, die noch billiger sein sollte als sein letztes Stübchen. Denn die Eltern seiner Schüler waren dürftige Handwerkersleute und feilschten sehr mit ihm. Und nicht selten blieben die Kinder nach den ersten Stunden ohne Abschied aus. Auch fehlte Heinz Hille jeder Willen, die Gunst dieser wenig gepflegten Geschöpfe zu erwerben. Er war ungeduldig zu ihnen und heftig, erntete den Trotz der Kleinen und jagte sie wohl selbst aus dem Hause, wenn ihre Faulheit oder der Mangel jeglicher Begabung seinen Zorn entfachte.

Der Schlangenhändler führte Herrn Hille über eine Wendeltreppe, die bei jedem Schritt geisterhaft ächzte. Oben gab es für den Musiker eine Überraschung.

Mitten im Zimmer lag ein riesenhafter Wurm, den starken, buntgefleckten Leib zusammengerollt, lag er dort reglos auf dem Fußboden und schlief. Heinz Hille war von dem unerwarteten Anblick so bedrängt, daß er nur stumm nach der Schlange zeigen konnte. Wie vor einem Gespenst streckte er abwehrend die Arme aus, wurde ganz gelb im Gesicht, traute sich keinen Schritt weiter.

Diese Angst mußte dem alten Had ein beträchtliches Vergnügen schaffen, denn der Greis kicherte idiotisch, schlich dann eilfertig auf das Untier zu, und indem er es mit dem Fuß anstieß, meckerte er: »Hör mal, Schätzchen, man fürchtet sich vor dir, man glaubt, daß du giftig bist und ein unangenehmer Zimmergenosse. Aber mit dir läßt es sich ganz gut leben. Der junge Herr wird sich schon an deinen Anblick gewöhnen.«

Über diese Zumutung geriet der Musiklehrer in Zorn. Nun gewann er auch die Sprache wieder und erklärte lärmend, daß er auf die Wohnung verzichte. »Bin ich ein Tierbändiger?« schrie er, und die Nähe des unheimlichen Wurmes vermochte nicht mehr seine Stimme zu dämpfen, so empört war er. »Bin ich ein Schlangenbeschwörer, daß Sie mir zumuten, mit einem solchen Scheusal die Stube zu teilen? Ich danke gehorsamst.« Und mit langen Schritten lief er aus dem Zimmer.

Jan Had folgte dem aufgeregten Herrn mit gekränkter Miene. »Schade, jammerschade«, bedauerte er, »das Stübchen ist unvergleichlich; Sie hätten einen Treffer damit gemacht. In ganz Prag ist keine solche Wohnung mehr zu finden. Und billig, Euer Wohlgeboren, billig sag' ich Ihnen – geradezu geschenkt ist sie!«

Aber Heinz Hille schüttelte trotzig das Haupt und kletterte, ohne sich umzusehen, die Stiege herab. Unten lehnte die rothaarige Jarmila in der Tür. Sie musterte neugierig den Fremden und rief laut ihren Vater an: »Hat der Herr gemietet?«

»Gemietet?« äffte ihr der Alte gehässig nach. »Fällt ihm gar nicht ein! Ja, wenn wir einen Taubenschlag zu verpachten hätten oder einen Hühnerstall, da hätte er zugegriffen; aber so –« und der Schlangenhändler machte vor Heinz eine höhnische Verbeugung »– aber so fürchtet er sich vor unserem Tigerchen, vor unserem sanften Python molurus.«

»Vater«, sagte Jarmila ruhig, »ich nehme die Tigerschlange gern in meine Schlafkammer.« Und so geschah es auch. Der Musiker mietete beim Herrn Had und zog noch am nämlichen Abend ein. Seitdem prunkte über dem Tore des Bischofshofes ein grünes Blechschild, auf dem zwei Violinen ihre schlanken Halse kreuzten, und darunter stand zu lesen: Hier wird billig Geige unterrichtet.

Paul Adler

Der Spiegel des Kindes

Zur Zeit, da das heitere Antlitz der Stadt Prag noch nicht mit Zank umwölkt war, kam hieher der junge Baumeister Friedrich mit einem Freunde. Beides Altertümler, die nach den Städten im innern Österreich wollten. Dazumal kümmerte sich das frei in alle Vergangenheit schwärmende Poeten- und Künstlervolk recht wenig um die andern Leuten so verhaßte Politik des Staatskanzlers noch um den Kaiser Franz, den man um des Besitzes seines Karlsbades und seiner Wienerstadt willen pries. Man sah die Domspitze seiner königlichen, böhmischen Hauptstadt am Fluß hinter den schroffen Felswänden auftauchen und freute sich auf die sächsischen oder österreichischen Freunde, die man als Kommissäre und Räte, als vom Bundesrat Abgeordnete oder als freie Geister und Schriftsteller in den geräumigen Prager Häusern antreffen würde.

Mit solchen Erwartungen saß jetzt Friedrich vor dem alten, zu dem Schloß führenden Tor; er schälte einen Apfel, der noch eben an einem nahen Baum gehangen hatte, und Ludwig, der Freund, freute sich im Auf- und Abspazieren, das er seit längerer Weile betrieb, eben des Bänderputzes einer vorbeikommenden jungen Gemüsebäuerin, ehe beide unter den finsteren Befestigungen in die Freie des weiten Domplatzes einzogen. Friedrich erinnerte sich noch eines letzten Bekannten, Karl Egon Eberts, eines Katholiken, der hier vor Jahren die Freundschaft des verehrten Brentano genossen hatte, und das Gespräch kam bald auf die Erzählungen einiger nahestehender Männer und auf den Einfluß, den behagliche, noch mittelalterlich dastehende Städte auf den poetischen Sinn der dort Lebenden hätten. In diesem Augenblick kam Ebert, ein junger Mann mit offnen Gesichtszügen, selbst aus der Stadt zu einem Spaziergang hervor, nicht zur großen Verwunderung der Fremden, da man auf Reisen alle freundlichen Zufälle wie erwartete Ereignisse begrüßt und mit der Leichtigkeit einer gewährten Gunst benutzt. Man erkannte einander, Ebert verweilte gern, und Friedrich, sein Bekannter, fragte ihn nach den Eindrücken, die er seiner Geburt in jenen Mauern verdanke.

Ebert öffnete leicht sein Herz, er schilderte und pries die ergrauten oder rauchschwarzen Giebel, die Madonnenstatuen, den alten Glanz der Kirchen und Paläste; unten hinter den Wipfeln, auf die sein Finger wies, die berühmte Brücke, die man nun bald zu Gesicht bekommen würde. Man erwiderte mehreres. Ludwig, jünger und anspruchsvoller als der schon zu einigem Ansehen gekommene Friedrich, verlangte eine besondere böhmische Fabel für eine altertümliche Dichtung zu hören. Inzwischen war bereits eine Stunde vergangen, alle drei fanden den Aufschub eines so mühsam erstrebten Anblicks des ersehnten alten Münsters köstlich, und Ebert wollte – Ludwig zur Entgegnung – von dem mit der Stadt noch Unbekannten eine Novelle aus dem Geist seiner Erwartung ihrer altertümlichen Schätze hören. Ludwig empfand einigen leichten Mißmut bei dem so plötzlich an ihn herangetretenen Verlangen, doch nahm er die Aufforderung an.

»Ihr müßt also wissen«, sagte er, »daß ich vordem bei meinem Umherblicken nach den Turmspitzen ein kleines rotes Dach wenige Schritte von mir unterhalb der Mauer sah. Als ich dort hineinschaute, schien es mir, als ob ich nicht um einen Riß von des Meisters Parler eigener Hand die Stille seines kleinen spitzwölbigen Innern stören könnte. Und das war gut. Denn auf einem Bänkchen lag dort ein kleines, knallrot bekleidetes, slawisches Mädchen, das bei meinem plötzlichen Nahen gewiß in mir unverständliche Rufe der Angst ausgebrochen wäre. Jetzt aber, als ich neben dem Gartenzaun langsam hinunterstieg und vor dem Pförtchen stand, wachte das kleine Wesen auf und lief in Kinderart auf mich wie auf einen Bekannten zu. Ich nahm, da ich ihm keine Worte zu sagen wußte, das Kind an der Hand und dachte, es würde mich in das Haus zu seinen Eltern, Gärtnern oder Soldaten führen. Allein es machte sich bald an meiner Hand schwer und wollte mich nicht aus einer einzigen Stube lassen, wo es vor einem hochaufgeschichteten Bettwerk unter einem gedruckten Heiligenbild seine kleinen Puppen ausgebreitet hatte. Jesus, wie wurde mir da, als ich in einem Spiegelchen, das dort auf einer Kommode stand, den Turm des Meisters Peter, so wie ich ihn in meinen Träumen oft geschaut hatte, mit seiner jetzt verbrannten Spitze sah! Unterhalb der Spitze stand ein lächelnder Steinengel mit goldenen Flügeln, und ganz oben auf ihr war ein runder Kelch in dem Himmel offen: das Blut der Sonne tropfte aus den Wolken hinein. Ich versuchte durch zudringende Zeichen von dem Kinde zu erforschen, ob es den Turm gleich mir mit seinem verschwundenen Zierat sehe: allein es wandte sich von mir ab seinem Spiele zu. Da sagte ich zu mir: Dieses ist der Spiegel des alten Zauberers Virgil; wer hineinblickt, kann darin alles sehen, was jemals an ihm vorbeigegangen ist. Wie bin ich glücklich, setzte ich in meiner Betrachtung fort, diesen Schatz hier gefunden zu haben. Ich stellte mich vor das Glas, und ich sprach zu dem Spiegel wie zu einem alten Mann: Rede! Der Spiegel hob wirklich seine dünne brüchige Stimme und erzählte hundert Geschichten, in deren jeder der Turm vorkam. In der letzten Geschichte sah ich mich selbst in der Stube des kleinen Kindes, der Turm sah ohne seine alte Spitze herein, der Blitz hatte sie gefällt und die Bilderstürmer sie vollends zur Erde gelegt. Ich habe den Spiegel dem Kind gegen eine farbige Zeichnung abgeschmeichelt und für die Eltern einen ganzen Gulden auf die Platte gelegt. Denn ich will ihn mit nach Prag hineinnehmen, er soll mir alles Alte und Neue in dieser Stadt zeigen. Hier könnt ihr ihn sehen, Freunde!«

Ebert und Friedrich blickten hinein, sie sahen in ihre beiden verblüfften Gesichter. Ebert begann sogleich: »Gegenüber dem Felsen, auf dem wir hier sitzen, erhob sich zuerst die alte Mägdeburg Grad: Ich seh sie im Spiegel« – Ludwig unterbrach ihn: »Noch viel früher war hier ein Wald von Eichen und breitästigen Linden, die ihre weißen Blüten schaukelten – Ein flachshaariges wildes Mädchen – – Der Spiegel trübt sich – –« – »Er trübt sich durch deine Unaufmerksamkeit«, sagte Friedrich, »der Zauber ist bei dir nicht in den rechten Händen« – »Ein Mädchen kann mehr Trübes im Spiegel sehen«, entgegnete ihm schnell Ludwig, »ihr trübt sich Wässerlein und Metall, sei es nun ein Bauernmädchen, das im Quecksilber seine Zukunft beschaut, oder ein bäurisches mädchenhaftes Volk, mit melodischen Klagen an seinem Flusse sitzend, oder eine hochgebaute Stadt. In meinem Spiegel wendet ein Mädchen das Spiegelglas in der Hand, ob sie auch schön für den Geliebten ist. Das Glas zeigt einen heißen Tag, man stellt die ersten Pfeiler für den Dom, der Geliebte trägt einen langen Rock und in seinem Gürtel einen phantastischen Löwenkopf, er befehligt einige untere Handlanger. – Jahrhunderte später: Der Dom ist wieder verbrannt. Der Krieg ist im Land. Der Geliebte ist ein frecher Säufer oder ein schmutziger Schreiber. Sie besieht sich trotzdem im Spiegel. – Anno 1810 oder mehr: Ein Kind läßt einen hagern Mann ins Haus und ist noch achtlos gegen Fremde und Spiegel. Fremde Männer und Kinder im Haus, Mädchen, die sich beschauen, und nachts angezündete Lampen, nichts anderes spiegelt der Fluß vor den Häusern mit seinen Kähnen und Brücken, und aus keinen andern Spiegeln war der größere, brennende der hoch ragenden Stadt zusammengesetzt, dessen gesammeltes weißes Licht noch in unsere fernen Jahrhunderte und Länder leuchtet. Gebt mir den Zauber, er ist trotzdem in den rechten Händen. Nur der Rahmen ist bescheidener. Es ist ein einfaches Tagesglas, kein geritzter böhmischer Spiegel –«

»– Oh, ihr dürft [euch] überzeugen«, rief jetzt Ebert in halb lachender Verlegenheit aus, »wer vermöchte mit euch, von der romantischen preußischen Richtung, zu streiten! Geht jetzt beide in die Stadt hinein und betrachtet unsern Turm und die grüne Narrenkappe, die sie ihm aufgesetzt haben, endlich mit leibhaftigen Augen. Mich entschuldigt ihr wohl, wenn ich meinen gewöhnten Spaziergang in das Dorf nicht aufgebe; ich hoffe, euch statt dessen abends in dem Weingewölb des alten Vaters Noack zu begrüßen, wohin euch unsere Freunde führen werden. Es lebe unser gotisches Prag und jeder von euch draußen, der es so recht herzlich zu schätzen weiß! Vielleicht werdet ihr gar selbst heimisch, ihr bleibt lange und könnt auch die Bekanntschaft des kleinen Kindes fortsetzen, das euch so liebenswürdige Gedanken eingab.«

Ebert und die Fremden begrüßten einander, Ebert schritt schnell aus, und der Wind verwickelte ein ihm entführtes baumwollenes Tuch in die Füße der schon der Stadt zugewandten Reisenden, die es zum heiteren Zeichen eines genußreichen Wiedersehens in ihren Gassen nahmen. Noch einige Schritte in dem widerhallenden Stollen des dunkeln Festungstors, und die Künstler standen erfreut vor dem geschmiedeten Brunnen und dem hohen Schiffe des alten Baumeisters.

Otto Pick

Der Saal der Erfüllung

Weit hinter ihm ragten die Bahnhofstürme zum schneeschwangeren Himmel empor. Der Atem des Jünglings, hell wie Zigarettenrauch, mischte sich mit dem warmen Hauch der Vorübergehenden und stieg auf und zerfloß. – Die Gedanken des jungen Mannes hatten ein gleiches Schicksal. Sie verweilten nicht länger in der Kleinstadt, die er verlassen, ungewisse Schlüsse aus Erlebtem, Erlittenem ziehend; Kummer und Zorn schmolzen und wurden bewußte Resignation, die seinen Blick ruhig, nichts erwartend auf den Menschen der Großstadt haften ließ.

Und das Gedränge verdichtete sich, die Straßen wurden weiter, und das lebendige, zielbewußte Gehen und Schauen der Vorübergehenden übte seinen Einfluß auf den müden Jüngling aus: Die Lebendigkeit ihrer Mienen floß über auf sein Gesicht, seine Gedanken vermißten das Alleinsein mit sich selber und wurden umschauhaltend, erregt und suchend. Er fühlte eine leise Hoffnungsfreude in sich und richtete sich empor aus seiner scheinbar trübseligen Haltung.

Wohl, jetzt – da die Brücke zur Rückkehr gefunden war –, jetzt galt's Wege zu suchen, die ihn alles Durchwanderte vergessen lassen sollten: die kindlich folgenschweren Enttäuschungen des Zwanzigjährigen, die einigen winzigen Zurücksetzungen und Beleidigungen, durch die sein weiches Herz stets für Monate zu verhärten und ungerecht zu werden drohte... und die Wünsche, diese umrißlosen Gebilde, diese stolzen Luftschlösser, deren Fackelglanz in der Winterluft der ernsten Straßen zu komisch strahlen würde, um nicht verlöschen zu müssen.

Eine Wohnung suchen. Die Häuser sind hoch, vier Stockwerke und mehr, sehen aber kahl und unwirtlich aus, die mißglückten Zieraten sind Auswüchse an bleichen Mauern, die den armen, ausdruckslosen Mienen der Großstadtkinder gleichen. Armselige Baumeister haben hier und da bunte Flecke hingekleckst, über und neben den Fenstern; die Wirkung ist die von schlecht angebrachter Schminke auf gelbsüchtigen Wangen.

Manchmal steht ein kleineres Gebäude, das vertrauensvoll aussieht... Doch ein Balkenkäfig umschließt es, man reißt es nieder, um aus denselben Ziegeln einen Großstadtbau zu errichten. Rotgelbe Laternen leuchten durch die Latten, hilfeheischende Augen sterbender Vergangenheit.

Der junge Mann hält verzweifelt inne... Unschlüssig, mißtrauisch betrachtet er die Häuser. Er steht plötzlich auf einem weiten Platze. Die Uhren zweier Türme strahlen aus dem blauen Dunkel, dazwischen ist der Mond. Ein Kaffeehaus ist grell erleuchtet, fröstelnde Herren treten heraus. – Es ist die Woche vor Weihnachten. In dunklen Tonnen schwimmen große müde Karpfen. Rohe Weiber schreien den Passanten Preise entgegen.

Der Jüngling aus der Fremde fühlt sich müde und ruhebedürftig. Kurz entschlossen überquert er den Marktplatz und tritt unter einer blassen Laterne in ein Haus.

Kühle Luft schlägt ihm entgegen. Sie wirkt beruhigend und glättet seine mißmutige Stirne. Eine breite Treppe. Aus dem Dunkel glühen zwei rote Kugeln, wie Purpuraugen. Er gewahrt zwei kupferne Sphinxgestalten, die mit großen Rubinenaugen den Aufgang zu bewachen scheinen... Er glaubt, in einen herrschaftlichen Palast geraten zu sein, und wendet sich dem Tore zu, entschlossen, sein Glück in dem Nebenhause zu versuchen. Ein heller Klingelton läßt ihn innehalten, und in der Hand eines rüstigen Mannes strahlt ihm das Licht einer Lampe entgegen.

Der Mann, mit braunem Vollbart und ruhigen Augen, scheint nicht verwundert und reicht dem Jüngling die Hand.

»Sie suchen Unterkunft. Wohl; Sie sind am rechten Orte, wenn er auch anders aussieht als ein Mietshaus.«

Der sanfte Blick des aufrechten, unstolzen Mannes verwandelt den Mißmut des Jünglings in Vertrauen. Er vergißt zu danken und weiß sich nicht zu wundern über das Seltsame, das ihm diese Begegnung bringt.

Sein Führer durchschreitet die Vorhalle und öffnet eine schmale Türe, die er hinter dem Gaste sorgfältig abschließt.

Die Lampe verlöscht. Sie stehen in einem weiten Saale.

Und nun erscheint dem Jüngling alles, was seine leuchtenden Augen erschauen, selbstverständlich, beruhigend selbstverständlich, fast vertraut. Sein Führer ist verschwunden. Er vermißt ihn nicht.

Er durchwandert den Saal. Wunderbares Licht ist über die vielen,

vielen Menschen gegossen, die einzeln oder in Gruppen stehn, lustwandeln oder in heimlichen Winkeln ruhn.

Das Licht ist tausendfältig. Über einer Gruppe ist es blendend, gelb wie Julisonnenstrahlen; in den Winkeln zittert es wie Mondschein auf tiefgrünem Rasen, hier ist es dämmergrau, wie aus Schneewolken dringend, dort klar, durchsichtig, von kühlem Winde durchflogen und an anderen Stellen ruhig, satt und selbstverständlich, wie an Sommernachmittagen.

Die Menschen in dem Saale wissen nichts von der Gegenwart ihrer Nachbarn, jede Gruppe fühlt sich ungestört und atmet andere Luft als die andern, und ihre Augen schauen ein anderes Licht.

Der Jüngling aber sieht alle und lauscht ihren Reden.

Über ihm sitzen in einer Nische zwei junge Menschen. Ein blasser Jüngling und ein Mädchen. Der Jüngling ist ein reicher Kaufmannssohn, ein vornehmer Herr. Er blickt liebreich das junge Mädchen an. Sie hält vertrauensvoll ihre Hand in der seinen und schaut ihm glücklich in die Augen.

In dem wüsten Treiben der Winternächte sehnen sich Jünglinge aus den Prunksälen der Bälle weit hinweg in stille Nischen, zu einfachen Mädchen im Hauskleide, in hochgeschlossener Bluse und bescheidener Haartracht.

Nun sitzt ein armes Mädchen, ein Kleinbürgerkind, auf weichem Fauteuil dem eleganten Herrn gegenüber, und sie plaudern. Und seine Zunge kann sich keiner Zweideutigkeit mehr entsinnen, die sie vor kurzem wie unter einem Zwange dekolletierten Dämchen im Taumel der Walzermelodie zugezischt hat. Der Mund des Mädchens vergißt die Worte des Mißmuts, der Kränkung und der Empörung, die sie in geringer Stube den kahlen Wänden, dem Spiegel und dem Stickrahmen zugerufen. – –

Ein Strandkorb steht auf feinem Sande. Ein junges lahmes Mädchen sitzt zufrieden da. Ihre Blicke umarmen jede Welle, die über die Kieselsteine des Ufers hüpft; die Augen blicken liebreich, unnennbar gefärbt in die Ferne, mit jenem warmen Leuchten, das ein Mädchen seinem Ideal weihen wollte – wenn es auf Erden erreichbar wäre.

Es sind in den Städten arme lahme Mädchen und Jünglinge, die sich nach der Ferne sehnen, zum Meere, vor das Unendliche, das auch der Gesunde, Aufrechte nicht überwinden kann. – Und die Mädchen haben innige Augen und weiße Wangen, aber die Menschen wollen nur ihre Lahmheit gewahren. Jünglinge humpeln verkrüppelt durch das gefahrvolle Gedränge der Straßen und sehnen sich nach Ruhe und Anerkennung und – Liebe...

Das lahme Mädchen sitzt in dem Strandkorb. Vor ihr kniet ein junger Mann, lahm. Ihre Blicke sind ein Leuchten. Die Wogen rauschen näher.

Sie sehen einander: jung, aufrecht und schön! –

Die Brandung übertönte die Stimmen, die sprachen: »Wir waren ausgeschlossen, wir sehnten uns einst den Aufrechten entgegen. Nun wir uns fanden, sind wir schön und gesund.« – –

Mattes Licht kleiner Petroleumlampen ruht auf einem eifrigen glückselig bewegten Gesichte und gleitet still über die gelben Seiten eines Buches. Ein junger Mann liest. Seine Stirn ist der Spiegel, von dem der Beobachter die Handlung des Buches ablesen kann. Die Stirne runzelt sich besorgt: O weh, geliebte Heldin, dein Held wird von Zweifeln verzehrt... Doch bange nicht, die Stirne glättet sich und ruhigen Schrittes tritt der Held heran, seine Heldin in Empfang zu nehmen. – – –

O Jünglinge der großen Stadt, in trübem Lichte der Kontors Zahlen auf Zahlen schreibend, Abschlußstriche ziehend und zu nächtlicher Stunde mit trockener Zunge Zahlen, Zahlen stammelnd:

Ein Buch! Es entrückt Euch dem Fluch des Kontorstaubs, Euer zermürbter Geist erlebt die bewegenden Taten des Romanhelden im Halbtraume mit und lächelnd werdet Ihr erwachen zum Dämmergrau der Arbeitstage – –

Und da steht ein anderer: Lebhafte Teilnahme auf dem geistvollen Antlitz, kluge, bedächtige Worte sagend, die wohlgefällig aufgenommen werden von einem kleinen Kreise junger Menschen. Die Schalheit der Kleinstadt ist vergessen, der Einsame hat Freunde gefunden. Gespräche wiegen sich im herben Dufte eines Herbstabends. Vorbei die Sommerabende der unerfüllten Sehnsucht nach Menschen, nach Worten... Vorbei die Sommerabende auf dunklen Höhen, hilfesuchende Blicke in die Tiefe gerichtet, im Gewirr der beleuchteten Fenster das eine suchend, dahinter eine Seele wäre, die Mitteilung empfangen und geben möchte – – –

– – Ein schwerer Körper lehnt gegen das Geländer eines Quais. Eisige Novemberluft treibt ihm entgegen.

In den Augen der Einsamen ist der Glanz der Weihnachtskerzen entzündet. Plötzlich; sie ahnt nicht, warum. Die Sehnsucht nach dem Ende ist über die Brüstung gesprungen. Nun dünken dem schweren Körper die kalten Eisenstäbe ein weiches Kissen. Die Stadt flüstert weit, weit hinter ihr: »Ich harre.«

Lächelnd kehrt eine zurück, in Arbeit und Ehrlichkeit. – – –

»So können Leiden, kann Gram und Sehnsucht Erlösung finden, hienieden noch Erlösung finden«, denkt unser Held.

Der Führer steht wieder vor ihm – der Saal ist verschwunden und die Rubinen der Sphinxaugen bluten – und spricht:

»Nicht jedem wird Erlösung zuteil, und alle Erlösung, die du sahest, war nur eine zeitliche. In einsamen Stunden, wenn die Sehnsucht die Herzen zu sprengen droht, wenn unwürdige Not die Herzen zerfrißt, wenn Kummer in Ungerechtigkeit ausarten will und zu Rachsucht werden – – dann nimmt mein Saal die Sehnsüchtigen, die Gepeinigten, die Verkannten auf – für Augenblicke, die sich zu einem Leben dehnen können.

Sie erwachen an dumpfen Wintermorgen, in Sommerschwüle, in Palästen, Ballsälen und Kontors, auf Reisen und in kahlen Stuben – und nur eine leise Erinnerung an meinen Saal zittert in ihren Gedanken, blaß und duftig wie Birnblüten im Frühlingswinde.

»So bin auch ich bei dir zu Gast gewesen«, jubelte der Jüngling dankbar. »Ja damals, als die Liebe, die achtzehnjährige Liebe in mir war und loderte und sich bäumte unter Zweifelsqualen und ich vor einer grausamen Gewißheit stand und nicht glauben, nicht zurück wollte, damals –«

– »Habe ich dich in meinen Saal geführt«, lächelte der ernste Mann. »Oh, an deiner Leidenschaft drohte die Macht meiner Wunder zu versagen. Und du mußt mir verzeihen, daß ich dir nicht Erfüllung, sondern nur Erlösung spenden konnte. Du standest geblendet an der Pforte und sahst das Idealbild deiner Träume, die Körperlose, das duftige Märchenbild aus Silbergedanken geformt – – – nackt, nackt vor dir. – Lange bangte mir um dich, um deine Rettung.«

»Und ich bin gerettet worden«, flüsterte der Jüngling, »mein Eigensinn, der sich an ein Phantom gefesselt geglaubt hatte, an das Huldbild einer Unirdischen, er wurde weich und demütig, als sie in ihrer Blöße vor mir stand. Mein Herz wußte: Nun ist sie nur noch die Körperliche, der Zauber deiner Liebe ist hinweggeweht und deine Sehnsucht floh mit ihm.«

»Ja, du bist mein Sorgenkind gewesen.« Der würdige Mann sah den Jüngling liebevoll an. »Durch Träume nur konnte ich dir den Weg weisen, dir und deiner Seele, die zerbrechlich und leicht gekränkt war.«

»Und denen, die ich liebte, hast du beigestanden, du Guter. Jetzt entsinne ich mich: Meine Freundin, die ich verehrte, die Strebende, Suchende, Mutige saß einst in der Dämmerung zweifelnd da und grämte sich, weil sie kein Ziel absehen konnte. Ihre Züge waren schlaff, die Stirne so weiß und die blauen Schläfen schmerzten... Denn ihr Geist kämpfte um das Unmögliche. –

Sie sah kein Vorwärts, kein Zurück und ihre künftigen Tage lauerten öde vor dem Fenster. Da sah sie sich in einem Saale – in deinem Saale, du Gütiger – und sah...: Sie sah sich selbst als Greisin in altem Lehnstuhle, welken Antlitzes, die bleichen Lippen wirre Worte lallend – – – wirre Worte, die die junge Sehnsucht einst gejauchzt hatte... Und sie sah, wie es einst sein wird und daß der Weg der Sehnsucht, der in solchem Alter endet, über die Trümmer ihrer Jugend gehen würde.

Du hast sie ihrer Jugend, du hast ihr ihre Jugend wiedergegeben. Du hast sie vor dem Übermaß der Wünsche gewarnt. Nun lebt sie wie eine, die eine Sehnsucht trägt, die geheimnisvoll zu genießen, nicht auszuschöpfen ist.«

– Der Mann lächelte zufrieden und sanft.

»Mein Sohn, bald bist du wieder in den Straßen dieser Stadt, in ihrem Lärm und ihrer zuckenden Schönheit, ihrem Haß, ihrer Gier, ihrem Leide und ihrer – seltenen Liebe. *Dir* wird sich mein Saal nicht mehr öffnen müssen.

Wisse, eine, der ich die Jugend geschenkt habe, wird einst im Brausen des Großstadtlebens an deiner Seite stehen, deinen Arm berühren und Eure Augen werden sprechen: »Heil uns, wir haben den Saal des würdigen Mannes erschaut. Wir senken unsere Blicke ineinander und sehen ihn ewig vor uns strahlen...«

Das Licht verlöschte. Die Rubinenaugen klebten in der Finsternis. Als der Jüngling auf die Straße trat, leuchteten seine Augen wie der junge Schnee der Straße.

Karl Brand

Novelle im Traum

Nach einundzwanzig Jahren Dahinkränkeln geschah es, daß sich der Tod ihm in die Lunge einfraß und rasendes Fieber in ihn fuhr, daß das Blut in ihm aufbrauste und er blutigen Schaum auf den Lippen brennend erstarren fühlte. Das weiße Bett ächzte, da das Fieber den Einundzwanzigjährigen wie einen morschen Stock zu zerbrechen drohte. Das blaue Auge verhüllte sich in ein stumpfes Grau und alle Güte, die sonst auf seinen Zügen stand, war verwischt. Seine heiße Stirn brannte wie lohendes Feuer, sichtbar rissen die blauen Pulsadern in ihr mit dicken Strängen, und alles Blut, das in sein Herz mündete, war Feuermasse.

Und ich sitze neben dem Kranken und halte seine Hand in der meinen.

Und seine Stimme zerbrach beim ersten Aufschrei wie ein dünnes, feines Porzellan und klang dann tot und hohl, ja glich einem Knarren. Nur der reißende Husten durchschnitt pfeifend das Ächzen der Gurgel und irrte im Zimmer, prallte von Wänden ab und verklang leise. Über dem verzerrten Gesicht lag dennoch Apathie –

...Die Mutter des Einundzwanzigjährigen löschte das große, helle Licht und brannte das kleine, grüne, flackernde Licht an, diesen einsamen Wächter der Nächte des Leids so ins Leben rufend. Ich gehe nicht vom Bette meines Freundes, ich bleibe bis früh, ich zeige mit dem Finger auf jene Ottomane, die Frau nickt verständig... Der Kranke lag da, der Schlummer drückte seine brennenden Wimpern herab, sein Atem ging ruhiger, auf ab, auf ab, – nur dann und wann pfiff der scharfe Husten aus seiner Lunge..., er hält immer noch meine Hand. Die Mutter ging, die Türe fiel zu im Zimmer des Todes, klanglos, aber es schien, als fiele ein Gefängnistor zu... ich sehe den Kranken im weißen Bett, sehe das grüne die Nacht durchwachende Licht, sehe alles und fühle etwas in mir rasen, da der Kranke die grauumwölkten Augen aufschlägt und in die meinen bohrt, etwas schreit in mir stumm auf, ...fühle ...weiß, furchtbares Bewußtsein, ich bin in den Leib des Todkranken eingekerkert... ich fühle den Schmerz und pfeife den Husten aus der wehen Lunge... und ich sinke in Schlaf, in tiefen, erquickenden Schlaf. Im Schlaf aber bin ich wach, tausend Gestalten wechseln kraß unter dem grünen Licht. Draußen Regen, unaufhörlich rieselnder Regen, ich bin wach im Schlaf und weiß alles, was draußen vorgeht...

Wird dieser Regen, der mich ans enge Zimmer fesselt und aufzehrt, ewig dauern? Wollen die maßlos zusammengeballten Wolken nicht vom Himmel fliehen? Wollen sie alle Tage verwischen mit ihrem Fluß, alles Leuchtende von den Straßen wegschwemmen? Und es ist Nacht. Aus meinem schwachen, krankvermorschten Leib gebiert sich ein Gesunder. So bin ich denn von neuem geboren, ich gehe mit meinem neuen Ich durch endlose Straßen, durch grinsende Nacht. Alles ist ich. Regen... Regen... Regen...

Stundengeriesel. Ewige, sich ins Unendliche aufbauchende Stunden. Doch der Regen wird schwächer, die Kräfte des Himmels haben sich erschöpft; wie dies Schwächerwerden des Regens erquickt! Ich aber fühle den Regen bis auf die Haut und ich erbebe vor Kälte. Rastlos gehe ich durch das Schwarz der nächtlichen Straßen, manchmal blitzt ein helles Fenster eines Wirtshauses auf, aber ich höre keinen Ton an mein Ohr dringen. Die Häuser scheinen innen lebendig zu sein, aber ihre Gesichter sind tot. Kein Ton... und alles in mir sehnt sich nach Ton... Tönen, Klängen... Worten!

Der Regen starb! Wie mein Inneres aufjubelt. Ich sehe mich im Finstern um auf meinem Vorwärtsgehen, – o fremde Straße, die ich bei Tag nie gegangen bin und die kein Ende nehmen will! Ist es die Straße des Todes? Die Frage peitscht durch mein Hirn, das sich nach Leben, Tönen, Klingen sehnt! Der Weg ist qualvoll. Im Dunkel eines Haustores auf den Fliesen kauert ein Wesen. Ich beuge meinen Kopf an sein Gesicht. Ein Mann ohne Nase, das linke Auge ausgeflossen, das rechte starig in den Himmel gestochen. Auf seinem Schoß halt er eine Ziehharmonika, die Finger spielen, aber kein Ton dringt aus dem bauchigen Instrument hervor. Ich fliehe... Die Finsternis sticht in meine Augen und maßlose Angst überfällt mich, ich könnte auch erblinden. Und angstvoll gehe ich im Dunkel vorwärts. Wieviele Stunden gehe ich schon durch diese endlos lange Straße? Oder sind es keine Stunden, sind es Minuten, die mein aufgepeitschtes Hirn zu Stunden macht? Ich greife an meine Stirn, sie brennt, warum rast das Blut in mir, so wahnsinnig aufgepeitscht, wie lastendes Meer im Sturm?

Ich stehe und fühle ein seltsames Kühl auf meiner Haut. Ist es das Kühl der Nacht? »Regen«, blitzt es in meinem Hirn auf. Es ist das Regennaß, das meine Haut kühlt. Da es regnete, haßte ich den Regen, nun, da er starb, sehne ich mich nach ihm; denn Nacht ist einförmig, wie eine einzige, nicht endende, nirgends begrenzte Farbe. Wie ich mich nach dem Morgen sehne, um aus dieser nächtlichen Straße fortzukommen, aber im Himmel, wo sonst der Mond klotzig herabglotzte, grinst mich eine schauernde, blutige Fratze an.

Wieder muß ich ermüdet halten. Einförmigkeit der Nacht macht den Menschen müde. Und meine Müdigkeit schmerzt, ich fühle diesen Schmerz heiß durch alle Glieder rinnen. Über die Straße springt vom Häusersims eine schwarze Katze ab, knapp über meine Füße, daß ich wild aufschrecke. Ich fühle beißenden Schmerz in den Augen, die blinzelnd das nächtliche Tier suchen. Und ich sehe es in der Mitte der Straße, ich glaube, sein sonst weiches, schwarzes Fell naß und struppig zu sehen. Es ist zerrauft wie das eines räudigen Hundes. Aber seine zwei Augen brennen, funkeln durch die nächtliche Straße.

Meine Augen hängen an denen des Tieres, von dem mein Hirn nicht loskommen kann. Immer sehe ich in das Feuer dieser Augen, bis dies Feuer in meinem Hirn zu sprechen beginnt, mit sonderbarer Stimme, stumm, aber klar: »Komm, folge mir. Ich führe dich dorthin, wo ewig Neues aus Gewesenem emportaucht, wo dich das Staunen starr anfassen wird in diesem Phönixreich ewiger Gerechtigkeit!« Nachdenkend stehe ich da. Ist dies Traum? Ich weiß es nicht. Die Nacht aber ist schwarz, nur die zwei Katzenaugen sehe ich, an denen ich hänge.

O käme ich los von diesem Gefängnis der Nacht. So sterbe ich in Eintönigkeit dieser ewigen Finsternis! Ich muß dem Tiere folgen, das sich rückwärts, wie ein Krebs fortbewegt, meine Blicke hängen ununterbrochen in den Feueraugen. Rasch führt mich das schwarze Tier vorwärts, fast beginne ich zu keuchen... ein seltsames Pfeifen dringt aus meinen Zähnen und Lippen. Und ich wanke vor Müdigkeit, da das Tier vor einem Hause stehen bleibt, das mir aus Träumen bekannt ist. Ich kenne dies öde Haus, dessen Fenster alle vermauert sind und dessen schwarzes Eisentor ein finsterer Molochsrachen zu sein scheint. Doch, da ich näherkomme, steht das Tor offen, in seinem Grunde, tief hinten, brennt ein flackerndes,

grünes Ampellicht, das ich aus irgend einem Traum kenne und das mich wie ein Magnet an sich zieht, so daß ich eintrete. Und nun stehe ich im breiten Flur vor einer breiten Stiege unter dem grünen Ampellicht. Die Stiege ist von ihrem Licht matt erleuchtet; ich steige die Treppe empor, auf jedem Treppenabsatz brennen seltsame helle Lichter. Nun stehe ich auf dem Gang des letzten Stockwerkes, da fühle ich, daß mir jemand fehlt... Das Tier, die Katze mit den Feueraugen... ich bin allein. Und der lange Gang hat keine Türe, ich scheine gefangen, ich möchte entfliehen, aber ich finde die Treppen nicht mehr und so taste ich an den grauen Wänden. Die Lichter leuchten in diesem Gang aus den tiefen, leeren Augenhöhlen menschlicher Totenköpfe, die in die Mauern eingemauert, mich furchtbar anstarren. Stundenlanges An-den-Wänden-tasten, die Handflächen sind fast wundgerieben... Hirn flattert: Gefangen! Gefangen! Dann aber, nachdem sich mein Herz in Angst zermartert, finde ich eine Türe in ein dunkles Gemach führend... nein, keine Tür, kein Gemach, ein furchtbarer Anblick, ein öder Raum, rund, wie ein Kessel... in ihm rasend siedendes Blut, aus dem heiße Dämpfe emporsteigen... Das Leben?! Und ich schließe die Augen... das furchtbare Bild verschwindet und taucht nicht mehr auf, ich aber stehe vor der Treppe. Aus meiner Kehle dringt einem Strahl gleich Jauchzen, aber mein müder Leib fällt zermartert in sich zusammen...

Und ich erwache wieder auf fremder Straße, wie, weiß ich nicht. Aber ich weiß, es ist Tag. Ich schleiche über das Straßenpflaster wie krasser Tod. Langer Weg ermüdet mich wieder... bin ich denn ausgeruht? Kaum daß ich noch gehe, selbst verwundert über mich selbst, vergesse ich das Bild der Straße, der Häuser. Dann aber schrecke ich auf... dort, das Haus, das ich bewohne, von dem Hause fort bewegt sich ein Leichenzug. Er kommt an mir vorbei, ich sehe die schwarze Leinwandtafel mit den weißen Buchstaben und irgend einem blauen Wappen. Ich sehe näher hin: Die Tafel trägt meinen Namen... man begräbt mich und ich stehe hier, lebe, Wahnsinn will mein Hirn zerfetzen und der wilde Aufschrei lähmt mich... da öffnen sich zwei Augen, ich sehe das grüne Nachtlicht, ich sitze im Lehnstuhl neben dem Kranken und halte seine brennende Hand in der meinen. Kalter Schauer schüttelt mich. Ich liebe ihn, den einundzwanzigjährigen Jüngling, aber ich weiß, er wird sterben, bald sterben. Seine heiße Hand hat mir's gesagt...

Paul Kornfeld

Gespräch am Abend

Die Gasse war menschenleer, zwischen den hohen Häusern nur trübes, kraftloses Licht und in der Stille des herannahenden Abends schienen sie von allem Lebendigen weit entfernt zu sein; nicht nur kein Lärm und keine Stimme, sondern wahrhaft große, gewichtige Stille, in der selbst ihre Schritte, langsam und gleichmäßig ertönend, widerhallend von den Mauern, nur erklangen, diese Stille zu betonen; doch sie spürten sie nicht, wie sie jene nicht hörten, und schienen nur erfüllt von der Musik der eigenen Gedanken, Orchester und horchendes Ohr zugleich. Hie und da prüfte sie, selbst sehr bekümmert, sein Gesicht, ob sein Kummer darin nicht endlich verfliegen wollte.

Jene stille Gasse bald verlassend, betraten sie die Anlage, die, höher als der Fluß, längs seiner Ufer verläuft. Der Abend war nahe, das Licht sanfter und sie gingen längs des Wassers.

»Mich erschreckt –« begann er zu sprechen, »mich erschreckt die Sanftheit dieses Abends. Ich kann nicht glauben, daß sie wirklich ist. Heute war ich in der Hölle! Oder war sie in mir? Ist sie ein Teil des menschlichen Herzens und sind ihre Flammen nicht rot und gelb und ist ihre Glut nicht heiß und lodern sie am Ende nur in Gestalt der menschlichen Gefühle? Oder sah ich nur die Hölle, da ich die Erde sah? Oder glaube ich sie nur zu sehen, weil ich Paradiese ahne? Oh, Fräulein, grenzenlos ist – was ist grenzenlos? Ist es die Welt und ich nur ein Spiegel oder bin ich es und die Welt nur ein Schatten?«

»Der Abend ist wirklich«, sagte sie. »Spüren Sie's nicht?«

Er blieb stehen.

»Wir sind zu sehr im Bannkreis unseres eigenen Lebens. Doch öffnen wir uns – bald sind wir durchzuckt von Strahlen tausend fremder Leben und der Schatten jedes Schicksals fällt in uns!«

Er schwieg und dachte nach, dann sprach er weiter.

»Ich sah einmal in Venedig ein älteres Mädchen, das Blumen verkaufte; seine Kleidung war die eines Mädchens aus dem Volk, doch ihr Gang und Haltung die einer großen Dame und ihr Blick voll unsäglicher Trauer, die ihr Leben, eine Kette des Unglücks, der Enttäuschungen und Erniedrigungen und des Kummers, ihren Augen nun für immer eingeprägt haben mochte. Welch nagende Erinnerung! Ich dachte, ihr Gesicht für einen Augenblick erhellen zu können, wenn ich ihr für die zwei Nelken, die ich ihrem Korb entnommen hatte, mehr Geld, als man sonst für zwei Nelken zu zahlen pflegt, schenken würde. Ich wurde belohnt für dieses barbarische Gefühl: sie schien meine Absicht erraten zu haben, ihr Mund verzog sich böse. »Zu viel«, sagte sie, gab mir zurück und mit einem Blick der tiefsten und verzweifeltesten Verachtung wandte sie sich von mir. Welches war ihr Schicksal? Welches war ihre Trauer? Wer kann sie lösen? Ewig bleibt dieser Blick und die Bewegungen ihrer zitternden Hände und ihr Schicksal steht auf derselben Erde, wie meines! Gemeinsame Heimat ist sie uns und mein Nachbar leidet und weint!«

Er hatte sich aufgerichtet und den Kopf erhoben; die müde und erstarrte Qual in ihm war nun tönend und lebendig geworden. – Nachdem er sich lange hatte ahnen lassen, war plötzlich nun der Abend da, schnell wurde alles dunkler und auch die letzten Menschen verschwanden. Das Mädchen war mit ernstem Gesicht dagestanden und hatte ihm zugehört; nur manchmal sah sie, wenn er weggewendet war, schüchtern und ein wenig ängstlich, mit verstohlenem Blick auf ihre Uhr. Immer mehr zum Wort und Aufschrei erwachend sprach er mit wachsender Leidenschaft weiter. »Hörten Sie den Schrei jener Frau: ›Wo ist mein Sohn?‹, das Wimmern der Geprügelten, das Klagen jenes einsamen Greises? Sahen Sie das Bild, als jener Bettler zusammenbrach und, als er starb, jene suchende Bewegung nach einem Menschen und dann den letzten, verzweifelten, schon halb gebrochenen Blick, weil er gerade diesen nicht gefunden hatte?«

Er bedeckte das Gesicht mit seinen zitternden Händen.

»Oh, wären dies alles nur Gedanken! Wären es nur Bilder meiner Phantasie, wir müßten sie beweinen! Doch es sind Wirklichkeiten in der Menschen einzigem Leben, in dem sie die Welt, in dem sie Gott erfahren, in dem sie das Glück, auf dieser Erde da zu sein, erfahren sollen! Zu schmerzerfüllt ist ihre Laufbahn und selbst der Augenblick der Trennung noch ein Schmerz!

Es gibt Menschen, die einander lieben und verfeindet sind. Warum erscheint nicht ein unsichtbares Gespenst, um das versöhnende Wort zu sagen, daß jeder glauben müßte, der andere hätte es gesagt? Doch sie schleppen sich, schleppen sich weiter! Wahrlich, wir glauben an Wunder, denn wir denken sie und erwarten sie stündlich, doch hier stehe ich und schreie: warum erscheinen sie nicht?! Wahrlich, wir glauben an Gesetze, denn wir sehen sie, doch hier stehe ich und schreie: welcher blutrünstige Gott hat sie geschrieben?! Hilft ein Gebet, so will ich beten für alle Menschen, die auf dieser selben Erde sind! Hier stehe ich und bin bereit zu beten!«

Von den Wellen hingetrieben schlug von Zeit zu Zeit ein Kahn an den jenseitigen Uferrand; ein leiser Ton, gleichsam nur der Schatten eines Tones, hallte herüber. Es war dunkel. Er stand nun da, die Arme gebreitet und den Kopf zurückgeworfen; er hatte schnell und lebhaft gesprochen und – man sah es ihm an – er hatte gern gesprochen. Was zu seiner Qual in ihn geströmt war, schien nun auch ihm zu seiner Erlösung zu entströmen. Das Mädchen war dem anderen Ufer zugewandt, an dem nur ungewiß die Umrisse mancher Äste zu erkennen waren. Die Züge ihres Gesichtes schienen sich vertieft zu haben, ihr Blick, nirgendwohin sehend, war ernst und nachdenklich, dieser Blick, der immer nach derselben Richtung sah, ja, auf denselben Punkt in der Luft, geradezu ein wenig neugierig, als hätte sich dort, wohin sie sah, eine Tür geöffnet, hinter der sich ihr neue, fremdartige und unerhörte Dinge zeigten.

Nachdem er eine Weile so gestanden war, atmete er tief und befreit auf und ließ die Arme sinken. Und wieder nach einer Weile der Stille wandte er sich langsam ihr zu. Er sah sie traurig an.

»Und Sie, ach, armes Fräulein, Sie stehen hier und haben Sie mir denn wirklich zugehört?«

»Oh, doch. Gewiß!«

Er glitt mit seinem Blick ihre Gestalt entlang, versuchte in ihr Gesicht zu sehen und wehmütig und freundlich lächelte er ihr zu. Er schien erleichtert; sich an's Geländer lehnend sah er in die Nacht.

»So stehen wir da und wissen manches«, sagte er, »und können doch den Tod nicht bannen und nicht die Tränen hemmen und dem Leid nicht sagen: geh von hier! und der Welt nicht sagen: Welt, sei anders! und können nur offen sein, daß wir von allem wissen, und bereit sein, daß alles in uns strömen kann. So stehe die

Seele da, daß sie empfange, was des Weges kommt! Ja, so sei es! Ja, so sei es!« Er lehnte den Oberkörper zurück und streckte sich, doch dann stützte er sich nochmals aufs Gitter und ins Wasser sehend sprach er wie aus dem Traum.

»Ach, es wird noch Stunden geben – o Gott! – o Fräulein!

Als ich einmal liebte, saß ich stundenlang beim Fenster und tausend Bilder der Geliebten glitten an mir vorbei: ich sah sie in dieser und jener Haltung, dies und jenes tuend, dies und jenes sagend; immer unendlich liebenswert, doch als ich erwachte, da durchzuckte es mich, daß außerhalb meines Kopfes dies alles noch eine andere Wirklichkeit hat! Daß ihr Körper wirklich ist und atmet! Daß nun ihr Mund irgendwie geformt ist, um ein Wort zu sagen, ihre Hand irgendwie gestellt, um etwas zu tun, daß jene Linie ihrer Hand, dieser Ton der Stimme, der mir in meiner Phantasie durch Mark und Bein gegangen war, daß jenes Löckchen in ihrem Nacken wirklich ist und daß manches, das ich träumte, wirklich, wirklich in Erfüllung gehen kann! Nicht nur wieder im Traum, nein, in tatsächlicher Wirklichkeit – als mich dies alles durchzuckte! Oh, Fräulein, es ist doch ein großer Unterschied zwischen Traum und Wirklichkeit!

Als meine Mutter starb und ich, an ihrem Bette stehend, auf sie niedersah, da verwandelten sich vor meinem Blick die Kissen und Decken in einen Garten mit blühenden Hyazinthenbeeten und kleinen Bäumchen, auf denen die Vögel saßen und sangen; und darüber der blaue Himmel; und als ich den Blick erhob, da erweiterte sich vor mir dieser kleine Garten zu einer unendlichen Landschaft –«

Seine Stimme verhallte; er schwieg und sah ins Wasser; doch plötzlich warf er leidenschaftlich den Kopf zurück, dehnte und streckte alle Glieder und strich mit beiden Händen über die Stirne, dann weiter über den Kopf bis in den Nacken und breitete dann, während tiefes Stöhnen sich seiner Brust entrang, die Arme aus...

Hermann Grab

Der Stadtpark

Der Stadtpark war von drei Alleen durchzogen, von der oberen, der unteren und der breiten mittleren. In die obere Allee – sie war neben dem Bahnhof gelegen – ging man nur, um Abwechslung zu suchen, und immer geschah es, daß man sie bald verließ. Die obere Allee wurde von Menschen passiert, die den Stadtpark nur als Durchgangsort benutzten, und es war, als würde mit den Paketen, die sie trugen, mit dem Strohgepäck der Frauen und den schwarzen Holzkoffern der Soldaten der Geruch des Eisenbahncoupés, der Geruch von Ruß und Orangenschalen bis an die freie Luft getragen. Hier saß auf seiner Bank der Mann mit dem hölzernen Bein. Die Welt seiner Finsternisse, der Schreckensbilder von Spital und Nachtquartier, hatte ihn so sehr in ihren Bann gezogen, daß man ihn immer wieder nur hieher kommen sah, nur zu dem muffigen oberen Weg, nicht in die lichteren Bezirke des unteren Weges und der Hauptallee.

Der untere Weg war immer menschenleer. Man suchte ihn sehr gerne auf, und am Anfang des Spazierganges bogen die Kinder ab, um die Fräulein unbemerkt dahin zu leiten. Der Weg war geschlängelt und mit der Ordnung der Gebüsche an der Seite – im Winter ein dicht verfilztes Ästewerk – gab er immer wieder einen überraschenden Aspekt. War es Renato gelungen, Marianne zum Lachen zu bringen – mit einer unglaubwürdig einfachen Bemerkung konnte das geschehen, wie etwa: »Schau dort in der Gasse der Mann mit seinem Bart!« – dann konnte er hoffen, der ganze Spaziergang werde so verlaufen.

Der untere Weg wurde aber auch knapp vor dem Nachhausegehen aufgesucht. Man war daran, den Stadtpark zu verlassen, aber im letzten Augenblick schienen sich die Gouvernanten zu besinnen und sagten: »Wir gehen noch einmal den unteren Weg.« Um diese Zeit war in der angrenzenden Mariengasse ein oder das andere Fenster schon erleuchtet und fuhr dort ein vereinzeltes Gefährt vorbei, so schien mit dem Aufschlagen der Hufe und dem Rattern des Wagens auf seiner Fahrt über das schlechte Pflaster die Stille um so deutlicher zu werden, aus der das Geräusch heraufkam und in der es sich wieder verlor. Mit Marianne hatte sich Renato nicht zu verständigen gewußt, aber während er neben ihr herging, dachte er schon an das nächste Mal. Nächstens – so dachte er – wird er versuchen, von »Freischütz« mit ihr zu sprechen, ihr dasselbe zu sagen, was Felix heute in der Schule über das Stück geäußert hat. Er wird Felixens Rolle spielen und sie wird gezwungen sein, dabei dieselbe Spannung zu empfinden, mit der man Felix immer zuzuhören pflegt.

Übrigens wurde aber auch der untere Weg nicht allzu oft betreten. Die Fräulein favorisierten die Mittelallee. Breit und kerzengerade angelegt, gab sie einen weiten Blick und die anderen Kinder und ihre Gouvernanten waren schon auf eine große Distanz hin zu erkennen. Manchmal kam man so zu einem Haufen zusammen, ein großes Rudel von Kindern und ein großes Rudel von Fräulein. Meist aber blieb man mit den anderen nur für eine kurze Weile stehen. Miß Florence und Miß Harrison kamen nicht in die Hauptallee, um sich allzu häufig in ihrer Unterhaltung stören zu lassen. Es steht allerdings nicht fest, ob es sich nicht ganz anders verhielt, ob sie nicht hierher kamen gerade in der Hoffnung, mit den anderen gehen zu können. (Die Hochachtung, mit der Miß Florence von allen Gouvernanten sprach, macht die Vermutung nicht ganz unwahrscheinlich.) Vielleicht waren es die anderen, die einen ständigen Verkehr mit den Engländerinnen zu vermeiden suchten, vielleicht aber waren auch beide Teile daran interessiert, die Freundschaft des anderen zu gewinnen, und es gab als Hinderungsgrund nur die beiderseitige Ungeschicklichkeit.

Mit Helene Pauer freilich und mit ihrer Gouvernante ging man jedesmal, wenn man sie traf. Wenn Marianne Helene kommen sah, dann freute sie sich und Renato wußte, daß der Spaziergang endgültig verdorben war. Er mußte zusehen, wie die Mädchen eng umschlungen abseits gingen, wie sie leise miteinander sprachen und auch manchmal lachten. Freilich war er dann bemüht, so auszusehen, als kümmere ihn das alles nicht, aber es war sehr fraglich, ob es ihm gelang. Denn Felix Bruchhagen hatte ihm schon einmal gesagt: »Ich hab' dich gestern beobachtet, mein Lieber, das war ja entzükkend anzuschauen, wie die Mädchen dich im Stich gelassen haben und dein Gesicht dazu.« So mußte er also an den Tagen, an denen man mit Helene ging, auch befürchten, von Felix überrascht zu werden.

Was die Mädchen einander erzählten, das konnte er in der Entfernung nicht verstehen, aber er hörte, was die Gouvernanten sprachen und hörte die Lamentationen Fräulein Stöwes über die Zustände im Hause Pauer. »Das ist alles nur eine Mache«, pflegte sie zu sagen, »außen hui, innen pfui, heißt es hierzulande. Das wäre übrigens bei uns denn doch nicht möglich, daß ein gesunder, kräftiger Mann, wie dieser Herr Pauer, zu Hause seinem Profit und seinen Geschäften nachgeht, während sich draußen so viele blühende junge Menschenleben opfern müssen. Aber dabei ist das eine Kleinlichkeit und ein Geiz, das kann man gar nicht schildern. Neulich kommt die Frau zu mir: ›Ach Fräulein Stöwe‹, sagt sie, ›Sie könnten doch mit uns in den neuen Kriegsfilm kommen.‹ Aber wie wir dann hingehen, heißt es plötzlich: man hat nur eine kleine Loge bekommen, und mir gibt man so einen schlechten Platz, daß mein Kopf nachher noch drei Tage am Zerbersten ist von dem Geflimmer. Aber nach außen hin alles vornehm und tipp-topp. Na, unsereins kommt eben doch dahinter. Da genügt es auch schon, die gemeine Art mitanzusehen, wie der Herr und die Frau miteinander streiten. Das geht den ganzen Tag lang und auch bei Tisch nimmt man kein Blatt vor den Mund. Für so ein Kind ist das natürlich Gift.«

Miß Florence nickte mit tiefem Ernst und dennoch mit Befriedigung zu den Erzählungen des Fräulein Stöwe. Sie träumte von einer Welt, die nach einem besseren Gesetz geordnet war, von einer Welt, in der die Gouvernanten, mit Ehren überhäuft, das Leben der Familien, ja vielleicht sogar der Völker leiten würden. So nahm sie die Schilderungen Fräulein Stöwes mit der Würde und dem Verantwortungsgefühl des Generals entgegen, der einen Bericht über die feindliche Kriegsmacht erhält, zugleich aber auch mit dem überlegenen Lächeln des Historikers, dem neues Tatsachenmaterial zugetragen wird, ein Forschungsergebnis, das sich zur Stützung seiner These und seiner politischen Überzeugung sehr gut in sein Geschichtsbild fügt.

Allerdings geschah es nicht allzu häufig, daß man Helene und Fräulein Stöwe traf. In einem anderen Stadtteil wohnend, besuchten sie meist eine andere Parkanlage. Miß Florence und Miß Harrison dagegen blieben dem Stadtpark treu, blieben treue Besucherinnen seiner Hauptallee. Nur in den Sommermonaten ging man nicht hierher. Da gab es die Gärten der Peripherie, auch war im Stadtpark das

Gedränge allzu groß. Aber im Winter waren die Besucher der Hauptallee auf solche Distanzen hin verteilt, daß man an das Bestehen eines höheren Gesetzes glauben mußte, das nur deshalb die Bäume entlaubt und große Strecken eines grauen Himmels freigelegt hatte, um nach allen Richtungen hin Platz zu machen, und das so durch Verwandlung der Erde in ein übersichtliches Gelände die Freuden der kalten Jahreszeit vermehrte.

War der November eingezogen, so hatte er wohl in den Straßen der Stadt die Fassaden alle in eine Dunstschicht gehüllt, das Innere der Kirchen schon am frühen Nachmittag in eine Dämmerung versinken lassen, in der die Menschen, die jetzt den Raum betraten, das ewige Licht wie in unendlich weiter Ferne glimmen sahen. Hier aber in den Parkanlagen hatte der November die andere Seite seines Januskopfes über dem Prospekt erhoben. Nachdem das Laub endgültig abgeräumt war, hatte der Maronimann mit seiner kleinen Lokomotive in der Hauptallee Aufstellung genommen und auch die Kinder, mit Gamaschen und warmen Mänteln bekleidet, waren bereit, die Fahrt in den Winter anzutreten.

Um aber die wehmütige Fröhlichkeit dieses Abreisebildes noch durch einen letzten Handgriff zu beleben, hatte es sich der Maler nicht versagt, mitten in die hellgrauen Töne einige karminrote Flekken aufzusetzen, die Nasen der alten Herren, deren kleine Phalanx sich langsam durch die Hauptallee bewegte. Allerdings waren es nicht die Nasen, die auf den Bildern von Jordaens und von Ostade als Prunkstück in den Gesichtern der Greise figurieren und die, umspielt vom Duft, der aus einem Weinglas steigt, in ihrem milden Glanz die Unbekümmertheit der Jahre widerspiegeln, die als Epilog dem Fluß der Zeit enthoben sind und die darum den Kinderjahren gleichen, die dieser Fluß noch nicht ergriffen hat. Die Nasen der alten Herren waren ganz einfach von der Luft gerötet, von jener Luft, in der erste Kälte (wie Siphonperlen, die künstlich ins Trinkwasser gepreßt sind) aufstieg, um mit ihrer Schärfe gegen die Zartheit des Gewebes vorzudringen. Und die Flügel dieser Nasen, schon beim ersten Hauch erzitternd, suchten vergebens die Atmosphäre wiederzufinden, aus der man sie getrieben hatte und die, sorgsam bewahrt mit Hilfe der Teppiche am Fensterbrett, zwischen den Löwenköpfen der Fauteuils den rechten Aufenthalt gewährte, mit ihrer Mischung von Ofenwärme, Plüschgeruch und jenem Holzgeruch, der dem Büfett entströmt – seit vierzig Jahren steht es in seiner eichenen Pracht in Erwartung imaginärer Festlichkeiten. Gewiß, auch diese Alten waren ins Kinderland zurückgekehrt, doch hatte nur das erneute Schutzbedürfnis sie diesen Weg gewiesen, den Weg, der bei allem noch immer recht beschwerlich war. Gab es nämlich etwas zu sagen, dann blieben sie stehen, wandten einander die Köpfe zu und hielten so alltäglich eine Probe für den Leichenzug ab, der sich ebenso langsam vom Trauerhause fortbewegen würde, um immer wieder einen kleinen Halt zu machen, bei einer Straßenkreuzung oder beim Vereinslokal, wo der Verewigte die Stelle eines Vorstandsmitglieds eingenommen hatte.

Von den Herren Valenta wurde Renato immer angehalten. Der jüngere der beiden, der fünfundsiebzigjährige Doktor war es, der das Wort an ihn zu richten pflegte. »Wie geht es denn der Frau Mama?« »Danke gut«, gab Renato dann zur Antwort. Er sagte es, ohne zu überlegen, wie es der Mama denn wirklich gehe. Aber auch in der Erwiderung des Doktor Valenta gab es keine Variation. »Das ist recht, das ist recht«, meinte er, dann blieb er immer noch ein Weilchen stehen. Offenbar glaubte er, es wäre nicht höflich, sich gleich abzuwenden, und suchte darum nach einer Freundlichkeit, die er Renato hätte sagen können. Aber so sehr er sich auch anstrengen mochte, es fand sich keine und so blieb ihm denn nichts anderes übrig, als das Lächeln, das die letzten Worte begleitet hatte, auf seiner Miene zu fixieren. Und wie ein großer Felsblock, der einsam über dem Meeresspiegel hängt, so schien dieses Lächeln in die Verlegenheit der Gesprächspause hineinzuragen, ohne aber auch die Wildheit von Doktor Valentas Äußerem zu besänftigen, die Schrekken seiner mächtigen Gestalt und das Drohende seines Barthaares, das noch immer nicht ergraut, in dünnen Strähnen sein Gesicht umwehte.

Wie war dieser Bart doch verschieden von dem Bart des anderen Bruders! Herr Valenta senior war nur um ein Jahr älter als der Doktor und darum mußte man glauben, die Natur habe hier einen jener Sprünge gemacht, wie man sie oft beobachten kann, etwa bei Erwärmung einer Flüssigkeit, die nicht allmählich in gasförmigen Zustand übergeht, sondern die bei erreichtem Siedepunkt sogleich verflogen ist. Der Bart des älteren Bruders hatte sich in silbergrauen Eispaketen kristallisiert und als Umrahmung eines schönen, rotwangigen

Gesichtes, als Bestandstück eines wohlgepflegten Äußeren war er ein Element der lichteren Welt. Man sagte von Herrn Valenta senior, er sei von religiösem Wahn befallen, und während er neben dem Bruder stand – niemals sprach er zu Renato auch nur ein einziges Wort – währenddessen hielt er den Blick an den Himmel geheftet, und man mußte glauben, er sähe dort die Madonna thronen, von musizierenden Engeln umgeben. Übrigens wußte auch Renato nicht, was er zu sagen habe, und so blieben denn alle wortlos stehen. Endlich aber schien Herr Valenta senior aus seiner Verzückung erwacht, ganz langsam und noch gleichsam überschüttet von den Zeichen der empfangenen Gnade wandte er sich dem Bruder zu und sagte mit sanftester Stimme: »Na also, gehen wir.« Dann erst setzten sich die Herren in Bewegung.

Wenn Renato zu Hause der Mama erzählte, Doktor Valenta habe nach ihr gefragt, dann pflegte sie zu sagen: »Ein ungewöhnlich gescheiter Mensch.« Und oftmals fügte sie hinzu, er sei in seiner Jugend ein Tänzer und ein großer Verehrer ihrer Tante Melanie gewesen. Die Vorstellung, die sie damit wachrief, zeigte den Doktor, wie er den Riesenkörper vor Tante Melanie, die auf einem Lehnstuhl saß, zu einer leicht angedeuteten Verbeugung zwang, während das durchfurchte bärtige Gesicht von seinem verlegenen Lächeln überzogen war. Der Fortgang der Zeit ist ein Faktum, das wir nicht erfassen wollen, und wenn wir in den Photographien vergangener Jahrzehnte kein junges Gesicht zu sehen glauben, dann hat nicht nur die Mode jener Zeit die Schuld, sondern es ist eben auch unser Instinkt der Abwehr, von dem die Optik sich bestimmen läßt. Darum war die Vorstellung von jenen Ballgesprächen, von jener alten Liebelei nicht sehr verschieden von dem Bild, das man sich machen mußte, wenn davon die Rede war, daß Doktor Valenta auch heute noch allabendlich bei Tante Melanie erschien. Nur jenes Element der Aufregung, des unehrlichen Spiels, war aus dem Bild verflogen. Der Doktor tat sich keinen Zwang mehr an. Er ließ sich auch nicht daran hindern, in der Brusttasche seines Pelzes ein langes Salzstangel mit sich zu führen (denn daß das Gebäck, das man bei Tante Melanie bekam, wirklich altbacken sei, darauf konnte man sich, wie er meinte, nicht verlassen). Da er nun die Gewohnheit hatte, auch im Zimmer seinen Überrock nicht abzulegen, geschah es ihm beim Sprechen immer wieder, daß sich das Ende der Salzstange in den

Strähnen seines Barts verfing. Hinter seinem Lehnstuhl hatte man auf einem Bücherregal die Bände des Konversationslexikons in peinlicher Ordnung aufgestellt. Doktor Valenta war sehr gebildet und zu allen Fragen, auf die die Rede kam, konnte er Auskunft geben. Kam es aber dennoch einmal vor, daß eine Tatsache, die im Gespräch genannt war, ihn auf eine Lücke seines Wissens stieß, dann scheute er es nicht, sich langsam zu erheben, nach einem Band des Lexikons zu langen und die fragliche Stelle mit lauter Stimme vorzulesen.

III. Gespenstisches

Paul Leppin

Severins Gang in die Finsternis

In diesem Herbste war Severin dreiundzwanzig Jahre alt geworden. Wenn er des Nachmittags, von quälender Bureauarbeit zerrüttet, nach Hause kam, warf er sich auf das schwarzlederne Sofa in seiner Kammer und schlief bis zum Abend. Erst wenn draußen die Laternen angezündet wurden, ging er auf die Gasse. Nur im Sommer, wenn die Tage lang und glühend waren, fand er noch die Sonne auf seinen Wegen durch die Stadt. Oder auch an den Sonntagen, wo der ganze Tag ihm gehörte und er auf seinen Wanderungen seiner kurzen Studentenzeit gedachte.

Severin hatte nach zwei oder drei Semestern seine Studien aufgegeben und eine Stellung angenommen. Nun saß er während der Vormittage in dem häßlichen Bureau und hielt sein kränkliches und bartloses Bubengesicht über die Zahlenreihen gebeugt. Ein ungesunder und nervöser Mißmut kroch mit der Zimmerkälte durch seinen Körper und dann wurde auch die Unruhe in ihm wach. Das einförmige Gleichmaß machte seine Hände zittern. Eine lästige Müdigkeit bohrte in seinen Schläfen und er drückte mit den Fingern die Augäpfel in den Kopf, bis sie schmerzten.

Eine verregnete Oktoberwoche lang hatte er Zdenka nicht mehr gesehn. Ihre Briefe, die ihn täglich zu kommen baten, schob er verärgert beiseite und beantwortete sie nicht. In dem halblauten Takt seines Blutes begannen sich Wünsche zu regen, die Zdenka ihm nicht erfüllen konnte. Und es war immer eine gespannte Erwartung, eine krause und absonderliche Neugier, die ihn befiel, wenn er am Abend, vom Schlafe betäubt, auf die Straße trat. Mit weit geöffneten Augen sah er in die Stadt hinein, in der die Menschen sich wie Schattenbilder bewegten. Der Lärm der Wagen, das Gerassel der Straßenbahn mischte sich mit den Stimmen der Leute zu einem harmonischen Brausen, in dem ab und zu ein vereinzelter Ruf oder ein Schrei aufklang, dem er mit einem aufmerksamen Empfinden nachlauschte, als ob ihm eben etwas Besonderes entgangen sei. Am liebsten waren ihm die Straßen, die abseits von dem großen Getriebe lagen. Wenn er die Augen zusammenkniff und durch die halbgeschlossenen Lider schaute, bekamen die Häuser ein phantastisches

Aussehn. Dann ging er an den Mauern der großen Gärten vorbei, die sich an die Krankenhäuser und Institute schlossen. Der Geruch des faulenden Laubs und der feuchten Erde schlug ihm entgegen. Irgendwo in der Nähe wußte er eine Kirche. Hier war es schon am frühen Abend leer und nur einige Fußgänger kamen. Severin stand im Schatten der Häuservorsprünge und dachte darüber nach, warum sein Herz klopfe.

Lag es an dieser Stadt mit ihren dunklen Fassaden, ihrem Schweigen über großen Plätzen, ihrer abgestorbenen Leidenschaftlichkeit? Es war ihm immer, als ob ihn unsichtbare Hände streiften. Er erinnerte sich, daß er auch oft bei Tage in längst bekannten und vertrauten Teilen wie in einer neuen Umgebung gegangen war. Am Sonntagmorgen war er manchmal am Siechenhaus und der Karlshofer Kirche vorbei in die Sluper Gründe hinuntergestiegen. In ihm war ein Staunen, daß er hier schon seit seiner Kindheit wohnte. Wenn die Sonne schien und auf den abgebröckelten Stufen schimmerte, mußte er an die Winterabende denken, wenn hier der Schnee in den Gassen trieb und die Lampen in den Kotpfützen funkelten. Es kam ihm vor, daß ein Bann ihn drückte. Ein böses Verlangen wuchs in ihm auf, den Bann zu lösen und ihn zu wandeln.

Oft glaubte er, an der eigenen Kargheit verzweifeln zu müssen. Es war eine Bitterkeit in ihm, die sich in ohnmächtige Flüche verrannte; und eine Mattigkeit, die nach unseligen Stunden verlangte. Zdenka wußte nichts von dem allen. Unmutig, mit zusammengepreßten Lippen und aufgeschlagenem Rockkragen ging er heute durch die Stadt, auf Umwegen der Moldau zu, wo sie ihn erwartete.

Die lange, geschäftige Straße, durch die er schritt, war er jahrelang zur Schule gegangen. Hier hatte er auf dem Heimwege die ersten Zigaretten geraucht und hier wurden auch die großen Schlachten beraten, die auf den Weinberger Schanzen mit den tschechischen Jungen geschlagen wurden. Als Führer und Held hatte er sich niemals dabei hervorgetan, aber er hatte auch seine Feigheit niemals verraten. Es war für ihn ein wollüstiger und geheimnisreicher Reiz, den Steinwürfen der Feinde die Stirne zu bieten. Die Rittergeschichten und Matrosenstreiche, die er zu Hause las, wurden ihm hier zu einer kleinen, aber wahrhaftigen Wirklichkeit, die ihm Wangen und Hände heiß machte und in stummer Erregung den Atem beklemmte. Seit jener Zeit hatte es eigentlich kein gleichwertiges Erlebnis mehr in seiner Jugend gegeben. Aber der blinde Drang, der ihn damals nach der Schule auf die verlassenen Schanzen zu den Schlägereien trieb, war mit den Jahren ins Ungemessene gewachsen und preßte ihm die Kehle. Manchmal befiel ihn eine unsinnige Furcht und ein Entsetzen, daß sein Leben so im Sande verlaufen würde. Seit er erwachsen war und sein Brot verdiente, wuchsen nüchterne und kahle Mauern rings um ihn auf, die ihm die Aussicht versperrten. Wohin er auch blickte, überall war die alltägliche und stumpfe Gewohnheit um ihn. Früh ging er zur Kanzlei und ging am Mittag nach Hause; den übrigen Tag verschlief er. Er kam sich vor wie einer, der mit der Schaufel in einer Grube steht. Er gräbt und schaufelt, aber der feine, bewegliche Sand rinnt immer wieder nach und verschüttet die Grube.

Als Kind hatte er einmal ein Buch besessen, das sich niemals ganz aus seinen Gedanken verlor. Es war der erste Band eines Romanes aus den Hussitenkriegen. Der zweite Band fehlte und Severin suchte auch nicht danach. So wie das Buch schloß, mitten im Gange großer Ereignisse, schien es ihm am schönsten. Da waren Zigeuner darin, die in den Klüften der Teufelsmauer bei Hohenfurt ein Räuberversteck besaßen, wilde Krieger, die in den Schänken um ihre Mädchen würfelten, Nächte, in denen man im Walde beim Mondschein nach der Alraunwurzel grub. Ein Zaubergarten kam darin vor, wo verwachsene Zwerge den Verirrten äfften, Wundergrotten sich auftaten und wo eiserne Löwen rasselnd in der Tiefe versanken, wenn man in ihre Nähe kam. Und der Komet strahlte blutrot am Himmel und in Böhmen war Krieg. An dieses Buch dachte Severin, während er zu Zdenka ging.

Auf dem Karlsplatze war es still. Nur einige Liebespaare flüsterten hinter dem Gesträuch. Severin stieß mit dem Fuße in die welken Blätter auf den Wegen. Die elektrischen Lampen brannten schon und hingen wie Monde über den Bäumen. Zwischen ihrem Lichte hindurch spähte Severin nach den ersten Sternen. Eine verdrießliche Unrast hielt ihn gefangen, die ihn immer wieder in den Park zurücktrieb, während Zdenka ihn schon erwartete. Er nahm den Hut in die Hand und die Luft feuchtete seine Haare. Vom Turme des Strafgerichtsgebäudes schlug die Uhr und ihre Schläge hallten langsam durch die Zweige. Severin lauschte ihnen mit einem bitteren Herzen. Eine weiche und schwächliche Lüsternheit zuckte in seiner

Seele nach einem bunten und heftigen Dasein, wie es in den Kapiteln des Buches zu lesen stand. In einem verzehrenden Lichte stieg ein ungeheueres und gewaltsames Leben vor ihm auf. Hinter dem Rande des Karlsplatzes fühlte er die Stadt.

Aus dem Dämmerlichte des Parks trat Severin in die nächste Gasse. Wieder horchte er in die Geräusche hinein und hörte die Stimmen der Leute. Ein wenig von der Erkenntnis dämmerte in ihm auf, daß die Menschen es sind, die das Leben bedeuten. Daß im Spiel mit ihnen das alles war, was ihm Schmuck und Inhalt und Schauer däuchte. Kometennächte und Erschütterungen und die Rätsel des Herzens. Mit einem köstlichen Erschrecken gedachte er jenes Abends, an dem er mit einem Freunde die Vorstellung eines tschechischen Vorstadttheaters besucht hatte. Er war nie besonders wählerisch in solchen Genüssen gewesen. Die heischende Sentimentalität, die dort einem Publikum von Kleinbürgern und Banausen schmeichelte, war auch der richtige Stachel für seine Sinne. In dem Gehaben pathetischer Komödianten, den Tränen und dem Gelächter grobgeschminkter Weiber spürte er mehr wie wo anders die heißen und ungepflegten Begehrlichkeiten seiner Seele. Ein Mädchen hatte damals seine Aufmerksamkeit erregt, die das Volk mit ihrer getäuschten Liebe rührte. In der Art, ihren dünnen Körper zu biegen, in den Linien ihres Halses und ihrer Schultern war manches, was ihn an Zdenka gemahnte. In einer merkwürdigen und uneingestandenen Zerwühltheit war er damals nach Hause gegangen. Es war das Gefühl, das ihn auch sonst immer heimsuchte, wenn er in den Nachtkaffeehäusern während der Pausen der Musik in die verlegene Stille horchte oder am Abende zögernd und gespannt an den Straßenecken lungerte. Das Gefühl, daß etwas in seiner Nähe war, so stark und so körperlich, daß die Luft davon leise zu zittern begann und das er vergebens mit den Händen suchte.

Die Ferdinandsstraße glänzte vor ihm auf und der Schein der Auslagenfenster blendete ihn. Es war schon spät geworden und er eilte. Beim Nationaltheater sah er Zdenka stehn und ihr süßes Gesicht grüßte ihn lächelnd aus der Menge.

*

Das war auch der Herbst, in dem Severin mit Lazarus Kain bekannt wurde. In der oberen Stephansgasse, unfern von dem großen botanischen Garten, hatte er seinen Laden. Ein paar abgegriffene Leinenbände und der rostfleckige Umschlag vergilbter Broschüren hinter der Glasscheibe des Schaukastens machten die Vorübergehenden darauf aufmerksam, daß hier eine Buchhandlung sei. Über der Türe, auf einem vom Schnee und vom Regen getauften Schilde stand unter dem Namen des Eigentümers in verwaschenen Buchstaben das Wort »Antiquariat«.

Der Laden war niedrig und schmal und eine Gasflamme erhellte ihn auch tagsüber. Aber im Winter konnte es hier sehr gemütlich sein, wenn der eiserne Ofen in der Ecke beinahe rotglühend vor Eifer wurde und Lazarus hinter dem Pulte in dickbäuchigen Katalogen blätterte oder dem Raben Anton Kunststücke lehrte. In den Ferienmonaten und im Frühherbst war ja ohnehin nichts mit dem Geschäfte. Da ließ der alte Lazar für gewöhnlich seine Tochter im Laden zurück und machte Streifgänge in der Umgebung. Mit kleinen Schritten ging er die Gasse auf und nieder und sah nach den Stockwerken der Häuser hinauf. Er war etwas kurzsichtig und das Gaslicht in dem finstern Laden hatte seine Augen geschwächt. Er sah den Dienstmädchen zu, wie sie die festen Brüste an den Fensterrand lehnten und den Staub aus den Tüchern in die Gasse hinunterschwenkten. Das Blut stieg in sein gelbes Gesicht und er blinzelte. Oder er blieb bei der Säule des heiligen Adalbert stehn und verfolgte die Wärterinnen der nahen Gebäranstalt mit den Blicken. Dicht daneben stand die schäbige Bude der »Gifthütte«. Lazarus Kain erinnerte sich der Zeiten, wo hier die Mediziner zusammenkamen und am Abende mit den Hebammen tanzten. Da war er auch mitunter zu Besuch gewesen und hatte sich aus einem Winkel das Treiben angesehn. Jetzt hatte das Wirtshaus den Besitzer gewechselt und am Tage war die Gastwirtschaft vollständig einsam. Nur ein paar tschechische Jünglinge schoben in dem verwahrlosten Garten Kegel und eine mürrische Kellnerin brachte das trübe Bier in zersprungenen Gläsern.

Oft saß er auch in der kleinen Pilsner Stube gegenüber der Stephanskirche. Auch hier war es nicht sehr lebhaft an den Sommervormittagen, wenn er zu Gaste war. Erst später kamen dann die Priester aus der nahen Dechantei zum Mittagessen. Lazar saß beim Fensterplatz, hinter der grünen Gardine und bewunderte die feinen

Knöchel der vorbeieilenden Mädchen. Er hatte schon bald ein halbes Jahrhundert auf dem Rücken, aber trotzdem waren die Weiber noch immer seine liebste Passion. Zu Hause, auf den hohen Regalen in seinem Buchladen, bewahrte er manchen kostbaren Band für die Kenner und seine besten Kunden. Gefährliche und unverschämte Romane, französische und deutsche Privatdrucke, Kupferstiche, seltene Übersetzungen aus der Zeit des Rétif de la Bretonne. Er hing mit einer verliebten Zärtlichkeit an diesen Schätzen, die er oft und wieder hernahm und sich an ihnen ergötzte, die er mit seinen dürren Fingern streichelte und nur ungern und zu hohen Preisen verschacherte. Mit ehrlichem Bedauern sah er sie in den Händen der Käufer und ihm war, als ob sie mit ihnen ein Stück eines liebgewordenen Inventars aus seinem Hause trügen. Nur zwei Wesen liebte er mehr wie diese Bücher: den Raben Anton, ein altes und zerzaustes Tier, das ihm seit Jahren in seinem Buchladen Gesellschaft leistete, und seine Tochter Susanna.

In dem kleinen Wirtshause gegenüber der Kirche war es, wo Severin Lazarus Kains Bekanntschaft machte. Draußen läuteten die Turmglocken gerade zur Sonntagsmesse und beide blickten den jungen Frauen nach, die nachdenklich, mit dem Gebetsbuche in der Hand, an dem Gasthausfenster vorüberkamen. Da rückte Lazarus sein Glas näher zu Severin und begann zu erzählen. Sein vertrocknetes Gesicht erregte sich beim Sprechen und unter dem kurzen Bakkenbarte brannten die Wangen. Er sprach von dem kalten und phantasielosen Temperamente der neuen Zeit, in der die Sucht nach dem Gelde die Freude an der Lust getötet habe. Und mit zwinkernden Augen, in denen das Fieber eines geheimen Vergnügens glänzte, geriet er in die Schilderung der Lieblingswelt, an die er sein alterndes Herz gehängt hatte, das Frankreich des achtzehnten Jahrhunderts. Seine Geschichten aus der Hirschparkperiode Ludwig XV. hatten Farbe und Elan und eine neidische Sehnsucht bebte in seiner Stimme, als er dem aufhorchenden Severin von Madame Janus berichtete, der genialen Kupplerin, die selbst das damalige Paris noch mit neuen und erfinderischen Sensationen verblüffte.

Das kommt nicht mehr wieder – sagte er und eine aufrichtige Trauer klang in dem Tone der Worte. Eine Weile saßen dann die beiden schweigend beisammen und sannen in dem Halbdunkel der Wirtsstube den galanten Wundern vergangener Zeiten nach, während drüben die Kirchenglocken verstummten und nur ein goldenes Summen, immer feiner und leiser, unmerklich zum Schlusse in der Luft zurückblieb. Severin sah verstohlen nach dem kahlen Schädel des alten Lazarus, der sein Gesicht wieder dem Fenster zuwandte, und betrachtete sein jüdisches, von unzähligen Fältchen zerrissenes Profil. Eine Ahnung überkam ihn, daß dieser Mann ein ähnliches Leiden litt wie er, daß er an einer ungestillten Inbrunst krankte, die sich aus einem engen und törichten Leben in alte Bücher geflüchtet hatte. Ein Mitleid faßte ihn mit dem Alten, der seit Jahren seine Seele an tote Bilder vergeudete. Sie sprachen dann noch einiges miteinander und Lazarus erzählte von seiner Tochter und dem Raben. Als er fortging, lud er Severin ein, ihn in seinem Laden zu besuchen.

Severin kam der Einladung in den nächsten Tagen nach. Auf einem niedrigen, gepolsterten Stuhle neben dem Ofen saß Susanna. Die Tage waren noch schön und der Buchhändler brannte noch kein Feuer. Trotzdem kam nach Sonnenuntergang eine feuchtrieselnde Kälte in die Häuser der Gasse. Susanna hatte ein schwarzes Tuch um ihre Schultern geschlagen und über die Seiten des geöffneten Buches auf ihrem Schoße tanzte das Gaslicht. Lazarus stand hinter dem Ladentische und begrüßte Severin ohne Überraschung. Sein nackter Kopf glänzte in dem Lichtschein, als er sich über ein paar wertvolle Kuriosa beugte und durch die Lupe untersuchte. Severin hörte geduldig seine Erklärungen an und sah zerstreut nach Susanna hinüber, die schweigend in ihrem Buche las. Ihr braunes Haar war glatt gescheitelt und auf den Wangen spielten die Schatten ihrer langen Wimpern. Als sie einmal das Gesicht erhob, begegneten einander ihre Blicke.

Von nun an kam Severin oftmals zu Lazarus Kain. Der Gedanke an die junge Jüdin ließ ihn nicht schlafen. Susanna war eigentlich nicht schön. Aber in ihren Augen zungelte eine verdächtige Flamme, die in einem jähen Gegensatze zu ihrem ruhigen Munde stand. In der samtenen Tiefe glomm eine verräterische Andacht, die Severin befangen machte und ihn reizte. So hatte er manchmal die Sterne flackern gesehn, wenn er ausgeschöpft von einem unbegreiflichen Drange bei späten Heimgängen nach dem Nachthimmel schaute. Severin suchte diese Augen hinter dem Rauche seiner Zigarette, hinter dem kahlen Vogelkopfe des Vaters und dem kurzen Geflatter des Raben, der in dem engen Raume wie in einem Käfige aus einem Winkel in den andern sprang. Susanna bot sie ihm mit einem unergründlichen Ernste, ohne sich an dem Gespräche zu beteiligen und ohne jemals das Wort an ihn zu richten. Wenn er sie ansprach, stand sie knapp und teilnahmslos Rede, daß er sich ärgerte und es aufgab. Dann schwätzte er mit dem Buchhändler und ließ sich von ihm alte Steindrucke und Heliogravüren zeigen.

Eines Tages, als Susanna gerade nicht anwesend war, versprach ihm Lazarus, ihn bei Doktor Konrad einzuführen. Zögernd brachte er seinen Antrag vor wie das letzte Stück eines vorsichtigen Vertrauens. Und er erzählte Severin auf dessen verwunderte Frage von dem großen Atelier in einem der neuen Häuser, die man im Assanationsgebiete an Stelle der Hütten des Judenviertels baute. Hier hatte Doktor Konrad mit den letzten Resten seines vor Jahren einmal bedeutenden Vermögens eine Malerwerkstatt gemietet, die in Wirklichkeit ganz andern Zwecken galt. Palmenkübel und Teppiche gaben den Räumen ein exotisches Aussehn und ein paar Bilderrahmen in der Ecke, eine Staffelei und einige zur Wand gekehrte Studienköpfe markierten das Metier des Bewohners. In Wahrheit hatte Doktor Konrad schon seit langem keine Palette mehr angerührt. Er lag stundenlang auf dem bequemen, türkischen Sofa, rollte parfümierte Zigaretten in der Hand und ließ sich von seinem Diener französischen Kognak mit Selters bringen. Oder er hörte seiner Geliebten zu, wenn sie gelangweilt auf der Mandoline klimperte. Sie war ein blondes und verwöhntes Geschöpf und hieß Ruschena. In den Nachmittagsstunden kam ein Schwarm von Gästen: Junge Herren im Smoking, mit mausgrauen Gamaschen über den Lackschuhn; alte und erfahrene Lebemänner im eleganten Straßenkleide, den Elfenbeinknopf ihrer Reitstöcke am Munde; Künstler mit Schlapphüten und unsauberer Wäsche; Modelle in Seidenblusen und engen Röcken, die hier ihre freie Zeit bei den süßen Likören des Doktors verbrachten; und hie und da auch ein Mädchen oder eine Frau aus der besseren Gesellschaft, unsicher und scheu die einen, mit mehr Frechheit als gerade nötig war die andern, von jener vielgestaltigen Anziehungskraft hergetrieben, die ein ungebundenes Leben für den Außenstehenden hat. Davon berichtete Lazarus, und Severin erriet an der verkniffenen Aufregung, den fahrigen Händen des Alten das übrige.

Als er wieder ins Freie trat, kam ihm im Nebel der abendlichen

Straße Susanna entgegen. Sie sah ihm mit einem Lächeln ins Gesicht, daß sein Körper plötzlich wie im Schreck zu zittern anfing. Mechanisch nahm er ihre Hand, die sich warm anfühlte, ohne zu zucken.

Kommen Sie – sagte Susanna zu ihm und hatte noch immer das Lächeln auf den Lippen. Er ging mit ihr in das Haus, wo die Treppen noch im Finstern lagen. Hier küßte er sie auf den Hals, den ihr Kleid im Nacken frei ließ.

Der Vater ist unten im Laden – sagte er.

Susanna nickte nur und führte ihn über schmale Stiegen und durch Flurgänge in ihr Zimmer.

*

An einem frostklaren Abende im vorigen Winter hatte sich Zdenka in Severin verliebt. Die Straße führte sie zusammen, in der sie beide planlos zwischen den hastenden Leuten gingen. Die kleinen Lokomotiven der Kastanienverkäufer standen mit roten Augen am Rande der Fahrbahn. [...]

Es kamen schöne Tage für sie. Sie ging mit Severin in der Stadt umher, wie er es seit Jahren gewohnt war. Sie bekam jene Feinhörigkeit für die Geräusche und fernen Rufe in ihr, die ihm innewohnte und die er sie lehrte. An dem Geruche der Steine und des Pflasters erkannte sie die Straße, in der sie schritt, wenn sie die Augen schloß und sich von ihm führen ließ. Er erschloß ihr die monotone Schönheit in der Landschaft der Vorstädte, die Schauer des Wyschehrad mit den großen Steintoren, wo das Denkmal des heiligen Wenzeslaus stand. Sie lernte die Moldau lieben, wenn in der Dunkelheit die Lichter des Ufers auf dem Wasser schwankten, und den Duft des Teers auf den Kettenbrücken. Sie saß mit ihm in den Wirtshäusern der Kleinseite und war bezaubert von der breitspurigen Gemächlichkeit der alten Herren, die hier ihren Schoppen tranken. In dem dicken Zigarrenrauche verschwammen die Bogenwölbungen der niedrigen Decke, die Napoleonbilder an den Wänden in einem farblosen Grau. Sie besuchte mit ihm die Vikarka auf dem Hradschin, wo ein paar Armlängen von der Türe entfernt der Dom in die Höhe ragte, wunderliches Mauerzierat und Steinfiguren in den Nischen. Sie verstand allmählich die stille Sprache der Stadt, die Severin geläufiger war als dem Tschechenmädchen. Sie begriff es, daß zwischen ihren gedunkelten

Mauern, ihren Türmen und Adelshäusern, ihrer fremdartigen Abgestorbenheit eine verhaltene Phantastik mit ihm groß geworden war, daß er immer mit dem Gefühle die Straße betrat, daß ihn heute ein Schicksal erwarte.

Als das Frühjahr und der Sommer sich meldeten, stand sie mit ihm vor den Weihern des Baumgartens und fütterte die Schwäne. Oder sie fuhr mit ihm auf der Fähre nach Troja. Durch die Tore der Schanzwälle und der Festungswerke gingen sie nach Pankraz hinaus und saßen mitsammen bei dem steinernen Gasthaustische im Garten, wo schon der einäugige Žižka in den böhmischen Kriegen gerastet hatte. Unweit erhob sich die Strafanstalt wie eine kleine Stadt im Felde und auf den Rasenplätzen arbeiteten die Gefangenen mit dem Spaten. Hinter den einstöckigen Häusern führte die Straße in das nahe Dorf und in den Wald. […]

*

Severin trat auf die Brücke. Ein kalter Windhauch blies vom Wasser herauf und verscheuchte die Stimmung, an die er sich hingab. Messerscharf kam die Erinnerung wieder und zerschnitt das betrügerische Spiel seiner Sinne. Der Abend gaukelte über dem Flusse. Ein Automobil mit großen, milchweißen Lampen tutete melancholisch, und die Glocke der kleinen Kapelle am Fuße der Burgstiegen läutete zum Segen. Severin schritt an den schwarzen Steinfiguren der Brüstung vorüber. Er biß mit den Zähnen auf seine Zunge und das Blut floß ihm in den Mund und schmeckte wie Galle. Das war nicht die Stadt, die er kannte. Das war ein Guckkasten, wo brave Bürger und Bürgerinnen ihre Besorgungen machten und wo der heilige Nepomuk mit gleißnerischen Händen die Moldau bewachte.

Das Zwielicht dunkelte immer stärker, als Severin durch die Turmeinfahrt der Kleinseite zum Radetzkydenkmale einbog. Bei dem Tore der Hauptwache ging ein Soldat mit geschultertem Gewehr auf und ab und auf dem alten Platze mit den Laubengängen lag der Farbton vergilbter Kupferstiche. Severin kletterte durch die Spornergasse zum Hradschin hinauf. Die Stadt, die er kannte, war anders. – Ihre Straßen führten in die Irre und das Unheil lauerte auf den Schwellen. Da klopfte das Herz zwischen feuchten, verräterischen Mauern, da schlich sich die Nacht an erblindeten Fenstern

vorbei und erwürgte die Seele im Schlaf. Überall hatte der Satan seine Fallen aufgestellt. In den Kirchen und in den Häusern der Buhlerinnen. In ihren mörderischen Küssen wohnte sein Atem und er ging in Nonnenkleidern auf Raub aus –

Vor dem Eingange zum Schloßhof wandte Severin den Kopf. Es war finster geworden und mit tränenden Lichtern breitete sich Prag zu seinen Füßen.

Ein Hund heulte irgendwo und sein angstvolles Gebell hörte sich an, als ob es aus der Tiefe käme, aus einem verschollenen Erdschacht unter den schiefen Gassen des Hradschin –

Gustav Meyrink

Der Golem

Bis tief in die Nacht hatte ich ruhelos mein Zimmer durchmessen und mir das Gehirn zermartert, wie ich »ihr« Hilfe bringen könnte.

Oft war ich nahe daran gewesen, hinunter zu Schemajah Hillel zu gehen, ihm zu erzählen, was mir anvertraut worden, und ihn um Rat zu bitten. Aber jedesmal verwarf ich den Entschluß.

Er stand im Geist so riesengroß vor mir, daß es eine Entweihung schien, ihn mit Dingen, die das äußere Leben betrafen, zu behelligen, dann wieder kamen Momente, wo mich brennende Zweifel befielen, ob ich in Wirklichkeit alles das erlebt hätte, was nur eine kurze Spanne Zeit zurücklag und doch so seltsam verblaßt schien, verglichen mit den lebenstrotzenden Erlebnissen des verflossenen Tages.

Hatte ich nicht doch geträumt? Durfte ich – ein Mensch, dem das Unerhörte geschehen war, daß er seine Vergangenheit vergessen hatte, – auch nur eine Sekunde lang als Gewißheit annehmen, wofür als einziger Zeuge bloß meine Erinnerung die Hand aufhob?

Mein Blick fiel auf die Kerze Hillels, die immer noch auf dem Sessel lag. Gott sei Dank, wenigstens das eine stand fest: ich war mit ihm in persönlicher Berührung gewesen!

Sollte ich nicht ohne Besinnen hinunterlaufen zu ihm, seine Knie umfassen und wie Mensch zu Mensch ihm klagen, daß ein unsägliches Weh an meinem Herzen fraß?

Schon hielt ich die Klinke in der Hand, da ließ ich sie wieder los; ich sah voraus, was kommen würde: Hillel würde mir mild über die Augen fahren und – – – nein, nein, nur das nicht! Ich hatte kein Recht, Linderung zu begehren. »Sie« vertraute auf mich und meine Hilfe, und wenn die Gefahr, in der sie sich fühlte, mir in Momenten auch klein und nichtig erscheinen mochte, – *sie* empfand sie sicherlich als riesengroß!

Hillel um Rat zu bitten, blieb morgen Zeit – ich zwang mich, kalt und nüchtern zu denken; – ihn jetzt – mitten in der Nacht zu stören? – es ging nicht an. So würde nur ein Verrückter handeln.

Ich wollte die Lampe anzünden; dann ließ ich es wieder sein: der Abglanz des Mondlichts fiel von den Dächern gegenüber herein in mein Zimmer und gab mehr Helle, als ich brauchte. Und ich fürchtete, die Nacht könnte noch langsamer vergehen, wenn ich Licht machte.

Es lag so viel Hoffnungslosigkeit in dem Gedanken, die Lampe anzuzünden, nur um den Tag zu erwarten, – eine leise Angst sagte mir, der Morgen rücke dadurch in unerlebbare Ferne.

Ich trat ans Fenster: Wie ein gespenstischer, in der Luft schwebender Friedhof lagen die Reihen verschnörkelter Giebel dort oben – Leichensteine mit verwitterten Jahreszahlen, getürmt über die dunkeln Modergrüfte, diese »Wohnstätten«, darein sich das Gewimmel der Lebenden Höhlen und Gänge genagt. [...]

Buchstaben zu *empfinden*, sie nicht nur mit den Augen in Büchern zu lesen, – einen Dolmetsch in mir selbst aufzustellen, der mir übersetzt, was die Instinkte ohne Worte raunen, darin muß der Schlüssel liegen, sich mit dem eigenen Innern durch klare Sprache zu verständigen, begriff ich.

»Sie haben Augen und sehen nicht; sie haben Ohren und hören nicht«, fiel mir eine Bibelstelle wie eine Erklärung dazu ein.

»Schlüssel, Schlüssel, Schlüssel«, wiederholten mechanisch meine Lippen, derweilen mir der Geist jene sonderbaren Ideen vorgaukelte, bemerkte ich plötzlich.

»Schlüssel, Schlüssel – –?« mein Blick fiel auf den krummen Draht in meiner Hand, der mir vorhin zum Öffnen der Speichertüre gedient hatte, und eine heiße Neugier, wohin wohl die viereckige Falltür aus dem Atelier führen könnte, peitschte mich auf.

Und ohne zu überlegen, ging ich nochmals hinüber in Saviolis Atelier und zog an dem Griffring der Falltüre, bis es mir schließlich gelang, die Platte zu heben.

Zuerst nichts als Dunkelheit.

Dann sah ich: Schmale, steile Stufen liefen hinab in tiefste Finsternis.

Ich stieg hinunter.

Eine Zeitlang tastete ich mich mit den Händen die Mauern entlang, aber es wollte kein Ende nehmen: Nischen, feucht vom Schimmel und Moder, – Windungen, Ecken und Winkel, – Gänge geradeaus, nach links und nach rechts, Reste einer alten Holztüre, Wegteilungen und dann wieder Stufen, Stufen, Stufen hinauf und hinab.

Matter, erstickender Geruch nach Schwamm und Erde überall.

Und noch immer kein Lichtstrahl. –

Wenn ich nur Hillels Kerze mitgenommen hätte!

Endlich flacher, ebener Weg.

Aus dem Knirschen unter meinen Füßen schloß ich, daß ich auf trockenem Sand dahinschritt.

Es konnte nur einer jener zahllosen Gänge sein, die scheinbar ohne Zweck und Ziel unter dem Getto hinführen bis zum Fluß.

Ich wunderte mich nicht: die halbe Stadt stand doch seit unvordenklichen Zeiten auf solchen unterirdischen Läuften, und die Bewohner Prags hatten von jeher triftigen Grund, das Tageslicht zu scheuen.

Das Fehlen jeglichen Geräusches zu meinen Häupten sagte mir, daß ich mich immer noch in der Gegend des Judenviertels, das nachts wie ausgestorben ist, befinden mußte, obwohl ich schon eine Ewigkeit gewandert war. Belebtere Straßen oder Plätze über mir hätten sich durch fernes Wagenrasseln verraten.

Eine Sekunde lang würgte mich die Furcht: was, wenn ich im Kreise herumging!? In ein Loch sürzte, mich verletzte, ein Bein brach und nicht mehr weitergehen konnte!?

Was geschah dann mit *ihren* Briefen in meiner Kammer? Sie mußten unfehlbar Wassertrum in die Hände fallen.

Der Gedanke an Schemajah Hillel, mit dem ich vag den Begriff eines Helfers und Führers verknüpfte, beruhigte mich unwillkürlich.

Vorsichtshalber ging ich aber doch langsamer und tastenden

Schrittes und hielt den Arm in die Höhe, um nicht unversehens mit dem Kopf anzurennen, falls der Gang niedriger würde.

Von Zeit zu Zeit, dann immer öfter stieß ich oben mit der Hand an, und endlich senkte sich das Gestein so tief herab, daß ich mich bücken mußte, um durchzukommen.

Plötzlich fuhr ich mit dem erhobenen Arm in einen leeren Raum.

Ich blieb stehen und starrte hinauf.

Nach und nach schien es mir, als falle von der Decke ein leiser, kaum merklicher Schimmer von Licht.

Mündete hier ein Schacht, vielleicht aus irgend einem Keller herunter?

Ich richtete mich auf und tastete mit beiden Händen in Kopfeshöhe um mich herum: die Öffnung war genau viereckig und ausgemauert.

Allmählich konnte ich darin als Abschluß die schattenhaften Umrisse eines waagerechten Kreuzes unterscheiden, und endlich gelang es mir, seine Stäbe zu erfassen, mich daran emporzuziehen und hindurchzuzwängen.

Ich *stand* jetzt auf dem Kreuz und orientierte mich. Offenbar endeten hier die Überbleibsel einer eisernen Wendeltreppe, wenn mich das Gefühl meiner Finger nicht täuschte?

Lang, unsagbar lang mußte ich tappen, bis ich die zweite Stufe finden konnte, dann klomm ich empor.

Es waren im ganzen acht Stufen. Eine jede fast in Manneshöhe über der andern.

Sonderbar: die Treppe stieß oben gegen eine Art horizontalen Getäfels, das aus regelmäßigen, sich schneidenden Linien den Lichtschein herabschimmern ließ, den ich schon weiter unten im Gang bemerkt hatte!

Ich duckte mich, so tief ich konnte, um aus etwas weiterer Entfernung besser unterscheiden zu können, wie die Linien verliefen, und sah zu meinem Erstaunen, daß sie genau die Form eines Sechsecks, wie man es auf den Synagogen findet, bildeten.

Was mochte das nur sein?

Plötzlich kam ich dahinter: es war eine Falltür, die an den Kanten Licht durchließ! Eine Falltür aus Holz in Gestalt eines Sternes.

Ich stemmte mich mit den Schultern gegen die Platte, drückte sie aufwärts und stand im nächsten Moment in einem Gemach, das von grellem Mondschein erfüllt war.

Es war ziemlich klein, vollständig leer bis auf einen Haufen Gerümpel in der Ecke und hatte nur ein einziges, stark vergittertes Fenster.

Eine Türe oder sonst einen Zugang mit Ausnahme dessen, den ich soeben benützt, vermochte ich nicht zu entdecken, so genau ich auch die Mauern immer wieder von neuem absuchte.

Die Gitterstäbe des Fensters standen zu eng, als daß ich den Kopf hätte durchstecken können, so viel aber sah ich:

Das Zimmer befand sich ungefähr in der Höhe eines dritten Stockwerks, denn die Häuser gegenüber hatten nur zwei Etagen und lagen wesentlich tiefer.

Das eine Ufer der Straße unten war für mich noch knapp sichtbar, aber infolge des blendenden Mondlichts, das mir voll ins Gesicht schien, in tiefe Schlagschatten getaucht, die es mir unmöglich machten, Einzelheiten zu unterscheiden.

Zum Judenviertel mußte die Gasse unbedingt gehören, denn die Fenster drüben waren sämtlich vermauert oder aus Simsen im Bau angedeutet, und nur im Getto kehren die Häuser einander so seltsam den Rücken.

Vergebens quälte ich mich ab herauszubringen, was das wohl für ein sonderbares Bauwerk sein mochte, in dem ich mich befand.

Sollte es vielleicht ein ausgelassenes Seitentürmchen der griechischen Kirche sein? Oder gehörte es irgendwie zur Altneusynagoge?

Die Umgebung stimmte nicht.

Wieder sah ich mich im Zimmer um: nichts, was mir auch nur den kleinsten Aufschluß gegeben hätte. – Die Wände und Decke waren kahl, Bewurf und Kalk längst abgefallen und weder Nagellöcher, noch Nagel, die verraten hätten, daß der Raum einst bewohnt gewesen.

Der Boden lag fußhoch mit Staub, als hätte ihn seit Jahrzehnten kein lebendes Wesen betreten.

Das Gerümpel in der Ecke zu durchsuchen, ekelte ich mich. Es lag in tiefer Finsternis, und ich konnte nicht unterscheiden, woraus es bestand.

Dem äußern Eindruck nach schienen es Lumpen zu einem Knäuel geballt.

Oder waren es ein paar alte, schwarze Handkoffer?

Ich tastete mit dem Fuß hin, und es gelang mir, mit dem Absatz einen Teil davon in die Nähe des Lichtstreifens zu ziehen, den der Mond quer übers Zimmer warf. Es schien wie ein breites, dunkles Band, das sich da langsam aufrollte.

Ein blitzender Punkt wie ein Auge!

Ein Metallknopf vielleicht?

Allmählich wurde mir klar: ein Ärmel von sonderbarem, altmodischem Schnitt hing da aus dem Bündel heraus.

Und eine kleine weiße Schachtel oder dergleichen lag darunter, lockerte sich unter meinem Fuß und zerfiel in eine Menge fleckiger Schichten.

Ich gab ihr einen leichten Stoß: Ein Blatt flog ins Helle.

Ein Bild?

Ich bückte mich: Ein Pagad?

Was mir eine weiße Schachtel geschienen, war ein Tarockspiel.

Ich hob es auf.

Konnte es etwas Lächerlicheres geben: Ein Kartenspiel hier an diesem gespenstischen Ort!

Merkwürdig, daß ich mich zum Lächeln zwingen mußte. Ein leises Gefühl von Grauen beschlich mich.

Ich suchte nach einer banalen Erklärung, wie die Karten wohl hierhergekommen sein könnten, und zählte dabei mechanisch das Spiel. Es war vollständig: 78 Stück. Aber schon während des Zählens fiel mir etwas auf: Die Blätter waren wie aus Eis.

Eine lähmende Kälte ging von ihnen aus, und wie ich das Paket geschlossen in der Hand hielt, konnte ich es kaum mehr loslassen: so erstarrt waren meine Finger. Wieder haschte ich nach einer nüchternen Erklärung:

Mein dünner Anzug, die lange Wanderung ohne Mantel und Hut in den unterirdischen Gängen, die grimmige Winternacht, die Steinwände, der entsetzliche Frost, der mit dem Mondlicht durchs Fenster hereinfloß: – sonderbar genug, daß ich erst jetzt anfing zu frieren. Die Erregung, in der ich mich die ganze Zeit befunden, mußte mich darüber hinweggetäuscht haben. –

Ein Schauer nach dem andern jagte mir über die Haut. Schicht um Schicht drangen sie tiefer, immer tiefer in meinen Körper ein.

Ich fühlte mein Skelett zu Eis werden und wurde mir jedes einzelnen Knochen bewußt wie kalter Metallstangen, an denen mir das Fleisch festfror.

Kein Umherlaufen half, kein Stampfen mit den Füßen und nicht das Schlagen mit den Armen. Ich biß die Zähne zusammen, um ihr Klappern nicht zu hören.

Das ist der Tod, sagte ich mir, der dir die kalten Hände auf den Scheitel legt.

Und ich wehrte mich wie ein Rasender gegen den betäubenden Schlaf des Erfrierens, der, wollig und erstickend, mich wie mit einem Mantel einhüllen kam.

Die Briefe, in meiner Kammer, – *ihre* Briefe! brüllte es in mir auf: man wird sie finden, wenn ich hier sterbe. Und sie hofft auf mich! Hat ihre Rettung in meine Hände gelegt! – Hilfe! – Hilfe! – Hilfe! –

Und ich schrie durch das Fenstergitter hinunter auf die öde Gasse, daß es widerhallte: Hilfe, Hilfe, Hilfe!

Warf mich zu Boden und sprang wieder auf. Ich durfte nicht sterben, durfte nicht! ihretwegen, nur ihretwegen! Und wenn ich Funken aus meinen Knochen schlagen sollte, um mich zu erwärmen.

Da fiel mein Blick auf die Lumpen in der Ecke, und ich stürzte darauf zu und zog sie mit schlotternden Händen über meine Kleider.

Es war ein zerschlissener Anzug aus dickem, dunklem Tuch von uraltmodischem, seltsamem Schnitt.

Ein Geruch nach Moder ging von ihm aus.

Dann kauerte ich mich in dem gegenüberliegenden Mauerwinkel zusammen und spürte meine Haut langsam, langsam wärmer werden. Nur das schauerliche Gefühl des eigenen, eisigen Gerippes in mir wollte nicht weichen. Regungslos saß ich da und ließ meine Augen wandern: die Karte, die ich zuerst gesehen, – der Pagad, – lag noch immer inmitten des Zimmers in dem Lichtstreifen.

Unverwandt mußte ich sie anstarren.

Sie schien, soweit ich auf die Entfernung hin erkennen konnte, in Wasserfarben ungeschickt von Kinderhand gemalt und stellte den hebräischen Buchstaben Aleph dar, in Form eines Mannes, altfränkisch gekleidet, den grauen Spitzbart kurz geschnitten und den linken Arm erhoben, während der andere abwärts deutete.

Hatte das Gesicht des Mannes nicht eine seltsame Ähnlichkeit mit meinem, dämmerte mir ein Verdacht auf? – Der Bart – er paßte so gar nicht zu einem Pagad, – – ich kroch auf die Karte zu und warf sie in die Ecke zu dem Rest des Gerümpels, um den quälenden Anblick los zu sein.

Dort lag sie jetzt und schimmerte – ein grauweißer, unbestimmter Fleck – zu mir herüber aus dem Dunkel.

Mit Gewalt zwang ich mich zu überlegen, was ich zu beginnen hätte, um wieder in meine Wohnung zu kommen:

Den Morgen abwarten! Unten die Vorübergehenden vom Fenster aus anrufen, damit sie mir von außen mit einer Leiter Kerzen oder eine Laterne heraufbrächten! – Ohne Licht die endlosen, sich ewig kreuzenden Gänge zurückfinden, würde mir nie gelingen, empfand ich als beklemmende Gewißheit. – Oder, falls das Fenster zu hoch läge, daß sich jemand vom Dach mit einem Strick – –? Gott im Himmel, wie ein Blitzstrahl durchfuhr es mich: jetzt wußte ich, wo ich war: Ein Zimmer ohne Zugang – nur mit einem vergitterten Fenster – das altertümliche Haus in der Altschulgasse, das jeder mied! – schon einmal vor vielen Jahren hatte sich ein Mensch an einem Strick vom Dach herabgelassen, um durchs Fenster zu schauen, und der Strick war gerissen und – Ja: ich war in dem Haus, in dem der gespenstische Golem jedesmal verschwand!

Ein tiefes Grauen, gegen das ich mich vergeblich wehrte, das ich nicht einmal mehr durch die Erinnerung an die Briefe niederkämpfen konnte, lähmte jedes Weiterdenken, und mein Herz fing an, sich zu krampfen.

Hastig sagte ich mir vor mit steifen Lippen, es sei nur der Wind, der da so eisig aus der Ecke herüberwehte, sagte es mir vor, schneller und schneller, mit pfeifendem Atem – es half nicht mehr: dort drüben der weißliche Fleck – die Karte – sie quoll auf zu blasigen Klumpen, tastete sich hin zum Rande des Mondstreifens und kroch wieder zurück in die Finsternis. – Tropfende Laute – halb gedacht, geahnt, halb wirklich – im Raum und doch außerhalb um mich herum und doch anderswo, – tief im eigenen Herzen und wieder mitten im Zimmer – erwachten: Geräusche, wie wenn ein Zirkel fällt und mit der Spitze im Holz stecken bleibt!

Immer wieder: Der weißliche Fleck – – – der weißliche Fleck – –! Eine Karte, eine erbärmliche, dumme, alberne Spielkarte ist es, schrie ich mir ins Gehirn hinein – – – umsonst – – jetzt hat er sich dennoch – dennoch Gestalt erzwungen – der Pagad – und hockt in der Ecke und stiert herüber zu mir mir *meinem eigenen Gesicht*.

Stunden und Stunden kauerte ich da – unbeweglich – in meinem Winkel, ein frosterstarrtes Gerippe in fremden, modrigen Kleidern! Und er drüben: ich selbst.

Stumm und regungslos.

So starrten wir uns in die Augen – einer das gräßliche Spiegelbild des andern.

Ob er es auch sieht, wie sich die Mondstrahlen mit schneckenhafter Trägheit über den Boden hinsaugen und wie Zeiger eines unsichtbaren Uhrwerks in der Unendlichkeit die Wand emporkriechen und fahler und fahler werden?

Ich bannte ihn fest mit meinem Blick und es half ihm nichts, daß er sich auflösen wollte in dem Morgendämmerschein, der ihm vom Fenster her zu Hilfe kam.

Ich hielt ihn fest.

Schritt vor Schritt habe ich mit ihm gerungen um mein Leben – um das Leben, das mein ist, weil es nicht mehr mir gehört.

Und wie er kleiner und kleiner wurde und sich bei Tagesgrauen wieder in sein Kartenblatt verkroch, da stand ich auf, ging hinüber zu ihm und steckte ihn in die Tasche – den Pagad.

Immer noch war die Gasse unten öd und menschenleer.

Ich durchstöberte die Zimmerecke, die jetzt im stumpfen Morgenlichte lag: Scherben, dort eine rostige Pfanne, morsche Fetzen, ein Flaschenhals. Tote Dinge und doch so merkwürdig bekannt.

Und auch die Mauern – wie die Risse und Sprünge darin deutlich wurden – wo hatte ich sie nur gesehen?

Ich nahm das Kartenpäckchen zur Hand – es dämmerte mir auf: hatte ich die nicht einst selbst bemalt? Als Kind? Vor langer, langer Zeit?

Es war ein uraltes Tarockspiel. Mit hebräischen Zeichen. –

Nummer 12 muß der »Gehenkte« sein, überkam's mich wie halbe Erinnerung. – Mit dem Kopf abwärts? Die Arme auf dem Rücken? –

Ich blätterte nach: Da! Da war er.

Dann wieder, halb Traum, halb Gewißheit, tauchte ein Bild vor mir auf: Ein geschwärztes Schulhaus, bucklig, schief, ein mürrisches Hexengebäude, die linke Schulter hochgezogen, die andere mit einem Nebenhaus verwachsen. – – – Wir sind mehrere halbwüchsige Jungen – ein verlassener Keller ist irgendwo.

Dann sah ich an meinem Körper herab und wurde wieder irre: Der altmodische Anzug war mir völlig fremd. –

Der Lärm eines holpernden Karrens schreckte mich auf, doch wie ich hinabblickte: Keine Menschenseele. Nur ein Fleischerhund stand versonnen an einem Eckstein.

Da! Endlich! Stimmen! menschliche Stimmen!

Zwei alte Weiber kamen langsam die Straße dahergetrottet, und ich zwängte den Kopf halb durch das Gitter und rief sie an.

Mit offenem Mund glotzten sie in die Höhe und berieten sich. Aber als sie mich sahen, stießen sie ein gellendes Geschrei aus und liefen davon.

Sie haben mich für den Golem gehalten, begriff ich.

Und ich erwartete, daß ein Zusammenlauf von Menschen entstehen würde, denen ich mich verständlich machen könnte, aber wohl eine Stunde verging, und nur hie und da spähte unten vorsichtig ein blasses Gesicht herauf zu mir, um sofort in Todesschreck wieder zurückzufahren.

Sollte ich warten bis vielleicht nach Stunden oder gar erst morgen Polizisten kamen – die Staatsfalotten, wie Zwakh sie zu nennen pflegte?

Nein, lieber wollte ich einen Versuch machen, die unterirdischen Gänge ein Stück weit auf ihre Richtung hin zu untersuchen.

Vielleicht fiel jetzt bei Tag durch Ritzen im Gestein eine Spur von Licht hinab?

Ich kletterte die Leiter hinunter, setzte den Weg, den ich gestern gekommen war, fort – über ganze Halden zerbrochener Ziegelsteine und durch versunkene Keller – erklomm eine Treppenruine und stand plötzlich – – im Hausflur des *schwarzen Schulhauses*, das ich vorhin wie im Traum gesehen.

Sofort stürzte eine Flutwelle von Erinnerungen auf mich ein: Bänke, bespritzt mit Tinte von oben bis unten, Rechenhefte, plärrender Gesang, ein Junge, der Maikäfer in der Klasse losläßt, Lesebücher mit zerquetschten Butterbroten darin und Geruch nach

Orangenschalen. Jetzt wußte ich mit Gewißheit: Ich war einst als Knabe hier gewesen. – Aber ich ließ mir keine Zeit nachzudenken und eilte heim.

Der erste Mensch, der mir in der Salnitergasse begegnete, war ein verwachsener alter Jude mit weißen Schläfenlocken. Kaum hatte er mich erblickt, bedeckte er sein Gesicht mit den Händen und heulte laut hebräische Gebete herunter.

Auf den Lärm hin mußten wahrscheinlich viele Leute aus ihren Höhlen gestürzt sein, denn es brach ein unbeschreibliches Gezeter hinter mir los. Ich drehte mich um und sah ein wimmelndes Heer totenblasser, entsetzenverzerrter Gesichter sich mir nachwälzen.

Erstaunt blickte ich an mir herunter und verstand: – ich trug noch immer die seltsam mittelalterlichen Kleider von nachts her über meinem Anzug, und die Leute glaubten, den »Golem« vor sich zu haben.

Rasch lief ich um die Ecke hinter ein Haustor und riß mir die modrigen Fetzen vom Leibe.

Gleich darauf raste die Menge mit geschwungenen Stöcken und geifernden Mäulern schreiend an mir vorüber.

Franz Werfel

Im bläulichen Gespensterreich

Teta bekam eine winzige Fremdenkammer im Hause der Ursulinerinnen zu Prag. Die Frau Oberin hatte sogar die Güte, ihr eine Audienz zu gewähren, in deren Verlauf sie nach den Geschäften der alten Dienstmagd in dieser Stadt fragte und sich freundlich erbot, ihr behilflich zu sein. Teta dankte in ihrer Art mit Knicks und gesenktem Blick. Ihre Angelegenheit sei rein privater und verwandtschaftlicher Natur. Sie werde daher die Hilfe der hochwürdigen Frau Oberin nicht in Anspruch nehmen müssen. Während sie aber diese Ablehnung bescheiden heruntermurmelte, wußte sie ganz genau, wie sehr sie dadurch ihre Aufgabe sich erschwere. Innerhalb einer Stunde hätte die weißhaarige Klosterfrau – eine imposante Gnädige in Nonnentracht – feststellen können, ob sich in den verschiedenen Diözesen der Republik ein Seelsorger namens Mojmir Linek befinde und wo er zur Zeit seinen Dienst versehe. Dies aber war es ja gerade. Teta wollte nichts leidenschaftlicher vermeiden als eine Befassung geistlicher Stellen mit oberwähnter heikler Frage. Man kanns ihr wahrlich nicht verdenken. Hatte der Neffe gegen die Kirche nicht weniger gefehlt als gegen seine Tante, so kam sie selbst in den Geruch, seine Mitverschworene, ja die Hehlerin eines schrecklichen Religionsfrevels zu sein. Wem sollte sie es weismachen können, daß eine arbeitsame Frau gutgläubig dreißig Jahre lang einen Gottesschwindler über Wasser hält, um sich ein glückhaft himmlisches Fortleben zu sichern? In den Augen der Strenggesinnten würde sie zweifellos eine Mitverworfene sein, bei den Mildgestimmten aber als die lächerlichste dumme Gans gelten, die es jemals in der Welt gegeben hat. Sie hatte demnach nur zu wählen zwischen naserümpfender Abscheu und prasselndem Hohngelächter.

(...) Fasching reichte Teta ein Blättchen, auf dem Mojmirs Straße und Hausnummer sauber geschrieben stand. Sie aber erstattete ihm seine Anzahlung zurück.

Diese Gegend heißt mit Unrecht die »Neue Welt«. Sie liegt auf der Höhe des uralten Burgbezirkes jenseits des Flusses, eingebettet zwischen der sogenannten Brandstätte und dem ehemaligen Garnisonsgericht. In vergangenen Zeiten vermischte sich hier der Fliederdurft des Frühlings mit den martialischen Gerüchen der nahen Kasernen, dem gärenden Arom des Kommißbrotes, des Lederzeugs und des Pferdemistes von der offenen Reitschul herüber. Diese »Neue Welt« hat einer neueren noch nicht Platz gemacht. Baufälliges Winkelwerk von Häusern drängt sich hier wie auf Abbruch. Versehentlich hat die weit ins Land hinauszielende Entwicklung der Stadt diesen Moder links liegenlassen, mit seinen schiefen Dächern, wurmstichigen Loggien, schmutzigen Höfchen und ausgetretenen Holzstiegen. Die »Neue Welt« hat die billigsten Mieten, denn man wohnt hier auch nur auf Abbruch und Widerruf, wiewohl auf historischem Boden. Das Prager Volk hat im Gegensatz zu den fremden Bewunderern seiner Stadt nicht allzuviel Sinn für Romantik. Es flieht die barocken Durchhäuser und Schwibbögen der altertümlichen Bezirke und zieht die weiten lichten Vorstädte mit ihren ineinander geschobenen Betonschachteln vor, von denen eine jüngst Tetas Mißbilligung erregte. In den unausgetrockneten Sümpfen der Vergangenheit wie in dieser »Neuen Welt« leben nur mehr düstere Kleinbürger von der geringfügigsten Sorte, ein paar närrische Sonderlinge oder Schiffbrüchige und Herabgekommene, die sich ein besseres Obdach nicht leisten können.

In einem dieser verwinkelten Häuser hat Teta soeben die mulmige Holztreppe erstiegen. Nun steht sie endlich vor der richtigen Tür. Nach Jahrzehnten. Durch eine Mattscheibe dringt schmutziges Licht in den Flur. Man kann aber auch ohne Brille ein kalligraphisches Meisterwerk lesen, das an die Tür genagelt ist:

»Redakteur M. Linek – Spezialist für Propaganda.« Und darunter in kleinerem Schriftgrad: »Hier werden Geburtstagsgedichte, Festreden, Prospekte, Offerten, Grabschriften aller Art in Auftrag genommen. – Astrologische Beratungsstelle. – Photographische Vergrößerung von Familienbildern. – Juxartikel für fröhliche Geselligkeit.«

Teta liest mit großer Aufmerksamkeit und merkwürdiger Seelenruhe all diese Waren, die von der Firma M. Linek feilgeboten werden. So, und nun weiß sie alles. Bis zuletzt hat sie das Wunder mit zähem Glauben erwartet, der Neffe werde sich am Ende zwar als unwürdiger Priester, aber immerhin als Priester entpuppen. Die kindische Erwartung ist jetzt und für immer zerstört. Angesichts des Spezialisten für Propaganda, des astrologischen Beraters und des Verkäufers von Juxartikeln für fröhliche Geselligkeit glaubt sie nicht mehr an die vollzogene Weihe. Warum soll sie noch die Hand aufheben und den altertümlichen Glockenzug in Bewegung setzen? Was hat sie denn mit diesem Redakteur M. Linek zu schaffen, dem Sohn eines Trinkers und eines fremden Weibes? Ein gleichgültiger Bursche, den sie ein einzigesmal als Halbwüchsigen gesehen hat! Soll sie abrechnen mit ihm? Das ist es ja gerade. Es gibt keine Abrechnung über dreißig verschwendete Jahre. Worte und Vorwürfe erstatten nichts zurück und der Gläubiger wird mehr von ihnen hergenommen als der Schuldner. Ins einundsiebzigste geht sie seit Gründonnerstag. Wärs nicht hoch an der Zeit, zu retten, was zu retten ist? Könnte es nicht irgendwo noch eine Möglichkeit geben, für die letzte Stunde und das Nachherige, Endgültige vorzusorgen?

Nur fort von hier! Und vergessen! Vielleicht vergißt auch der Herrgott. Oder drückt ein Auge zu. Trotz dieser löblichen Regungen, die warnend ihren Geist durchzucken, vermöchte aber keine Macht der Welt Tetas Hand zurückzuhalten, die jetzt mit festem Griff die Glockenschnur erfaßt und energisch herabreißt. Hinter der Tür entsteht ein forderndes Läuten.

Nach einer kleinen Weile öffnet eine Frau. Es ist eine ziemlich junge Frau, noch keine Dreißig, nachlässig gekleidet, hinkt ein wenig. Trotz ihrer gar nicht häßlichen Züge sieht sie aus wie die fleischgewordene Bitterkeit. Ihre Hand läßt die Türklinke nicht los, als sei sie unwiderruflich willens, keinen Gläubiger oder Gerichtsvollzieher über die Schwelle zu lassen.

»Wünschen...?« fragte sie mit scharfem Tonfall, der unruhig und drohend zugleich klingt.

»Mit Erlaubnis, ich möcht den Herrn Linek besuchen«, sagt Teta ruhig und tritt kühn an ihr vorbei in den kleinen dunklen Vorraum. Also das ist der andere Teil von »den Lineks«, denkt sie, diese arme Schlumpe, diese Hinkende und vielleicht haben sie vier Kinder. Das Wort »Besuchen« hat die junge Frau sichtlich besänftigt. Sie reißt eine Tür auf und ruft unfreundlich: »Kundschaft!« Dann läßt sie Teta eintreten. Es ist ein niedriges, aber ziemlich langes Zimmer. Im Fenster, am anderen Ende des Zimmers, drängt sich eine schöne Aussicht zusammen, ein Gewirr altertümlicher Dächer und Giebel, von schwebenden Blütenkronen unterbrochen, und dahinter im bläulichen Gespensterreich die Kuppeln und Türme Mütterchen Prags wie Nebelbilder. Wenns einem danach zu Mute wär, müßte man von dieser Aussicht sagen: »Aber das ist eine Pracht!« Das Zimmer dagegen ist durchaus keine Pracht. Es hat beinah gar keine »Einrichtung«, und die Frau scheint nicht einmal auf Sauberkeit Wert zu legen. Ein paar wacklige Holzstühle. An der rechten Längswand ein zerwühltes Bett, das jetzt, um elf Uhr vormittags, noch nicht gemacht ist. An der anderen Längswand zwei grobe Holztische, die mit dem Warenlager des Spezialisten für Propaganda bedeckt sind, mit kalligraphierten Inschriften, komischen Ansichtskarten in knallenden Farben, mit obszönen Bildchen, wie sie nachts in den Kaffeehäusern und billigen Lokalen vertrieben werden, und mit jenen an der Tür erwähnten Juxartikeln für fröhliche Geselligkeit, als da sind Zigarren, die explodieren, Zigarettenschachteln, aus denen ein Teufelchen springt, Knallbonbons, magische Zündhölzer, Masken, Papierhüte und dergleichen mehr. Der Holzverschlag in einer Ecke deutet auf die photographischen Vergrößerungen des Propagandisten hin und dem brenzlichen Geruch nach zu schließen auch auf pyrotechnische Arbeiten. Wahrscheinlich werden in der Dunkelkammer die explosiven Scherzartikel hergestellt. Aus der kleinen Küche daneben aber dringt schwallweise ein Geruch von schlechtem Fett ins Zimmer, der alles andere übertönt. Die verwöhnte Teta, eingedenk der blanken Küchen ihres Lebens, der eisfrischen Teebutter und des makellosen Schmalzes, mit dem zu arbeiten sie gewohnt war, kann sich einer leichten Übelkeit nicht erwehren. Doch auch die Armut hat sie noch nicht vergessen. Dies hier aber ist nicht eigentlich Armut, sondern etwas viel Gefährlicheres, Beängstigenderes, über das sie sich nicht klar werden kann.

Die Frau schiebt ihr einen Stuhl hin. Dann trollt sie sich in die Küche, aus der auch durch die geschlossene Tür der Fettgestank weiter hervorströmt. Teta sitzt still da und betrachtet den breiten Rücken des Mannes, der an dem Tischchen vor der schönen Aussicht im Fenster in seine Schreibarbeit vertieft ist. Der Schwung bewährter Schönschrift kommt in diesem Rücken und dem geneigten Haupte voll zum Ausdruck. Genau so hat er auch die Briefe an mich gemalt, überlegt Teta, diese vielen Briefe. Sie wundert sich gar nicht, daß der Kopf des Mannes nicht kahl ist, sondern mit dichtem braunem Haar bedeckt, das sich im Nacken ein wenig lockt. Also nicht einmal die Glatze stimmt, denkt sie. Er schreibt mir, daß er den Fuß nachziehen muß, wegen des feuerländischen Insektenstichs. Diese Lüge ist ihm nur eingefallen, weil sie hinkt. Warum, warum? Ich Gottverlassene!

Der schreibende Mann läßt, ohne sich umzudrehen, eine angenehme, ja einschmeichelnde Stimme erlauten:

»Entschuldigen Sie bitte... Nur noch zwei Minuten, dann bin ich fertig... Ich kann das nicht unterbrechen, sonst verlier ich den Faden...«

Er murmelt halb in der Arbeit vor sich hin und halb, um die Kundschaft zu beschäftigen:

»Eine persische Stadt des Altertums, ein biblischer Frauenname, vier Silben, ein ausgestorbenes Säugetier, ein moderner amerikanischer Tanz... So ein Kreuzworträtsel ist nicht leicht aufzubauen... Nach zwölf Uhr muß es auf der Redaktion der Hausfrauenzeitung abgegeben werden, Honorar zehn Kronen... Haben Sie aber eine Ahnung, wenn Sie ein Kreuzworträtsel lösen, meine Gnädige, wieviel Studium und Schulgeld es gekostet hat, bis man so etwas entwerfen kann... Zehn Kronen Honorar... Berühmter Naturforscher, wichtiger Friedensschluß mit B, fünf Silben...«

Wer anders als Teta besitzt eine Ahnung davon, wieviel Schulgeld diese nutzlose Bildung gekostet hat? Sie schweigt und wartet geduldig, bis der Mann sein Kreuzworträtsel endlich in den Umschlag steckt und sich erhebt. Er ist ziemlich groß und wohlgewachsen. Im Gegensatz zu Frau und Wohnung scheint er sich einer gewissen künstlerisch nachlässigen Eleganz zu befleißigen. Er ist gut rasiert, trägt ein feines lila Hemd und dazu eine schwere Seidenkrawatte in gleicher Farbe mit einem chinesischen Muster. Das Äußere des Mannes beweist, daß er zugunsten seiner eigenen Person Aufwand zu treiben gewohnt ist. Sein Hausrock besteht aus braunem gerilltem Samt und scheint ganz neu zu sein. Teta kann es nicht fassen, daß sie sich durch die bewußte Photographie hat jemals über die Wirklichkeit hinwegtäuschen lassen. Denn dies hier ist er leibhaftig, der kleine Neffe in der Küche bei Hofrat Slabatnigg, mit seinen mutwillig ungehorsamen Haaren, der bübisch aufgestellten Nase, den verschwollenen Schlitzaugen. Die verschwollenen Schlitzaugen vor allem! Durch die Zeit sind diese Kennzeichen nur schärfer noch herausgearbeitet worden. Teta aber, die Dümmste aller Dummen, hat wahrhaftig gemeint, jenes rotzaufschnupfende Bubengesicht könne sich durch ihren Erziehungsbeitrag in den heiligen Klausner verwandelt haben, dem die Englein sich zuneigen, oder auch nur in das wackere Pfarrersantlitz Ottokar Jankus.

»Wer hat die Dame zu mir empfohlen«, fragt jetzt der Mann. »Wenn ich mich nicht täusche, wird die Dame wahrscheinlich eine schöne Grabschrift benötigen... Oder handelt es sich um ein Horoskop...?«

Er weist mit seiner gepflegten Hand auf eine astrologische Legende hin, die über dem so unanständig zerwühlten Bette hängt. Sie sieht aus wie eine Sonnenuhr mit verworrenen Zeichen und Zeigern.

»Da würd ich aber um die genauen Daten bitten müssen«, sagt er.

Ja, das ist auch dieselbe Stimme, die damals die Gedichte so prächtig deklamiert hat, diese Stimme, die an allem eigentlich Schuld trägt.

»Niemand hat mich hierher empfohlen bitte«, sagt die alte Magd und bewegt dabei kaum ihre Lippen. Der Mann tritt näher auf sie zu. Sein Blick, gleichgültig zuerst, beginnt allmählich zu erstaunen und sich mit einem raschen Gefälle von Gedanken zu erfüllen. Tetas Vergißmeinnichtaugen halten ihn fest. Da kneift der Mann plötzlich seine dicken Lider ein und wendet den Kopf ab, als wolle er etwas ungestört und ungesehen im Schatten zu Ende denken.

»Du also bist der Neffe«, sagt Teta kurz und bündig.

Sie, die sonst zu aller Welt demütig in der dritten Person spricht, holt ein nacktes und hartes Du aus ihrem Innern hervor. Es ist aber keineswegs ein verwandtschaftliches Du, sondern ein richterlicher Laut, streng und von oben herab. Was jetzt geschieht, dauert nicht mehr als dreißig Sekunden. Der Mann kann nicht sprechen. Er beginnt zu schwitzen. Große Tropfen entperlen seiner Stirn und rinnen ihm übers Gesicht. In wenigen Augenblicken ist er so naß, als käme er aus einem Platzregen. Sobald er aber nach dem Taschentuch greift und sich über die Wangen fährt, hat er sich bereits wieder gefaßt. Nur die Mundwinkel zucken noch wie nach einer Schreckenslähmung, die Augen aber sind schon vergnügt, beginnen zu lächeln, zu lachen, zu strahlen und die verführerische Stimme bricht aus einem ganz und gar schon wolkenlosen Gemüt freudig hervor:

»Das Tantchen... Wie, das Tantchen... Ich glaub, ich bin verrückt... Nein, diese Überraschung!«

Um Zeit zu gewinnen, um Hilfe zu holen, wenn auch eine gefährliche Hilfe, reißt er die Küchentür auf und schreit:

»Komm herein, Mascha... Das würdest du nicht erraten, wer mich da besucht... Das Tantchen meines Lebens, von der ich dir so viel erzählt hab...«

Die Hinkende bleibt auf der Schwelle stehen. Ihre Augen leuchten katzengrün vor belustigter Bosheit:

»Das ist wirklich eine Überraschung«, ruft sie, »dein Tantchen kommt dich besuchen und du hast ihr unsere werte Adresse mitgeteilt... Aber verzeihen Sie, ich will die lieben Verwandten nicht stören, das darf man ja nicht, woher...«

Mascha schlägt die Tür zu. Man fühlt es aber, wie sie dicht dahinter stehenbleibt und ihr Ohr anpreßt, um schadenfroh zu lauschen. Mojmir flüstert:

»Denken Sie nichts Böses von mir, Tantchen... Nur meine Wirtschafterin natürlich...«

Teta versteht nicht recht, warum der Neffe eine Hurenwirtschaft für weniger verfänglich hält als eine getraute Ehe. Will er ihr noch immer etwas vormachen? Er aber sieht sich verzweifelt nach einem besseren Sitz für Tantchen um. Da er nichts findet, holt er aus dem Bett ein zerdrücktes Kopfkissen hervor, schüttelt es mit komischem Eifer auf und polstert damit einen der Holzstühle, den er Teta anbietet. Sie weist ihn kalt zurück:

»Ich will nicht sitzen jetzt, Neffe«, sagt sie.

»Wenn Sie stehen wollen, Tantchen, dann muß ich knien«, sagt er.

»Du sollst nicht Unsinn reden jetzt, sondern die volle Wahrheit«, sagt sie.

Er greift sich, Luft schnappend, an das Herz, als sei es nicht mehr das beste:

»Erbarmen Sie sich, Tantchen... Lassen Sie mir ein bissl Zeit... Diese freudige Überraschung ist zu groß...«

»Du sollst nicht Unsinn reden jetzt, sondern die Wahrheit, Neffe«, sagt sie unerbittlich. »Was bist du, Neffe?«

Er fährt in seine Taschen, als suche er nach einem Zeugnis seiner Existenz. Er findet nichts:

»Ich, Tantchen, ich...«, beginnt er und unterbricht sich sofort, denn sein Blick fällt auf die obszönen Photographien, die offen auf einem der Tische daliegen. Wie ein gewiefter Bühnenkünstler spielt er sich auf diesen Tisch zu und bedeckt die lasterhaften Bildchen mit einer Morgenzeitung. Hoffentlich hat Tantchen nichts gesehen. Sie hatte gesehen, leider.

»Ich bin«, hebt er von neuem an... »Sie sehen ja, daß ich nicht faulenze, daß ich mir ein Leben aufbaue... Ich kann nichts dafür, daß die Zeiten so hundsmiserabel sind und besonders für geistige Berufe... Man tut schließlich, was man kann...«

Mit einer weiten Handbewegung umfaßt er all die vertrackten Waren auf den Tischen und seufzt:

»Glauben Sie, es ist vielleicht ein Vergnügen, jede Nacht bis fünf Uhr früh mit diesem Zeug da in den Kaffeehäusern herumzuhausieren?«

Tetas Gesicht, tatarischer denn je, starrt den Neffen unbewegt an. Sie ähnelt einem tibetanischen Mönch:

»Ich frag doch mit Erlaubnis, was du bist, Neffe... Ob du ausgeweiht bist, frag ich dich...«

Der Neffe lächelt ein wenig und fährt sich mit der weißen Hand ins dichte Haar:

»Das ist nicht so einfach zu beantworten, Tantchen«, erklärt er nachdenklich, als sei er sich selbst darüber nicht ganz im klaren.

Tetas Augen lassen ihn noch immer nicht los.

»Ich will wissen, ob du vorher davongelaufen bist oder erst nachher?«

An diesem Punkte des Gesprächs bekommt Mojmir Linek seine ganze Gewandtheit und Beredsamkeit zurück. Er schwingt sich mit ein paar Griffen aus der Niederung, in die ihn der Schreck geworfen hatte, zu jener unangreifbar überlegenen Position empor, die seine verwirrenden Briefe auszeichnet. Nun schwitzt er nicht mehr. Er nimmt Tetas Rechte zwischen seine Hände. Er drückt die Tante zärtlich auf den Stuhl herab, sie merkt es kaum. Ihre Augen hängen jetzt an seinem großen Mund.

»Wenn Sie die Wahrheit wissen wollen, Tantchen, dann müssen Sie mir zuhören, dann müssen Sie mich ausreden lassen...«

Eine überflüssige Forderung. Sie denkt nicht daran, ihn zu unterbrechen. Er macht ein paar Schritte auf und ab, wirft den Kopf zurück und schüttelt nicht ohne Anmut seine Mähne. Den Bauerntolpatsch haben sie ihm gründlich ausgetrieben für mein Geld, denkt Teta. Dann bleibt er wieder vor ihr stehen, neigt sich herab und spricht leise, fast zärtlich:

»Sie halten mich natürlich für einen ganz gemeinen Schwindler und ausgekochten Betrüger... Aber, Tantchen, ob Sie's glauben oder nicht, das reine Gegenteil ist richtig... Als Schwindler und Betrüger steh ich jetzt vor Ihnen, weil meine Seele zu wahrhaftig gewesen ist, weil ich nicht so gut lügen kann wie hunderte andere... Hätt ich nur ein bissl besser lügen können, so würden Sie mich jetzt mit dem Kollar sehen, Tantchen, im schwarzen Habit, mit einem ausgefressenen Pfaffengesicht, und ich hätt zu essen fünfmal am Tag und keine Sorgen und müßt mich nicht abplagen, und Sie wären zufrieden mit einem solchen Neffen...«

»Also du bist davongelaufen vorher«, stellte Teta eisig fest. Mojmir Linek hebt beschwörend beide Hände.

»Seien Sie gerecht und lassen Sie mich's erklären, Tantchen... Sie haben das mit meiner seligen Mutter abgekartet damals und mich aufs Olmützer Gymnasium geschickt und all die vielen Schuljahre bezahlt. Mit Ihrem eigenen Geld haben Sie also bezahlt, was ich durch das viele Lernen geworden bin, ein gebildeter Mensch, oder wie man es nennt, ein Intellektueller... Die Wissenschaft hat ihre strenge Hand nach mir ausgestreckt und das moderne Denken, und zwar durch Ihre eigene Unterstützung, Tantchen... Ich hab einen offenen Kopf gehabt, leider, das hat schon der Schullehrer von Hustopec gewußt... Und da bin ich plötzlich am großen Kreuzweg meines Lebens gestanden. Ich sollte an den Altar treten – hören Sie jetzt gut zu – ich sollte eine Oblate aus Weizenmehl und einem Schluck Meßwein in Leib und Blut Christi verwandeln, alle Tage, um sechs Uhr oder um sieben Uhr früh... Wäre ich nun ein Lügner gewesen, Tantchen, wie so viele andere, hätt ich's getan auch ohne Glauben, warum nicht, Beruf ist Beruf, und ob man von Ausbeutung der Arbeit oder der Dummheit seiner Nebenmenschen lebt, das macht nicht viel Unterschied... Aber, sehen Sie, das gerade ist ja das Merkwürdige, ich bin kein Lügner...«

(...) Dann aber wirft er sich allzu plötzlich und ohne rechten Übergang vor Teta auf die Knie und beginnt mit lautem Schnaufen jämmerlich zu weinen. »Verzeihen Sie mir um Gottes willen... Ich hatte ja keine andere Hilfe als Sie, Tantchen...«

Teta blickt auf ihn wortlos hinab. Ihr Kopf ist aufgetrieben von Schmerz. Das laute Weinen dieses Mannes erfüllt sie mit Ekel. Wäre sie doch niemals in dieses abscheuliche Haus gekommen, um die ganze Tiefe des Betruges zu ermessen, in den sie verwickelt ist. Der Neffe weint noch immer. Übel kann einem werden davon. Da öffnet sich lautlos die Küchentür und die Hinkende steht da mit ihren grünen Katzenaugen.

»Aha, er hält schon beim Weinen«, lacht sie hysterisch, »und die slawische Seele war auch schon da, nicht wahr... Das Programm kennen wir auswendig... Lassen Sie sich nicht weich machen, Frau Tante, geben Sie nicht nach... Er ist keine slawische Seele, er ist ein Teufel... Beim Teufel haben Sie Ihre Seligkeit eingekauft... Sie hat er nur Ihr Geld gekostet, mich aber hat er mein ganzes Leben gekostet...«

Der Neffe hat sich aufgerafft. Sein Gesicht ist jetzt gemein vor Wut.

»Laß uns allein! Geh in die Küche!« zischt er.

Mascha aber wirft die Hände hoch und bricht los:

»Geh in die Küche«, schreit sie, »geh in die Küche, schäl Kartoffeln, mach das Bett, hol Bier, dafür bin ich gut... Mit einem Mann leben, bei dem kein Wort wahr ist, Frau Tante, kein einziges kleines Wort... Wenn draußen die Sonne scheint, sagt er, es regnet, und er preßt dir den letzten Groschen aus und den letzten Tropfen Blut und die ganze Seele... Ich muß auf dem Strohsack liegen, und er schläft in seinem Drecksbett jede Nacht mit einer anderen Hur und weckt mich auf, damit ich Wasser warm mach... Beim Teufel haben Sie eingekauft...«

Der Neffe hat sich wieder gefaßt. »Das ist der Dank«, wirft er hin, »daß ich eine genommen hab, die kein anderer anspuckt...«

Jetzt überschlägt sich Maschas Stimme:

»Frau Tante, geben Sie nicht nach! Vernichten Sie ihn! Zeigen Sie ihn an! Ich geh als Zeugin. Ich weiß von allem. Ich beschwör alles... Er ist schon einmal gesessen, ein halbes Jahr. Den kennt man auf dem Gericht, den Vorbestraften... Vernichten Sie ihn! Befreien Sie uns von diesem Scheusal!«

Hugo Steiner-Prag

Besuch um Mitternacht

I.

Nach dreiunddreißig Jahren in der Fremde kehrte ich 1933 in meine Heimatstadt Prag zurück. Bis zum Jahre 1938, als ich Prag wieder verließ, wohnte ich in einem merkwürdigen, seltsam verwinkelten uralten Hause, einem ehemaligen Adelspalast. Er stand in einem der ältesten Teile der Stadt, der sich bis auf den heutigen Tag seinen aus vergangenen Jahrhunderten stammenden Charakter nahezu völlig unberührt erhalten hat. In diesem höchst merkwürdigen Hause trug sich jene fabelhafte Begebenheit zu, von der ich hier erzählen will. Es war eine Begegnung zu mitternächtlicher Stunde, eine so seltsame, wie sie nur in Prag und nur in einem solchen Hause möglich ist.

Die Geschichte und die Schicksale dieses Hauses sind so merkwürdig, daß es verlockend wäre, sie einmal zu erzählen. Seine gotischen Keller tragen Aufbauten aus der Renaissance, die weitläufigen Innenräume hat schweres Barock, zierliches Rokoko und elegantes Prager Empire mit Malerei und Plastik geschmückt. Es lehnt sich an den aufragenden Burgberg, seine Fenster bieten Blicke nach allen Himmelsrichtungen und die Sonne umkreist es von morgens bis abends. Aus welchem der vielen Fenster ich auch hinausblickte, immer bot sich mir ein Stück böhmischer Historie mit all ihrem Glanz und all ihrer Tragik. Sein Gegenüber auf dem weiten Platz, an dem es steht, ist der imposante Palast des kaiserlichen Feldherrn Albrecht Graf von Wallenstein, Herzogs von Friedland. Der Hradschin, die Burg der böhmischen Könige und österreichischen Kaiser, der wundervolle Dom zu Sankt Veit blikken in meine Fenster.

Über barock verwinkelte Dächer, jedes einzelne ein verwirrendes Labyrinth, sah ich Palast an Palast, Kirche an Kirche. Von hohen Dachgesimsen und Balustraden grüßten verzückte Heilige und lächelten antike Götter. Verliebte Amoretten schlangen steinerne Blumengirlanden um phantastische Vasen. In den nahen adeligen Gärten rauschten nachts die Springbrunnen, klang es wie heroische Balladen, flüsterte es geheimnisvoll in den dunklen Laubengängen und knisterte es wie von seidenen Schleppen. Die Glocken dieser einzigartigen Stadt vereinigten sich täglich zu glorioser Mittagssymphonie. Abends verklangen sie in den sanften Kantilenen des Vesperläutens, das die Liebespaare auf ihren dämmernden Wegen nach verschwiegenen Alleen begleitete. In kristallklaren Neujahrsnächten dröhnten die Glocken voller Hoffnung und Zuversicht, aber ihre metallenen Stimmen wurden von Jahr zu Jahr schicksalschwerer.

In diesem alten Hause lebte und arbeitete ich fünf Jahre lang. Das schwere Mauerwerk ließ keinen Laut der Außenwelt zu mir. Aber in den tragischen Septembertagen des unheiligen Jahres 1938 drang selbst durch sie die zitternde Spannung der Welt, der fieberhaft keuchende Atem Europas und der kraftvoll entschlossene Schritt kriegsbereiter tschechoslowakischer Bataillone. Nachts war die Stadt verdunkelt, kein Licht in den Straßen, keines in den Fenstern. Nur die tastenden Finger der Scheinwerfer zuckten nervös über den schwarzblauen Himmel. Das alte Haus, die engen Gassen und Gäßchen, die es umgaben, versanken in dieser Dunkelheit in vergangene Jahrhunderte.

II.

In einer jener Septembernächte, die alles Leben von den Straßen verbannten, saß ich in meinem Studio und arbeitete an einem neuen Portrait E.T.A. Hoffmanns. Von neuem war ich bemüht, die merkwürdigen Augen und das seltsame Lächeln dieses Dichters festzuhalten. Die tiefe Stille, die mich umgab, unterbrach kein Laut. Die Tür zu meiner Bibliothek, die zwei Stufen tiefer lag, stand offen. Aus dem matterhellten Raum schimmerten vergoldete Bücherrükken von hohen Gestellen. Es war nahezu Mitternacht und Zeit, die Arbeit für heute zu beenden. Aber erregte Gedanken, von Hoffmann und seiner Welt erfüllt, hielten mich fest. Sein großer gespenstischer Roman, *Die Elixiere des Teufels*, den ich als erstes seiner Werke illustriert hatte, fiel mir ein und die Kirchen und Klöster, die ich für diese Illustrationen gezeichnet hatte. Aber unerwartet erschienen dunkle Mönche in diesen Klosterhöfen, und ich merkte, daß sich Traum mit Wirklichkeit mischte. Jetzt war es wirklich höchste Zeit, endlich schlafen zu gehen. Lusch, mein kleiner Drahthaarterrier, der diese Absicht mit wunderbarem Hundeinstinkt gefühlt hatte, stand plötzlich schlaftrunken neben mir, um mir Gute Nacht zu sagen. Bald aber hörte ich seine behaglichen Hundeseufzer, sein Umherwälzen und schließlich sein leises Atmen. Wir waren allein in diesen weiten Räumen, mein Hund und ich.

III.

Im Begriffe, endlich von meiner Arbeit aufzustehen, hörte ich plötzlich Hufegeklapper und das ungewöhnliche Rollen schwerer Räder auf dem holprigen Pflaster des Platzes. Überrascht öffnete ich eines der mit schwarzem Papier verdunkelten Fenster. Schwaches Mondlicht sickerte durch jagende Wolken. Eine große altmodische Reisekalesche, wie ich sie in meiner Jugend noch ab und zu in den

Prager Gassen gesehen hatte, hielt mitten auf dem Wallensteinplatz. Ein kleiner Mann stand neben ihr und blickte wie suchend umher. Er trug einen seltsamen hohen Hut. Das Gesicht lag im tiefen Schatten einer ungewöhnlich breiten Krempe. Ein weiter Radmantel verhüllte die kleine Figur. Als der Mann auf mein Haus zuschritt, trat ich erschrocken zurück. Seltsame Erregung flammte in mir auf. Ich hörte die blecherne Stimme der Torglocke in der Wohnung des Hausmeisters. Bald darauf hörte ich schlurfende Schritte im Hofe und dann das Rasseln der Schlüssel. Ich hörte, daß gesprochen wurde, ohne die Worte verstehen zu können. Die Fensternische verbarg mich, und verstohlen sah ich hinab. Der Hausmeister zeigte nach meinen Fenstern, und ich sah, daß er den nächtlichen Besucher durch den Innenhof und zum Treppenhaus führte. Dann wurde es still. Plötzlich – mein Atem stockte – knarrte die hölzerne Treppe unter langsamen Schritten. Im zweiten Stockwerk, das der General bewohnte, machten sie halt. Bald darauf hörte ich sie wieder, und immer deutlicher wurden sie. Es war kein Zweifel möglich, jemand stieg zu mir empor. Wer war es? Niemand klingelte, aber – mit leisem Knarren – öffnete sich die Eingangstür und jemand betrat den Korridor, der zu meiner Bibliothek führte. Mir war seltsam zumute und ich glaube, es lief mir kalt über den Rücken. Die Tür hatte ich, dessen war ich sicher, auch diesen Abend verschlossen. Aufs höchste gespannt stieg ich die beiden Stufen zur Bibliothek hinab und starrte wie gebannt nach der matterhellten weißen Tür, die zum Korridor führte. Leise und höflich wurde an diese geklopft, aber jetzt brachte ich keinen Laut hervor. Das Klopfen wiederholte sich, und entschlossen schritt ich auf die Tür zu, um sie zu öffnen – aber der da draußen kam mir zuvor. Langsam öffnete sie sich, und in ihrem Rahmen, gespenstisch auf schwarzem Hintergrund, stand jener kleine Mann mit hohem Hut.

IV.

Ich erkannte ihn sofort. Dieses Gesicht war mir in allen Einzelheiten vertraut. Ich kannte alle Bilder, die es von ihm gab und hatte im Laufe der Jahre selbst noch einige hinzugefügt. Die Augen, um deren Ausdruck ich mich so oft bemüht hatte, sahen mich forschend

an und, wie mir schien, mit ironischem Lächeln. Alles, was sich jetzt meinen Augen bot, war so widersinnig, so unmöglich, daß ich gar nicht begriff, was hier vor sich ging.

»Was suchen Sie hier, zu dieser Stunde, Herr Kammergerichtsrat Hoffmann?« brachte ich endlich, mühsam genug, hervor.

Er sah gewiß, daß ich vor Erregung zitterte.

»Ei«, lachte er, »mit einem Zitat aus einem meiner Werke begrüßt zu werden, das ist schon etwas, geschätzter Herr, das ist wahre Popularität. Aber wollen Sie mich etwa mit diesen Worten verscheuchen, wie der alte Justiziarius den nachtwandlerischen Mörder Daniel, als er ihm just diese Worte zu mitternächtlicher Stunde entgegenrief? Daß ich zu solcher Stunde hier bei Ihnen erscheine, ist keine Ursache, beunruhigt zu sein. Ich liebe solche Späße. Halten Sie mich etwa für einen Nachtwandler oder«, und dabei trat er mir näher, »vielleicht für noch etwas Bedenklicheres? Heh?«

Er warf Hut und Mantel auf einen Stuhl. »Haben Sie vielleicht Angst vor mir? Sie brauchen sich wahrhaftig nicht zu erschrecken, Verehrenswürdiger. Warum auch? Weil Ihnen jemand vor Augen steht, plötzlich hingezaubert wie durch den Schlag des magischen Stabes? Ein Jemand, der Gesicht, Farbe, Gestalt, kurz, die ganze sterbliche Hülle Ihres gehorsamen Dieners trägt, so daß er in der Tat niemand anderes sein kann als Ihr gehorsamer Diener selbst?«

Ich starrte Hoffmann fassungslos an und fand keine Antwort auf diese prestissimo hingeworfenen Worte.

»Aber lassen wir solche Dinge, wir haben uns zu beeilen, Freundschaft zu schließen, und dann bin ich auch gekommen, mehr von Ihren Arbeiten zu sehen.« Dabei streckte er mir seine Hand entgegen. Ich will gestehen, daß ich zögerte, sie zu fassen. Aber schließlich lag sie doch in der meinen, und zu meiner Überraschung beruhigten sich im gleichen Augenblick meine bis zum Äußersten gespannten Nerven. Seine Hand, die ich in meiner eiskalten hielt, war lebenswarm, und ihr freundschaftlicher Druck flößte mir Vertrauen ein.

»Ach was«, dachte ich bei mir, »denk jetzt an nichts Gefährliches, freu dich dieses unerwarteten Besuches. Später wird sich alles aufklären, was der Aufklärung bedarf.«

»Das ist richtig gedacht«, meinte Hoffmann, »nur keine Exaltationen, geschätzter Herr Professor, nur das nicht. Fordern Sie mich doch lieber zum Sitzen auf. Ich bin durchgerüttelt von der langen

Wagenfahrt, und die Nacht war kühl. An der böhmischen Grenze bei Zinnwald gab's wieder allerlei Unruhe, alles wieder voll von Soldaten, wie ich das schon einmal erlebte. Aber behindert hat mich keiner – ha, ha –, wäre auch gar nicht möglich gewesen! Wenn Sie aber zufällig etwas Erwärmendes – aber nein«, unterbrach er sich, »es ist durchaus nicht nötig.«

Ich hatte ihn verstanden, brachte Rotwein herbei und füllte zwei alte, geschliffene, böhmische Gläser. Hoffmann prüfte genießerisch den dunklen Wein und schnalzte mit der Zunge.

»Hat etwas vom Burgunder, he? Was ist es denn?«

»Echter böhmischer Melniker, gekeltert aus Burgunder Trauben, die Karl der Vierte, Böhmischer König und Deutscher Kaiser, Anno Domini 1340 hier eingeführt hat. Und damals, Herr Kammergerichtsrat, stand auch dieses Haus schon.«

Hoffmann leerte langsam sein Glas. Zweimal füllte ich es wieder, und zweimal trank er es ebenso bedächtig aus.

»Jetzt besinne ich mich – ja, ja, diesen Wein trank ich schon einmal.« Seine Stimme klang leiser, und es schien, als versänke er in Erinnerungen. Er murmelte unverständliche Worte und schüttelte, wie mißbilligend, den haarumbuschten Kopf.

Dann stand er auf und ging in der Bibliothek umher, die Titel der Bücher studierend.

»Hier finde ich mich ja recht zahlreich versammelt und in neuen Ausgaben auch.« Er zog ein altes Buch hervor und schlug es auf. »Ei, sieh da, die erste französische Übersetzung, mit den Illustrationen des köstlichen Gavarni. Wundervoll«, wandte er sich an mich, »scharfe Konkurrenz für Sie, mein werter Herr, habe ich recht? Und hier, die Ausgabe mit den Zeichnungen des alten Hosemann. Die finden Sie gewiß etwas langweilig, nicht wahr?« Er ging weiter. »Die Maassensche Gesamtausgabe meiner Schriften! Gute und gründliche Arbeit. Aber warum noch immer nicht vollständig! Und hier, Hanns von Müllers Ausgaben meiner Tagebücher und des Briefwechsels. Was dieser Mann nicht alles von mir weiß! Wie gut, daß ich damals nicht ahnte, daß so einer einmal daherkommt!«

Er lachte kurz und schrill und schlug ein schmales Bändchen auf. »*Die schöpferische Gestaltung E.T.A. Hoffmanns, von Hanns von Müller*«, las er halblaut. »Sieh da, auch eine Lithographie von Ihnen.« Ich blickte verlegen zur Seite, als er die Widmung las, »An

E.T.A. Hoffmann.« Ich fühlte, daß er mich scharf ansah. »Da steht ja alles zusammen, was Sie von meinen Schriften illustriert haben.« Er schlug den *Kater Murr* auf. »Wieder ein Porträt. Wieviele haben Sie denn von mir gemacht?«

»Ein Dutzend werden es wohl sein«, erwiderte ich etwas verlegen.

Er las die Titel: »*Die Elixiere des Teufels, Don Juan, Der Sandmann, Ritter Gluck, Das Majorat* – aber, was ist denn hier, das kenne ich ja gar nicht. *Phantastische Galerie, Gestalten zu E.T.A. Hoffmann. Mit einer Einleitung von Max Osborn.*« Er legte die Mappe auf den Tisch und begann zu blättern. »Und wieder ein Portrait, aber diesmal – meinen Sie nicht auch – diesmal etwas zu milde.« Er blätterte weiter. Manchmal nickte er wie zustimmend, manchmal wieder schüttelte er den Kopf. Jetzt zog er ein anderes Buch hervor, eine schmale Mappe, die ein Manuskript enthielt. Ich sah es mit leichtem Schreck in seinen Händen.

»Sieh da, das Manuskript!« rief er interessiert und setzte sich näher zum Licht. *Phantastische Nacht, ein Hörspiel um E.T.A. Hoffmann, von Hugo Steiner-Prag*, las er, und ich schämte mich beinahe, der Autor zu sein. »Daß Sie das hier geschrieben haben, braucht Sie nicht in Verlegenheit zu setzen. Warum sollten Sie nicht auch schreiben? Bedenken Sie, wie vielerlei Allotria ich, der Herr Kammergerichtsrat, getrieben habe. Was habe ich nicht alles zusammengeschrieben – Ihnen sei es gesagt, auch um des lieben Geldes willen, das nie gereicht hat. Ich habe musiziert und habe komponiert, sogar fürs Theater. Und aufgeführt wurde ich auch, sogar mit Erfolg. Habe gemalt und gezeichnet, war Kapellmeister und Regisseur, ja, auch Bühnenmaler. Das Schlimmste aber waren die Musikstunden, die ich Dilettanten erteilen mußte. Ja, sogar im Musikalienhandel habe ich mich versucht, wenn auch mit sehr geringem Erfolg.«

»Aber das ist es nicht, was ich zu diesem da«, er warf das Manuskript auf den Tisch und sah mich ärgerlich an, »zu diesem sagen wollte.« Seine Augenbrauen und Mundwinkel begannen zu zucken, und plötzlich wandte er sich zu mir und schnitt eine so groteske Grimasse, daß ich entsetzt zurückfuhr. »Hatte nicht viel Freude an diesem Ding da. Gut gemeint, Verehrter, aber wozu geschrieben, sagen Sie mir, wozu? Mußten Sie denn dem publico meine menschlichen Schwächen zeigen, meine Angst vor jenen, die ich erfunden oder geschaut und dadurch zum Leben gebracht habe? Mußten Sie denn meine Abhängigkeit von diesen Nachtgesichten allgemein bekannt machen, meine grenzenlose Abhängigkeit vor dem *grenzenlos Ungewissen*, das uns in dieser fürchterlichen Einsamkeit, in der wir leben, umgibt? Kann ich dafür, erkannt zu haben, daß unser Leben nichts anderes ist als dunkler Mächte grausames Spiel? Zweifeln Sie etwa daran? Ich weiß es besser als Sie, Verehrungswürdiger, wahrhaftig, ich weiß es. Schon bei unserer Geburt walten die himmlischen und dämonischen Mächte über uns, und was wir auch tun mögen, wir entgehen ihnen und ihrem zerschmetternden Willen nicht. Sie sind es, die uns umlagern. Sie sind es, die jene geheimnisvollen Verknüpfungen des menschlichen Geistes mit all den höheren Prinzipien schaffen, die in der ganzen Natur verborgen sind. Wir ahnen nichts von ihrer Anwesenheit, aber hie und da blitzt es hervor, und unser Geschick wird dirigiert. Die Lächerlichen nennen dies ›schicksalhaftes Geschehen‹, diese Blitze ›Zufall‹. *Zufall!* Als ob es auf der Welt jemals etwas Derartiges gegeben hätte. Das Gleichnis vom Sperling auf dem Dache ist für uns unbrauchbar. Was mich verfolgte, war die Furcht vor diesem mephistophelischen, mich aufs neue zerstörenden Prinzip. Trotzdem hörte ich nie auf zu hoffen, aber kaum einmal wußte ich worauf.«

Lange starrte er schweigend vor sich hin.

»Was ist das«, stieß er plötzlich hervor und faßte nach einer Bronzekugel, die auf einem der Tische lag. Sie zeigte das grinsende Gesicht einer Frau und war ein Teil eines barocken Türklopfers aus Bamberg.

»Eine kleine Gruppe von Menschen, die sich Hoffmann-Freunde nennen, schenkte mir den Abguß dieses Kopfes. Sie kennen ihn natürlich von Bamberg her. Er verwandelte sich Ihnen, verzeihen Sie, Ihrem Studenten Anselmus im *Märchen vom goldenen Topf* in ein scheußliches Hexengesicht.«

»Bamberg«, hörte ich Hoffmann leise vor sich hin sagen, »was waren das doch für herrliche und doch so qualvolle Jahre.«

»Erzählen Sie nichts, was Sie erregen könnte, Herr Kammergerichtsrat Hoffmann. Ich kenne Ihre Bamberger Theaterzeit und alle Nöte, die Sie zu erdulden hatten. Ich kenne Ihr Bamberger Theater und das damit verbundene Gasthaus ›Zur Rose‹. Dort saß ich an

Ihrem Tisch, an jenem, an dem Sie so oft, leidend oder glücklich, lange Stunden verbrachten. Ihre einstige Wohnung im hohen schmalen Haus kenne ich auch, auch Ihr Arbeitszimmer im Dach, das Sie Poetenstübchen nannten. Mit Freunden saß ich in diesem winzigen Raum und sah durch die Klappe im Fußboden in die Küche hinab, in der einst Ihre brave Michaline für Sie wirtschaftete. In Ihrem Poetenstübchen saßen wir und tranken dampfenden Rotweinpunsch, nach Ihrem eigenen Rezept gebraut. Und dann –« ich zögerte ein wenig – »sah ich Julias Haus und sah ihr Bild.«

Hoffmann starrte mich überrascht an. Alle Bitterkeit war aus seinem Gesicht verschwunden. Er lächelte in wahrhafter Verklärung.

»Julia«, hörte ich ihn leise vor sich hin sprechen, »sechzehn Jahre warst Du damals alt. Ich liebte Dich und war ein exaltierter Affe. Du Engelsbild aller Herzensgüte, aller Himmelsanmut wahrhaft weiblichen Seins, kindlicher Tugend. Du strahltest mir damals auf in jener Unglückszeit acherontischer Finsternis. Ich verlor Dich für immer, aber trotzdem hast *Du* mich nie verlassen. Auch beim letzten Hauch des Lebens nicht, nicht in aller Qual und allem Schmerz, die hinter mir liegen. Ja, wahrhaftig, dann erst schaute die entfesselte Psyche jenes Wesen, das lebenslang ihre einzige Sehnsucht war, ihre einzige Hoffnung und ihr einziger Trost. Ja, dann erst *im wahrhaftigen Sein.*«

Seine letzten Worte waren so leise gesprochen, daß ich Mühe hatte, sie zu verstehen. Aber hätte es in dieser einzigartigen Stunde der Worte überhaupt bedurft? Sein Gesicht, eben noch durch innere Zwiespälte zu grotesker Fratze entstellt, leuchtete von heroischer Schönheit. Jetzt erst verstand ich ihn ganz. Die qualvolle Teilung dieses tiefen schöpferischen Wesens und die geheimen Wege seines künstlerischen Schaffens wurden mir klar. Es schien mir, als höbe sich die Decke der Bibliothek, als öffne sich das weite Firmament und als stiege Hoffmann, ein strahlender Magier, leuchtenden Auges empor zu den Sternen.

Gelächter weckte mich aus diesen seltsamen Vorstellungen, in die ich versunken war. Hoffmann war aufgesprungen und ging mit weiten Schritten in der Bibliothek umher.

»Nichts, nichts, sehr geschätzter Herr Professor, welche sonderbaren Einfälle. Aber kümmern Sie sich nicht um sie. Alles ist vorbei! Sie wissen, ich war immer ein alter Podagrist, und diese sonderbaren

Herren haben gewöhnlich einen besonderen Humor. Das tröstet mich. Warum auch ließen Sie jenen bronzenen Unglückskopf hier herumliegen.« Er stieß den Kopf von sich. Er rollte über den Tischrand und fiel mit schwerem Schlag auf den Teppich.

»Wissen Sie«, begann er nach einigen Augenblicken, »es ist in meinem Leben etwas recht Charakteristisches gewesen, daß immer geschah, was ich nicht erwartete. Immer wurde ich gezwungen, das zu tun, was ich nicht wollte und was meinem eigentlichen tieferen Prinzip widerstrebte. So hatte ich mich immer bitter herumzuschlagen.« Er stand jetzt vor einer großen Radierung, die an der Wand hing, einem Hoffmann-Portrait, das ich vor einigen Jahren gemacht hatte. »Nicht schlecht«, sagte er, »ganz ordentliche Arbeit, aber nicht in allem. Benützen Sie die Gelegenheit meines Besuches, sehen Sie sich mein Gesicht genau an. Sie werden es so bald nicht wieder sehen.«

Er blitzte mit unheimlich funkelnden Augen nach mir. »Sehen Sie, dieser rechte Mundwinkel sei Ihrer Aufmerksamkeit recht empfohlen. Das ist der ironische Zug, aber auch der Märchenmuskel. Hier, der Backenmuskel bedeutet genossenes Beefsteak und Portwein, viel Portwein sogar, also genießerisch zu formen. Dieses lange Kinn sind meine mißratenen Schauspiele. In diesen neuadaptierten Haaren verwirren sich zahlreiche Gespenster. Sie sollten das sehen, wenn sie sich nachts vor Entsetzen sträuben, wenn die unwillkommenen Besuche kommen. Sie verstehen mich schon! Sie wissen ja, verdächtige Freunde und geschäftstüchtige Verleger verbreiten das Wort ›Gespenster-Hoffmann‹. Nun, der königlich-preußische Kammergerichtsrat rächte sich an allen. Er tat Dinge, die diese traurigen Helden erschreckten!

Sehen Sie weiter. Hier, mein Backenbart, wichtiges Requisit bei nachtlicher Arbeit, wenn ich nervös und verzweifelt in ihm wühle. Er bedeutet mir den Sitz übernächtiger Gedanken des Mondsüchtigen. Aber schließlich hier, und jetzt nehmen Sie sich zusammen, Vielverehrter, sehen Sie diese Augenfalten, diese Stirnmuskeln.«

Ich erschrak vor dem wildverzweifelten Ausdruck, der sein Gesicht verzerrte, vor seinen flammenden Augen. »Hier ist der Sitz der Rachgier, aller Mordlust, und nun wissen Sie, warum ich sie alle, Daniel, Cardillac und Medardus und alle die anderen, morden und immer wieder morden ließ.«

Drohend hatte er seinen Finger erhoben.

»Kein Wort von allem an die Öffentlichkeit! Alles Gesprochene bleibt zwischen uns. Aber ich verschwatze die kurze Zeit und bin doch gekommen, mehreres von Ihren Produktionen zu sehen.«

Er vertiefte sich in die Bilder, Zeichnungen, graphischen Blätter, die ich herbeibrachte. Ab und zu fragte er, und seine Fragen waren immer sachverständig.

Ich war müde geworden. Die Tagesarbeit, die Aufregung durch diesen Besuch und der Rotwein hatten dazu beigetragen. Ich hatte keine Ahnung, wie spät es sei, und sicher war der Morgen nicht mehr fern. Aber je später es wurde, desto lebhafter wurde Hoffmann. Er sprach ohne Unterbrechung von tausend Dingen. Ich konnte ihm schließlich nicht mehr folgen. Schon standen drei geleerte Flaschen auf dem Tisch, und ich selbst hatte kaum etwas getrunken. Hoffmann war ins Studio gegangen. Ich hörte ihn zwischen meinem Arbeitsgerät kramen. Dann ein lautes Selbstgespräch mit meinem neuen Hoffmann-Portrait:

»Gut, daß ich diesem Burschen endlich einmal vor die Augen getreten bin. Er wird lange an mich denken. Jetzt hat er's erfahren, was es heißt, sich an mich heranmachen.«

Unerwartet stand er neben mir. »Sie meine ich, Geschätztester, ja Sie! Jetzt endlich müssen Sie mich verstanden haben, jetzt, nach so vielen Jahren gemeinsamer Arbeit. Oder war es nicht eine solche? Ich glaube doch in Ihrem Leben eine Rolle gespielt zu haben. Heh!«

Er sprang ins Atelier zurück, und ich hörte ihn zu meinem Hunde sprechen. »Berganza!« rief er ihn. Und als der Hund nicht herbeikam, verstärkte er seine Stimme und rief noch einmal »Berganza!« Das klang herrisch und drohend.

Erschreckt fuhr ich empor und merkte, daß ich einen Augenblick geschlafen hatte. »Hoffentlich hat es der Kammergerichtsrat nicht gemerkt«, dachte ich bei mir.

V.

Im Studio war es ganz still. Ich hörte nur Luschs Atem, sonst nichts. Ich ging ins Studio, aber Hoffmann war nicht zu sehen.

Durch das offene Fenster flutete blaugoldener Septembermorgen, ein leichter Wind bewegte die Gardine. Ich ging in die Bibliothek zurück, aber auch dort war Hoffmann nicht.

Die Tür zum Korridor stand offen. Etwas Unklares war in meinen Gedanken, etwas, was mich beunruhigte, aber ich fand mich nicht zurecht. Mein Blick fiel auf die Bronzekugel, die auf dem Teppich lag. Das Hexengesicht grinste mich höhnisch an.

Plötzlich wurde mir alles gegenwärtig. Ich sah offene Bücher und aufgeschlagene Mappen umherliegen. Stühle und Sessel standen nicht auf ihren gewohnten Plätzen. Mir schwindelte ein wenig und meine Hände wurden kalt. Auf dem runden Tisch standen drei geleerte Weinflaschen, zwei rotgoldene Gläser ebenfalls, aber jedes auf einer anderen Seite des Tisches. Eines war bis an den Rand mit dunklem Wein gefüllt, das andere aber war leer bis zur Neige.

Was war hier zu mitternächtlicher Stunde vor sich gegangen? Was war hier geschehen?

Ich war ratlos. Warum standen zwei Gläser dort, *zwei* Gläser...?

Hans Klaus

Die Verklärung des Dr. Schourek

Das Wartezimmer wirkte niederschmetternd. Nach einem Dahinrasen über die hölzern tönenden Treppen des morschen Gebäudes, eines früheren Adelspalastes, vorbei an den Lagerräumen einer Rauchwarenhandlung (manchmal hingen noch ungegerbte Felle wie Kadaver übers Geländer) öffnete sich sein dunkler, fensterloser Kubus. Eine winzige Öllampe flackerte unter einem gebräunten Marienbilde. Die Augen der Madonna waren gottverloren-wunderbar. Das Kind in ihren Armen lächelte befremdend und greisenhaft traurig. Etwas seitwärts das Sofa und einige Stühle. Kein Tisch. Das Möbel war von rauher Leinwand verhüllt, die von Schmutz starrte. Hie und da ragte ein vergoldeter Raubtierfuß hervor und warf ein mattes Glanzlicht. Drüben eine verhängte Glastüre führte zum Ordinationszimmer. Übermäßig lang und schmal schlängelte es sich zum Fenster hin, in dessen Rahmen der aufstrebende Turm einer gotischen Kirche erschien. Die Dimensionen des Ordinationszimmers berührten jetzt völlig sinnlos. Vielleicht hatten sie früher, da es einer Adelsfamilie als Sitzungssaal diente, einen Sinn gehabt, den man nicht mehr begriff. Der helle Untersuchungstisch in zersprungenem Email und drei buntbemalte Bauernschränke – eine alte Jahreszahl auf den Stirnleisten – erwürgten noch mehr den Raum. Über der stockfleckigen Blumentapete hingen wieder Gemälde, regellos, hie und da durch ein Kruzifix von Holz oder einen Weihwasserkessel von Bronze abgelöst. Manchmal verriet ein helleres Quadrat an der Wand, daß man ein Bild umgehängt hatte. Sich mit der Betrachtung seines Zimmerschmuckes zu beschäftigen, war die Abendfreude des rüstig alternden Medizinalrates. Oft, im Lichtstreifen des bald verdämmernden Himmels, saß Dr. Schourek, die blaugeäderten Hände im Schoße gefaltet, den Kopf etwas schief gerückt, den einen Fuß lang über den anderen gestreckt, in seinem Lehnstuhle da und betrachtete sein verstaubtes Arsenal. Dann geschah es manchmal, daß er aufstand, ein Bild, auf welches er schon den ganzen Tag ein Auge gehabt hatte, herabnahm, in seinem Rahmen schüttelte und an eine andere Stelle hing, wo es ihm besser hinzupassen schien.

Ähnliches bereitete sich auch an jenem Freitage vor, als das Unerwartete geschah. Eine Kreuzigungsgruppe des XV. Jahrhunderts, die über seinem Tische hing, erregte seine Aufmerksamkeit. Vor kurzem erst hatte er diesen Holzschnitt statt der Bezahlung von einem Patienten entgegengenommen. Noch erinnerte er sich gut des halbverhungerten Frechlings, der sich dieses Entgegenkommens gar nicht für würdig erwiesen hatte. Sein Wunsch, ihm noch einige Kronen herauszubezahlen, denn der Rahmen sei echt vergoldet und das ganze ein antikes Erbstück, war einfach lächerlich. Daß man ihn vor die Türe gesetzt hatte, durchaus nur die logische Folge seines so anmaßenden Betragens. Nun betrachtete Dr. Schourek das Bild im geschmacklosen, völlig unpassenden Goldrahmen mit den Blicken eines genießenden Wüstlings. Wellen von Beobachtung kreisten von seinem Angesicht zur ungelenken Figur des Gekreuzigten und der beiden Schächer. Erst um die totenstarren, unanatomischen Glieder, um die etwas zu großen, von wirren Haarsträhnen umflatterten Köpfe und schließlich um die flatternden Fahnen der Lendentücher. An der Gestalt des einen Schächers, des reuigen Gesmas, blieben sie haften. Qualvoll klammerte sich der Gefesselte, ein be-

wegtes Fragezeichen, eine erlöschende Gebärde in der erhobenen Hand, an das Marterholz. Dr. Schourek fühlte sich geradezu aufgefordert, ihm ermunternd zuzulächeln, wie ein gutmütiger Vater. Plötzlich ertappte er sich, schämte sich und murmelte in seinen Bart: »Aberglaube! Einige Worte sollten dieses Tier selig machen, diesen Räuber von Urbeginn? Diesen...« Er erinnerte sich, daß noch ein Patient, ein junger Bursche, dessen Behandlung wohl nicht viel einbringen würde, vor ihm stand und mit den blöden Augen eines verängstigten Dörflers sein Urteil abwartete. »Ja«, sagte der Arzt, »also setzen Sie sich«, und wies auf einen gepolsterten Stuhl. Ein Bausch grauen Roßhaares entquoll dem Überzug, als der Kranke Platz nahm, denn ein alter, schlecht geflickter Riß hatte sich geöffnet wie ein Ventil. Dr. Schourek beachtete es nicht weiter, denn er war stets auf dies oder ähnliches gefaßt. Der Bursche aber verging vor Verlegenheit. »So, jetzt werden wir also mit den Injektionen beginnen«, meinte leichthin verdrießlich der Medizinalrat und begann an einer Spritze herumzuschrauben. Der Patient hatte in Todesangst sein rotes Taschentuch zu fassen bekommen und zerknüllte es in seiner eckigen Faust. Er betete leise. Plötzlich öffnete sich die Türe langsam und fast ohne Geräusch. Dr. Schourek erschrak erst, als sich der andere mit einem »Jesus Maria!« umwandte. Eine breite fremde Gestalt hob sich vom Türrahmen ab. Offenbar kein Patient. »Nein, Kranke sehen nicht so aus«, dachte der Arzt, »und dann... ich hatte ja niemand hereingerufen; wie konnte er es wagen, das Wartezimmer ohne Erlaubnis zu verlassen?« Laut aber fragte er und vermochte nicht, seiner Stimme das letzte Zittern zu nehmen: »Was wünschen Sie, Herr?« Wortlos und langsam, aber ausschreitend wie ein Gladiator in der Arena, schob sich der Fremde eckig näher, immer näher. Noch einmal wollte der Doktor fragen, da stand er ihm schon Aug in Aug. Jetzt fühlte er deutlich, daß ein Feind vor ihm stand. Der Bauernbursche duckte sich und suchte in einer Ecke unterm Tische sein Taschentuch. Oder tat er nur so, um sich unauffälliger zu entfernen? Dr. Schourek wollte seinen Hund rufen, der in der Küche, dem übernächsten Raume, unterm Ofen lag. »Bello!« kam es aus ihm, aber derart tonlos, daß ihn nicht einmal sein Gegenüber verstand. »Bluthund!« sagte der Fremde plötzlich und wölbte förmlich die Laute, daß Dr. Schourek ihre Röte fühlte. »Bluthund!« schrie er plötzlich, schlug ihn links und rechts ins Gesicht, packte seine abschüssigen Schultern und duckte ihn nieder, daß sein Schädel mit dem schütteren, gesträubten Haare an der Tischkante klang. Noch sah Dr. Schourek die Flucht des Bauernburschen, sah ihn in panischer Angst – warum half er nicht? – die klingende Glasglocke des Mikroskopes mit sich reißen, sah, wie sich die Injektionsspritze in seinen Rockschoß verbiß wie ein unabschüttelbares Reptil. Dann nahm ihn das Brausen der Bewußtlosigkeit auf.

Als er in das fettige Dunkel des Winterabends erwachte, hörte er Adele, seine Frau, im Vorraum über eine Kiste stolpern. Sie suchte offenbar Zündhölzer, um Licht zu machen, denn aus Gründen der Sparsamkeit bediente man sich im Haushalte des Doktors, der an Kunstwerten immense Reichtümer aufgestapelt hatte, nur des Petroleums. Er versuchte zu rufen, aber er röchelte nur. Er versuchte zu winken, aber die Hand klatschte auf den Fußboden zurück. Bello, der Hund, schwenkte heran und begann sie zu lecken. Als sie sich nicht rührte, heulte er befremdet auf. Adele erschrak. Schon aber brannte zuckend die Lampe. Fast hätte sie sie vor Entsetzen hingeworfen, als sie ihren Mann lang und starr, inmitten von Glasscherben und umgeworfenen Büchern, Blässe und Schweiß des Todes auf der Stirne, daliegen sah. »Was ist Ihnen geschehen?« Wieder das gleiche Röcheln. Als sie ihn hilflos sah, vergaß sie die beinahe abergläubische Ehrfurcht, die sie diesem Greise jahrzehntelang entgegengebracht hatte, die so weit ging, daß sie ihn stets mit »Sie« ansprach und kaum seinen Vornamen zu nennen wagte. Wer war sie denn auch? Die hübsche Tochter eines reichgewordenen Selchers von da hinten wo, die der Medizinalrat der Heirat gewürdigt hatte. Und trotzdem...! Während sie ihn aufrichtete, verglich sie die Gebrechlichkeit des Greises mit ihrer Kraft. Dabei war sie in den letzten Jahren an seiner Seite hinfällig geworden, hatte gehungert, um die Wahrheit zu sagen, denn Medizinalrat Schourek war unerbittlich und streng, wo es um ihr Wirtschaftsgeld ging. Adele hielt in ihren Bemühungen inne, um zu verschnaufen. Ob er ahnte, daß sie trotzdem allmonatlich Rafael, ihrem Sohne, der in Paris studierte, etwas schickte? Dr. Schourek regte die Hand wie ein Pendel. Immer noch fürchtete Adele diese Hand, die kräftig war und zu treffen wußte. Sie trat wieder näher. Die alte Devotion kehrte zurück. Hatte er sie nicht gehalten wie ein gut abgerichtetes Haustier? Das stumme, im innersten Innern aufgeglommene Schadengelächter erlosch sofort. Die kräftige Achtunddreißigjährige versuchte den Wimmernden zu tragen. Ihre Arme hoben sich von seinem schwarzen Rocke ab wie helle Holzleisten. Es fiel ihr nicht leicht und sie bemerkte, wie sie in letzter Zeit an seiner Seite gealtert war. Daran änderte auch dick aufgetragene Schminke, duftende Pomade und die langen, dolchförmigen Ohrgehänge von grünem Steine nichts. Das Bett stand in der Küche. Wohl war da noch ein anderes, ein herrliches Himmelbett im Stile Louis XIV., welches Dr. Schourek auf einer Auktion erstanden hatte, aber es durfte nicht benützt werden. Das Eisengestell in der Küche mußte man erst frei machen. Ein Stoß Bilderrahmen, zwei zinnene Weihrauchkessel, drei alte Rapiere und eine Kaffeemühle wälzten sich auf der Bettdecke. »Es ist nichts ernstes«, plapperte Adele, indem sie aufräumte, »legen Sie sich nur nieder und...« Sie entsann sich, etwas Ähnliches irgendwo gelesen zu haben, »und ich werde Ihnen einen schwarzen Kaffee machen, das ist gut fürs Herz.« Plötzlich verstummte sie, denn sie erinnerte sich, daß nur gebrannte Gerste im Hause war. »Also«, fuhr sie fort, »ziehen Sie sich indessen aus.« Dr. Schourek hatte den besten Willen, ihren Worten diesmal zu folgen. Aber seine Hand – o Grauen – hing, ein fremder Körper, an seiner Seite. Aufklagend sank er zurück, ohne sich verständlich gemacht zu haben. Nun begann Adele ihn auszuziehen. Bello, der Hund, schlich umher und rieb sich an ihr. Er erhielt einen Fußtritt, wie ein am Unglück Mitschuldiger, und verkroch sich unters Bett. »So«, sagte Adele, als sie fertig war, und es sollte befriedigt klingen; aber die Zähne schlugen ihr aneinander, denn sie fürchtete den Tod und was mit ihm zusammenhing, unbeschreiblich. »So, und nun hole ich den Arzt.« Sie warf den Mantel um sich und schlug den Kopf in ein Tuch, »gleich bin ich zurück, gleich.« Ihr Mann wollte sie bitten zu bleiben. Nichts konnte ihn gerade jetzt eher töten als das Alleinsein. Aber seine Zunge vermochte nicht, ihr zu erklären, wie sinnlos ihr Weggehen war. Schließlich, was wußte denn sie? Von ihrem Standpunkte aus war es wohl das Vernünftigste, einen Arzt zu holen. Hätte sie doch, wie er, sein Machtbereich richtig einzuschätzen vermocht. Aber sie blieb eben immer, was sie war: Adele, die Plebejerin, die abergläubische Gans vom Lande, die er... er... Er... Eine Blutwelle schoß ihm zu Kopf. War sie denn überhaupt noch da? Eben hörte man die Türe schlagen. Der Luftzug, den sie erweckte, pflanzte sich im Raume fort. Mit einem unheimlichen Pfeifen ging das Licht aus. Noch ein, zwei Zuckungen. Wie ein Puls, ein Herz. Dann war der Kranke völlig im Finstern.

*

»...Bluthund ...Bluthund...« hämmerte es in seinem Innern. »Warum?« Er versuchte es, sich des Gesichtes zu erinnern, und vermochte es nicht mehr. Nur die Gestalt stand riesenhaft gegenwärtig und gewalttätig vor seinem Bewußtsein. »War es ein früherer Patient? Das seine Dankbarkeit! Gut, gut, gut! Ich weiß, daß die Mißgunst Märchen über meine hohen Honorare verbreitet. Aber bin ich denn berufen, ihnen ihre Unreinheit, ihren Unrat gratis aus ihrem verdorbenen Körper zu spülen? Warum werden sie krank? Kann ich dafür? Bist du schuldig, so leide!« Er machte eine ungelenke Bewegung. Das Bett knirschte und klirrte. Vor lauter Befriedigung vergaß er sogar Schmerzen zu fühlen. Ohne sie wäre er restlos zufrieden mit sich und der Welt gewesen. »Wart! Ich tränk's ihm ein, diesem... diesem verkommenen Subjekt, das gewagt hat... Ob es einer von jenen war?« Er ließ die Reihen seiner Patienten vorbeidefilieren. Fast war es, als bildeten sich ihre Gestalten in der einen Raumecke und wanderten, langsam wie Apostelfiguren eines künstlichen Uhrwerkes, an ihm vorbei in die andere. Frühzeitig welke Greise waren da, mit rötlichem Haar an den Schläfen, in der Barttracht der achtziger Jahre, Jünglinge, fast Knaben, von Verderbnis und Hilflosigkeit nah an dem Abhang wehvoller Selbstbefleckung gedrängt, Viehhändler mit den feisten Nacken von Stieren, blinzelnden Augen, hochgezwirbelten Bärten und grünen Hüten über abgeleckten Frisuren. Dann wieder kamen blonde und zitternde Stubengelehrte, denen das Abenteuer der ersten und vielleicht einzigen Nacht – gräßlicher Witz der Natur! – den verheerenden Keim ins Geschlecht geworfen hatte. Unter ihnen allen war der Fremde – nicht. Rastlos und ratlos tastete der wieder etwas finsternisgewöhnte Blick an der Wand. Gegenüber, an der etwas helleren Tönung der alten Photographien aus der Studien- und Militärzeit bleibt er haften. Linkerhand erblickt sich Schourek selbst, im Hofe des Laboratoriums, lächelnd im weißen Mantel, kühn und siegesgewiß die Rechte in die Hüfte gestemmt. Ein wahrhaft schöner Mann! Er erinnert sich, daß ihm die Weiber nachliefen, und beginnt zu kichern. Manche bekamen sogar hysterische Anfälle während der Ordination und er – er sträubte sich nicht zu erliegen. Aber Bluthund genannt zu werden, hat er deshalb nicht verdient! »Nein, Bluthund nicht, das nicht«, röchelt es in ihm, »und dann, ich war so jung, so jung... Meine Studienzeit...« denkt er mild und sein Gesicht hellt sich auf, »und später, an der Klinik... Damals fing mein Name an, einen guten Klang zu bekommen.« Er sinnt nach und freut sich, weil er sich erinnert. »Ja, mein Gedächtnis ist noch ganz das eines Jungen. Keine Bewegung, kein Punkt in Vergessenheit geraten! Mein erstes Werk war die bahnbrechende Untersuchung über Drüsenfunktionen bei Greisen.« Er zuckt zusammen, denn eine peinliche, peinigende Szene ergießt sich über ihn, zu schnell, als daß er sie abzudämmen vermöchte. Damals war Nässe im Hofe des Armenasyls. Ein Auftauen nach überaus kräftigen Frösten. Vielleicht im Feber war's. Kotlachen lagen zwischen Mulden grauen Schnees. Damals zerrte er dic Greise gewaltsam aus ihren Zimmern, denn man bedurfte ihrer Bilder für die Publikation. Ein groteskes Regiment von Greisen, wie uniformiert in ihren blau-weiß gestreiften Krankenmänteln, trat an. Mißmutig stampfte Dr. Schourek auf, weil er warten mußte, ehe sie sich aus ihren Betten schälten. Zu murren wagten sie nicht, aber sie blickten kläglich und eingeschüchtert.

Manch einen zogen die Wärter noch im Gehen an. Wie für den Sarg kleidete man sie ein, die Zahnlosen, Einsamsten, Hilflosesten, die ratlos zusahen, was mit ihnen geschah. Die meisten waren während des Winters zu Bett gelegen. Nun peitschte man sie, die Ungewöhnten, heraus. Langsam kamen sie auf dürren Beinen durch den Gang, ruckweise glitten sie wie auf Uhrwerken. Die Wärter, angetrieben von Dr. Schourek, zogen sie mit sich. Manche der Greise waren taub und gaben sich größte Mühe, zu verstehen, was man von ihnen wollte. Aber es war zu viel. Traurig senkten sie die Köpfchen auf ihre nackte Brust. Kälteschauer wehten über die Steinfliesen des Ganges. Das Gebäude war uralt und undurchwärmbar. Einst ein Kloster, später eine Kaserne, jetzt der letzte Unterschlupf der hilflos zitternden Greise: das städtische Greisenasyl Zu Johannes dem Täufer. Dr. Schourek, im Dienste der Wissenschaft, waltete seiner

Pflicht. Er wirft sich im Bette herum. »Konnte ich dafür«, denkt er, »daß einige die Lungenentzündung bekamen? Ohne meine Hilfe wären sie übrigens längst beim Teufel gewesen! Ihr Lebtag überstanden sie die miserabelsten Verhältnisse – einer von ihnen hatte seinen täglichen Standplatz als Bettler an einem zugigen Kirchenportal und – nichts. Gerade damals, damals! Zufall! Schicksal? Ein Bluthund war ich nicht!« Trotzdem fühlt er Grabeskälte in allen Gliedern. Ist der Ofen erloschen oder macht es die Finsternis? Es blickt ihn jemand an. Wer? Was? »Der Fremde!« schießt es ihm auf. Er schreit. »Nein, nein, nein! Herrgott, bin ich irrsinnig?« Langsam nur wurde er sich dessen klar, was auf ihn einwirkte. Er sammelte gleichsam seine Angst, um die Richtung des Angriffes zu finden. Und schon wußte er. Da hing, ein Gegenstück, das Bild aus seiner Militärzeit. Wahrscheinlich seit Jahren, ohne daß er ihm besondere Aufmerksamkeit geschenkt hatte. Oder sollte Adele, das dumme Vieh, von der Ähnlichkeit des Rahmens verführt, es hergehängt haben? Er schloß die Augen, aber er sah durch die geschlossenen Lider. Er versuchte, das Bild an der Wand umzudenken: »Hier – das bin ich, das ist Adele, beide als Hochzeitspaar. Dort, die Büsche im Hintergrund, die blau-graue Leinwand eines Provinzphotographen.« Aber das Bild blieb, was es war: die Photographie einer – Hinrichtung. Dr. Schourek erinnerte sich jetzt, daß er sie kannte, daß er sie vor Jahren allerdings stets, wenn nicht mit Genuß, so doch mit einer Art stiller Freude betrachtet hatte. Jetzt – trat das Grauen aus der Fläche wie ein gespenstischer Rauch, der auf ihn zuwehte und ihn zu ersticken drohte. Warum diese Unruhe? War er schuldig? Nein! Alles vollzog sich stramm nach höherem Kommando eherner Gesetze, die nicht er entworfen hatte. Gewiß, er mußte sich eingestehen, daß ein fieberndes Interesse ihn stets in die Nähe des verröchelnden Opfers gezogen hatte, langsam das Abklingen des gedrosselten Herzens, der geheimnisvollen Pumpe, die das Leben speist, zu verfolgen. Aber all das schlug eben in seinen Beruf. Wissenschaftler war Dr. Schourek, fernab jeder ungesunden Sentimentalität. Und nun, in elfter Stunde gleichsam, sollte seine bewährte Einstellung versagen? Als ob er jetzt, nach zehn Jahren noch, den Gang des Schicksals abzudämmen vermöchte, starrte er atemlos das entfernte Antlitz des Gehängten an, welches sich nun, für den Eingeweihten völlig erkennbar, mit dunklem, auf die Brust gesunkenem Vollbart, von der Weiße des verblichenen Körpers abhob. Dr. Schourek starrte, als wollte er, reuig und sehr verspätet, seine Hilfe anbieten. Aber eitel und verständnislos grinsten ihn die Soldaten, die den Gehängten umstanden (und in deren Mitte er sich selbst entdeckte), an.

Es war eine Erlösung, als er die Türe gehen hörte.

IV. Die Last dieser Stadt

Rainer Maria Rilke

Stadt der vielen Feindschaften und Falschheiten

Die giebelige, türmige Stadt ist seltsam gebaut: die große Historie kann in ihr nicht verhallen. Der Nachklang tönender Tage schwingt in den welken Mauern. Glänzende Namen liegen, wie heimliches Licht, auf den Stirnen stiller Paläste. Gott dunkelt in hohen gotischen Kirchen. In silbernen Särgen sind heilige Leiber zerfallen und liegen wie Blütenstaub in den metallenen Blättern. Wachsame Türme reden von jeder Stunde, und in der Nacht begegnen sich ihre einsamen Stimmen. Brücken sind über den gelblichen Strom gebogen, der, an den letzten verhutzelten Hütten vorbei, breit wird im flachen böhmischen Land. Dann Felder und Felder. Erst ein wenig bange und ärmliche Felder, die der Ruß noch erreicht aus den letzten lauten Fabriken, und ihre staubigen Sommer horchen hinein in die Stadt. Dann, an langen Alleen steilstämmiger Pappeln, beginnen rechts und links die immer wogenderen Ernten. Apfelbäume, krumm von den reichlichen Jahren, heben sich bunt aus dem Korn. Vorn, am Straßenrand, verstaubt ein Kartoffelfeld, und wie später Abendschatten dunkelt ein Dreieck Kohl, blauviolett, vor dem jungen Gehölz. Tannen dahinter beenden schweigsam das Land. Kleine hastige Winde hoch in der Luft. Alles andere – Himmel. So ist meine Heimat.

Da sollte man meinen: in diesem Lande ist das Kindsein besonders leicht. Was andere Kinder anderswo mühsam zusammenträumen, das steht hier lebensgroß und von der Wirklichkeit bejaht mitten in ihrem Tag. Man geht an keiner Kirche vorbei, ohne die goldenen Geheimnisse hinter den Ampeln schimmern zu sehen, und auf den großen Plätzen zittert die Luft noch von stolzen fürstlichen Stimmen. Alles Große ist wie gestern geschehen, und die Kinder ahnen: es kann wiederkehren und mit Glanz oder mit Grausamkeit den täglichen Tag verdecken, den sie doch nur zum Schein und ohne tiefere Teilnahme leben. Und aus dieser steten Erwartung des bunten und sonderbaren Schicksals, aus diesem Horchen nach dem Unerhörten, müßte am Rande der Kindheit, dort, wo die Kräfte sich zurückziehen aus den verstreuten Dingen, um im Jüngling selbst sich zitternd zu vereinen, das Bestreben entstehen, das Fremde, ewig Nahende und Feierliche, wie ein langverdientes Recht, in die Wirklichkeit zu reißen: zu schaffen. Das heißt aus dieser *Prager* Kindheit müßte eine *Prager* Kunst entstehen, wie eine natürliche Fortsetzung, wie ein zweiter Band jenes wundervollen Märchenbuches, der den ersten erfüllt, bestätigt und in strahlenden Apotheosen zusammenfaßt.

Aber es scheint, daß die Kinder nicht unwillkürlich, nicht offen genug sind gegen ihr Kindsein. Es liegt vielleicht auch an der Zeit, welche so viele Verlockungen hat, und an der noch ganz jungen Vergangenheit, welche neben der reifen Historie zu ihren Sinnen spricht, so daß sie darüber ihre Phantasie vergessen und den Tag leben und alle seine Kleinheiten und Beklemmungen auch. Denn der Tag ist gar laut und wichtig in der Stadt der vielen Feindschaften und Falschheiten, und es gehen allmorgendlich zwei Sonnen auf über dem Hradschin: eine deutsche und eine – andere. Diese andere Sonne liebt das Land, und (was noch notwendiger ist) sie begreift es. In ihrer Wärme entsteht eine innige und intime Kunst mit gutem (nur etwas stark von den Franzosen beeinflußtem) Nachwuchs, von der ich hier nicht zu sprechen habe. Unter der ersteren Sonne, der deutschen, schließen sich verschiedene Künstlervereine – wie um größerer Wärme willen – zusammen und ihre Mitglieder sind die Vertreter einer unnationalen, überall möglichen Kunst, die durch nichts auffällt und dem kaufenden Publikum selten Ärgernis gibt. So fließt in den jährlichen Weihnachtsausstellungen des »Vereines der deutschen bildenden Künstler in Böhmen« jene Mußestundenkunst alternder lediger Damen fast unmerklich mit den anderen Ausstellungsgegenständen zusammen. Einzelne tüchtige Arbeiten können kaum zu ihrem Rechte kommen, wo die Mittelmäßigkeit sich so behaglich und so sehr anerkannt von der öffentlichen Meinung breit macht. Im deutschen Böhmen ist die Literatur – Zeitungsschreiberei und die bildende Kunst ihrerseits das geworden, was dem Journalismus entspricht. Es gibt nur zwei Wege, diesen Zustand irgendwie zu überdauern: entweder sich auf sich selbst zurückzuziehen, sich enger an das Land, seine Art und Anmut anzuschließen, als den einzigen Verkehr, der fördern und festigen kann, – so wie es etwa Hans Schwaiger in seinem mährischen Dörfchen tut, – oder in die Fremde zu ziehen, wo sich so viel Großes und Verheißungsvolles begibt, mit einem freudigen Willen, alles anzuerkennen

und zu lernen, und mit der stillen Hoffnung im Herzen, als Könner in die Heimat wiederzukehren, um sie neu und würdig und reif auszusprechen mit echtgoldenen Worten.

Johannes Urzidil

Neujahrsrummel

Der Knabe stapfte durch die Vorstadtgasse. Angestrengt arbeitete er sich weiter, denn der weiche Schnee lag fast schuhhoch, und es schneite noch immer. Es war kalt und zwei Uhr nachts. Warum mühte sich ein zwölfjähriger Knabe allein so spät in schlechtbeleuchteten und einsamen Gassen durch wirbelnden Schnee und blickte immer wieder suchend auf den Gehsteig? Ich weiß es. Ich bin so gegangen.

Zu allem hatte der Knabe auch noch ein wenig Halsschmerzen. Aber das hatte er dem Vater verschwiegen, sonst hätte der ihn überhaupt nicht fortgelassen. Der Vater selbst konnte nicht gehen. Erstens hatte er einigermaßen getrunken, denn es war ja Silvesternacht; zweitens stöhnte er wegen der Galle; drittens, wenn so etwas passierte wie das mit dem Portemonnaie, wurde er hilflos und weinte beinahe; viertens aber, und das war das Wichtigste, wollte ja der Knabe unbedingt selbst gehen, nicht nur, um sich nützlich zu machen und zu beweisen, was für ein tüchtiger Junge er sei, sondern weil ihn der Schnee lockte und die Nacht, diese besondere Nacht, die er nun schon mehrere Jahre lang rühmen hörte. Gehen mußte er auch, weil er ein wenig Angst hatte vor diesem Gang und diese Angst niederkämpfen wollte. Es ist staunenswert, wie vieles zusammenwirkt, um einen zwölfjährigen Knaben in kurzen Hosen mit dünnem Mantel und Halsschmerzen in der Neujahrsnacht um zwei Uhr bei Schneetreiben durch eine Prager Vorstadt gehen zu lassen, die nur von matten Gaslaternen und Schneereflexen ein wenig erhellt ist. Eine historische Nacht, sonst würde nicht noch jetzt, nach fast fünfzig Jahren, davon gesprochen werden.

Das Katzenkopfpflaster spürte man ja nicht, denn der Schnee war samtig und wurde stetig höher; aber das war zugleich einer der erschwerenden Umstände der Suche. Im Portemonnaie, so hatte der Vater gejammert, waren dreihundert Gulden gewesen; nicht ganze dreihundert Gulden, denn irgend etwas war ja schon im Gasthaus »Zur Stadt Moskau« und bei sonstigen Unternehmungen dieser festlichen Nacht draufgegangen; aber nahezu dreihundert Gulden, das Monatsgehalt nämlich und die ebenso hohe Neujahrszulage. Eine gewaltige Summe! Und die war jetzt vielleicht verloren. Gegen dieses »Vielleicht« und seine dunklen Folgen stand der Entschluß des Knaben, den Weg bis zum Seilergäßchen, wo sich das Bierhaus »Zur Stadt Moskau« befand, abzusuchen. Es war ohnehin zum größten Teil sein täglicher Schulweg, der etwa eine halbe Stunde dauerte und auf dem er jeden Hausvorsprung, jeden Rinnstein und jeden Auslagekasten genau kannte. Die Stief war dagegen gewesen, daß er gehe, aber die war gegen alles, und es war für ihn nur ein Grund mehr, auf seinem Entschluß zu beharren, obwohl er vorher schon lange im wohligen Bett gelegen und es ein heimeliger einsamer Abend gewesen war. Das Alleinsein war er zufrieden. Er hatte bei der Petroleumlampe gelesen. »Steh, Waldgänger, und singe den Spruch, der dich von meinem Eisen löst.« Dann hatte er ein wenig Alaun gegurgelt wegen des Knödels im Hals. Er wußte für sich zu sorgen. Dann war er eingeschlafen. Und dann waren der Vater und die Stief heimgekommen, erst mit Gelächter im Nebenzimmer, dann mit Gefrage und allerlei unerklärlichem Hin und Her, dann hatten sich Gejaule, Gezanke und gegenseitige Beschuldigungen erhoben wegen des unauffindbaren Portemonnaies, dazu Klagen über den bei solchen Auseinandersetzungen unfehlbar eintretenden Gallenanfall. Der Knabe wußte: Geld war wichtig. Er hatte einmal beim Bierholen einen Gulden verloren auf dem kurzen Weg zur »Böhmischen Krone«. Er war ohne Gulden und ohne Bier zurückgekommen. Das Geschrei war damals fast ebenso groß gewesen wie diesmal bei den dreihundert. Die Ohrfeigen waren auch nicht von schlechten Eltern.

Er stapfte vorwärts und blickte dabei hin und her auf den Gehsteig. Zwar, der Schnee konnte die Geldtasche schon längst bedeckt haben, aber vielleicht lugte sie doch noch ein wenig hervor. Das Suchen ging so langsam vor sich, daß er bis zu der Ecke, wo es »Zum Bulgaren« hieß, fast eine Viertelstunde benötigte, obwohl, wenn er zur Schule ging, diese Strecke kaum vier Minuten erforderte. Aber eben als er zum »Bulgaren« kam, bemerkte er plötzlich mit Schrekken, daß ihn ein unerwartetes Mißgeschick wieder zurückwarf. Der Hausschlüssel! Er war nicht mehr in seiner Manteltasche. Bei dem vielen Herumbücken war er wohl durch ein Loch in der Tasche geglitten. Zum erstenmal im Leben war ihm der Hausschlüssel anvertraut worden. Für den Hausschlüssel zahlte man monatlich einen ganzen Gulden als Abstandsgeld an den Hausmeister. Die Folgen des Verlustes waren nicht abzusehen. Jedenfalls hätte er bei seiner Rückkehr den Hausmeister wachklingeln müssen; und dann der Vater, mein Gott, was hätte das gesetzt! Einen so wichtigen anvertrauten Gegenstand darf ein Knabe nicht verlieren. Er ging also wieder Schritt für Schritt die Gasse zurück und suchte nun im Schnee nach dem Schlüssel. Er hatte Glück und fand ihn auch schließlich hart neben einem Kanalgitter. Er schnappte mit der Hand nach ihm, als könnte er ihm noch im letzten Moment entwischen und womöglich durch das Gitter unwiederbringlich in die Tiefe rutschen. Das Nebenunternehmen erforderte eine weitere Viertelstunde. Aber der Zwischenfall stärkte sein Vertrauen, denn wenn sich der Schlüssel wiedergefunden hatte, so vielleicht auch das Portemonnaie. Der viele Schnee war an sich vergnüglich, aber an Schneemänner oder sonst so etwas konnte er jetzt bei einer derart wichtigen Mission nicht denken. Freilich wäre er gerne ein wenig hin und her gerutscht – »tschundern« nannte man das –, aber er hatte ja zu suchen und mußte schrittweise vorgehen.

Als er wieder zum »Bulgaren« kam, änderte sich das Bild. Dort mündete eine breitere und schon mit Bogenlampen beleuchtete Straße, auf der sich Menschen, einzeln und in Gruppen, herumtrieben, lärmten, johlten, sangen und »Prosit Neujahr« riefen. Der Knabe konnte sich nicht viel um diese Leute kümmern. Auf dem nunmehr etwas zusammengetretenen Schnee verfolgte er prüfend den Gehsteig. Er wußte, daß der Vater beim Heimweg aus »Stadt Moskau« immer die Straßenseite neben dem Gitter des Transport-Bahnhofs nahm. Er hatte diesen Weg schon oft mit ihm gemacht, noch als er ein ganz kleiner Junge und die Stief noch gar nicht im Hause war. Er erwog die Möglichkeiten, die den Verlust der Geldtasche hatten herbeiführen können, etwa ein Griff nach dem Taschentuch oder der Kauf heißer Würstel bei einem Straßenhändler, aber die Gründe, aus denen jemand im Neujahrsrummel in die Rocktasche greift und dabei unversehens ein Portemonnaie mit herausreißt, mochten sehr zahlreich sein. Vielleicht war das Portemonnaie auch von jemandem gefunden und behalten oder auch möglicherweise, wenn er anständig war, bei der Polizei abgeliefert worden. Aber selbst wenn einer anständig ist, wer geht in der Silvesternacht auf die Polizei? Ehrliche Finder haben Anspruch auf ein Zehntel des Wertes, hatte der Knabe einmal gehört. Es mußte doch Menschen geben, die um der Ehrlichkeit willen auf neun Zehntel verzichteten. Aber der Verlust auch des einen Zehntels bedeutete für den Haushalt des Vaters schon einen schweren Schlag.

Der Knabe ging langsam weiter am Staatsbahnhof vorbei bis zum Pulverturm und dann rechter Hand den Graben entlang. Beim Überqueren jenseits des »Blauen Sterns« wäre er beinahe von einem Fiaker niedergefahren worden, obwohl dieser wegen des Schnees nur langsam fuhr. Aber gerade beim Überqueren mußte er sehr aufmerksam suchen und konnte nicht auch noch auf Fuhrwerke aufpassen. Bis zum Graben hatte sich niemand um ihn gekümmert. Aber auf dem Graben schienen die Menschen besonders guter Laune, sie tobten herum, machten Witze mit ihm und hielten ihn auf. Dabei wehte der Schnee von allen Seiten her, seltsamerweise auch vom Boden, und flockte ihm in die Augen, als hätte er es darauf abgesehen, ihm seine Aufgabe zu erschweren. Einmal fand er sich plötzlich mitten in einem Knäuel von Passanten, es mußte eine ganze Familie sein oder mehrere, sie lachten und schrien, und ein kleines Mädchen war auch dabei. Alle hatten bunte Papiermützen auf den Köpfen, Papierschlangen hingen ihnen an den Mänteln, die außer mit Schneeflocken auch noch mit zahllosen winzigen Papierflittern übersät waren. »Hallo, du Junge«, riefen sie, »prosit«, und das Mädchen warf ihm rasch einen Schneeball mitten ins Gesicht. Das erfrischte. Er war auch nicht faul und begann zurückzuwerfen. Die ganze Gesellschaft hob nun an, Schneebälle zu schleudern, die durch das Schneetreiben kreuz und quer flogen. Es war lustig. Man jagte sich hin und her, und er jagte das Mädchen bis hinein in die Passage des »Großen Bazars«, wo das Panorama »Gäa« war. Jetzt war es selbstverständlich geschlossen, aber an der Tür sah man die Aufschriften der nächsten Wochenprogramme: »Elefantenjagd in Afrika«, »Leben in einer holländischen Windmühle«.

»Warst du schon im Panorama?« fragte er das Mädchen.

»Ja, hundertmal«, sagte sie.

Er selbst war erst einmal da gewesen. Es kostete für Kinder immerhin fünf Kreuzer. Er hielt das Mädchen bei den Armen fest. Sie wehrte sich eine Weile und schrie dann: »Laß mich los, oder ich sag's der Mutter.« Er ließ aber nicht los, und sie kämpften so lange, bis sie ihm entwischte und ihre Zuflucht in einer Nische zwischen zwei Auslagekasten des Bazars suchte, wo sich ein Spiegel befand, darin sie sich im trüben Licht der Passage angelegentlich zu betrachten begann. Er war sogleich hinter ihr her und stand nun bei ihr vor dem Spiegel. Etwas ärmlich fand er sich ja neben dem hübschen Mädchen mit blauem Mantel und Pelzkrägelchen und einer goldenen spitzen Papiermütze über den Locken.

»Ich hab dich«, rief er und wollte sie wieder bei der Hand packen. »Du hast mich nicht«, rief sie mit einer raschen Wendung. Dann aber schrie sie: »Mein Ohrring! Ich habe meinen Ohrring verloren, weil du mich so gejagt hast.«

Der Knabe erschrak, an solch einem Unglück schuld zu sein. »Wie sah er denn aus?« fragte er.

»So wie der andre doch, du Dummer. Von Gold, mit drei blauen Steinchen wie ein Vergißmeinnicht. Ich hab sie zum Namenstag bekommen.«

»Wie heißt du?« fragte er, als ob sich mittels des Namens der Ohrring finden ließe.

»Emma«, sagte sie.

Sie begann nun in der schlecht erhellten Passage krampfhaft herumzusuchen. Inzwischen kamen die Erwachsenen nach, zu denen das Mädchen gehörte. »Was treibt ihr denn da?« riefen sie und: »Habt ihr Spaß?«

»Nein«, sagte das Mädchen, »einen Ohrring hab ich verloren, weil dieser Junge mich gejagt hat.«

»Du bist ein ganz schlechter Junge«, sagte eine Frau, zweifellos die Mutter, mit einer Jakobinermütze von Papier auf dem Kopf. »Ein Ohrring; und noch dazu aus Gold. Da steht ja der ganze Silvester nicht dafür.«

»Ach was«, sagte ein Mann aus der Gruppe, »nur nicht den Kopf verlieren. Emma hätte sich auch ein Bein brechen können.«

»Ich hab ihn schon«, rief der Knabe. »Da unter der Panoramatür war er.«

»Das ist dein Glück, du Stromer«, sagte die Mutter.

»Jetzt schau aber, daß du fortkommst.« Und die ganze Gesellschaft mitsamt dem Mädchen, das sich überhaupt nicht mehr umsah, ging durch die Passage weiter zum Obstmarkt.

Der Knabe blickte ihnen eine Weile nach und überlegte, auf welchen Tag etwa der Name Emma fallen könnte. Dann besann er sich, daß er ja ausgegangen war, des Vaters Portemonnaie zu finden. Er ging zurück zum Graben und durch den Menschentrubel weiter, immer auf dem Trottoir umherspähend. Gegen Ende des Grabens fand er etwas, zwar leider nicht das Portemonnaie, aber immerhin ein kleines Taschenmesser mit Perlmutterschalen. Nur ein so sorgfältiger Sucher wie der Knabe konnte es im Schnee bemerken. Er steckte es zu dem Hausschlüssel, den er nun in einer anderen Tasche ohne Loch versorgt hatte. Wahrscheinlich würde er wohl das Taschenmesser abliefern müssen, obwohl er sich schon immer ein solches gewünscht hatte. Nicht abliefern ist doch wie lügen, und »wer lügt, der betrügt, wer betrügt, der stiehlt, und wer stiehlt, kommt an den Galgen«, behauptete der Vater. Der Vater behauptete allerdings noch vieles andere.

Vom Ende des Grabens beim Wenzelsplatz waren es nur noch ein paar Schritte zum Seilergäßchen. Es hieß dort »Am Brückl«, die Passanten stauten sich, und das Suchen war besonders mühsam. Schließlich wandte er sich zum Bierhaus »Stadt Moskau«, wo man eben dabei war, die Sessel auf die Tische zu stellen. Gäste waren nicht mehr da. Der Oberkellner, Herr Wotruba, dirigierte die Aufräumungsarbeiten der zwei Unterkellner und des Pikkolos. Er machte große Augen, als er des Knaben ansichtig wurde, den er von den Gasthausbesuchen des Vaters kannte.

»Was willst du denn?« fragte er. »Deine Herren Eltern sind doch schon längst fortgegangen, schon fast vor zwei Stunden.«

»Ich weiß«, sagte der Knabe, »aber der Vater hat etwas verloren.«

»So, so«, sagte Herr Wotruba, »das kommt schon vor. Was hat er denn verloren?«

»Ich muß es suchen«, wich der Knabe aus. Er verriet nicht, was er suchen müsse. Die Erfahrung hatte ihm ein Körnchen Vorsicht in die Seele gesenkt.

»Da ist er gesessen«, sagte Herr Wotruba und wies auf den Stammtisch, auf dem sich eine schwarz-rot-goldene Sammelbüchse des Bundes der Deutschen in Böhmen befand mit der Aufschrift: »Wir Deutschen fürchten Gott, aber sonst nichts auf der Welt.«

»Und warum ist denn der Herr Vater nicht selbst gekommen?« fragte der Oberkellner weiter.

»Er ist krank«, sagte der Knabe.

»Krank? Er hat doch noch Gulaschsuppe und Heringssalat gegessen. Krank? Ja, das geht rasch heutzutage. Heute rot, morgen tot, wie Napoleon sagte, als er die Schlacht bei Aspern verlor. Jeder verliert einmal etwas. Komm her, ich will dir was erzählen.«

»Ich muß suchen«, sagte der Knabe.

[...] Die beiden Unterkellner und der Pikkolo hatten nun schon alle Sessel umgekehrt auf die Tische gestellt, und das Gastzimmer sah aus, als wäre es von großen Käfern bedeckt, die auf dem Rücken lagen und ihre Beine nach oben gestreckt hatten.

Der Knabe verabschiedete sich und ging wieder auf die Straße gegen den Wenzelsplatz zu. Er blickte jetzt nicht mehr auf den Gehsteig, denn hier konnte der Vater ja nicht gegangen sein. Auf dem Platz herrschte noch immer reges Treiben, das der unaufhörlich weiter fallende Schnee nicht behinderte, vielmehr eher zu ermuntern schien. Vor dem Hotel »Zur Goldenen Gans« spielte sich ein lärmender Wortwechsel zwischen zwei angeheiterten Gruppen ab, von denen die eine aus deutschen Couleurstudenten, die andere aus tschechischen Zivilisten bestand, die einander gegenseitig durch allerlei hitzige Ausrufe und eindeutige Aufforderungen von ihren Daseinsrechten zu überzeugen trachteten. Ein Polizist mit grünem Hahnenfederbusch versuchte dem Streit ein Ende zu setzen, indem er immer wieder ausrief: »Meine Herren, gehen Sie auseinander«, aber man beachtete ihn nicht, obwohl er gelegentlich die Worte »Im Namen des Gesetzes« hinzufügte. Es flogen allerlei zündende Schlagworte, wie »Allgemeines Wahlrecht« und »Kreisgericht von Jungbunzlau«; dann hielt einer plötzlich eine Rede, die in der Erklärung gipfelte: »Die Königinhofer Handschrift beweist, daß die tschechische Kultur älter ist als die deutsche.« Die Studenten beteuerten daraufhin schreiend, die Königinhofer Handschrift sei ein Schwindel, der Redner aber verkündete mit Emphase: »Als die Deutschen noch auf ihren Bärenhäuten lagen und Eicheln fraßen, haben wir Tschechen schon Powideldalken gegessen.« Aus dieser Feststellung jedoch ergab sich endlich die längst ersehnte allgemeine

Keilerei, aus der nur immer wieder die hilflosen und beschwörenden Rufe des Polizisten vernehmbar waren, um die sich aber niemand kümmerte.

Der Knabe hörte dem Aufruhr, der übrigens in dieser Stadt nichts Ungewöhnliches war, eine Weile zu, ging dann ein Stück den Wenzelsplatz hinauf und bog nach links in die halbdunkle Heinrichsgasse ein, an deren Ende, gegenüber dem massiven Heinrichsturm, über einer lichtdurchschimmerten Tür aus Frostglas ein Wappenadler mit der Aufschrift hing: »Kaiserlich-königliches Polizeikommissariat«. Er zögerte einen Augenblick vor der Tür, denn was sich dahinter verbarg, enthielt wohl etwas Drohendes und Beunruhigendes.

[...] Der Raum war von bläulichem Rauch erfüllt, der durch das gelbweiße Licht zweier Gasstrumpflampen etwas Opalisierendes erlangte, das die Gegenstände und die Menschen mit einer gespenstischen Aura umgab, ihre Umrisse löste und sie zu entkörpern schien. Längs der grauen Wände saßen auf lehnenlosen Bänken einige rauchende Polizisten und verschiedene Menschen herum. Durch die Mitte des Raumes lief ein erhöhtes Pult, hinter dem Gestelle mit zahllosen Faszikeln erkennbar wurden, und über ihnen im wesenlosen Gewölk der Rauchschwaden schwebte in naturgetreuem Öldruck das Bildnis der vollbärtigen Majestät in Feldmarschalluniform mit dem Orden des Goldenen Vlieses. Gelassen und nachsichtig blickte Franz Joseph auf seine böhmischen Untertanen herab. Der Kaiser ist auch da, dachte der Knabe. Unter dem Kaiser hinter dem Pult saß in einer geöffneten flaschengrünen Uniformbluse ein hagerer Mann, dessen durchdringend blickende Augen noch durch einen Kneifer verschärft erschienen, der mittels eines Bändchens gesichert war. Der abgeknöpfte Halskragen des Mannes lag vor ihm auf dem Pult neben einer Kaffeetasse, in der er, während er sprach, unaufhörlich mit einem Löffel herumrührte.

»Was willst du hier?« fragte einer der Polizisten den Knaben.

»Einen Verlust anmelden.«

»Setz dich also und warte, bis dich der Herr Kommissär ruft.«

Paul Leppin

Prag in seiner unzugänglichen Schönheit

Prag ist keine Stadt, die verwirrt. Sie ist eher düster als blendend und sie hat das vergrübelte Profil, das den Dingen anhaftet, über die viel Schicksal gegangen ist. Es ist keine Stadt für den Touristen. Und es ist auch keine Stadt für den Künstler. Ihre Luft ist nicht weich und sorglos, ihr Temperament nicht lässig genug. Sie hat nichts von den willfährigen Elementen, die sich zu jener spielerischen Atmosphäre zusammentun, in der ein ungebundenes Leben gedeiht. Sie hat Bezirke, die auf den ersten Blick ohne inneren und äußeren Charakter scheinen, die ihre Landschaft erst mühselig und zögernd enthüllen. Sie hat Straßen, die mit abenteuerlichen Gedanken erfüllt sind; aber sie kommen nicht im Vorübergehen angeflattert, sie ergeben sich erst nach hartnäckigem Werben, sie kleben schwerfällig in den Nischen der Häuser, sie hausen im Schatten der Kellerwohnungen und trauen sich nicht vor die Türe.

Prag hat historische Denkmäler, kleine geschichtliche Pikanterien, tragische Reminiszenzen. Aber es hat keinen Fremdenverkehr. Der Geschmack des reisenden Ausländers findet in dieser Stadt nicht seine Befriedigung. Wenn er Glück hat, kann er mit ihr im Frühjahre oder auch in den ersten köstlichen Herbsttagen ein Wunder erleben. Dann schüttelt sie den Unmut ab und blinkert mit tausend erstaunten Fensterscheiben in die Sonne. Dann liegt ein goldener Rauch über den Giebeldächern der Kleinseite und aus dem Tale herauf gleißen die Türme in endloser Flucht bis zum Rande des Himmels. Wenn er feinhörig und ein bißchen hellseherisch in jenem Sinne ist, in dem es ein jeder sein sollte, der eine Reise tut, dann wird er erschüttert auf dem Judenfriedhofe stehen, wo die Holunderbäume ihre Äste über tausendjährigen Gräbern breiten, dann wird er auf der Schwedenbrücke vor den steinernen Damen und Herren in Andacht verweilen und den Sternenkranz des heiligen Johannes von Nepomuk, von dem schon das alte Studentenlied zu erzählen weiß, respektvoll mit den Augen grüßen. Zwischen den Puppenhäusern im Alchimistengäßchen, wo zur Zeit Rudolfs II. die Goldmacher wohnten, wird er seine Existenz wunderlich und unzeitgemäß empfinden und dann in einem Wirtshause, wo schon während des Dreißigjährigen Krieges die Bürger zusammenkamen, um über die Zeitläufte zu reden, am Ende einen nachdenklichen Schoppen trinken. Aber nicht jeder Fremde hat Glück, und die meisten sind ohne somnambule Begabung. Und wenn sie im Regenwetter oder mit der Trägheit des Sommers beladen nach Prag kommen, dann wandern sie mißmutig in den mürrischen Straßen umher, schimpfen auf die Langeweile, die ihnen über den Weg läuft, und fahren am anderen Tage wieder weiter nach Berlin, wo es ein so fabelhaftes Nachtleben gibt, oder nach Wien, wo es fidel ist, oder nach München, wo man für sein Geld wenigstens einen ordentlichen Batzen Kunst zu sehen bekommt.

Dem Touristen ergibt sie sich selten. Aber es ist auch keine Stadt für den Künstler. Nicht als ob sie arm an Erlebnismöglichkeiten und irgendwie unfruchtbar wäre. Sie ist von Ahnungen und Halbheiten überflutet, sie ist voller Geheimnisse. Keine Stadt hat wie sie endlose, von Viadukten überwölbte Straßenzeilen, Laternen, die in banger Erwartung brennen, Mauern, hinter denen man Unsagbares vermutet. Nirgends ist die Musik der Nachtkapellen aufreizender, die Angst in den Spelunken greifbarer wie hier. Da gibt es Stiegenaufgänge, die den Gast mit dem Pathos unerhörter Versprechungen ins Unbekannte geleiten, Türen, die man lange mit feiger Neugier betrachtet, Vorhänge, die sich großsprecherisch bauschen. Die nüchterne Täglichkeit hat hier manchmal ihre besondere Note, ist vom Unausgesprochenen umwittert, von Beziehungen bedeutsam umgaukelt. Über die leeren Gesichter, die sich in den Kneipen der Altstadt über den Schnaps auf den Tischen beugen, sind Masken gestülpt, eine grelle, phantastische Romantik flackert unruhevoll an den Wänden, täuscht und verführt zu verschämten Schwärmereien, zu Wollust, Lebensgier und Tränen. Nirgends ist man den Geistern, die aus einer abgefeimten schlüpfrigen Tiefe aussteigen, so nahe, wie in den Nachtlokalen Prags, in den Kaffeehäusern mit der inhaltlosen Physiognomie, den Singspielhallen und verrufenen Häusern. Schicksale, die sich mit ihrer Schäbigkeit brüsten, tauchen im Lampenlicht auf und rühren uns mit verlegener Frechheit an. Von Schauern verschüttet schlägt die Seele mit den Flügeln, und das Herz beginnt zu klopfen. Hier gibt es Wirtsstuben, wo eine kupplerische Grausamkeit die Luft vergiftet, die immer so aussehen, als ob im Nebenzimmer eben ein Mord begangen worden wäre. – Es ist eine Stadt, die für einen jeden etwas bereithält, aus Süßigkeit und Trauer gemischte Bilder für den Träumer, trügerische, gefahrvolle Erlebnisse für den Horcher an der Wand.

Und doch ist es nicht gut für den Künstler in Prag zu sein. Es ist schwer, die Gründe logisch zu analysieren und eine Definition der Hemmungen zu geben, die ihn hier hindern. Aber es ist eine Erfahrung, daß man eine Distanz zu dieser Stadt gewonnen haben muß, um aus ihrem Reichtum Nachhaltiges zu gestalten. Ich spreche hier allein und ausschließlich von dem *deutschen* Künstler. Die tschechische Kunst geht getrennte Wege, nährt sich an anderen Quellen und ich bin überzeugt, daß der tschechische Künstler seine Heimat anders, irgendwie substanzieller empfindet. Die Deutschen leben in Prag auf einem harten, feindlichen Boden. Die politischen Energien, die hier in den letzten Jahrzehnten freigeworden sind, haben aus dem interesselosen Zusammenleben der beiden Völker eine von beständigen Entladungen durchbrochene Spannung gemacht, einen Zwang, der von verhaltener Erregung ausgeglüht, in erster Reihe die Unbefangenheit des *bürgerlichen* Lebens beeinträchtigt. Für den Künstler scheint mir dieser Zustand, dieses immerwährende Bereitsein, dieses arge Lavieren vor gegnerischen Fronten eher ein Anreiz zu bedeuten. Das Gefühl, von einem fremden, vom Hasse fanatisierten Volke umgeben zu sein, nimmt den Umrissen der Begebenheiten das Bewußte, rückt sie noch eine Linie tiefer in die Sphäre jener absonderlich schattierten Dinge, über die man in Prag nicht hinwegkommt, die zum Inventar ihrer in gewisser Beziehung unzugänglichen Schönheit gehören. Gerade dieser Widerstand hat Kunstwerke gefördert, die von seiner Dynamik getragen sind, die seinen Horizont umschließen, sein Spiel und Gegenspiel wirksam agieren. Es ist viel große, gute Kunst aus Prag gekommen, aber die größte, beste kam immer von Künstlern, die in den Jahren der Zuwartung und schöpferischen Sammlung in die magische Stadt beschauliche Einkehr hielten, die mit ihrer Schönheit beschwert in die Fremde gingen und dort zu hohen Zielen wuchsen. Vielleicht ist es der spröde gesellschaftliche Verkehr, dem der deutsche Künstler in Prag – um es so zu sagen – ausgesetzt ist, der seinen Wagemut lähmt, seinen Elan mißtrauisch vergittert. Vielleicht vermißt er mehr, als er eingesteht, die fröhlich vagabundierende Art geistigen Zigeunertums. Vielleicht liegt es an der Stadt selbst, ihren Miasmen, der

Struktur ihres Gemäuers. Ich glaube auch, daß es zum großen Teile die Überzahl der kinetischen Kräfte verschuldet, die den Künstler hier bedrängen. Es ist zuviel, was ihm auf Schritt und Tritt begegnet, was Gassen und Kirchen ihm erzählen, was in der Stimme der Moldau mitrauscht. Die Erde ist hier mit Historie gedüngt, bereit zu empfangen, sehnsüchtig nach einem neuen Leben. Die Materie überwältigt den Bildner und erdrückt ihn.

Auch der Genießer, der für sein Haus einen stilvollen Rahmen wünscht, käme hier nicht auf die Rechnung. Der Blutlauf der Stadt ist zu massiv, zu dickflüssig für ein restloses Behagen. Die Türme der Theinkirche und der Hradschin sind keine Folie für einen modern verbrauchten Reichtum. Prag ist kein Wohnort für ästhetische Snobs. Sein Kleinbürgertum und seine Feiertagsbiederkeit, seine Schwermut hinter dicken Nebeln, seine Rufe im Dunkeln, das Fieber seiner Revolten haben nichts gemein mit den eleganten Nichtigkeiten eines gelangweilten Lebens. Es ist eine Stadt für Sonderlinge, die abseits vom Lärm in sich hineinhören wollen, für solche, die auf der Suche nach dem Wunder sind, für ekstatische Klügler. Früher sind es die Traumdeuter und Alchimisten gewesen; zwischen den grotesken Schatten alter Mauern, auf dem Grunde des eingerissenen Gettos ist noch heute etwas von ihrem Geiste zu spüren.

Umfrage bei ehemaligen Prager Schriftstellern: Warum haben Sie Prag verlassen?

Gustav Meyrink

Siebzehn Jahre lang war ich in Prag, kam hin als Gymnasiast und verließ es 1903 als Schriftsteller, krank und arm. Als ich 1916 einen Abstecher nach Prag machte und am Bahnhof ausstieg, empfand ich sofort dasselbe würgende, unheimliche Gefühl, das mich jedesmal befallen hatte, wenn ich nach längerer Zeit wieder Prager Luft atmete. Für mich ist Prag, ich kann mir nicht helfen, die Stadt der Verbrecherintelligenz und ihre Atmosphäre ist die Atmosphäre des Hasses. Der Grund, weshalb ich Prag verließ? Schicksal! Jahrelang war es mein heißester Wunsch gewesen, Prag für immer den Rücken kehren zu können, aber wie mit Kerkermauern hielt es mich fest. Kaum war es mir gelungen, so wendete sich auch schon mein Schicksal zum Besseren. Wenn mich jemand fragt: »Würden Sie gern wieder in Prag leben?«, so antworte ich: ja, aber nur in der Erinnerung; in Wirklichkeit nicht eine Stunde. Oft des Nachts träume ich von Prag und seinem unheimlichen, dämonenhaften Zauber; dann, wenn ich erwache, ist mir, als sei ich von einem Alb befreit. Seit ich Prag verlassen habe, lebe ich, zwei Jahre Wien nicht gerechnet, in Deutschland und habe viele deutsche Städte gesehen – auch solche, die schöne mittelalterliche Bauten tragen wie Prag und eine ähnliche blutige Vergangenheit haben; in keiner jedoch schwingt jene unfaßbar merkwürdige Stimmung. Sie sind – desinfiziert und man geht in ihnen herum wie in langweiligen Museen.

Franz Werfel

1912, in meinem zweiundzwanzigsten Lebensjahr, habe ich Prag endgültig verlassen. Es war damals ein halb noch unbewußter Rettungsversuch. Mein Lebensinstinkt wehrte sich gegen Prag. Für den Nichttschechen, so scheint es mir, hat diese Stadt keine Wirklichkeit, sie ist ihm ein Tagtraum, der kein Erlebnis gibt, ein lähmendes Getto, ohne auch nur die armen Lebensbeziehungen des Getto zu haben, eine dumpfe Welt, aus der keine oder falsche Aktivität herkommt. Prag kann man nur als einen Drogenrausch, als eine Fata Morgana des Lebens ertragen, und das ist der Grund, warum so viele Künstler nicht geflohen sind. Der deutsche Prager, der zur Zeit fortging, ist schnell und radikal expatriiert, und doch liebt er seine Heimat, deren Leben ihm wie ein ferner Wahn vorkommt; er liebt sie mit einer mysteriosen Liebe. Für die gesunde, einfach-kräftige Rasse, die jetzt Herr im Land ist, bedeutet Prag Leben, Hauptstadt, Kultur, Kulmination, – das Geheimnis der Stadt versteht der Heimatlose daheim und in der Fremde besser. Denn ein Heimatloser gerade – Gustav Meyrink – hat an ihren tiefsten Nerv gerührt, ihr zweites Gesicht, den verworrenen Traum ihres uralten Wesens gebildet.

Paul Kornfeld

Wenn ich habe anderswo als in Prag leben wollen, so dürfte ich dafür – zuerst im allgemeinen – dasselbe Motiv gehabt haben, wie jeder junge Mensch, der jene Stadt, in der er sein ganzes bisheriges Leben verbracht hat, verläßt, sobald es die äußeren Umstände erlauben. Es ist der Wunsch nach neuen Dingen, nach neuer Umwelt, nach neuen Menschen, kurz, nach neuen Variationen des Lebens, der Wunsch nach neuer Freiheit und neuer Unbefangenheit; der Wunsch, eine Atmosphäre zu verlassen, die notwendig abgebraucht sein muß, wie die Luft im geschlossenen Raum nach langer Zeit, und in der die Menschen einander alles gesagt und wenig mehr einander zu geben haben, und das umsomehr, als manche Freundschaft, entstanden durch die Gemeinschaft der ersten Jugend, ein anderes Gesicht bekommen muß, wenn jeder nun nach einer anderen Seite strebt. Und um wieviel mehr gilt das alles für eine Stadt, die, wie Prag für einen Deutschen, eine Kleinstadt ist! Ich bin im Herbst des Jahres 1914 von Prag weggezogen. Und wenn es mir, nun im besonderen, wünschenswert erschien, gerade diese Stadt zu verlassen, so war es das: es herrschte damals, abgesehen von der ganz bürgerlichen Welt, die Stimmung einer überhitzten und vorwiegend destruktiven Intelligenz, die im Mißverhältnis stand zu allem übrigen Menschlichen; mehr des Witzes als der Fröhlichkeit, mehr der Debatte als des Ernstes, mehr der bewußten Paradoxie als der Heiterkeit. Die Kunst war Fachangelegenheit aller, herausgerissen aus dem Zusammenhang, aus der Vielfalt des übrigen Lebens. Das war es vor allem, andererseits aber, wie könnte man von Prag schwärmen und viel davon sprechen, was einen gerade dort hätte halten können – doch die Frage ist ja gerade aufs Gegenteil gerichtet.

Anonymus (vermutlich Hermann Ungar)

In den Berliner und Wiener Literaturcafés ist bekanntlich jeder zweite Gast ein Literat aus Prag. In Berlin wurde vor einiger Zeit sogar ein tschechoslowakischer Klub gegründet, der größtenteils aus Prager deutschen Schriftstellern besteht. Wenn ein Berliner die Bekanntschaft eines Pragers macht, einerlei, ob es sich um einen

Flanellreisenden oder um einen Attaché handelt, fragt er für alle Fälle: »Woran schreiben Sie jetzt?« Die deutschen Witzblätter profitieren seit Jahren von der Tatsache, daß Deutschland seine neueste Literatur aus Prag bezieht. Niemand hat aber bisher gefragt, wie es komme, daß die meisten Prager Schriftsteller und Künstler nicht in Prag leben, das ja als eine der schönsten Städte der Welt gilt, demnach nicht aus ästhetischen Gründen von einem Künstler verlassen werden kann. Wenn man mich fragt, warum ich Prag verlassen habe, muß ich sagen: Aus tausend und einem Grund. Vor allem: jeder Schriftsteller, der in deutscher Sprache schreibt, bezieht seine Honorare und Tantiemen in Mark oder gar in österreichischen Kronen. Infolgedessen kann er sich nicht den Luxus leisten, in einem edelvalutarischen Lande, wie es die Tschechoslowakei heute ist, zu leben, es wäre denn, daß er andere Einkünfte hat, was leider nicht jeder von sich sagen kann. Wenn man Mark oder österreichische Kronen einnimmt, ist man nicht in der Lage, tschechische Kronen auszugeben. Das ist wohl der wichtigste Grund der Flucht. Die tschechische Regierung, die jedes Jahr viele Millionen für tschechische Künstler ausgibt, hat es noch keinem einzigen deutschen Künstler oder Schriftsteller ermöglicht, in Prag zu bleiben. Außerdem ist die gereizte Stimmung, die leider noch immer nicht nur in politischen, sondern auch in künstlerischen Kreisen in Prag aus nationalen Gehässigkeiten entsteht, nicht gerade geeignet, das künstlerische Schaffen zu fördern. Diese nationalen Reibungen machen Prag zu einer kleinen, engen Stadt. Seltsam ist nur, daß die »maßgebenden Kreise« beständig tun, als wüßten sie nichts von alledem. Sie lassen die Künstler und Schriftstellter, denen Prag einen großen Teil seines Ruhms in der Welt verdankt, seelenruhig auswandern, und dann kommt eines Tages womöglich ein Vertreter der Prager öffentlichen Meinung Prags und stellt an die deutschen Schriftsteller ganz naiv und harmlos wie ein kleines unwissendes Kind die verblüffende Frage: »Warum haben Sie Prag verlassen?« Berechtigter wäre die Frage: »Warum sind Sie in Prag geboren?« Denn das ist eine Schuldfrage, der man nicht ausweichen kann.

Ernst Weiß

Ich habe Prag vor einem Jahr verlassen. Ich habe in dieser Stadt meine liebsten Freunde, meine nächsten Verwandten. Ich danke viel dem Direktor des deutschen Theaters und seinem Dramaturgen. In Prag hatte ich vor allem das Bewußtsein, daß ich und meine Arbeit den Menschen nicht fremd sind. Die Menschen waren mir nicht fremd; wenn irgendwo, hatte ich hier heimatliches Gefühl. Die Stadt war meinem Schaffen günstig. Die eigentümliche Atmosphäre der Stadt, die Begegnung der Hügel mit der grenzenlosen Ebene, des ziehenden Flusses mit den ragenden Kathedralen, die engen Gassen und die weiten Gärten auf den Bergen, alles tat mir wohl. Trotzdem ergab sich mir die Notwendigkeit fortzugehen aus zweierlei Gründen: materiellen und geistigen.

Die materiellen liegen darin begründet, daß es einem deutschen Schriftsteller, dessen Werke in Deutschland erscheinen und in Mark bezahlt werden, in dem letzten Jahre unmöglich wird, in einem Lande mit höherer Valuta zu leben, und mag er seine Lebensansprüche noch so bescheiden stellen. Ich habe daher um Gastrecht in Deutschland gebeten und es in Berlin erhalten, wo man leben kann.

Über diesen materiellen Grund heraus, der letzten Endes nie zwingend wäre, kommt ein anderer: daß ich, ohne Kenntnis der tschechischen Sprache, die jetzt noch zu erlernen ich nicht fähig bin, mir in Prag von Tag zu Tag mehr als Fremder, als Ausländer erschien. Selbst dies wäre zu ertragen gewesen, da ich in Prag einen Kreis mir sehr nahe stehender Menschen gefunden habe. Da wirkte erschütternd im inneren, entscheidend im äußeren Leben, die Wegnahme des alten Landestheaters. Es war die einzige Bühne, die ich wirklich geliebt habe, sie war für mich etwas Unersetzliches.

Die Aufführungen Mozartscher Opern unter Zemlinsky, die Darstellungen von Dramen Wedekinds mit Rahel Sanzara bedeuteten Eindrücke, die nicht zu vergessen waren. Und nicht nur für mich allein. Nicht ich allein konnte nicht mehr an dem alten Hause vorbeigehen ohne ein Gefühl der Bitterkeit. Sentimentalität liegt mir im allgemeinen fern. Aber ich konnte nicht mehr in einer Stadt leben, wo solche Erlebnisse möglich sind. Man muß atmen können. Das kann man nicht ohne Rechtsgefühl.

Gustav Meyrink

Die Stadt mit dem heimlichen Herzschlag

Die Stadt, die ich meine, ist das alte *Prag*. Als ich vor 45 Jahren aus dem nebligen Hamburg vom Lotsen Schicksal in diese seltsame Stadt geführt, schon am ersten Tag eine lange Wanderung durch die mir unbekannten Straßen unternahm, da blendete mich eine helle Sonne, die in sengender Glut über den altertümlichen Häusern brütete, – eine Sonne, die so ganz anders schien als der frohe Himmelsglanz, den ich von meiner Kindheit her kannte aus dem hellen, sorgenlosen Bayern. Wer lange in Deutschland gelebt hat, ist angesteckt von der sinnlosen Sucht zu fragen, wenn er in der Fremde ein Standbild, ein ehrwürdiges Gebäude, eine Burg, einen Berg oder sonst etwas erblickt: Wie heißt das oder jenes? – Wer hat diesen Palast erbaut? – Welchen Namen trägt der ragende Ritter dort auf dem Denkmal?

Schon damals, als ich über die uralte Steinerne Brücke schritt, die hinüberführt über die ruhevoll fließende Moldau zum Hradschin mit seinem den finsteren Hochmut alter Habsburggeschlechter aushauchenden Schloß, da befiel mich ein tiefes Grauen, für das ich keine Erklärung wußte. Jene Bangigkeit hat mich seit diesem Tage nicht einen Augenblick verlassen, solange ich – ein Menschenalter hindurch – in Prag lebte, der Stadt mit dem heimlichen Herzschlag. Sie ist nie mehr ganz von mir gewichen; sie senkt sich heute noch auf mich herab, wenn ich an Prag zurückdenke oder nachts von ihm träume. Alles, was ich je erlebt, kann ich vor das innere Auge rufen, als stünde es lebenstrotzend da... banne ich jedoch Prag vor meinem Blick, so wird es deutlicher wie alles andere – so deutlich, daß es nicht mehr wirklich, sondern gespenstisch erscheint. Jeder Mensch, den ich dort gekannt, gerinnt zum Gespenst und zum Bewohner eines Reiches, das Tod nicht kennt.

Marionetten sterben nicht, wenn sie von der Bühne verschwinden; und Marionetten sind alle Wesen, die die Stadt mit dem heimlichen Herzschlag zusammenhält. Andere Städte, so alt sie auch sein mögen, muten mich an wie unter der Gewalt ihrer Menschen stehend; wie desinfiziert von keimtötenden Säuren – Prag gestaltet und bewegt wie ein Marionettenspieler seine Bewohner von ihrem ersten bis zu ihrem letzten Atemzug. Wie Vulkane Glut aus der Erde speien, so speit diese unheimliche Stadt Kriege und Aufruhr in die Welt, und es mag wahrlich kein Wahn sein, wenn die wenigen, die offene Augen haben, sagen: Sie hat heimlich die ersten Funken des letzten Krieges entfacht! – – Auf ihrem Altstädter Ring ist am Rathaus eine große, sagenumwobene astronomische Uhr mit den Tierkreiszeichen angebracht, darin öffnet sich Schlag Mittag ein Türchen, und heraus treten, einer nach dem andern, die zwölf Apostel; stumm, als hätten sie sich überzeugt, daß die Zeit, auf die sie geduldig warten, noch nicht gekommen sei, verschwinden sie wieder, verdrängt von einer dreizehnten Gestalt, dem Tod mit Hippe und Sandglas. Auch er geht, und über ihm kräht der Hahn der fernen Auferstehung wie eine Prophezeiung der Apokalypse. Er gibt das Zeichen, daß die hundert Türme der Stadt heulend einfallen, um das höhnische Kikeriki zu ersticken, das das ferne Zerbrechen aller Menschenzeit wahrhaben will. Ob dem längst zu Staub gewordenen Erbauer der Uhr solche Verkündigung vorgeschwebt hat? Er soll wahnsinnig gewesen sein. Vielleicht stehen Wahnsinnige den letzten Dingen näher als solche mit »gesundem« Menschenverstand. Und wahnsinnig – ganz heimlich und versteckt wahnsinnig – sind irgendwie die meisten Marionetten in Prag. Oder besessen von irgendeiner kuriosen Idee.

Alljährlich, am 16. Mai, kommen Tausende, zumeist Bauersfrauen mit bunten Kopftüchern und Mädchen mit heißen dunklen Augen aus den Dörfern Böhmens zu dem Standbild des Heiligen Nepomuk auf dem Rande der Steinernen Brücke gepilgert, das, umglüht von fünf rubinroten Laternen, in solchen Frühlingsnächten wie frei in der Luft schwebend durch silbrigen Dunst schillert und mit dem Gesicht des Jan Hus nach Süden blickt. Es ist die erzene Statue des Hus und in Wahrheit nie die des Heiligen Nepomuk gewesen, aber das Volk weiß es nicht mehr – hat längst die Namen verwechselt, der heimliche Pulsschlag der Stadt spült alle Namen fort, zeugt Legende über Legende.

Stundenlang bin ich oft in hellen Mondscheinnächten auf der Kleinseite – dem Stadtviertel jenseits der Moldau, der Herzkammer Prags – umhergewandelt, jedesmal habe ich mich verirrt. Ein uraltes Palais, vor dem man fühlt: unmöglich kann darin seit Jahrzehnten ein Mensch gewohnt haben, so dicht ist der grünspanüberzogene

Türknauf mit aschigem Staub bedeckt; daneben ein Barockgebäude mit opalisierenden Fenstern, die schimmern wie das Glas antiker römischer Tränenkrüge; dann wieder eine sich in die Unendlichkeit hinziehende dreimannshohe Mauer mit zerbröckelndem Bewurf, darein die Geisterhand der Stadt phantastische Tierköpfe und starrende Gesichter gezeichnet hat, die unbeweglich scheinen und doch jedesmal den Ausdruck wechseln, sooft man hinblickt. Ein betäubender Blütenhauch nach Jasmin oder Holunder fällt herab aus der Luft, und man ahnt: Irgendwo sind da Gärten, ungeheure Parks, versteckt, die vielleicht seit Menschengedenken kein Fuß betreten hat. Die Vermutung schleicht sich ins Herz, es möchte da drinnen in einem verfallenden Zimmer des Hauses in einem längst vermoderten Bett eine zu Staub zerfallene Tote liegen, deren Dasein hier schon zu ihren Lebzeiten in Vergessenheit geriet. Oder ist es ein Kloster, um das diese Mauer gezogen ist? Von Mönchen oder Nonnen, die sich hinwegkasteit und -gebetet haben von der Außenwelt? Und sucht man sie am hellen Tag – vergebens: sie ist nicht mehr dort. Statt dessen ist eine Gasse da, ein Haus, dreistöckig, am Ende; man blickt zum Dach empor und sieht: ein zweites Haus steht auf dem ersten! Eine Sinnestäuschung? Nein, die Gasse biegt scharf im Winkel um wie ein im Ellenbogen angerissener Arm, steigt steil empor, und auf der Höhe ragt das zweite Gebäude. Ein merkwürdiger Mensch wohnt darin, der mit hoher Frauenstimme spricht, klein, bartlos, und aussieht wie Napoleon und Besuchern aus einem riesigen, in hebräischen Buchstaben geschriebenen Folianten wahrsagt. Einmal habe ich ihn aufgesucht, da hörte ich, als ich über die Schwelle seines Zimmers trat, wie er zu einem Fremden in gebrochenem Deutsch sagte: »Das Trommeln, das sie in der Nacht vor der Mauer zur »Letzten Latern'« gehört haben, kommt nicht von den Soldaten; es kommt von der Trommel des toten Ziska, der, bevor er starb, befahl, daß man ihm die Haut abzöge und auf eine Trommel spanne, damit man ihn hören könne, auch wenn er gestorben sei.« – »Was haben Sie damit gemeint?« fragte ich, als wir allein waren. Er tat erstaunt oder war es wirklich und leugnete, solches gesagt zu haben. Später erfuhr ich, er vergäße alles sofort, kaum, daß er es ausgesprochen hätte. Er sei mondsüchtig – auch am hellichten Tag.

Später, als der große Krieg ausbrach, mußte ich an die Trommel Ziskas, des Einäugigen, denken. Mir war, als begriffe ich dumpf eine

Art schattenhaften Zusammenhangs. Oder war es Zufall? Ich glaube es nicht; die Stadt mit dem heimlichen Herzschlag hat eine seltsame Art, durch den Mund ihrer Marionetten zu reden!

Ernst Weiß

Prag im anarchistischen Geist

Über dem jungen, lebensfreudigen und lebenswilligen Prag lastet der Geist der Gotik und mehr noch, alles andere bedrückend, oft erdrückend, der Geist des habsburgischen Barock wie eine uralte Fürstin mit versteinerten, immer noch schönen Zügen, die alle Urenkel überlebt hat, allen Reichtum besitzt und auf deren Tod niemand mehr zu hoffen wagt. Was an bedeutenden Geistern hier gewirkt hat, von Rilke bis zu Franz Kafka, war immer von diesem Geist des Barock beschattet. Was ist dieses Barock? Es ist nicht mehr die reine spirituelle Flamme des kristallisierten Christentums, die Gotik, sondern es ist ein Christentum, das schon an den Geistesgütern des wiedererstandenen Altertums und an denen der neuerstandenen Naturwissenschaften (Alchimisten) geleckt hat, eine grandiose Gegengeste des Katholizismus, so überwältigend noch in der Agonie, daß ihr selbst der alte Goethe im Faust nicht zu widerstehen vermocht hat. Wir stehen heute vor der zweiten Wiedergeburt der Freiheit. Von wo sie ausgehen wird, ob aus dem Kern Europas, dessen geographischer und bald vielleicht auch politischer Mittelpunkt eben dieses Prag ist, ob aus anderen Gebieten der Welt, wer weiß es? Sicher ist, daß von hier aus heute schon Männer und Kräfte am Werk sind, in erster Linie der Staatsminister Beneš, die illusionslos, zwar rational, aber nicht karg rationalistisch, vernünftig, aber nicht vernünftelnd, den großen Mut gefunden haben, dem engstirnigsten Egoismus, dem »heiligen« der Nation und »Rasse«, etwas Größeres, Freieres, Freudigeres und seiner selbst Sichereres entgegenzustellen. Böhmen (es ist sehr schade, daß die Tschechoslowakei diesen wundervollen Namen nicht offiziell kennt) hat von jeher große, das heißt selbstbescheidene, ihrer Grenzen klar bewußte Lehrer hervorgebracht, von Amos Komenius bis zu Masaryk, vielleicht kommt der Lehrer der neuen Völker und Menschengemeinschaft, der Begründer einer Renaissance II., aus diesem herrlichen, dunklen, aber nicht unheimlich, sondern eher gemütlich dunklen Boden. Das, was man sonst die »Scholle, die Wurzeln« nennt, will sich auch hier sein Lebensrecht, das ihm niemand bestreitet, sichern, nur ist es eben nicht sehr ergiebig. Die großen Konflikte, Kontraste erwachsen viel eher aus der grandiosen Ansammlung menschlicher Individuen und technischer Kräfte und Traditionen in den Großstädten als auf dem zwar ewigen, aber doch traditionsarmen Land, das nicht ohne Grund das »flache« genannt wird. Hier hat es den Vorzug, einige prachtvolle, wenn auch nicht weltbewegende Blüten hervorgebracht zu haben, vor allem Friedrich Smetana. In dem tschechischen Nationaltheater brachte man ein modernes Ballett, dessen Musik von dem hochbegabten, ganz modern denkenden Musiker Martinu stammt, es heißt »Spielklötzchen« und entfaltet oben auf der Bühne die Folkloristik des ganzen Landes, Märchen im Märchen, den Hahn und die Henne, die auf dem Nußberg gehen, bis zu der verlassenen Braut in ihren wilden Verzweiflungstänzen. Unten im Orchester, ein männlicher und ein weiblicher Protagonist, der nicht agiert, sondern im Scheine eines milden Lichtes Text auf Text singt, wozu dann das Orchester Begleitfarben malt und ein Chor mit Kinder-Sopran und Greisenbaß einstimmt. Das stärkste daran ist das Kindliche, aber Kinder bauen sich ihre »Klötzchen« selbst zusammen. Die Musik ist voller Feinheit, aber ohne Süße, keusch bis zur Kargheit, und dort, wo es warm wird, weht der Hauch von den blühenden Feldern des großen Smetana herüber, der einst im größten Elend gestorben sein soll, wofür ihm jetzt noch ein Denkmal gesetzt werden wird. Sonst sind die Menschen hier nicht von besonderer Dankbarkeit. Mozart hat eine für sein kurzes Dasein lange Zeit hier verbracht, fast das Bedeutsamste hier geschaffen, in der »Bertramka«, in einem verrußten Fabriksviertel, jetzt im Verfall, wenn man nicht die nötigen Gelder herbeibettelt, – kein Denkmal erinnert daran, daß hier seine größten Opern unter ungeheurem Jubel uraufgeführt wurden, worauf Mozart allerdings auch »im tiefsten Elend«, dem Refrain der Ballade vom Genie, gestorben ist. – Auch an den genialen Jaroslav Hašek, den größten Humoristen der letzten fünfzig Jahre (bescheiden gesprochen), erinnert hier nichts, nicht einmal der Name einer Kneipe.

Dieser wunderbare Schöpfer des »braven Soldaten Schwejk« ist am Leben zugrunde gegangen in jungen, schweren Jahren, das heißt, angeblich in Bier ertrunken. Doch von seinem Geist, einem in seiner Art ebenso anarchistischen Geist, wie es jedes humoristische Genie ist, ist doch etwas am Leben geblieben. Die Revue vom »Esel und seinem Schatten«, die hier im Freiheitstheater, in den Kellerlokalitäten der modernen, inneren Stadt (also sehr weit weg vom barocken Hradschin und den gotischen Kathedralen) durch die zwei wonnevollen Komikertragiker Woskovec und Werich unter dem Jubel täglich neu begeisterter, mit Lachen, Trampeln, Johlen und Klatschen ihren Beifall ausdrückender Menschenmassen aus dem tschechischen Mittelstand gespielt wird. Es sind dies zwei große Schauspieler in der Maske von Clowns, Szenenbilder von einer Kühnheit verwendend, die nur in der Zensur des Geschmackes ihre Grenzen findet, kein Zirkusmittel, bis zu dem leibhaftig auf das Bühnchen gebrachten Esel, verschmähend. Der eine erinnert, blendend weiß geschminkt mit pechschwarzer Perücke auf dem Kopf, mit seinem breiten, zynisch klugen Mund, mit dem flinken, behenden Gang und Tanz an einen alten Glücksgott, wie solche mit rätselhaft weise lächelnder Miene, den Glückskarpfen unter dem Arm, auf chinesischen Holzschnitten dargestellt werden. Der andere ähnelt ihm wie Sancho Pansa dem Don Quichote. Was sie bringen, ist Prostest. Ist Freiheit des Gedankens. Verhöhnung der Macht. Trauersong auf den Untergang des Menschentums edlerer Art, das sich unterdessen langsam aus dem Grabe herauskrabbelt, alles aber ausdrückend mit einem Minimum an Umfang, an Geste, an Geschrei – mit Recht das einzige wirklich populäre Theater der großen Stadt, keine Zwangs-Ideale, nur Bescheidenheit, Brot, Arbeit für alle. Und Gerechtigkeit, guter Willen, Vernunft und nochmals Gerechtigkeit für alle! Die Liebe zum Leben, wie es ist, wie es ohne Traum, ohne Rausch ertragen werden muß: das ist es, was die Massen hier bejubeln.

V. Kampf

Rainer Maria Rilke

König Bohusch

Als der große Mime Norinski um drei Uhr nachmittags in das »National-Café«, welches vor dem Prager tschechischen Theater liegt, eintrat, erschrak er ein wenig, lächelte aber gleich darauf sein verächtlichstes Lächeln: in dem Spiegel, schräg gegenüber der Tür, hatte sich irgendeine entfernte Ecke des Saales gefangen, und er hatte drinnen eine schiefe Marmorsäule und unter dieser Säule einen kleinen, buckligen Mann erkannt, dessen seltsame Augen dem Eintretenden wie lauernd aus einem unförmigen Kopfe entgegenstarrten. Das Fremde diese Blickes, in dessen Tiefen irgendein unerhörtes Geschehen sich dunkel zu spiegeln schien, hatte ihn einen Augenblick in Schrecken versetzt. Nicht etwa, weil er besonders furchtsamer Natur gewesen wäre, sondern infolge des profunden und versonnenen Wesens, welches so großen Künstlern meistens eignet und durch dessen Wall sich jedes Ereignis gleichsam durchbohren muß. Dem Original gegenüber empfand Norinski nichts Ähnliches. Er übersah den Verwachsenen sogar eine ganze Weile, während er mit unnötiger Wichtigkeit den andern am Stammtisch die Hand reichte. Die Händedrücke nahmen eine ziemliche Zeit in Anspruch, denn jeder hatte gleichsam drei Akte. Erster Akt: Zögernd folgt die Hand des Schauspielers dem Flehen der entgegengestreckten Hände. Zweiter Akt: Seine Hand spricht nachdrücklich zu der, welche sie umfaßt: Merkst du auch die Bedeutung dieses Moments? Dritter Akt und Katastrophe, wobei Norinski jede Hand verächtlich losließ, fortwarf: O du Erbärmlicher, das kannst du ja gar nicht merken… Diese Erbärmlichen waren diesmal: Karás, der lange blasse Kritiker des »Tschas«, ausgezeichnet durch einen überaus langen Hals und – wie ein boshafter jüdischer Kollege mal behauptet hatte – einen überaus höflichen »Adamsapfel«, welcher jeden Tropfen durch die Einsamkeit der Kehle bis an den Kragenrand, wo er sich nicht mehr verirren konnte, begleitete und von dort diensteifrig auf seinen Posten zurückschnellte, Schileder, der schöne Maler, der so traurige Dinge malte, der Novellist Pátek, der Lyriker Machal, der Student Rezek, der etwas abseits saß, aus einem großen Stammglas heißen Tschaj mit viel Kognak trank und schwieg. Endlich schien Norinski auch den Buckligen zu bemerken. Er lachte: »König Bohusch!« und streckte mit ironischem »Majestät« die Hand über den Marmortisch. Der Kleine fuhr auf und schickte ihm, um die Mimenhand nicht warten zu lassen, überhastig seine gelben unreifen Finger entgegen, so daß sich die beiden Hände wie Vögel in der Luft haschten. Dem Bohusch kam das ziemlich drollig vor, und er ließ ein zitterndes, zerbrochenes Lachen hören, das er ängstlich unterbrach, als er bemerkte, wie die Blatternarben auf Norinskis Stirne sich unter ärgerlichen Falten versteckten. [...]

*

An den Abenden des frühen Frühlings ist die Luft von feuchter Kühle, die sich leise über alle Farben legt und sie lichter und einander ähnlicher macht. Die hellen Häuser am Quai haben fast alle den blassen Ton des Himmels angenommen, und nur ihre Fenster zukken dann und wann in heißem Leuchten und verlöschen versöhnt in dem Dämmer, sobald erst die Sonne sie nicht mehr aufstört. Dann steht nur noch der Turm von St. Veit in seinem ewigen greisen Grau aufrecht da. »Er ist wirklich ein Wahrzeichen«, sagte Bohusch zu dem schweigsamen Studenten. »Er überdauert jedes Dämmern und ist immer ganz gleich. Ich meine in der Farbe. Nicht?«

Rezek hatte nichts gehört. Er sah hinüber nach dem Kleinseitner Brückenturm, wo man eben die Lichter anzündete.

Bohusch fuhr fort: »Ich kenne mein Mütterchen Prag bis ins Herz – bis ins Herz«, wiederholte er, als wenn jemand seine Behauptung bezweifelt hätte, »denn das ist doch wohl sein Herz, die Kleinseite mit dem Hradschin. Im Herzen ist immer das Heimlichste, und, sehen Sie, es ist soviel Heimliches in diesen alten Häusern. Ich muß es Ihnen sagen, Rezek, denn Sie sind vom Lande und wissen es vielleicht noch nicht. Aber es gibt da alte Kapellen, Jesus, und was da für seltsame Dinge sind. Bilder und Ampeln, und ganze Kästen, Rezek, ich lüg' nicht, ganze Kästen voller Gold. Und aus diesen alten Kapellen führen Gänge weit, weit unter der ganzen Stadt durch, vielleicht bis nach Wien.«

Rezek sah den Verwachsenen von der Seite an.

»Bei meiner Seele«, beschwor der und legte die Hand auf die schiefe, gedrungene Brust. »Ich hätt's ja auch nicht geglaubt. Nie, mein Leben nicht. Aber ich hab's einmal gesehen, nicht in einer Kapelle, aber –«

»Wo?« forschte der Student plötzlich mit so entschiedenem Interesse, daß der Kleine zusammenschrak.

»Sehen Sie«, sagte er, »Sie möchten's nicht glauben. Aber in unserem Keller da ist ganz am Ende eine Vertiefung, so etwa zwei Stufen abwärts, und dann ein Loch in der Mauer, gerade so groß, daß einer durchkrauchen kann – so – natürlich auf allen vieren.« Bohusch lachte sein zerbrochenes Lachen.

»Na und –« drängte Rezek, fügte aber ruhiger hinzu, während er zwischen seinen lebendigen Fingern eine Zigarette formte, »was dann?«

»Ich wär' niemals hineingekrochen. Bewahre. Aber mir fiel mal die Kerze, mit der ich hinuntergestiegen war, brennend zwischen alte Holzscheite. Mein Schrecken! Na, Sie können sich vorstellen, Rezek, eine brennende Kerze in altem, trockenem Holz. Ich finde sie endlich wieder; sie war verlöscht natürlich, aber in lauter Angst grabe ich weiter. Es hätte doch ein Funke irgendwo darunter sein können. Da gleite ich auf einmal mit dem Holz tiefer und sitze vor dem Loch. Schau hinein. Nicht möglich. Noch ein Keller, denk ich. Ich leuchte. Aber es ist nur ein Gang, und er führt weiß Gott wie weit, weiß Gott.«

Sie schritten jetzt ganz langsam den Quai abwärts, der steinernen Brücke zu. Rezek tat einen langen Zug aus seiner kleinen, ganz durchfeuchteten Zigarette und sagte, ohne zu Bohusch herabzusehen: »Das ist selbstverständlich längst vermauert, das Loch?«

»Vermauert?«, kicherte Bohusch, »vermauert«, und konnte sich kaum fassen vor Heiterkeit. »Wer so was vermauern soll?«

»Nun, Sie haben's doch jedenfalls angezeigt?« Der Student sah ärgerlich aus. Seine dunklen Augen lauerten in dem blassen Gesicht, als wollten sie sich auf die Antwort des Kleinen stürzen.

Der war eben erst wieder vernünftig: »Sie wissen ja, meine Mutter, – der hab ich's erzählt. Und sie hat gesagt: ›Ein Loch? Was geht uns das an, Bohusch. Leg das Holz wieder davor, wie es war.‹ Und da hab ich also das Holz davor gelegt, so wie es war. Sie hat ja recht, was geht uns das Loch an.« Der Student nickte zerstreut und sagte dann rasch: »Es ist doch noch kalt im April.« Er schob die eckigen Schultern höher und nahm den schäbigen gelben Sommerüberzieher, den er den ganzen Winter getragen hatte, vorn fest zusammen; »wollen wir da hinüber ins Café? Ein Tschaj wird wohltun. Kommen Sie.« Er schob seine Hand unter den Arm des Buckligen und wollte ihn mitziehen. Bohusch sträubte sich: »Aber, was glauben Sie, Rezek; wir waren lang genug im Café.« »Ja so, mit *denen.*« Der Student legte den Ton der Verachtung auf das letzte Wort. »Ich will mit *Ihnen* plaudern, Bohusch; nicht mit diesen großen Herren, mit diesen Künstlern.« »Was reden Sie denn«, staunte Bohusch, »das Volk muß stolz sein auf sie.« Rezek blieb stehen und war ganz blaß: »Wenn diese Menschen lieber stolz sein wollten auf das Volk. Aber glauben Sie mir, sie wissen nichts voneinander – das Volk nicht von ihnen und sie nicht vom Volk. Ich bitte Sie, was sind sie denn, sind das Tschechen, ja? Schauen Sie nur irgend einen an. Der Karás schreibt in deutsche Zeitungen über unsere Kunst. Und unsere Kunst, was ist das? Lieder vielleicht, wie sie das ganz junge, gesunde, kaum erwachte Volk singen könnte? Erzählungen von seiner Kraft und von seinem Mut und von seiner Freiheit? Bilder von seiner Heimat? Ja? Keine Spur. Davon wissen ja diese Herren gar nichts. Sie sind ja nicht von heute, wie das Volk, das noch ganz kindisch ist, voller Wünsche und ohne eine einzige Erfüllung. Sie sind ja über Nacht fertig geworden. Überreif. Das ist ja soviel bequemer, als der lange, eigene Weg durch Bedrückung hindurch, wie das Volk ihn gehen muß, das arme ! Fast mühelos ist das. Man importiert alles aus Paris: die Kleider und die Gesinnung, die Gedanken und die Inspiration. Man war gestern Kind und ist heute ein junger Greis, ein Übersättigter. Man weiß auf einmal alles. Und man macht danach seine Kunst. Man malt Greuelszenen und Orgien. Man sucht im Weib die Dirne und verherrlicht sie in Romanen; dann verurteilt man in frivolen Liedern diese Dirne und feiert die Mannesliebe in schweren Strophen, und endlich ist man am Ziel: man verherrlicht nicht mehr und verurteilt auch nicht mehr. Man ist dessen müde. Man ist ja so über alles hinaus. Man ist Mystiker. Man ist überhaupt gar nicht mehr hier, in Böhmen, zu Haus; i wo, man hat seine Heimat irgendwo – was weiß ich – an dem Urquell des Lebens. Das ist doch lustig. Nicht? Während das Volk sich rührt und zum erstenmal fühlt, wie jung und gesund es ist und die neue zage Kraft des Anfangs in seinen Adern quillt, schänden die Künstler seine Sprache dadurch, daß sie ihren Frühling für die kranke

Kunst eines Endes mißbrauchen.« Der Student hatte sich heiß und heiser gesprochen. Sie standen immer noch an derselben Stelle. Vorübergehende begannen aufmerksam zu werden, und auch ein Schutzmann sandte von Zeit zu Zeit einen mißtrauischen Blick herüber. Bohusch schaute schweigend zu dem Studenten auf, und er schien ihm jetzt ebenso hoch und stolz in die Nacht zu ragen, wie drüben der alte Turm des Doms. [...]

*

»Warum, fragen Sie? Gott, weiß ich's? Die Eltern sind traurig, und die Kinder sind es auch und bleiben es. Sie sehen, kaum daß sie laufen können, den traurigen Nepomuk vor der Tür, der den Gekreuzigten im Arm hält, und die alte Weide am Dorfteich und die Sonnenblumen im kleinen Garten, die so früh müde werden in der stillen Sonne. Macht das froh? Und dann lernen sie so zeitig den Haß. Die Deutschen sind überall, und man muß die Deutschen hassen. Ich bitte Sie, wozu das? Der Haß macht so traurig. Sollen die Deutschen tun, was sie wollen. Sie verstehen unser Land doch nicht, und deshalb können sie uns es niemals fortnehmen. An den Grenzen, da gibt es ja wohl große Wälder und Gebirge, wo die Deutschen ganz fest sitzen, nicht wahr? Aber die umrahmen doch eigentlich nur das Land. Was dazwischen liegt, die vielen Felder und Wiesen und Flüsse, das ist unsere Heimat, das gehört uns, wie wir dazu gehören mit allem in uns.«

»Als Sklaven« – warf Rezek verächtlich ein.

»Sagen Sie das nicht. Bitte. Nicht als Sklaven. Als Kinder. Vielleicht als nicht ganz anerkannte, nicht ganz erbberechtigte Kinder – augenblicklich. Aber doch als echte, natürliche Kinder. Sie müssen's doch fühlen. Sie sagen selbst: Das Volk ist ganz jung und gesund, dann wird es ja wohl auch stark sein und sich nicht ergeben. Möglich, daß einer oder der andere Ketten trägt – heute. Das geht vorüber. Ich weiß, da hat einer ›Sklavenlieder‹ geschrieben, einer von den Älteren. Der hat nicht recht. Kein Redlicher in unserem Volk macht Lärm mit den Ketten. Sicher nicht. Er hebt sie sogar beim Gehen vorsichtig in die Höhe, damit die liebe Erde nichts merkt von seinem Elend... So sind die Aufrichtigen von uns.«

Jetzt waren sie gerade am Anfang der Brückengasse angelangt, drängten sich durch die dichteren Mengen der Fußgänger und bogen eilig in die erste, enge Seitengasse ein. Beim Schein der nächsten Laterne betrachtete der Student seinen Begleiter mit unverhehltem Erstaunen; er schüttelte den Kopf, schien irgendetwas auf den Lippen zu zerdrücken und sagte: »Sie sind ein Redner, Bohusch.«

»Oh«, machte der Kleine und sah ganz beschenkt aus.

»Nein, im Ernst. Nur müssen Sie sich sagen lassen. Das mit den Deutschen... Wenn Sie vernünftig sind, vielleicht braucht Sie das Volk noch einmal.«

»Waaas?« machte Bohusch und wollte lachen aus Schrecken und Verlegenheit. Aber Rezek hatte die Lippen fest zusammengepreßt, sah sehr ernst aus und schwieg. Da wurde dem Buckligen sehr bange. Er drängte sich näher an den Studenten heran und flüsterte:

»Das denk ich mir ja nur alles so. Wirklich. Ich weiß ja nicht. Vielleicht ist es ja auch anders. Ich kann's ja auch nicht so sagen. Sie müsen nicht schlecht denken von mir, Herr Rezek.« Und auf einmal wurde er ganz verzagt. »Sehen Sie, ich bin ja so ein armer Kerl. Wenn Sie wüßten, wir arm ich bin; am Vormittag, da schreib ich ab in der Redaktion, und am Abend, da bin ich bei der Mutter, sie ist so alt und sieht fast nichts mehr. So ist es jeden Tag. Und am Sonntag, wenn ich meine Frantischka sehe, wissen Sie, wo wir dann bleiben? Auf der Malvasinka. Dort, wo die grünen Kreuze stehen, eins wie das andere. Lauter Kinder liegen dort, und auf den schmalen Blechtafeln steht immer nur irgendein Vorname, ›der kleine Karel‹ oder ›die kleine Marie‹, und ein Gebet dabei. So ist das dort. Und dort bleiben wir am Sonntag. ›Hier sind wir allein, *milatschku*‹, sagt meine Frantischka. ›Ja, sag ich, Frantischka, hier sind wir allein.‹ Und dabei weiß ich, daß wir bei lauter Toten sind. Macht das was? Es ist ja immer noch was dazwischen, manchmal Frühling, manchmal Schnee. – Ach, ich bin ja so ein armer Kerl.«

»Nun, nun«, beschwichtigte Rezek, und sie standen schon vor dem Hause, in welchem der Bohusch unter dem Dach zwei Stuben mit seiner alten Mutter teilte. [...]

*

Es hatte niemand bemerkt, daß Bohusch am Sonntag früh einen Gast in den Keller des alten finsteren Hauses in der Hieronymus-

Gasse geleitete. Die beiden waren ja auch so behutsam hinabgestiegen, als gelte es, einen Schlafenden nicht zu wecken, hatten unten das Holz fortgeräumt, und dann war der Fremde, der sehr schweigsam war, mit der Laterne in den geheimen Gang gekrochen. Der Bucklige stand und starrte ihm nach. Noch eine Weile blieb das Loch hell, dann erloschen dort an den Kanten die Lichtstreifen, und dann flatterten ein paar Reflexe in dem schwarzen Rahmen her und hin, schlugen sich an den Mauern die Flügel wund und fielen tot in das grenzenlose Dunkel. Bohusch lauschte. Schritte hallten fern und immer ferner. Da wurde ihm mit einem Male angst. Er dachte: Wozu tut er das? Endlich hörte er keine Schritte mehr, und jetzt begann er zu rufen. Seine Worte hatten einen seltsamen Klang; sie trugen das Schlagen seines Herzens mit, welches er in der Kehle spürte und welches immer wilder und ungestümer wurde: »Geben Sie acht, Rezek! – Rezek, gehn Sie nicht weiter. Was machen Sie denn? Aber, aber! Sie dürfen nicht weiter gehn. Hier, hier. Hören Sie? Jesus Maria, wo sind Sie denn? Keine Dummheiten; man kann nicht wissen...« Plötzlich fiel das volle Licht der Laterne auf ihn; das kam so überraschend, daß der Kleine noch eine Weile alle Zeichen des Schreckens und der Furcht behielt und in seiner atemlosen Verwirrung drollig genug aussah. Rezek war mit einem Sprung neben ihm, schien ihn aber gar nicht zu bemerken. Eine gewisse Befriedigung leuchtete in seinen dunklen Augen auf, erlosch schnell, und es kam jene strenge Verschlossenheit über sein Gesicht, welche jede Linie versteinerte. »Nun?« brachte Bohusch endlich heraus, und nahm dem anderen die Laterne aus der Hand, um das Licht recht nahe und recht sicher zu haben. Der Student kam ihm auf einmal recht einfältig, fast ein wenig komisch vor, und als er gar bemerkte, daß er in seiner Furcht die ganze Zeit nach der entgegengesetzten Seite, wo gar kein Loch war, gerufen hatte, schmolz seine Beklemmung, sie floß gleichsam von seiner Gestalt herunter in einem unbändigen, blechernen Gelächter. Er war jetzt in der Stimmung, alles heiter zu finden, und ihm erschien es ein köstlicher Spaß, daß der hagere Student das Holz wieder vor die geheime Türe schichtete und sich dabei so wichtig und weihevoll benahm. [...]

*

Am Abend dieses Tages geschah das Seltsame. Bohusch, welcher auch seine alte Mutter mehr und mehr vernachlässigte, kam später als sonst nach Hause. Er ging, ein brennendes Zündholz in die Höhe haltend, ein paar Stufen aufwärts. Sein Blick durchforschte das dicke Dunkel des engen, winkeligen Flurs. Da war ihm, als ob die Kellertüre nicht ganz verschlossen wäre; er tastete hinzu, versuchte, öffnete sie behutsam und glitt mit seltener Entschlossenheit die bekannten Kellerstufen abwärts. Seine Gestalt löste sich ganz auf in der feuchten Finsternis, aus der ferne, fremde Laute ihm entgegenschlugen. Erst als er, immer lautlos längs der kalten Wand hintastend, das Holz zur Seite geschoben fand und bemerkte, daß aus dem geheimen Gang ein scheuer Lichtschimmer ihm entgegenkam, empfand er Furcht. Aber ein anderes, mächtigeres Gefühl zwang ihn näher heran. Erst lauschte er den Stimmen nebenan, und als er nichts verstehen konnte, schob er sich mit einer unwillkürlichen Bewegung, deren Geschicklichkeit ihn überraschte, in die Öffnung nur so weit, daß er den Rahmen füllte, ohne in den Raum jenseits hineinzuragen. Was er zunächst erkannte, war nicht weit vor ihm auf dem Boden eine große Laterne, welche ein sattes Licht ausgoß, das auf den Fliesen schwamm wie eine dünne, verschüttete Flüssigkeit. Rings an den Grenzen dieser Lichtlache junge Männerfüße und mitten im Kreis die Füße eines jungen Mädchens. An diese klammerte sich sein Blick an, kroch langsam an einem Kleide von unbestimmter Farbe aufwärts und fand in der Dämmerung zwei lichte lebendige Mädchenhände, die in heftigen Gesten den Worten zu Hilfe kamen, die Bohusch immer noch nicht verstehen konnte. Aber die Hände verstand er. Er begriff plötzlich, daß diese wilden Hände an irgend etwas rüttelten, daß sie irgendein Unrecht stürzen wollten mit ihrem jungen, heiligen Ungestüm. Und er begann diese Hände zu lieben. Sachte hob er den Kopf und suchte das Gesicht zu diesen geliebten Händen. Sein Auge kämpfte einen hastigen, hartnäckigen Kampf mit den neidischen Schatten, welche die kaum entdeckten Züge immer wieder verwischten, bis es endlich siegte. Er erkannte die Carla. Und nun verharrte er, und sein staunender und bewundernder Blick ließ, dem Dunkel zum Trotz, nicht mehr von dem schönen, begeisterten Antlitz des jungen Mädchens; er saugte die Worte von ihren Lippen, so lange, bis sie für ihn einen eigenen Klang bekamen, und das war der aus dem Traume: »Ich lieb ihn

H·ST·P

so... ich lieb ihn so...« Das alles geschah in einem Augenblick. Und die nächsten Minuten brachten das: das junge Mädchen sprach immer leiser und leiser, wie jemand, der immer weiter zurückweicht; die Worte, die noch eben so bunt und stolz von ihren Lippen strömten, schlichen nackt und ziellos in das Dunkel, schämten sich, und ihre Augen blieben leer an irgendetwas unten haften und löschten langsam aus. Eine Bewegung entstand. Die Blicke der Hörer folgten dem ihren, und eine Sekunde lang hielt das große, starre Auge des Bohusch alle gefangen. Nur eine Sekunde, dann kam ein Entsetzen über sie, sie empörten sich wie rebellische Sklaven, die Menge flüchtete mit verstörtem Flüstern und wilden Flüchen in die Tiefe des Ganges, und das Licht sprang dem Bohusch ins Gesicht wie eine gelbe Katze. Da erwachte er und bebte. »Rezek!« schrie er.

Der neigte sich über ihn.

»Bohusch, Hund! Spionierst du?« kreischte er.

Bohusch verdrehte die Augen. Er fürchtete sich vor dem Studenten.

»Spionierst du?« brüllte er.

»Rezek!« brüllte der Krüppel noch lauter aus der Tiefe seiner Angst heraus. Ihm fiel nichts anderes ein, als dieser Name. Dabei schmerzte ihn seine Lage in dem engen Loch, und er fühlte, wie ihm das Weinen der Verzweiflung kam. Da half ihm der Student in die Höhe, und sofort bereute er seinen Kleinmut, dachte an seine Pläne und sagte mit arg mißglückter Überlegenheit: »Ich weiß alles.« (Er meinte damit die beiden zornigen Mädchenhände.) »Du hast also gehorcht?« drohte der Student aufs neue. Da wagte Bohusch nicht ohne Bangigkeit: »Rezek, aber Rezek, seien Sie doch nicht so – bitte, seien Sie doch nicht so. Bin ich denn nicht auch einer, was? Ich versteh das doch, nicht? Ich bin ja doch auch mit euch – von Herzen mit euch.« Der Student betrachtete ihn mit rücksichtsloser Spannung, und der Bucklige wurde ganz hilflos unter diesem durchdringenden, erratenden Blick. Er sagte noch einigemal dasselbe, ehe ihm die Rettung einfiel: »Ohne mich hätten Sie das ja überhaupt nicht gefunden.« Er meinte den Keller. »Ich hab ja gewußt, daß Sie's brauchen können – und wozu«, betonte er mit verlogener Schlauheit. Und der Student ließ sich täuschen. Er sagte mit kurzem Entschluß: »Hand!« und »Schweigen«. Mit einem gewissen Selbstbewußtsein legte der Verwachsene seine kurzen Finger in die Hand des Fanatikers; ohne Zustimmung, ohne Betonung war sein Händedruck. Er wußte sich Sieger und hub an, Bedingungen zu stellen. Weit holte er aus, er würde hier unten, unter ihnen, auch reden für Volk und Freiheit. Oh, er hätte gar bedeutende Pläne. Nur müsse Rezek ihm zusichern, daß er hier reden dürfe. »Ja«, sagte der Student und betonte nochmals: »Schweigen!« – Bohusch nickte gleichgültig drüber weg und forderte: »Also gewiß – ich werde hier reden?« Der andere gab ihm die Vertröstung und schob ihn zur Tür. Er fürchtete den Krüppel wohl nicht sehr und erhoffte noch weniger etwas von ihm; er war ihm einfach lästig. Von der Treppe rief er ihn nochmals zurück. Er sagte zum drittenmal »Schweigen« und hielt dem Grinsenden etwas hin. Erst wollte Bohusch greifen danach – dann erkannte er: die harte, grausame Hand des Studenten und, aus der drohenden Faust ragend, ein dünnes, langes, spitzes Messer, an dessen Klinge das Licht der Laterne hinfloß wie welkes Blut. Und so sehr Bohusch sich anstrengte – er konnte nicht mehr sein Lächeln finden. Er erzwang eine verzweifelte Grimasse und stieg frierend die Treppen aufwärts zu seiner Wohnung. Und der Morgen war nah. [...]

Seine treulose Heilige hatte sich, feige, durch ewige Mauern vor seiner Liebe geschützt und vor seiner Rache; aber der Frantischka, die seinen Ruhm wohl auch bald von dem Munde Carlas vernehmen würde, wollte er die Möglichkeit geben, seine Vergebung zu erlangen. Er überlegte, ob er sie aufsuchen sollte, und schrieb endlich stückweis im Verlaufe von zwei Nächten und drei Tagen einen Brief an die unwürdige Geliebte. Seine schmeichelnde und geleckte Kanzleischrift war in diesen Blättern gleichsam wild geworden. Die meisten Buchstaben sahen aus wie übermütige Karikaturen des Schreibers, welche zum Überfluß noch durch Kleider und Kappen seltsamster Art ihr Narrentum bezeugen und sich gegenseitig, jedes hinter dem Rücken des nächsten, verhöhnen und auslachen. Im ersten Teile dieses weitläufigen Schreibens versicherte er sie, ganz im Geiste der mittelalterlichen Souveräne, seiner guten und gnädigen Gesinnung, im zweiten erzählte er in seltsam endlosen und vielverschnörkelten Satzbildern von der Bedeutung seiner geheimen Mission, und im dritten verhieß er: »Da hingegen das große Geheimnis und die unbeschreibliche Wichtigkeit meiner Aufgaben mir zu meinem tiefsten Bedauern ganz unmöglich und unerreichbar macht, Dich an der Versammlung, welche die Freiheit meines Volkes und meinen eigenen Ruhm begründen helfen soll, teilnehmen zu lassen, lade ich Dich ein, am – (da war ein nahes Datum genannt) um sechs oder sieben Uhr abends bei mir zu sein. Vor Dir und der Mutter will ich dann reden, soviel ich reden darf, ohne Verräter zu sein, nicht an Personen, denn die fürchte ich nicht, aber an der herrlichen, hohen und gerechten Sache...« und unterzeichnet war diese langwierige Einladung – das kam so von ungefähr aus der überangestrengten Feder: »König Bohusch. Gegeben zu Prag.« [...]

Die Zurückgebliebenen rückten intim zusammen, und Karás begann die verschiedenen ganz kurzen Zeitungsnotizen vorzulesen, welche sich auf den Vorfall bezogen. Alle sagten ungefähr das gleiche: die Polizei war durch die Anzeige eines Frauenzimmers einem Bunde junger Leute, Studenten und Handwerksgesellen, auf die Spur gekommen, welche in den Kellerräumlichkeiten eines Hauses der Hieronymusgasse geheime Zusammenkünfte abhielten, bei denen hochverräterische Reden die Tagesordnung bildeten. Interessant sei es, zu betonen, daß auch Mädchen an diesen Versammlungen teilgenommen haben sollen. Und deutsche Blätter freuten sich noch über die Zerstörung dieser schändlichen Verbrecherbrut und bedauerten nur, daß durch das trotzige Schweigen der in Gewahrsam gebrachten Genossen das geistige Oberhaupt dieser Verschwörung bis jetzt noch nicht in den Händen der öffentlichen Sicherheit sei, was aber, dank der trefflichen Übung und Scharfsichtigkeit der Schutzmannschaft, gewiß nicht allzulang ausbleiben würde. Und endlich, fügten die deutschesten Zeitungen noch hinzu, erhofften sie, daß man an diesen jungen Verbrechern und Hochverrätern endlich das lang erwartete Exempel statuieren und mit rücksichtsloser Schärfe vorgehen würde. Das alles las man im »National«. [...]

*

Wußte er denn auch alles, was er sagen würde? Eine unbestimmte Angst hing über ihm. Er fühlte sich so verlassen, schwindlig, wie einer, den man auf einem hohen Turm vergessen hat. Er tastete nach einem Halt. Und in der nächsten Weile bildete er sich ein, er störe auch die Ordnung, die festliche Ordnung des Zimmers, dadurch, daß er auf *diesem* Platze wartete. Er erschrak über seine Vermessenheit. Er schlich immer weiter zurück und kauerte endlich auf einem hochbeinigen Stühlchen in der Ecke der Stube, nahe bei der Türe. Da kam Ruhe über ihn. Er dachte: So, nun ist es vorüber; ich habe ja alles schon gesagt, und er wußte doch, daß er nur geweint hatte, und das ist etwas anderes wie eine Rede, so ein Weinen. Dennoch beharrte er trotzig: Ich habe alles gesagt, die Mutter weiß alles – »und du auch« – ergänzte er laut und suchte die Augen der gelben Katze, welche ihm langsam und listig aus der anderen Ecke entgegenkam. Keine Kralle kreischte auf der braunen, glänzenden Diele. Lautlos kam das Tier näher, es wurde groß, es wurde größer, und als es so war, daß der Bohusch darüber hinfort gar nicht mehr in die stille, feierliche Stube schauen konnte, da schlief er. Und er hatte wohl Träume. Denn er sagte mit einer Stimme, die ferneher klang: »Das ist es, Rezek, bitte – das ist das Geheimnis: der Maler muß das Volk malen und ihm sagen: du bist schön.« Da fiel ihm der Kopf vornüber, und er zwang ihn nur mühsam wieder empor. »Der Dichter muß das Volk dichten und ihm sagen: du bist schön.« Er seufzte im Traume: »Schön sein ist es.« Dann begann ein Lächeln in seinen Mundwinkeln, ein gutes, frommes Lächeln, das wuchs über das Gesicht des Schlafenden und machte es wieder jung. Er hauchte noch: »Ich werde es nie verraten«, und dann wurde sein Traum so tief, daß kein Wort daraus mehr bis auf seine Lippen kam.

Die Türe ging. Der Bucklige schlug aber die Augen erst auf, als Rezek ihn rauh am Halse packte und nahe kreischte: »Hast du geschwiegen?« Der Bohusch fühlte dieses Wort auf seiner Wange ganz heiß. Seine Hände wehrten krampfhaft ab, aber in seinen Augen war noch immer kein Verstehen. Sie lächelten noch. Sie lächelten den schrecklichen Rächer an, bis sie starben. Und dann glitt das gelbe Tuch über den armen Körper und deckte den Bohusch und sein Geheimnis zu. –

Ernst Weiß

Der Kampf

Franzi stieg langsam die Treppe des alten Gasthofes empor. Hafer und Kamillenblüte dufteten schwer in allen Winkeln des grauen Gemäuers; sie schienen in den hohen, immer verschlossenen Schränken zu liegen und sich nach Luft zu sehnen.

Das Zimmer war dunkel. Erwin saß am Fenster und schrieb. Eine Weile sah ihm Franzi zu. Dann glitt ihr Blick über die seidenglänzenden hohen Dächer, dann auf ferne, dunkelgraue, dichtgeballte Häusermassen, zwischen denen doch, wie Gras zwischen buckligen Pflastersteinen, sich hier und da kleine Gruppen von lichtgrünen Bäumen hervordrängten. Sie öffnete das Fenster. Überraschend schlug ihr der Atem des reinen Regens entgegen und streichelte ihr Gesicht und Hände.

Sie wandte sich nach Erwin um: »Sagst du mir nicht einmal Guten Tag, Erwin?«

»Bitte, laß mich noch einen Augenblick rechnen.«

»Rechnen? Wozu?«

»Ja, wir kommen zurecht; wenn wir sparen, können wir von unserem Geld gerade vier Monate leben.«

»Du machst dir unnütze Arbeit, lieber Erwin, hier ist ja Geld genug.« Sie legte die Scheine vor ihn hin.

»Genug? Damit bist du für die nächste Zeit vor Brotsorgen geschützt.«

»Ich?« fragte Franzi und wandte sich ab.

»Nein, sieh doch«, sagte er wieder nach einer Weile, »die Geldfrage ist es nicht allein.«

»Nein, gewiß nicht.«

Erwin mit unsicherer Stimme:

»Du willst wohl in Prag bleiben?«

»Ich bleibe«, sagte Franzi. »Vor allem bin ich jetzt todmüde und muß schlafen.«

Erwin nahm Mantel und Hut.

»Und du willst fort?« fragte Franziska.

»Ja, was soll ich denn hier? Du hast das Fenster aufgerissen, mir ist kalt.«

»Weshalb sagst du es nicht? Ich kann ja Feuer machen.«

Sie holte eine Menge beschriebenen Notenpapiers und steckte es in den Ofen. Ein heller Schein fiel über ihr schweres Haar. Doppelt dunkel war das Zimmer.

»Sieh«, sagte sie und wandte ihm ihr herbes, blasses Gesicht zu. »Das ist das Stück von Robert Schumann, das mir gestern mißlungen ist. Ich habe es heute nacht abgeschrieben, und nun bleibt es mir auf ewige Zeiten im Gedächtnis. War das nicht gut? Wenn es zum zweiten Male mißlungen wäre...«

»Nun?«

»Dann hättest du die dreifache Mühe mit mir gehabt.«

Er schwieg.

»Komm doch her, Liebling, und wärme auch du dir die Hände an den Kacheln.«

Als er neben ihr stand, sah sie empor in sein Gesicht. ›Wie fremd er mir doch ist‹, dachte sie.

»Ich weiß, wenn es schlecht ausgegangen wäre, dann hättest du zu mir gehalten, aber jetzt?« Sie lächelte. Müde Frage war ihr Lächeln. »Willst du mich denn jetzt noch?«

»Ich habe dich lieb«, sagte er, gerührt durch dieses hilflose Lächeln. »Es gibt Menschen, die es nicht zeigen können. Das mußt du mir nun einmal verzeihen.«

Eine Glocke klang von der nahen Kirche. Hohe und tiefe Töne wechselten. Die hohen schienen sich herabzusenken, um die tiefen mit ihren Händen emporzuziehen – und als es stille wurde, schien es, als hätten sie miteinander in den Lüften gekämpft.

»Ich verlange ja nichts von dir«, sagte sie. »Bleib' du nur bei mir!«

»Aber jetzt...« Er zögerte. »Jetzt muß ich aus diesem Zimmer fort. Es ist so grauenhaft dumpf hier. Und dann – wir können doch nicht immer hier wohnen... ich denke, es ist am besten, wir nehmen ein oder zwei Zimmer drüben auf der Kleinseite... in einem alten Haus.«

»Ja. Aber vergiß nur nicht, den Mietleuten von meinem Klavierspiel zu sagen. Sie dürfen sich nachher nicht über mich beklagen. – Du willst wohl jetzt gehen? Wann sehen wir uns wieder?«

»Wann hast du dich ausgeruht?«

»Um vier – nein, um sechs Uhr, denn heute nacht habe ich kein

Auge zugetan. Ach, mußt mich nicht trösten... sag' nur... sag' mir nur, wo wir uns treffen.«

»Ich erwarte dich an der alten Karlsbrücke.«

»Also – es bleibt dabei. Und nun leb' wohl.«

Sie schlief ein. Die Gedanken verdämmerten. Bogen für Bogen rollte sich die altertümliche Brücke auf, und Franzi ging zwischen zwei unabsehbaren Reihen blankgeküßter Heiliger dahin, rechts an der kühlen Hand ihres toten Vaters, links von Erwins dunkler, warmer Hand geleitet. Der Vater und der Geliebte sprachen miteinander. Sie verstand die Worte nicht. Sie schienen ihr in schwarze Schränke eingeschlossen. Plötzlich kam ein weites Haferfeld, goldfarben... wogte im Wind. Am Rande standen tiefgrüne Bäume, nach Regen duftend, von feuchten, schweren Blättern floß Schatten über sie und Erwin. Immer noch sah er nach dem Vater zurück, der auf der Moldaubrücke weiter und weiter schritt, bis er verschwand. – Die grünen Blätter aber waren aus mattem Glas, schlossen sich rauschend zusammen, wurden zu einer ungeheuren grünen Studierlampe. Und auf einmal tickte Erwins Taschenuhr, ein weißes Zifferblatt glänzte, die goldenen Zeiger vergrößerten sich ins Ungemessene, und plötzlich waren es die Zeiger der Uhr am Altstädter Rathaus, die langsam weiterrückten, gegen die Ziffer VI hin. – Das Rauschen des Delphinenbrunnens schwebte von weitem herüber und warf sich dann plötzlich über sie, überschüttete sie mit einer betäubenden Glut, die nach Blumen duftete und zugleich in unzähligen Funken glänzte.

Franzi erwachte. Mit Staunen hörte sie den Regen auf Erwins vergessenes Rechenheft herabfallen, zögernd, leise trippelnd, wie auf kleinen Kinderfüßen... Sie wollte aufstehen, um Erwin entgegenzugehen, da traf der Blick der immer noch schlafgetränkten Augen den gewaltigen Kachelofen, wo die letzten Funken über das verkohlte Notenpapier hinglimmten.

Nun wußte sie, daß erst ein Augenblick ihrer Ruhezeit verstrichen war und gab sich mit einem wonnevollen Gefühl der Überwältigung dem Schlafe... der uferlosen Weite des Schlafes hin. –

Als Franziska am Abend das Haus verließ, regnete es immer noch. Aber allmählich verlor sich in der beginnenden Dämmerung der Regen, nur eine schwere Feuchtigkeit wehte noch durch die Straßen, dämpfte alles Laute, machte alle hellen Lichter sanft und mild und legte sich weich über Menschen, Stadt und Fluß.

Das gotische Tor der Karlsbrücke schien unendlich hoch, als Franziska unter seinem steilen, silbergrauen Bogen hindurchging; das Mühlenwehr rauschte, die Bogenlampen am Franzenskai strahlten weiß; von weitem glänzte märchenhaft die Kuppel der Niklaskirche, mit grünem Kupfer wie mit Seide überspannt. Eine schimmernde Rampe, weiß, mit mächtigen Marmorbalustraden, stieg zum böhmischen Landhaus und zu den Palästen des Hradschin empor, imposant und hochschultrig, wie der Aufgang zu einem Königsschloß. Daneben kletterten kleine Stiegen mit krummem Rükken in die Tiefe, wandständige Laternen blinkten über feuchte Stufen, aus engen Gäßchen hauchte trotz des Regens dumpfe Luft... hohe Palais standen mit blinden Fenstern einander drohend gegenüber und schienen sich mit ihren vorspringenden Erkern wie mit Ellbogen anzustoßen. Neben den Karyatiden fürstlicher Portale bescheideten sich kleine bürgerliche Haustore mit abgenutzter Klinke. Es dunkelten die Paläste, die vierstöckigen Häuser aber waren bis zu den Mansarden beleuchtet.. Unten glimmten Weinstuben, verstohlene Fenster waren mit roten Vorhängen verdeckt. Auf anderen Fensterscheiben stand die Aufschrift »Ranni polévka«, Morgensuppe, in grauweißen Lettern, die vom Alter angenagt waren. Man konnte sich bescheidenes Elend denken, ältere, ein wenig abgeschabte Menschen, die zum Frühstück die Suppe der Armut mit schlechtverzinnten Blechlöffeln aßen... In einem Lager alter Kleider ging ein bleicher Mann mit einer Bürste umher, ernst wie ein Meßner in der Kirche. Ein blondes Kind stand vor einem elenden Zuckerbäckerladen und hielt etwas in der kleinen schmutzigen Faust verborgen. Seinen Augen sah man an, wie es sich nach den Erdbeeren aus Zuckermasse sehnte, die auf kleinen Tellerchen ausgelegt waren... In einem Caféhaus lehnten sich zwei Offiziere und ein Zivilist an ein fadenscheiniges, flaschengrünes Billard, stützten sich auf ihre Queues und sahen dem Kellner zu, der einen Stoß auf dem kreidebestaubten Tuch zeigte.

Franzi stieg die steile Straße immer höher empor. Die Lichter in den Stuben wurden seltener; viele Frauen standen plaudernd vor den Haustüren. Ihre dicken Gesichter glänzten. Eine Frau zog einem kleinen Kind den Finger aus dem Mund. Ein fremder Mann ging vorbei und grüßte zu einem Fenster hinauf; rief etwas Komisches hinauf, wobei er herrliche Zähne zeigte...

Leichter Nebel lag auf der Straße. – Ein weiter Platz zeigte sich... von den Schloten tief unten wehte Rauch herüber. An einem hohen Gebäude leuchtete transparent das Zifferblatt einer großen Uhr, wie in einem Bahnhof. Franzi trat näher und hörte erstaunt Männer in einer fremden Sprache singen. Wie eine Woge erhob sich der Gesang, klang, verrauschte, begann wieder. Zu ihren Füßen, in einem unterirdischen Saal, verteilte ein Mann aus einem blinkenden Kupferkessel das Abendessen an die Soldaten, die in langer Reihe dastanden und sangen.

Franzi stieg wieder zu der Brücke hinab. Langsam erwachte der Wind, langsam verwehte er den Gesang der Soldaten, allmählich verschwand das Zifferblatt der Uhr – die Straße wurde wieder belebter – unten in dem Caféhaus standen immer noch die Offiziere um das Billard, während der Kellner den Vorhang vor das Fenster zog.

Die Brücke kam. Erwin war noch nicht zu sehen. Franziska wartete... Da standen sonderbare, altersergraute Häuser, die tief unten am Fuß der Brückenpfeiler gebaut waren und deren Fenster der Brücke gegenüberlagen. Neben der märchenhaften Schönheit des Brückentores und der grünen Kirchenkuppel hatte sie diese alltäglichen Fenster vorhin nicht bemerkt. Nun aber sah sie in alle die Stuben hinein; in solche, die dunkel waren, und in solche, in denen eine milchweiße Hängelampe brannte, von einer blinkenden Messingkette gehalten. Da saßen Kinder, ganz gebückt, über Schulbüchern und blätterten gedankenvolle Seiten um; ein kleines Mädchen in blauer Schürze hielt sich abseits, strickte eifrig an einem langen Strumpf und lief dann zur Mutter hin, die mit besorgtem Gesicht die geballte Faust in die Ferse des Strumpfes steckte. – Im Hintergrund eines anderen Zimmers, in dem eine verrußte Küchenlampe rötlich brannte, beugte ein dickes Dienstmädchen den üppigen Körper über ein Bügelbrett und sang zu der endlos aufgehäuften Arbeit ein endloses Lied.

Weiterhin gegen das Wasser zu sah Franziska zwei uralte Frauen hinter ganz klaren Fensterscheiben sitzen, die bewegungslosen Köpfe in verblichene Hände gestützt, sah große graue Augen auf die Straße hinausstarren, wie Blinde ins Licht.

Dann hörten die Häuser auf, tief unten strömte der Fluß, zitternd spiegelten sich die Bogenlampen im Wasser.

Eine Uhr schlug hart und kurz sechs. –

Ein Wagen der elektrischen Straßenbahn rollte vorbei, und das goldige Licht der kleinen Lampe streichelte das Metallschild, das zu Füßen einer schwarzen Heiligenstatue stand, sanft im Vorübergehen.

Franziska wartete. Die fremde Stadt, Paläste, Kirchen und Brücke, Häuser und Stuben, alles war gedrängt voll von Leben: Menschen sprachen zueinander, gingen Arm in Arm durch die beleuchteten Gassen, saßen am selben Tisch, waren einander nahe, teilten Schmerz und Glück, aßen gemeinsam davon, wie von einem Laib Brot. Sie waren von vier Wänden beschützt, zusammengehalten vom gemeinsamen Dach.

Sie war allein, immer noch allein. Tausendfach blühte das Leben aus allen Winkeln dieser Stadt hervor. Still war ihre Heimat, nun aber wußte sie: Du bist ganz allein. Mit all deiner Liebe wirst du ihm nicht nahekommen, Erwin wird nie dein Glück, deine Qual und deinen Frieden begreifen. Alle anderen hatten ihre Gemeinsamkeit, Beruf und Vergnügen, Tisch und Dach, Liebe, Not, und diese Gemeinsamkeit band erst die einzelnen aneinander, dann an alle anderen, und endlich an den guten Boden dieser guten Erde. – Er aber entfernte sich immer wieder von ihr, sie mußte ihn sich an jedem Tage von neuem erobern, ihn mit jedem Tag mit neuer Liebe an sich fesseln.

Sie war ihm nie wirklich nahegekommen... er konnte ruhig fortgehen... nichts von ihm blieb in ihr zurück... er ging fort, wußte nichts von ihr... ließ sie allein, sie wußte nichts von ihm.

Durch die Fensterscheiben konnte sie in die Stuben sehen, die fremden Menschen Heimat waren, konnte wissen, ob sie erleuchtet waren oder dunkel. Das war alles. Aber ihr Schmerz, ihr Friede, ihre Seligkeit, blieb das immer ihr eigen? Konnte sie es nicht geben, oder konnte er es nicht nehmen?

Und doch jubelte ihm ihr Herz mit schmerzlicher Macht entgegen, als sie ihn von weitem kommen sah.

Sie mußte ihm alles geben, ob er es wollte oder nicht. Liebe, Zeit, Geld, ihre Kunst, alles.

Nun, da sie ihn vor sich sah, fühlte sie sich reich, stark, unbezwinglich, grenzenlos im Lieben und Hassen.

Mit dem ungebrochenen Fanatismus ihrer Jugend wollte sie sich ihn erobern und dann die ganze Welt: sie wollte, sie mußte Egoistin sein, tausendmal mehr Egoistin, als bis jetzt, aber nicht mehr für sich allein, nicht für dieses ewig hungrige, ewig unersättliche, erbittert gierige »Ich«, sondern für Erwin und sich zugleich, für sich und für den Menschen, an dem sie mit allen Fasern ihrer starken Seele hing.

Arm in Arm mit ihm ging sie in die alte Stadt zurück. Aus klaren Fenstern starrten immer noch unbewegliche weiße Greisengesichter auf die abendlich belebte Straße.

Franziska drückte Erwins Arm. Er sah sie erstaunt an. –

»Erwin, jetzt erst ist alles wieder gut. Ich liebe dich. Aber du darfst mich nie mehr warten lassen. Ich ertrage es nicht, nicht einmal eine Stunde. – Wir sind nun hier in der großen Stadt... ganz allein.«

Und dieses Wort »ganz allein« spannte sie wie ein Dach über sich und Erwin aus. »Ich habe nichts außer dir. Ich habe keine Mutter, keine Schwester, und will niemand kennen. Ich will alles für dich tun, aber es muß für immer sein. Du mußt mein sein, Erwin, ganz und für immer. Willst du?«

»Ja«, sagte er.

Er führte sie zu ihrer neuen Wohnung. Es war ein hoher, grauer Palast. Zwei zyklopengliedrige Karyatiden stützten die mächtige Pforte, die für fürstliche Karossen gebaut war; aber jetzt war nur eine kleine Tür in dem gigantischen Portal geöffnet, groß genug für die bescheidenen Menschen, die jetzt noch ein- und ausgingen. – Die Vorhalle und das Treppenhaus waren riesig hoch, dunkel, ein zarter Weihrauchduft kam ihnen entgegen und beugte sich vor ihnen zur Erde.

In einem kleinen Garten rauschte ein alter Baum.

Erwin zeigte Franzi die Fenster, hinter denen sie wohnen sollten. Sie waren halb geöffnet, ein weißer Vorhang drängte sich vor, vom Abendwind spielend bewegt, schimmernd, wie ein lichter Frauenarm.

Franzi war immer noch tiefbewegt. Die alte Kapelle im Walde mit dem blutigroten Herzen der schmerzensreichen Mutter Gottes duftete nach Weihrauch, wie dieses Haus, ihre neue Heimat. Der erste Kuß unter frühlingszitternder Pappel, die erste Nacht ihrer Liebe, stark und überwältigend, strahlend unirdisch, wie ein Traum, verklang in der Morgenfrühe an den Stufen der Bergkapelle. Aber die letzte leidenschaftliche Umarmung von gestern, verzweifelt und grauenhaft kalt, erstand wieder in der unerbittlichen Erinnerung, und Franziska zitterte.

Aber zwischen diesen zwei Nächten breitete sich das neue Leben aus, unabsehbar, wie eine Wiese zwischen zwei Flüssen – jetzt erst begrub sie die gestrige Nacht, den gestrigen Tag, die Einsamkeit der ungezählten Stunden, deren letzte an der Moldaubrücke eben erst vergangen war.

Sie sah zu Erwin auf.

Er erwiderte ihren Blick.

»Ich hoffe, hier wirst du glücklich sein.«

»Ich?« fragte sie.

»Wir beide«, sagte Erwin und führte sie sanft fort. »Ist unser Leben nicht das gleiche? Ist jetzt nicht endlich Friede zwischen uns?« [...]

*

Franziska kam nach Prag zurück. Die erste Nacht verbrachte sie bei Minna, dann aber schämte sie sich ihrer Schwäche und kehrte in ihre Wohnung auf der Kleinseite zurück. Am frühen Morgen öffnete sie die Tür. Kühle strömte ihr lind entgegen, die Fensterläden waren halb geöffnet, auf dem Tische stand, silbern beschlagen, eine Karaffe mit Wasser und ein paar Gartenblumen in einem hohen Glas. Diese Zeichen der Fürsorge ihrer Wirtin rührten Franziska. Sie legte ab, wusch sich Gesicht und Hände; eine plötzliche Müdigkeit überfiel sie. Sie hatte bei Minna kaum eine Stunde geschlafen. Nun wollte sie auf dem Diwan ausruhen. Aber über den Kissen schwebte immer noch der Duft von Erwins Haar. Unverlierbar kam die Erinnerung zurück. Franzi konnte die Qual nicht ertragen.

Sie stand auf und ging fort. Sie irrte in der Stadt umher, die plötzlich allen Zauber verloren hatte. Mit einemmal waren es nur fremde Häuser, in denen lauter fremde Menschen wohnten. Fremde Brükken spannten sich zwischen fremden Städten.

Sie kehrte heim. Keine Sentimentalität mehr! Ich will arbeiten.

Aber das Klavier war gealtert, es sprach nicht mehr, jede Minute machte Mühe. Alles ekelte sie an. Jetzt war sie verlassen, jetzt war sie unglücklich, jetzt war sie elend. Was nützte ihr die Hoffnung, daß sie sich später einmal an Beifall, an Blumen, an Ruhm und Reichtum freuen würde? Es gab kein Morgen, jeder Tag war wie heute, von Elend bis in die letzten Minuten erfüllt.

Plötzlich fühlte sie, wie sie sich selbst verachtete. Sie gab Erwin recht. Er mußte sie ja verlassen. Auch Henriette hatte recht, was sollte sie denn anderes tun, als sie verachten? Aber am tiefsten beschämte sie Minna durch ihre Güte.

Mit dem hilflosen Lächeln eines kranken Kindes lief Franziska stundenlang im Belvedere-Garten umher; um den Klang ihrer Stimme zu hören, sprach sie mit Kindermädchen, mit fremden jungen Herren, mit Studenten, welche Bücher unter dem Arm trugen und für sie verbotene Blumen aus den Beeten des Parkes pflückten. Vor Frau Smrtka schämte sie sich. Aber die Frau fragte nicht und wollte nichts wissen. Ruhig schichtete sie Erwins Kleider, Wäsche und Papiere, die Franzi aus den Schränken geräumt und auf einen Haufen geworfen hatte, wieder in den Kasten zurück. Aber Franzi bemerkte es gar nicht. Ihr Leben war so gewaltsam in seinem Wehrlosesten angegriffen, daß sie sich nur mit der allergrößten Mühe in der Einsamkeit zurechtfand. Sie begriff es kaum, daß sie sich von einem Tag zum andern aufrecht erhielt. Es war kein Schmerz, der einem körperlichen Schmerz ähnlich sah. Nein, dieser Schmerz war so innig mit ihrem ganzen Dasein verwachsen, daß sie ein ganz neues Leben beginnen mußte. Sterben, oder ein neues Leben: neue Gewohnheiten – neue Arbeit – neue Erholung – neues Erwachen am Morgen – ein neues Kissen für die Nacht.

Nur ein ganz junger, ganz starker Mensch konnte eine solche Zeit überwinden. Franziska konnte es. Sie hatte nie über den Grund von Erwins Untreue nachgegrübelt. Nie hatte sie sich mit Eigenlob getröstet. Sie nahm seinen Verlust als endgültig hin. Unermeßlich war ihr Kummer. Die Franzi des letzten Frühlings noch hätte dieses Leid nicht ertragen. Nun aber wurde sie anders. Sie mußte von Grund aus anders werden. Ihre Züge verloren die wundervolle Zartheit. Wo blieben die weichen Frühlingslinien ihres Mundes? Als Erwin wiederkam, sah er eine fremde Frau vor sich.

Er kam zurück.

Er kam ja immer zurück. Wohin hätte er denn auch zurückkehren sollen, wenn nicht zu Franziska?

Sein Gesicht war grünlich blaß, seine Wangen waren eingefallen. Seine Augen flackerten. Seine Hände waren abgemagert, greisenhaft geworden, zum zweitenmal – sie trugen ein braunes Handtäschchen, aber die kleine Last schien ihnen zu schwer zu sein.

Franziska erschrak, als sie ihn vor sich sah. Draußen glühte ein wolkenloser Augusttag, und Erwin zitterte vor Frost.

Wie grauenhaft hatte ihn dieses fremde Mädchen zerstört! Konnte denn ein Mensch mit klarem Bewußtsein sich so an einem andern vergreifen? Jetzt sah sie Helly vor sich, sich gegenüber, Hand an Hand, Gesicht gegen Gesicht... eine ungeheure Wut stieg in ihr auf. Warum hatte sie bis jetzt nicht an Helly glauben wollen? Stets hatte sie den Haß gegen dies kleine, krüppelhafte, sentimentale Wesen unterdrückt. Nun aber raubte ihr die Wut beinahe die Stimme. Mit vorgebeugtem Kopf, mit wilden, großen Augen packte sie stumm den stummen Gast an. Dann ballte sich ihre Stimme in einem leidenschaftlich heiseren Wort:

»Nun, ist sie endlich tot?«

Erwin fand keine Antwort. Wie von einer Keule getroffen, schlug sein Körper auf der Türmatte zusammen; der Hut rollte die Treppe hinab. Das blutleere Gesicht, der edle Kopf, dessen Haare kurz geschoren waren, leuchtete matt im Dunkel des Hausflures.

Franzi erschrak nicht. Das hatte sie verlernt.

Sie winkte herrisch Frau Smrtka, zeigte wortlos auf Erwin, trug ihn gemeinsam mit ihr in das Zimmer, legte ihn in ihr eigenes Bett. Dann ging sie nochmals hinaus und holte den Hut, der ganz bestaubt war.

Erwin war noch nicht bei Bewußtsein. Seine Lippen waren blau. Franzi schickte sofort um den Arzt.

Inzwischen starrte sie in Erwins Gesicht, wie um sich an etwas zu erinnern, das jahrzehntelang hinter ihr zu liegen schien.

Sie freute sich nicht über sein Kommen, sie litt nicht mehr unter ihrem Leid. Aber nun hatte das Schicksal das Wort *immer* unter ihr und Erwins Leben gesetzt. Das gab ihr ihren Stolz zurück. Und ihre Hand fühlte Erwins heiße Stirn, fühlte die Adern am Halse rasend pochen. Plötzlich rötete sich Erwins Gesicht, seine Augenwimpern zuckten wie vor dem Erwachen.

Sie wollte sich abwenden, ihr graute vor ihm.

Aber bevor er die Augen aufschlug, hatte sie sich wieder. Und sie wartete ruhig, mit dem tröstenden Lächeln, mit den ausgebreiteten Händen einer Mutter, auf Erwins ersten Blick.

Oskar Baum

Das junge Geschlecht

Es war im obersten Stockwerk eines der sichtlich modernen Häuser auf dem Boden des alten Getto. Durch die offenen Fenster wehte süßer Robinienduft vom nahen Belvedere herüber, in dem stetigen leisen Wind mit scharfem Wassergeruch von der Moldau drunten vermischt.

Frau Mendl saß bei dem offenen Bett im Lehnstuhl. Sie duldete nicht, daß man die Fenster schloß, obgleich es sie offenbar fröstelte. Wer ihre ruhelosen Hände und Augen und ihren lebhaften Geist sah, konnte nicht glauben, daß es so schlimm um sie stand; aber der Arzt hatte heute morgens, stolz auf seine Verachtung der üblichen Vertröstungsmanöver, jede Hoffnung genommen. Das kleine Gesicht war freilich recht hohl geworden. Die sonst so zarten, feinen Züge hatten etwas Hartes und fast Derbes bekommen durch die hervortretenden Backenknochen, das Kinn und die spitze dünne Nase. Nur die fieberhaft glänzenden roten Augen und die helle Menge Haar zeigten, daß sie noch gar nicht so alt war.

Das Mädchen auf dem Schemel zu ihren Füßen sah schüchtern zu ihr auf, aber sie schwieg immer noch. Die Pflegerin saß hinten an der Wand und drehte mit lautlosen Lippenbewegungen an ihrem Rosenkranz. Der Straßenlärm drang herauf, aber sie hörten ihn nicht; sie waren ihn so gewohnt. Der Bruder trat ein, die Wangen von dem eiligen Lauf gerötet. Die jugendliche Frische und derbe Gesundheit, die sein Wesen atmete, schien etwas Ungehöriges hier im Krankenzimmer. Er hatte die Tür behutsam geöffnet und ging auf Fußspitzen, aber es machte einen gekünstelten, fast heuchlerischen Eindruck. Hinter ihm trat der Vater ein; sein volles, schlaffes, kalkiges Gesicht mit den überwachten entzündeten Augen mußte jedem, der von früher sein behäbiges, immer zu kleinen Späßen gelauntes Wesen kannte, beängstigend fremd und unnatürlich erscheinen.

Die Mutter sah die Eintretenden nur flüchtig an, und ihr Blick lag wieder auf der Tochter. Ihre Lippen zuckten, aber sie sagte nichts.

Es schwebte etwas zwischen den beiden alle diese langen schweren Tage über; immer drückender und fordernder. Sie konnten kaum mehr ein Wort wechseln oder einander ansehen, ohne daß das

Mädchen eine Andeutung kommen sah oder die Mutter bei ihr die Furcht vor der Aussprache zu merken glaubte. Die Mutter zitterte selbst vor dem Augenblick ihrer Frage und verschob ihn immer wieder; um des Mädchens willen. Sie fürchtete, daß Irene in ihrer schwärmerischen Verblendung »Nein« sagen könnte und die schreckliche Erinnerung an diese Halsstarrigkeit der sterbenden Mutter gegenüber würde sie ihr Leben lang verfolgen. Aber es war ihre Pflicht, fühlte die Kranke, alles zu wagen und die Erschütterung dieser Stunde auszunützen. Dem Kinde selbst und dem Vater gegenüber war es ihre Pflicht.

Sie ließ die Augen durch das Zimmer irren. Hans berichtete, daß der Professor schließlich doch aufzutreiben gewesen. Er werde sogleich hier sein. Der Onkel sei ihn selbst holen gefahren.

»Hans!« sagte die Mutter und ihre feuchten Augen ruhten ein Weilchen mit stolzem Wohlgefallen auf der strammen Gestalt des hübschen frischen Jungen, »willst du mir eine große Freude machen? Mir das Herz erleichtern, daß ich eine Sorge weniger habe?«

»Ich, Mutter? Ja, sag' doch nur! Wie gern!«

»Tritt aus der Couleur aus, ja? Sei mir nicht böse, wenn ich etwas verlange, was für dich ein Opfer bedeutet! Ich werde ruhiger hinübergehen, wenn ich weiß, daß dieser Ärger nicht mehr zwischen dir und dem Vater steht.« Man wollte sie unterbrechen, die Todesnähe energisch in Abrede zu stellen, aber sie machte nur eine ungeduldige Bewegung. »Willst du, Hansl?«

»Ja natürlich, Mutter«, sagte er sogleich fest, und der kräftige Ton klang übermäßig laut und hart durch die Stille nach der sanften Stimme der Kranken. »Wenn du es willst, selbstverständlich.« Aber er sah sie dabei überrascht, befremdet, forschend an. Eine solche Bedeutung hatte man doch seiner studentischen Angelegenheit zu Hause nie beigemessen! Seine Kappe hatte wohl dem Geschäft im tschechischen Kundenkreis, besonders in unruhigen Zeiten, sehr geschadet, aber er hatte stets alle Einwände ohne sonderliche Mühe schmeichelnd niedergeredet, und da wirklich der Vorwurf der Charakterschwäche nicht leicht zu entkräften war, wenn man einem Erwerbsvorteil zuliebe seiner Gesinnung nicht vor aller Welt sichtbaren Ausdruck geben wollte, so hatten alle noch so nachdrücklichen Einsprüche und Gegengründe des Vaters nicht das richtige Mark. Und diese Unfolgsamkeit erschütterte auch durchaus nicht die liebevolle Eintracht, die zärtliche Harmonie der kleinen Familie. Nur in gelegentlichen ironischen Seitenbemerkungen oder anzüglichen Blicken und Mienen bekämpften sich die verschiedenen Ansichten.

»Also du tust es, mein Junge?«

»Heute noch!« sagte er und richtete sich auf, als wollte er schon gehen, »ich werde dann sogleich schreiben, und du kannst den Brief lesen, wenn du willst.« Er hielt den Einfall der Mutter wohl für eine Äußerung jener sich selbst unverständlichen krankhaften Überreizung und fiebrigen Unruhe, die krampfhaft nach einem Grund und nach Beruhigung sucht.

Irene aber war sehr blaß geworden, als die Mutter ihre Frage an Hans stellte. Sie ging wie schlafwandelnd zu dem Tischchen mit den Arzneien und erinnerte sich erst, als sie eines der Tropfgläschen schon in der Hand hielt, daß ja noch gar nicht die Stunde war, und stellte es wieder hin. Sie wußte besser, was die Mutter gemeint hatte und daß es nur eine Einleitung bedeutete. Die Mutter hörte auch wirklich nicht recht hin, was Hans sprach, und antwortete ihm gar nicht. Sie sah nur Irene an, immerfort nur sie, sie fühlte es, mit einem angstvoll gespannten, beobachtenden, wartenden Blick. Nun würden wohl auch Hans und Vater bald begreifen, worum es sich handelte.

»Irene!« begann sie endlich leise – es war dem Mädchen, als hätte sie den Anruf lange Minuten vorher schon genau in demselben Tonfall und Ausdruck im Innern gehört –, »Irene!« und die dünne blaue Hand der Kranken strebte nach dem braunen welligen Kopf, der sich jetzt zitternd und gesenkt ihrem Stuhl näherte und mit einem plötzlichen Ruck sich tief in die Decke auf ihrem Schoß eingrub: »Nicht, Mutter, nicht!«

Der Vater räusperte sich, der Bruder stand auf. Irene war es, obgleich er gar nicht hinzutrat, als fühlte sie seine Hand auf ihrer Schulter liegen. ›Was fällt ihr nur ein, die Mutter so aufzuregen?‹ dachten sie wohl beide erschreckt.

»Willst du mir nicht auch etwas sagen?« flüsterte die Mutter aus zuckenden Lippen wie etwas Auswendiggelerntes, das sie nun nicht mehr zurückhalten konnte. Dann seufzte sie tief auf, ihr Mitleid überwog ihre drängende Sorge, und sie sagte mit trübem ergebenem Lächeln: »Du willst nicht, daß wir davon sprechen, Irenko? No, also nicht.«

»Nein, nein, Mutter, es ist besser. Du hast recht.« Das Mädchen hob entschlossen das Gesicht, rückte sich auf dem Schemel zurecht und streichelte die Hände der Kranken: »Schau, Mutter, du wirst mir doch nicht etwas abzwingen wollen, was ich gegen meine bessere Überzeugung, nur von dem einmal gegebenen Wort gelähmt, als schwere Fessel mein Lebtag verzweifelt mit mir herumschleppen müßte? Und ich kann dir nichts sagen, was eine Lüge wäre. Ich will mich nicht loskaufen mit einem Betrug oder Selbstbetrug, und es ginge ja zwischen uns auch gar nicht.«

»Der Vater, Irene«, sagte die Mutter und beugte sich hinab, damit nur sie es hörte, »er bleibt so einsam und verlassen zurück und du bist ihm alles, Kind! Du weißt es!«

»Mach' dir deswegen keine Sorgen«, grollte der Vater mit tiefer Stimme dazwischen, die von verhaltenem Unmut zitterte.

Die Mutter lächelte ihm matt zu: »Und deinetwegen, Irenko, denke doch! Du wirst dieser Arbeit unter der tropischen Sonne nicht gewachsen sein. Malaria und Trachom und wer weiß, was für Krankheiten noch dort sein sollen!«

Das Mädchen bildete sich in der Landwirtschaft aus und wollte später in eine der jüdischen Kolonien nach Palästina auswandern. Die erst lächelnd verwunderte, dann strenge und zuletzt flehentliche Einsprache der Eltern blieb vergeblich. Und die drückende Sorge, das verwöhnte, zärtlich gehegte Kind einer unsicheren unbekannten Zukunft in einem Lande mit fremdem Klima, neuen ungewohnten Lebensbedingungen und unberechenbaren Gefahren entgegengehen zu sehen, zerstörte die Seelenruhe der alternden Leute und vernichtete ihre festen Vorstellungen von dem ruhigen bürgerlichen Zukunftsglück des Mädchens, das ihnen als schönster, schwer errungener Preis ihres Lebens voll Arbeit nun schon völlig gesichert erschienen war.

»Wenn du es dann einmal bereust und zurück willst, dann ist es zu spät! Das Leben, das man hier weggeworfen hat, an einer beliebigen Stelle wieder aufnehmen, vielleicht mit Mann und Kind – das geht nicht!«

»Glaubst du denn, daß ich kein Herz für den Vater habe?« fragte Irene mit zärtlichem Vorwurf ausweichend, »glaubst du das wirklich? Nein, nein, ich weiß, das glaubst du nicht! Wenn er mich brauchen sollte, werde ich ihn gewiß nie verlassen. Aber wenn ich nach

London heiraten würde oder nach Genf oder nach New York, eine außerordentlich vorteilhafte Heirat mit einem Mann, wie du dir ihn nur wünschen kannst, würdest du mich da auch beschwören, die nicht einzugehen? Und wie oft würde der Vater mich dort oder ich ihn hier jährlich besuchen? Glaubst du wirklich, daß öfter? Jaffa ist auch nur vier oder fünf Tagereisen weit von hier.«

Sie sprach so ruhig, als wäre es eines der gewöhnlichen Familiengespräche nach dem Abendessen, wenn der Vater sich mit der Zeitung in den Schaukelstuhl zurückzog, aber sie sah dabei zitternd und blaß vor sich auf die Hände der Mutter, die sie in den ihren hielt: »Sieh, Mütterchen, die Mutter deiner Mutter und alle die andern Mütter vorher hätten sich von ihren Töchtern in die Hand schwören lassen, daß sie nie aufhören werden, für die Rückkehr in das Heilige Land zu beten und zu arbeiten und keinen Augenblick zu zögern, wenn es möglich werden sollte, und dann auch ihren Staub dahin mitnehmen. Und du, Mutter, die einzige in der Kette –«

Der Bruder stand jetzt unversehens neben Irene und faßte sie beim Handgelenk: »Also komm doch!« flüsterte er ungeduldig. Erschrocken sah das Mädchen auf. Das Gesicht der Mutter war müde zurückgesunken, die schweren Lider fast geschlossen. Die Pflegerin stand daneben, nickte ernst und deutete Irene an, daß Ruhe jetzt gut wäre.

»Das alles kommt mir nicht wichtig vor; nein, für uns gar nicht wichtig, Irene!« lallte die Mutter angestrengt und kaum verständlich, »aber sprich doch nur weiter! Warum hörst du auf? Ich hör' dich ganz gut! Sprich dich nur aus! Ich werde dir dann schon antworten.«

Der Bruder führte Irene hinaus. Der Vater ging hinter ihnen.

»Es strengt sie halt alles so an!« sagte Hans, da er die angstvollen Selbstvorwürfe in den Zügen des Mädchens sah, »bis wir dann wieder hineingehen, sprechen wir nicht mehr davon!«

»Wenn nur der Professor schon da wäre!« sagte der Vater verzweifelt, ging ins Wohnzimmer hinaus und öffnete die Korridortür, um auf die Treppen hinabzusehen. Irene lehnte an der Fensterbrüstung im Erkerzimmer. Sie war hingetreten, um auf die Straße hinunter nach dem Wagen des Professors auszuschauen, aber sie hatte die Absicht vergessen. Sie suchte mit der Stirn ein kühles Fleckchen auf den Glasscheiben.

Der Bruder stand neben ihr: »Warum willst du ihr nicht den Gefallen tun, Irene? – Du denkst, der Vater würde dich dann mit dem Versprechen binden? Und wenn selbst? – Ich weiß, du hältst, in welcher Lage immer, deine Ideale über alles, aber schau, mach' dir einmal von dem angelesenen Zeug den Kopf frei! Angenommen selbst, wir sind wirklich noch ein Volk! Kann mit sentimentalen Pietätsträumen einer neu zu schaffenden gesunden Volkszukunft gedient sein? Hat Moses den Seinen gesagt: Das Land der Väter? Nein! Das Land, wo Milch und Honig fließt, das war der springende Punkt. Nicht weil Abraham, Isaak und Jakob dort lebten. Fließt heute Milch und Honig dort? Hierher nach dem kultursatten Europa oder vielleicht nach der Union drüben würde er jetzt weisen! Warum ziehen die Schweden, Russen, Italiener, Ungarn, Griechen aus Amerika nicht in ihre Heimat zurück, sondern werden drüben ein fremdes Volk ohne Schaden für sich und für die Menschheit, wie es scheint?« Seine Stimme, in der man nur Kalauer, Spott und lustige Neckereien zu hören gewohnt war, hatte in dem lehrhaften, ernsten, ein wenig hochmütigen Ton etwas Unwahrscheinliches und Affektiertes. »Du wirst sagen, das Volkstum dieser ist daheim bewahrt; ein Kern und Zentrum ist da. Aber siehst du, wenn man behauptet, daß wir uns bis heute als Volk erhielten, die zwei Tausend Jahre in der Fremde schadlos überdauerten, wäre das nicht ein Beweis, daß wir eine geistige Heimat haben, was viel wichtiger wäre?«

Sie sah eine sonnüberglühte weite Landschaft von Feldern und Orangengärten und einem Ölbaumhain am Horizont, in der Mitte ein lebenerfülltes Bauerngehöft mit dem Takt der Dreschflegel in den Scheunen und Tierstimmen in den Ställen. Übermütig trieben die Kinder mit jungen Mauleseln im Hof umher und ihr Jauchzen und Schreien und Lachen war – oh, vertrocknete Pergamentsilben der Gebetsprache aus schläfrigen Religionsstunden! – hier in eingeborenen Naturlauten Leben geworden! – Ein sonnbrauner Reiter kam eilig heran, der ihnen von Ferne schon scherzhaft drohte: Der Vater, der zu Mittag heimritt. Er brachte für die Mutter Proben der Ernte mit: Weintrauben, Oliven und Datteln.

»Mag übrigens deine Überzeugung was immer bleiben«, Hans' Stimme hob sich ungeduldig, »gegenüber einer Mutter in einem solchen Augenblick!«

›Gerade in diesem Augenblick‹, dachte Irene bitter. ›Da ich sie und mich den unverrückbaren letzten Dingen näher fühlte, hätte ich es eher zu Wege bringen sollen, etwas leichtfertig zu verleugnen, was mir heilig ist? Etwas heuchlerisch mit den Lippen abzuschwören und mit dem Herzen festzuhalten? Ihr, die vor dem Austritt in die ewige Wahrheit war, wie einem kleinen Kinde, das noch nicht alles versteht, etwas einzureden?‹ – Hans würde sich taufen lassen, sobald die Mutter starb; der Karriere wegen. Und er tat sich wohl jetzt etwas darauf zugute, daß er diese Rücksicht auf ihre Frömmigkeit nahm. Es störte ihn nicht, daß er auf ihren Tod wartete. Und er fühlte nichts von der Hinterlist des Betrugs gegen die Ahnungslose, bis sie wehrlos und unempfindlich geworden.

Aus dem Vorzimmer hörte man jetzt, wie Vater den Professor und den Onkel begrüßte. Hans eilte hinaus.

›Sind diese letzten Stunden so grundverschieden von allen andern des Lebens?‹ dachte Irene. Wie weit war es denn bis dahin, daß auch sie so alt und elend dalag, bereit zu vergehen? Nun, hat ein Sterbender dem andern so viel voraus? – Dennoch! Eine dumpfe wachsende Schwere drückte sie nieder und ließ sie nicht atmen. Sie lauschte ins Zimmer hinein. – Sie hatte das Recht, sie hatte die Pflicht ihrer Tochter gegenüber, die einmal an ihrem Bett stehen würde, das, was sie für das Nötigste, das Wichtigste und Beste hielt, mit ihrem Leben voll Arbeit zu erringen. Aber würde sie es können? Nein, sie fühlte es. Sie würde es nicht über sich bringen. Immer wieder würde es einen Anlaß geben, sich bei dem Vater notwendig zu sehen. Die sonnüberglühte fremde Heimat mit den hebräischen Bauernkindern und dem naturfrohen Mann auf eigner Scholle wurde blasser und kleiner, verschwamm in unerreichbarer Ferne... Sie lauschte ins Zimmer hinein. Wie sonderbar laut diese Männer sprachen! Der Professor lachte jetzt.

Da riß Hans die Tür auf und stürmte jubelnd auf sie los: »Irene, Irene! Denk' dir nur!«

»Aber was denn?«

»Was ich immer gesagt habe: Dr. Pockstein ist ein Esel! Die Mutter hat gar nichts mit der Niere! Und das mit dem Herzen ist eine Kleinigkeit. Die ganze Behandlung war verkehrt. Sie ist einfach unterernährt, blutarm und nervenschwach; aber von einer Gefahr kann gar keine Rede sein, wenn man eine vernünftige Behandlung einleitet. Und da hat man so lange keinen zweiten Arzt hinzugenommen, nur um das Hornvieh nicht zu beleidigen, mochte ich reden, so viel ich wollte!«

Irene wollte an ihm vorbei ins Schlafzimmer.

»Aber, Irene, Irene, denk nur!« Er umschlang sie, und Tränen rannen ihm die Wangen hinab.

Der Vater trat jetzt aus der Tür, den Finger am Mund: »Pst! Was für ein Lärm? – Jetzt nicht hinein! Die Aufregung, die Freude hat sie sehr hergenommen. Er hat ihr eine Injektion gemacht, damit sie wieder ein paar Stunden schläft.«

»Es ist also wirklich wahr?« fragte Irene; sie brachte die Worte nicht heraus und hielt nur krampfhaft den Arm des Vaters fest, indem sie ihm ins Gesicht sah. Er streichelte sie lächelnd.

»Gut jetzt, daß du dich nicht hast herumkriegen lassen? Was?« lachte Hans.

Sie blickte ihn sehr blaß und verständnislos an. War sie nicht schon bereit gewesen, sich der Mutter zu opfern? Nicht schon am äußersten Rande ihrer Kraft gewesen? Sah ihr Leben leer und blutlos, alle Hoffnung verschüttet, und da eben – ein Schauer ferner, nie begreiflicher Zusammenhänge ergriff sie, als ob ein Wunder geschehen sei, als ob sie die Mutter und dadurch die Mutter sie gerettet habe. Sie lächelte scheu: Welche Märchenlogik der kindische Drang nach Verstehbarkeit in alles bringen konnte!

Arthur David Heller

Meister Unruhig

Die Straßen waren so halb feiertäglich und die Hitze so gar nicht aprilmäßig. Er sprang in einen Wagen der viel zu langsam fahrenden elektrischen Straßenbahn; die rückwärtige Plattform war ihm die liebste, weil es dort meist halb offen und luftig war. Drinnen im Wagen zu sitzen war ihm immer sehr unangenehm, eigentlich wußte er selbst nicht recht, weshalb. Vielleicht wollte er nicht neben jedem Beliebigen sitzen, und auch das Dach drückte ihn und verursachte ihm häufig Kopfschmerzen, an denen er sonst nicht zu leiden pflegte. Nach drei Stationen – er hatte wegen des Gedränges gar nicht Fahrgeld zahlen müssen und freute sich sehr darüber – sprang er noch während der Fahrt ab, ging auf einige Augenblicke in ein nahes Kaffeehaus, wo ihn die Mutter einer Patientin konsultierte, und machte dann langsam einen Spaziergang bis fast zur Moldau.

Zwei Bekannte sprachen ihn an. Gleichgültige Worte wurden gewechselt. Der zweite war ein Schauspieler, der auch hie und da filmte. Dr. Unruhig hatte seit jeher etwas zur Bühne gezogen, er hatte in Berlin sprechen gelernt und öfter gekiebitzt, später auch bei Liebhaberbühnen manchmal Regie geführt. Jetzt wollte er in eine Filmschule gehen, aber der Schauspieler riet ihm ab. »Wissen Sie, der Direktor ist nicht solid, lauter Bluff; was kann er selber spielen? Höchstens einen Rowdy mit einer amerikanischen Pfeife im Maul. Gehen Sie gar nicht hin, es ist hinausgeschmissenes Geld! Ich spiel' nächstens in einer guten Sache einen polnischen Juden; sehr gut! Hundertfünfzig Kronen täglich plus Diäten bekomme ich dafür. Wenn Sie wollen, schlag' ich Sie für das nächste Mal vor.« Hm! Unruhig verging die Lust, zum Film zu gehen; er ließ sich zwar nicht leicht beeinflussen, aber er dachte, »semper aliquid haeret«; nun, bis morgen war ja noch Zeit zum Überlegen.

Er ging langsam weiter. Im stillen hoffte er seine Malerin zu treffen, denn sie wohnte nicht weit von der Moldau, gerade in dem Haus, vor welchem er den Schauspieler getroffen hatte. Aber seine Hoffnung wurde nicht erfüllt. Als er eben darüber nachdachte, ob er sich als Strohwitwer einmal ein luxuriöses Nachtmahl leisten oder in ein Kino gehen sollte, hörte er eine Kapelle spielen. Die Heilsarmee. Er mischte sich unter die Leute.

Eine uniformierte Frau sprach englisch zu der etwa hundertköpfigen Menge, eine andere übersetzte die Predigt Satz für Satz ins Tschechische; mitunter kamen sogar Späße vor. Ein sechsjähriger blonder Junge bediente die Trommel, es war der Sohn des langen englischen Adjutanten der Heilsarmee, dem schwarzen, hakennasigen Vater ganz unähnlich. Eine herzige Szene belustigte die Zuhörer. Der kleine Angelsachse sang tschechisch ein Lied, und als er es wiederholen sollte, machte er eine Pause und zog sich vorher Handschuhe an; so gehe es besser, meinte lächelnd der Adjutant.

Es war schon fast acht Uhr abends, als sich die Armeeangehöri-

gen musizierend heimwärts wandten. Dr. Unruhig hatte eine Kleinigkeit gespendet und zog mit; heimlich wurde ihm klar, daß er an einem anderen Orte vielleicht gar nicht dem eigenartigen christlichen Gottesdienste zugehört hätte, aber er hoffte, hier in der Nähe doch noch seine Malerin zu erblicken. Knapp vor dem Hause der Heilsarmee fragte er den Adjutanten, ob er auch deutsch spreche. Statt einer Antwort rief dieser die Kapitänin. Der Meister wollte sich informieren, eventuell seine Dienste, freilich nur die beruflichen, der Armee zur Verfügung stellen. Am nächsten Tage oder später wollte er sich in der Kanzlei genauer erkundigen.

Halb unzufrieden mit sich ging er nachtmahlen und irrte dann drei Stunden in den dunklen Straßen der Altstadt umher. Ihm kam alles so vor wie auf einem futuristischen Bilde von Georg Groß »Straßendurchschnitt«. Die verwirrende Lichtreklame in den Hauptstraßen tanzte wie irrende Leuchtkäfer ins Riesenhafte verzerrt vor ihm, Straßenmädchen mit viel Puder und Schminke hielten meist vergebliche Umschau auf ihrem gewohnten Platze, die elektrische Straßenbahn, leere, langsame Droschken mit pensionierten Gäulen und schäbigen Kutschern, Bettler, hochbrüstige Frauen mit reichlichem Ausschnitt, duftend nach sommerlichem Schweiß und Eau de Coty, der graue Pulverturm, Fremde, Prager Gigerl mit gelben Schuhen und dotterfarbenen Handfutteralen zwischen den Fingern, auf dem Kopf einen grauen oder braunen steifen Hut, Dohlen hatten sie das als Jungen genannt. Wieder schnitt ihm die Lichtreklame in die Augen.

So ging er in die Dunkelheit, dem Flusse zu. Da stand eine Bettlerin. Oder war es eine Kranke? Mit schwarzem Kopftuch, zerrissenem Mantel, ein Eßgeschirr in der Hand und über den Augen ein rosarotes Pflaster. Sie sah aus, als wäre sie blind oder schlafend oder betrunken. Er warf ihr eine Münze in das Gefäß. Das gab einen zerbrochenen Klang. Aber die Bettlerin merkte nichts. Vielleicht hat sie mehr als ich, dachte Unruhig, und lacht mich obendrein aus; die Menschen sind alle Komödianten, nur daß sie nicht alle gleich gut spielen; überhaupt ist das ein Blödsinn. Ich bin auch kein Komödiant, fast jedem sage ich die Wahrheit, nicht aus Komödie, nicht aus Zwang, nur, weil ich die Aufrichtigkeit liebe. Aber das Gesindel verdient das gar nicht. Lauter Egoisten sind sie, besonders die Obensitzenden mit den hohen Renten in den Taschen, die lassen einen ruhig verhungern, wenn sie nur Hummersalat und Kaviarbrötchen essen können, Auto fahren, Nizza, Monte, was weiß ich.

Er stutzte in seinem halblauten Gespräch, »was weiß-ich«, so in böhmelnder Mundart und hartem »s«, mit dem »i« in ein Wort gezogen, so sprach oft seine Malerin. Seine? Seine!

Er ging nicht zum Flusse. Lieber in eine Seitenstraße. Ja, hier hatte er die ersten ganz verstohlenen Zusammenkünfte mit seiner Frau gehabt, vor sechzehn Jahren! Da war das Durchhaus, hier hatten Lausbuben gelacht und geschimpft, weil sie in Trauer ging und doch ein Rendezvous hatte. Er zog eine Zigarette aus seinem Silberetui und zündete sie an. Richtig, das Rauchen! Gerade im Mai vor sechzehn Jahren hatte ihm seine Frau als vierzehnjähriges Mädchen einen Zettel geschickt, mit Bleistift geschrieben: »Was macht das Rauchen?« Und noch etwas stand darauf; daß sie gegenwärtig nur ihn lieb habe! Nur ihn und lieb. Wie romantisch das nach Jahren klang!

Er mußte irgendwo stehen geblieben sein, denn es war schon ganz dunkel und kein Mensch auf der Straße. Richtig, da war er schon bei der Wohnung des Klavierlehrers; wie oft hatte er hier auf »sie« gewartet. Und sie war noch immer »sie«.

Er wollte in ein Kaffeehaus gehen. Hier in der Nähe mußte es sein. Beim alten Gemeindehof; ein schlechtes Kaffeehaus, aber er wollte einmal Hasard spielen, hundertfünfzig Kronen wollte er gewinnen und sie dann dem nächsten Bettler geben oder der Heilsarmee. Einmal hatte er hier acht Kronen verspielt, österreichische Friedenskronen aus gutem Silber, seit damals war er nicht mehr hier gewesen. Doch er fand das Kaffeehaus nicht. Irgendein Geschäft war dort, und auf einer großen Tafel stand Lustig & Comp.

Es war schon elf Uhr. Fast eine Stunde schleppte er sich müde nach Hause. Als er endlich im Bett war, konnte er lange nicht einschlafen. Er las ein paar gleichgültige Zeitungsnachrichten und löschte aus. Es war halb zwei. Aber es ging nicht. Er war völlig wach. Es war schrecklich, dieses Nichteinschlafenkönnen. Dann betete er. Daß GOTT »sie« segnen solle und freudig machen und zufrieden und »ihr« geben, was nach »ihrem« Wunsche sei, und für seine Malerin betete er, daß GOTT sie führen solle und nicht irreführen; und dann kamen alle dran, mit Namen nannte er sie, als wollte er GOTT, seinem GOTT, eine Gedächtnisstütze geben.

Als er nach einer Viertelstunde zu Ende gebetet hatte, drehte er sich auf die rechte Seite um und wollte schlafen. Wie runde, weiche Kreise zog es ihm im Hirn herum; da war ein weiter Platz und alles war so reich und weit, etwas kam ihm vor wie Bären und Offiziere, aber er hatte keinen Zusammenhang dafür, es drückte ihn etwas, so wie das Dach in der Elektrischen. Etwas zog ihn hinunter am Kopf, wie in laues Wasser; dann kam er sich plötzlich als Prophet vor und hielt alle Menschen umarmt. Aber es war dunkel in ihm, er spürte das nur mehr so unsicher wie eine halbe Erinnerung; und fast schon im Schlafe fing er an zu beten, wieder für alle und für die Besonderen besonders; Tränen stahlen sich ihm in die Augen, er fühlte, daß ihm niemand seine Liebe glaubte, diese schreckliche Liebe, die ohne Treue war und ohne Treulosigkeit, die alle verriet und keinen, weil sie allen galt, jedem anders, vielleicht auch manchen gleich, aber nicht vielen. Wem? »Ihr«, ihr vor allen anderen, und es wunderte ihn, daß er doch schon schlafe und so klar zu denken vermochte.

Er gab sich einen Ruck. Er hatte doch noch nicht geschlafen. Im Zimmer war niemand. Er setzte sich halb im Bette auf und kniete dann nieder. Ostermontag! dachte er und schrie mit halblauter, weinender Stimme, die in sich selbst erstickend heiser und leise wurde:

»Gib ihnen doch Liebe, Herr, damit sie mich verstehen!«

Und warf sich tief in den weichen Polster hinein und küßte ihn symbolisch für die, die er so lieb hatte und die es nicht verstehen sollte; und in der Nässe seiner Tränen schlief er endlich ein. Es war vier Uhr morgens. […]

*

Weit draußen vor der Stadt, fern von Häusern, Straßenlärm und Menschen, fern auch von Wald und Bach, ragte ein runder Turm in die Höhe. Fensterlos, ein roher Ziegelbau mit spitzzulaufendem Dach aus vier Platten. Eine dunkle, kleine Türe führte in das Innere des einsamen Turmes. Drinnen eine niedrige Stube mit dem Wenigsten davon, was ein Mensch zur Wohnlichkeit braucht. Kein Bett, kein Tisch, kein Sessel, kein Kasten. In den Boden eingelassen ein viereckiges Wasserbassin zum Baden; ringsherum, drei Seiten entlang, eine mittelbreite, niedrige Bank. Eine Stiege führte in den oberen Raum des Turmes, in dem nichts war als eine elektrische Lampe aus mattem Blauglas.

Hier wohnte Meister Unruhig seit wenigen Wochen. Von Stufe zu Stufe wollte er sich emporringen zu mystischer Meisterschaft. Weggeworfen war das Gewand der Güte und Liebe; wie ein schaler Nachgeschmack schleppte es sich durch seine Seele. Er hatte Schiffbruch gelitten und hatte eingesehen, daß der einmal beschrittene Weg von den Menschen nicht verstanden werde, daß es immer nur wenige waren, denen er sich geben konnte mit seinem großen Herzen: und selbst unter diesen wieder nur eine ganz bescheidene Zahl solcher, die auch seine Schwächen verstanden und nicht gleich ironisch lächelten und ihm zum Vorwurf machten, er lehre anders und er lebe anders. [...]

*

Grau wölbte sich der Himmel über der Stadt, als hätte die Sonne Halbtrauer angelegt. Doktor Unruhig bereitete das untere Gemach für seine Gäste vor, dann klebte er einen Zettel an die Außenseite der Eingangstür, auf dem die Worte standen:

Ich öffne die Türe um vier Uhr.

Wenige Minuten vor vier Uhr kamen die Gäste. Frau Martha mit Anton Maria Novotný und seiner Frau, Konrad Rock, des Meisters Malerin, Rabbi Gerschom und noch sechs Personen.

Doktor Unruhig öffnete die Tür und reichte allen die Hand. Er hatte einen hochgeschlossenen schwarzen Rock an, aus dem kaum der Schimmer eines weißen Kragens hervorlugte; zwölf Kerzen in schwarzen Leuchtern erhellten das Zimmer; auf dem Tisch stand eine große, dicke Kerze und flackerte hin und her. Eine Ecke barg ein kleines, metallenes Becken, aus dem der Duft angezündeten Weihrauchs strömte.

Der Meister bat die Gäste, sich zu setzen; dann setzte auch er sich zu dem Tischchen, auf dem neben der Kerze ein schwarzes Buch und eine dicke schwarze Schachtel standen.

Doktor Unruhig öffnete das Buch und sagte mit leiser, etwas müder Stimme:

Ich habe Sie hieher gebeten aus nah und fern, um Ihnen etwas vorzulesen und etwas zur Entscheidung zu geben. Ich will keine lange Einleitung machen, denn das, was ich Ihnen vorlesen werde, ist lang genug. Ich bitte Sie nur um etwas Geduld, denn einige Stunden wird das Vorlesen schon dauern; ich kann Sie freilich versichern, daß es Sie kaum sehr langweilen wird, denn die Menschen langweilen sich ja nie, wenn von ihnen selbst die Rede ist, und ein paar von Ihnen kommen in dieser Geschichte schon vor. Es sind Bruchteile meines Lebens, die ich Ihnen vorführen werde; Dichtung und Wahrheit dabei zu unterscheiden, ist von geringer Wichtigkeit; Sie werden sich nicht anstrengen müssen, sich zu erkennen, denn es ist kein Schlüsselroman. Jeder ist offenherzig und gemein, wie ich schon bin, beim richtigen Namen genannt. Und nun horchen Sie zu, ich lese Ihnen vor den Roman, den ich nenne: *Meister Unruhig*. –

Die Kerzen waren schon herabgebrannt, und der Vorleser kam zum Schluß. Unerträgliche, erschütternde Ruhe atmete das Zimmer; diese Ruhe war Bewegung, diese Erschütterung Tragödie.

Und als Doktor Unruhig geendet hatte, schwieg alles still und rührte sich nicht, als hielte ein elektrisches Band alle umschlossen, als fürchteten sie sich, lauter zu atmen oder gar zu sprechen, um nicht von dem Strome, der in dieser lebendigen Kette kreiste, zu Boden geworfen zu werden.

Unruhig klappte das Buch zusammen und sagte:

»Ich wollte keine Einleitung machen und habe sie auch nicht gemacht; jetzt aber muß ich etwas sagen, denn es drückt mich, es will aus mir hinaus, es läßt sich nicht zusammenquetschen und pressen.

Ich weiß ganz gut, es sieht die Sache sehr abgeschmackt aus, urkomisch und manieriert.

Sie sehen mich auf einem Thron sitzen, auf den ich mich selber unrechtmäßig hinaufgehoben habe. Aber sehen Sie, ich hatte doch auch den Mut, mich selber abzusetzen, indem ich Ihnen da diese Generalbeichte vorlas.

Die Veranlassung hiezu war jener Abend, da ich Martha, meine geliebte Frau Martha, tanzen sah. Nichts Geringeres konnte imstande sein, mich zu diesem Schritte zu veranlassen, als Marthas selbständiges Werk.

Ich habe mir lange Zeit mein Leben merkwürdig eingerichtet; ich war ein Mosaik, ein schweres Mosaik, und ich bildete mir ein, Menschen modeln zu können. –

Und ich begann mit Martha. Als sie noch ein Kind war, hab' ich an ihr gefeilt und gedrechselt und habe immer geglaubt, daß ich damit ein gutes Werk tue. In mir selber kam ich mir immer vor wie Petrus, der auf Seelenfang ausging.

Ich bin nicht bei ihr stehen geblieben, die mutig genug war, mir ihren Weg anzuvertrauen und mich zu ihrem Führer wählte.

Nein, viele, viele sah ich und ging mit ihnen ein Stückchen, und unter Ihnen hier sind auch einige von jenen, die mich begleiteten. Aber es war ein eigenartiges Verhängnis; ich interessierte die meisten nur drei Wochen. In diesen drei Wochen gab ich mich aus, mein ganzes Herz hab' ich immer hergegeben, immer ganz bar und unverfälscht hab' ich meine Gefühle verschenkt. Sie dürfen nicht glauben, daß das nur solche Gefühlchen waren, so etwas, das man Sentiments nennt. O nein! Sie waren schon hübsch schwer, vollgewichtig und vollwertig. Aber jeder hat mir gleich in die Tasche geschaut und hat gesehen, daß das bei mir leicht zu haben ist.

So hat man mich quasi für eine Prostituierte gehalten, weil ich wie eine solche leicht zu haben war. Merkwürdig war nur das eine, daß sich mein Herz, die Kapsel meiner Gefühle, immer wieder von neuem gefüllt hat, daß ich niemals müde wurde.

Und so ging es mir nicht nur mit den Menschen, auch mit meinen Ideen ist es mir so ergangen.

Ich war Arzt. Ich wollte helfen und hatte auch das Zeug in mir dazu, aber in meiner Gefühlsbehendigkeit konnte ich im Kranken oft nicht nur den Patienten sehen, ich sah auch den Menschen, den Freund, und da hab' ich nicht nur Ärztliches gegeben, sondern oft mich selbst. Doch dieses Vertrauen, diese Gefühlsverschwendung hat sich bitter gerächt.

Die Patienten kamen zu mir als Freund und suchten sich andere Ärzte; nicht vielleicht, weil sie dachten, ich sei kein guter Diagnostiker, nein, sie wollten den Freund nicht auch noch beruflich »belästigen«.

Lieber verhungern lassen!

Aber in Anspruch nehmen, wo er doch schon so viel für einen getan hatte, das konnte man doch nicht gut.

Es kamen noch andere Dinge dazu. Das Judentum und die Politik und nicht zuletzt die Liebe.

Ich habe nie geleugnet, daß ich die Politik für die größte Hure der

Welt halte, im allerschlechtesten Sinne des Wortes. Und ich mußte das irgendwie sagen. Erst waren es Versammlungen und Gespräche im Kaffeehaus, beim Nachtmahl, auf Ausflügen. Waren Sozialisten die Hörer, so sagten sie, ich sei klerikal, waren es Klerikale, so hielten sie mich für einen Kommunisten. Und das, obwohl ich allen hundertmal sagte, ich sei weder das, noch jenes, sondern Anarchist! Keiner mit dem Revolver, keiner, der im Geheimen konspiriert hätte, sondern einer, der sah, daß es einfach nicht so weiter gehe, daß alle Politik Schwindel sei, daß es nur ein einziges Mittel gebe, Menschentum und seine Träger vor dem sicheren Untergang des gegenseitigen Sich-Zerfleischens zu retten: Liebe und Frieden.

Und Liebe kennt keine Grenzen, nicht durch Flüsse und Gebirge, nicht durch Zölle und Sprachen, nicht durch Soldaten und Herrscher. *Pangeismus* – das war meine Anarchie! Und dieser Pangeismus, der braucht nicht Menschen, die ungewollt und mit Unlust gezeugt und geboren werden als Kinder des Zufalls, damit sie einmal wieder gegeneinander gehen mit Kugeln und mit Gasen, mit Gesetzen und mit Gewalt. Dieser Pangeismus, der kennt keine Schwarzen und keine Weißen, keine Gelben und keine Roten, der kennt nur Menschen! Er kennt auch keine Religionen und Nationalismus, er kennt nur Kultur! Er kennt keine Klassen und Stände, nicht arm und reich, er kennt nur die Liebe und den Frieden! Und darum warf ich Beruf und Gewand von mir und wurde Mönch. Weil ich dachte, daß dort ein Eingang sein könnte, durch den die Liebe hindurchschlüpfen könnte, um unter die Menschen zu kommen.

Aber ich war zu klein, zu schwach, um ganz durchzukommen, und so bin ich geflohen.

Und hab' mir diesen Turm erbaut, um mich zu versenken, ganz in mich zu versenken und so GOTT zu erleben und so Kräfte zu gewinnen, die von den Gelehrten für Unsinn gehalten werden.

Doch das Licht in mir war zu klein, es ging kein Strahl zu dem ewigen großen Licht und alles in mir wurde ein müdes Lächeln, wehmütige Resignation.

Und zu der schien ich mir selbst nicht geboren, denn ein unerschütterlicher Optimismus zuckte immer wieder in mir auf.

Bis ich dann vor wenigen Wochen das große Erlebnis hatte: Martha.

Da sah ich, wie sie aus eigener Kraft, fern von mir und meinen ewigen Lehren, hinaufgestiegen war zu schöpferischer Leistung.

Und dieses »Ohne mich« bei dem Menschen, der mir immer der nächste und teuerste war, gab mir einen Stoß.

Und so hab' ich plötzlich, ungewollt, wie ein Mensch im letzten Augenblick vor seinem Tode, klar und scharf umrissen alles wieder erlebt, was mich einst erfüllt hat, was mich hin- und hergeworfen hat.

Darum habe ich dieses Büchlein niedergeschrieben, das ich Ihnen nun vorlas, darum habe ich Ihnen diesen Nachsatz gesagt und darum stelle ich Ihnen die Frage: was nun?

Ich habe hier eine Pistole.

Ich weiß, das sieht wie eine große Geste aus, wie eine schlechte Pose. Es ist keine. Ich sehe keinen Weg außer diesem. Wissen Sie einen?«

Meister Unruhig lehnte sich zurück. Er sah gar nicht müde aus, und sein Gesicht war merkwürdig ruhig. Bange fünf Minuten antwortete niemand.

Da stand Rabbi Gerschom, der fast Neunzigjährige, auf und sprach:

»Das Leben ist ein ewiges Auf und Ab. Der eine geht rechts und der andere geht links, und keiner geht immer in der Mitte.

Du bist hin- und hergegangen, einmal rechts und einmal links und sogar auch in der Mitte. Du bist ein Suchender gewesen! Und was du gefunden hast, ist wertvoll und schwergewichtig!

Und nun kommst du zu uns und fragst uns, was du machen sollst, und zeigst uns die Waffe, mit der du dich töten willst.

Und du hast gesprochen von Liebe und Frieden?!

Du hast uns gezeigt die Wege in dir, den Weg des Scharlatans und den des Rabbi. Und bist beide gegangen zur selben Zeit!

Hast du schon gesehen die Sonne aufgehen und untergehen zur selben Zeit? Kann der Mensch atmen und Speisen schlucken in dem gleichen Augenblick?

Was mutest du dir Kräfte zu, die keiner hat!

Und ich will dir sagen den Weg:

Dein Weg ist der Weg des Erlebens in dir selbst; der Weg wird dich führen durch Sand und durch Gärten, durch Hunger und durch Üppigkeit, durch Entsagung und durch Genuß. Und die mit dir gegangen ist die große Strecke, sie wird dich stützen im Sand und mit dir pflücken die Früchte im Garten, sie wird dir den Hunger erträglich machen und die Üppigkeit mit dir teilen, sie wird dir Gefährtin sein im Entsagen und Geliebte und Gattin in den Tagen des Genusses.

Nur mußt du eines verstehen: daß du nicht bist Scharlatan und nicht bist Rabbi, daß du kein Meister bist und niemals einer sein wirst; du bist nur eines, und das mußt du begreifen und als solcher leben und nicht als ein anderer, denn du warst immer und wirst immer sein, was du auch heute bist:

Imanuel Unruhig!«

VI. Vom Reiz der Geschichte

Salomon Kohn

In der Hahnpaßgasse

Es war der Morgen eines winterlichen Herbsttages des Jahres 1620, als ein junger Mann langsam und sinnend durch das sogenannte Pinkasschultor in die Prager Judenstadt schritt. – Diese bot einen eigentümlichen Anblick dar. Der Morgengottesdienst war eben in den sämtlichen Synagogen beendet, und während noch zahlreiche Haufen aus den Bethäusern strömten, eilten schon andere, zumeist Frauen, gewichtige Schlüsselbunde in den Händen, dem außerhalb des Gettos gelegenen Tandelmarkte zu. Auch die Läden und Kramstellen innerhalb des Gettos wurden jetzt geöffnet, und selbst auf offener Straße entwickelte sich eine in andern Stadtteilen nie gesehene Regsamkeit. Hier nämlich boten Händler – freilich der untergeordnetesten Klassen – ihre Waren, bestehend in Kuchen, Semmel, Obst, Käse, Grünzeug, gekochten Erbsen und derartigen Dingen mehr, den Vorübergehenden an. Trotz der frühen Tageszeit tauchten auch schon hier und da einzelne ambulante Garköche auf, die in friedlicher Konkurrenz die Erzeugnisse ihrer Küche: Leberstücke, Eier, Fleisch und Mehlspeisen, laut priesen und in einer Hand den zinnernen Teller, in der andern die – den meisten ihrer Gäste freilich entbehrliche – zweispitzige Gabel haltend, zumeist den fremden Talmudjüngern ihre Aufmerksamkeit zuwandten. Auf diese waren auch großenteils jene Schuster angewiesen, welche, weniger vermögend als ihre Kollegen, in der sogenannten »Goldenen Gasse«[1] den Bochurim[2] ihre Dienste auf offener Straße anboten und das Schuhwerk derselben, sehr häufig, während die Besitzer auf der Gasse oder im nächsten Hause darauf warten mußten, auf eine zwar sehr billige, es muß aber auch gestanden werden, meistens sehr wenig dauerhafte Weise ausbesserten.

Der junge Mann, der eben in die Judenstadt getreten war, blickte ernst und betrachtend auf dies rege Treiben und schien nicht zu bemerken, daß er selbst der Gegenstand der allgemeinen Aufmerksamkeit geworden war. Sein Äußeres war auch in der Tat vollkom-

1 Hieß ursprünglich »Bilder-(Schuster-)Gasse«.
2 Talmudjüngern.

men geeignet, aufzufallen. Er war eine kräftige, alles überragende Gestalt in der Tracht der Bochurim, im Mantel und Brettl[1]. Aus seinem bleichen, von einem dunklen Barte beschatteten Gesichte leuchteten, von starken Brauen überwölbt, zwei schwarze ungewöhnlich glänzende Augen; dunkle Locken wallten vom Haupte; die Finger der weißen kräftigen Hand, die den seidenen Mantel festhielt, waren mit goldenen Ringen übersäet, seine dicke Halskrause von makelloser Reinheit und Glätte. – Hätte der Fremde nicht durch die Eleganz seines Äußern, und vielleicht auch durch seinen riesigen Körperbau, den neugierigen Verkäufern der Straße imponiert, so wären bestimmt gleich nach seinem Erscheinen eine Masse Fragen von allen Seiten an ihn gerichtet worden, wen oder was er suche, womit man dienen könne? und derartiges mehr; ...so aber ermannte sich erst nach einigem Bedenken der vor der Pinkassynagoge auf einem Bänkchen sitzende Schuster Awrohom und begann, einen seiner Kunstfertigkeit anvertrauten Schuh aus der Hand legend, zu fragen: Lieber Bochur! Wen sucht Ihr? ...Mich wahrhaftig nicht, das seh' ich an Euren zierlich geformten Schuhen mit den funkelnden silbernen Schnallen, das ist keine Prager Meloche[2]. – Diese Einschaltung galt mehr seiner Umgebung und sich selbst, als dem Fremden. – Ihr seid bestimmt fremd hier? Seid mir eleph peomim mochel[3]! Seid Ihr vielleicht ein Aschkenes[4] oder ein Mährischer oder ein Wiener? Wollt Ihr hier zum Schiur[5] gehen, vielleicht zum Rabbiner oder zu Reb Lippmann Heller? Zu wem wollt Ihr gehen? Ich will Euch gerne zu den Schiur-Sagern[6] führen – oder sucht Ihr eine Wohnung? Vielleicht kann ich Euch eine passende verschaffen. – Ich bin fremd hier, antwortete der Bochur, und muß mich wohl zunächst um eine Wohnung umsehen. Wenn Ihr ein Zimmer wißt, wo ich ungestört studieren könnte, so

1 Barett.
2 Arbeit.
3 Verzeiht mir tausendmal.
4 Deutscher, vorzugsweise Süddeutscher.
5 Talmudvortrag, Vorlesung. Ich erlaube mir hier ein für allemal die Bemerkung, daß die Worterklärungen nur den *der betreffenden Stelle entsprechenden Sinn wiederzugeben und auch nur für jene Leser bestimmt sind, denen die Ausdrücke unbekannt sein dürften.* Diese Worterklärungen sind daher ebensowenig erschöpfend als maßgebend für andere Gebrauchsweisen.
6 Diejenigen, die über Talmud regelmäßige Vorlesungen hielten.

will ich Euer Anerbieten dankbar annehmen; aber das Zimmer muß groß, hell und freundlich sein.

Da kenn' ich nur ein einziges in der ganzen Gaß'[1], bei meinem Oberschammes[2] Reb Schlome, das heißt bei dem Oberschammes meiner Schule[3], der Altschul, er wohnt neben der Schule; da ist ein schönes Zimmer – und dann ist Reb Schlome ein Lamden[4] und hat auch schöne Sforim[5] – mit einem Worte: das ist eine Wohnung für Euch oder keine.

Während dieses kurzen Gespräches hatten sich die Nachbarn des Schusters wie zufällig näher gestellt, um einzelne Worte zu erlauschen; und diese Menschengruppe, die schon seit einigen Minuten die sinnreichsten Ansichten und Vermutungen über den Fremden aufgestellt, bildete, vielleicht ohne es zu bemerken, einen geschlossenen Kreis um die beiden Sprechenden. Dieser wurde nun plötzlich durchbrochen, und ein ärmlich gekleideter alter Mann drängte sich ungestüm an den Fremden.

Schalom alechem![6] rief er – Ihr seid soeben erst gekommen, tut mir den Gefallen, kommt mit mir, ich habe Euch etwas zu fragen, es wird *Euch* nichts schaden und *mir* nützen, kommt mit mir.

Der Fremde sah die sonderbare Gestalt verwundert an. Was wollt Ihr von mir? Wie kann ich, ein Fremder, den Ihr wohl nie gesehen habt, Euch Auskunft geben? Oder kennt Ihr mich vielleicht?

Herr! flüsterte Awrohom Schuster, sich auf die Fußspitzen stellend, um das Ohr des Fremden zu erreichen, Jakow ist chosser-Deo[7]; vor zehn Jahren, als er nach Prag kam, da stellte er an jeden, der ihm in den Weg kam, die sonderbarsten Fragen; wenn die kleinen Knaben aus dem Cheder[8] gingen, prüfte er sie aus dem Chummisch[9], und wenn sie noch so richtig antworteten, ward er doch immer wütend und rief: Falsch! Falsch! – Aber auch Erwach-

1 Judenstadt.
2 Diener, hier soviel als Synagogendiener.
3 Synagoge.
4 Talmudgelehrter.
5 Werke, Bücher.
6 Friede mit Euch! So viel als: Willkommen!
7 Wahnsinnig.
8 Zimmer, hier in dem Sinne von Lehrzimmer.
9 Pentateuch, Bibel.

sene pflegte er zu fragen, Bale Battim[1], Bochurim, kurz alle; aber da er schon fast jeden in der ganzen Khille[2] gefragt hat, verhält er sich seit längerer Zeit ganz ruhig. Er ist nur menschenscheu, er verweigert jede Auskunft und beantwortet keine Frage; aber er ist ein guter harmloser Mensch und soll auch, wie die Bochurim sagen, ein großer Lamden sein; – mich wundert's, daß er wieder beginnt.

Laßt Euch nicht beirren von dem, was Euch der da zuflüstert, rief der Alte ängstlich; kommt nur mit mir, ich bitt' Euch flehentlichst darum, – *Ihr*, nur *Ihr* könnt mich beruhigen; Eurem Ausspruche will ich glauben, alle andern belügen mich armen alten Mann! Kommt in meine Wohnung glaubt mir, Ihr tut eine große Mizwe[3]!

Der Fremde sah den Alten mit einem durchdringenden forschenden Blick an, als wollte er ihn in die ganze Tiefe dieser zerrütteten Menschenseele senken. Wider alles Erwarten entgegnete er nach kurzem Bedenken: Laßt nur meinen Mantel los; haltet mich nicht so krampfhaft, ich will ja mit Euch gehen. Zu Euch aber – wandte er sich an den Schuster – komme ich bald zurück, ich will Euch dann bitten, mich zu dem Balbos[4] zu führen, der das Zimmer zu vermieten hat. Nehmt vorläufig dies für Eure freundliche Teilnahme, – so sprechend zog er aus seinem Wamse eine zierliche mit Gold- und Silberstücken wohlgefüllte Börse und legte ein großes Silberstück auf das Schusterbänkchen. Das ist zu viel, antwortete Awrohom höchst überrascht und zufrieden, Jejascher Koach[5] Mekaß[6] Reb... ich weiß nicht einmal, wie Ihr heißt!

Ohne diese weitere Frage zu beantworten, schritt der Fremde an der Seite des Alten aus dem Kreise, der nun seine Vermutungen nochmals laut und unumwunden auszusprechen begann.

Ich weiß, was er ist: – ein Narr ist er, meinte eine Leberverkäuferin, ihren Vorrat auf der Schüssel ordnend, – und noch dazu ein

1 Hausväter, verheiratete Männer.
2 Gemeinde.
3 Pflichterfüllung, oft in dem Sinne von Wohltat gebraucht.
4 Hausvater, Gemeindeglied.
5 Er (Gott) möge Eure Kraft stärken!
6 Eine Abbreviatur. Die Anfangsbuchstaben dreier hebräischen Worte, die eine Höflichkeitsformel bilden, dem Sinne nach ungefähr soviel, als: Euer Ehrwürden.

großer! Awrohom gibt er ein Silberstück, für was? – Mit dem Wahnsinnigen geht er heim, warum?

Meine liebe Mindel! entgegnete ein anderer Höckler, mir scheint, Ihr habt große Kinne[1] auf Awrohom; deshalb ist der fremde schöne Bochur ein Narr; hättet *Ihr* das Geldstück gekriegt, wär' er klug gewesen!

Die Mehrzahl der Höckler und Höcklerinnen schien der Ansicht des Backfischhändlers – ein solcher war der Sprecher – vollständig beizupflichten, denn Frau Mindel war in der Tat dasjenige, was man heutzutage in der untern Volksschichte einen »Neidhammel« nennen würde. Aber Frau Mindel war nicht diejenige, die in einem Wortkampfe voreilig die Wahlstatt verließ und sich für besiegt erklärte. Sie entgegnete daher gereizt:

Sagt Ihr, Hirsch! Was haltet Ihr von ihm? *Aber die Wahrheit*! Diese letzten, mit etwas erhöhter Stimme gesprochenen Worte sind nur dann verständlich, wenn erklärt wird, daß Hirsch der Backfischhändler nicht selten der üblen Gewohnheit anheim fiel, bei seinen Erzählungen Erweiterungen und Ausschmückungen seiner bilderreichen Phantasie im vollsten Maße anzubringen, dagegen das eigentlich in der Tat Vorgefallene auf eine auffallend stiefmütterliche Weise zu behandlen, ein Umstand, der wesentlich dazu beitrug, daß selbst seine besten Freunde einräumen mußten, »er sei ein wenig megasem[2]«, während die Unparteiischen ihm das wohlerworbene Prädikat der »Schakren[3]« beizulegen liebten.

Wenn ich die Wahrheit sagen soll, meinte Hirsch, scheinbar das Verletzende in der Redeweise seiner Nachbarin nicht beachtend, wenn ich die Wahrheit sagen soll, so bin ich zwar kein solcher Bal Kinne[4], wie es gewisse Menschen gibt, die vom lieben Gott ordentlich zur Strafe so geschaffen wurden; aber lieber wäre es mir doch gewesen, wenn Fradl Kuchenbäckerin das Geldstück bekommen hätte, die hat fünf Kinder, der Baß[5] in der Altschul, ist – nebbich[6] – seit vier Monaten krank zu Hause, die hätte das Geld

1 Neid, so viel, als: seid sehr neidisch.
2 übertreibe ein wenig.
3 Lügner.
4 Neidhard, Neidhammel.
5 Bassist, Baßsänger.
6 Soll heißen: Nie bei Euch!

besser brauchen können; – aber wenn es Gold regnet, ist die gute Frau nicht am Platze, und wenn sie auch da gewesen wäre, was hätte es genützt? Hätte sie die Chuzpe[1] gehabt, einen Fremden mit goldenen Ringen an den Händen wie ein Sor[2] mir nichts dir nichts gleich anzusprechen, als wenn er ein so eda Wer[3] wäre? Warum haben *wir* alle geschwiegen?... Ich war nur neugierig, wie weit es Awrohom Schuster noch treiben wird. Es hätte nicht viel gefehlt, hätte er den Fremden gefragt, wie sein Ober-Ded[4] heißt, wie lang er schon bar Mizwe[5] ist und was für Hafthoro[6] damals Schabbos[7] gegangen ist[8].

Diese Worte schienen denn doch anzudeuten, daß der wackere Hirsch neben der unangenehmen Gewohnheit des Übertreibens auch von dem Fehler seiner Gegnerin nicht ganz freigesprochen werden konnte. – In Awrohom Schuster, der alle diese Stichelreden schweigend angehört hatte, schien ein bedeutender Gedanke zum Durchbruche kommen zu wollen. Er rückte auf seinem Schemel hin und her und rieb sich mit einem eigentümlichen Lächeln die Hände.

Meine lieben Leute! – rief er endlich – ich will euch zeigen, daß ihr alle Awrohom Schuster noch nicht kennt, obwohl er jetzt schon mehr als zwanzig Jahre den großen Kowed[9] hat, in eurer Gesellschaft Schuhe für die Bochurim der Prager Jeschiwo[10] auszuflicken, und schon mehr als zwanzig Jahre deine Schkorim[11], Hirsch, und eure Klatschereien, Mindel, anhören muß. – Ihr alle kennt Awrohom Schuster noch nicht! – Das Geldstück soll mir osser[12] sein – das Geldstück gehört Fradl Kuchenbäckerin oder vielmehr ihrem kran-

1 Keckheit.
2 Fürst.
3 Ich weiß nicht wer.
4 Urgroßvater.
5 Dem Sinne nach: »zur Erfüllung der religiösen Satzungen verpflichtet«, hier aber soviel als: »wie lange es ist, daß er seinen 13. Geburtstag gefeiert«, von welchem Tage an der jüdische Knabe bekanntlich die religiösen Pflichten zu übernehmen hat.
6 Abschnitt aus den Propheten.
7 Samstag.
8 Vorgetragen wurde.
9 Ehre.
10 Talmudische Hochschule.
11 Lügen.
12 Soviel als: es als etwas, dessen Benützung verboten wäre, betrachten.

ken Manne Simche, er ist mein Baß, daß heißt Baß in meiner Schul', hat in seinem Leben von mir noch kein Rosch haschono-[1] und kein Purim-[2] Geld bekommen, ich bin ledig, *er* ist ein Balbos und hat fünf Kinder; ich bin gottlob gesund, *er* ist krank – ich will auch einmal ein Sor sein, das Geldstück bekömmt er von mir, schon heute im voraus als Chanuka-[3] Geschenk – und was Ihr, Hirsch! meint, es hat keiner von Euch die Chuzpe gehabt, den Fremden anzusprechen, könntet Ihr vielleicht viel besser sagen: Ihr habt nicht den Sechel[4] dazu gehabt; und jetzt, da ich von dem Geldstücke nichts haben will, laßt mich Menucho[5]; laßt mich meine Arbeit fertig machen, und verkauft lieber Eure Fische und gebratenen Lebern! – So sprechend griff er rasch nach dem vor ihm liegenden Schuhe und begann emsig zu flicken.

Nun, das läßt sich hören, ich weiß, Ihr habt ein gutes Herz! mußte selbst Frau Mindel dem lauten Beifall der Nachbarschaft beipflichten, worauf sie einen ehrenvollen Rückzug aus dem Wortgeplänkel dadurch zu gewinnen suchte, daß sie mit der vollen Kraft ihrer Lunge die erlöschende Flamme ihrer Kohlenpfanne zur hellen Lohe anfachte; während Hirsch, nachdem er ebenfalls verlegen den edlen Sinn Awrohoms anerkannte, grade den jetzigen Zeitpunkt als den günstigsten erachtete, seine Backfische den Vorübergehenden, als besonders ausgezeichnet, anzuempfehlen. – Aber die drei Nachbarn waren sehr versöhnlicher Natur, und trotzdem sie nun schon seit Dezennien den löblichen Gebrauch pflogen, sich bei passenden Gelegenheiten zu necken, so hatten sie sich denn doch schon in Not und Elend wechselseitig beigestanden, und so kam es, daß sie eine halbe Stunde später wohl den kleinen Streit, nicht aber die Veranlassung desselben vergessen hatten, und die drei Nachbarn steckten die Köpfe zusammen, um von neuem ihre – zweifelsohne sehr interessanten – Vermutungen über den Fremden auszusprechen.

Dieser ging indessen schweigend an der Seite seines sonderbaren Begleiters, und obwohl er mit spähenden Blicken umherschaute, ge-

1 Neujahr.
2 Ein jüdisches Fest, an dem man Arme zu beschenken pflegt.
3 Tempelweihe, Tempelweihfest.
4 Verstand.
5 Laßt mich in Ruhe.

wann er nun auch Zeit, Jakow genauer zu betrachten. Das Alter des bejahrten Mannes ließ sich schwer bestimmen. Sein gramzerwühltes durchfurchtes gelblich fahles Antlitz, das einst schön gewesen sein mochte, wurde durch einen weißgrauen ungepflegten Bart, der mit dem unregelmäßig herabwallenden Haupthaare zu einer unförmlichen Masse zusammenfloß, und namentlich durch das unheimliche Blitzen seiner Augen, die weit aus ihren Höhlen hervorstarrten, zu einem fremdartigen, ungewöhnlichen, einem Menschenangesicht fast unähnlichen umgestaltet. Seine von der Wucht des Elends gebrochene hagere Gestalt schien einst riesengroß gewesen zu sein, und die Dürftigkeit seiner Kleidung vervollständigte den eigentümlichen Eindruck seiner Erscheinung. – Am Hahnpasse[1] hielt der Alte vor einem Häuschen stille und bat, der Fremde möge ihm über den Hof in sein Kämmerchen folgen. Dieses, ärmlich eingerichtet, lag ebenerdig und grenzte hart an den Friedhof, derart, daß man durch das niedrige Fenster ohne die geringste Beschwerlichkeit auf den Friedhof hinaussteigen konnte. Es war nebst einem Lehnsessel nur noch ein einziger zerbrochener Stuhl im Zimmer. Der Alte rückte schweigend beide an den Tisch und bedeutete dem Fremden, sich zu setzen.

Was wollt Ihr? frug nun dieser. Der Alte sah sorglich nach, ob niemand horche, schloß die Türe, sogar den Fensterladen und zündete eine Lampe an. Seht, begann er nun, seht, wie ich Euch erblickte, da war es mir so sonderbar, so ganz anders zumute, als wenn ich einen andern fremden Bochur sehe; ich weiß, Ihr seid nicht so boshaft wie die andern alle, alle, die einen armen schwachen Greis verachten, kränken, schonungslos verhöhnen; sie kennen kein Mitleid, sie haben kein Erbarmen, sie wissen nicht, was es heißt, so zu leiden, wie ich leide – sie vernichten mich, sie haben sich alle verschworen gegen mich, und wen ich frage, der antwortet falsch, falsch, falsch! –

Der Alte sprach mit einer furchtbaren Erregtheit, alles Blut, das seinen abgezehrten Körper durchfloß, schien sich in den hektisch geröteten Wangen gesammelt zu haben, die Adern seiner Stirn schwollen in unnatürlicher Stärke an. Sagt mir, sagt mir – sagt mir

1 Eine ziemlich enge, vom alten Friedhof begrenzte Straße der Judenstadt. Diese Gasse dürfte man vielleicht damals »hohen Paß« genannt haben, da sie die höchst gelegene in der Prager Judenstadt sein soll.

aufrichtig, flüsterte er dann plötzlich wieder ganz demutsvoll, kennt Ihr die Asseres hadibros[1]? aber ich beschwöre Euch bei dem Gotte Israels, der da geschaffen hat Himmel und Erde, bei dem Haupte Eures Vaters, bei dem Seelenheile Eurer Mutter, bei Eurem Chelek le-olom habo[2], antwortet recht, ohne falsch!

Mein guter Alter! antwortete der Fremde ruhig, ich will Euch alles tun, was Ihr verlangt, ich will Euch die zehn Gebote, ich will Euch alle sechshundertdreizehn Gesetze sagen, vorausgesetzt, daß ich sie noch weiß, ich will Euch ganz zu Willen sein, denn ich sehe, Ihr seid ein armer müdegehetzter Mann. – Ihr lebt wohl hier in diesem Stübchen einsam, Ihr empfängt wohl keine Besuche? frug der Bochur nach einer kurzen Pause.

Seitdem ich sehe, daß niemand mit mir heimgehen will, um mir aus meiner kleinen Bibel die zehn Gebote zu lesen, lasse ich niemanden herein. Manche fürchten sich auch – zu mir kömmt niemand, niemand, Ihr seid der Erste, der seit Jahren mein Stübchen betritt –, nun aber seid so gut, laßt die zehn Gebote hören, rasch, ich bitte Euch!

Der junge Mann fuhr sich mit der Hand über die Stirn, als wolle er sich etwas bereits längst Vergessenes ins Gedächtnis zurückrufen, und begann dann mit lauter kräftiger Stimme die am Sinai geoffenbarten zehn Worte des Herrn auswendig herzusagen. – Der Alte blickte regungslos, das vorgestreckte Haupt auf beide Hände gestützt – als wolle er jedes Wort seiner Lippen gierig einfangen – in das Antlitz des Fremden. All sein Blut schien langsam in sein Herz zurückzufließen, sein Gesicht ward leichenhaft blaugrau, die Augen schienen aus den weitgeöffneten Lidern herauszutreten, und je länger der Fremde sprach, desto violetter wurden die schmalen krampfhaft bebenden Lippen. Wäre nicht der Herzschlag des gequälten Alten hörbar gewesen, man hätte glauben müssen, das Leben sei aus diesem morschen Leibe geschwunden. – Der Fremde redete ruhig weiter, doch als er das siebente Gebot: »Du sollst nicht ehebrechen« aussprach, entrang sich der Brust des Gemarterten ein grauser, markdurchdringender, furchtbarer Schrei, ein Schrei so schrill, wie ihn der vom Pfeile schwer getroffene, in den Lüften mit

1 Zehn Worte. Zehn Gebote.
2 Anteil an die zukünftige Welt.

dem Tode ringende Raubvogel ausstößt, ein Schrei, wie ihn nur der tiefste, unsäglichste Seelenschmerz einer Menschenbrust zu entreißen vermag. Der Fremde hielt inne; der Alte sank, sein Gesicht mit beiden Händen bedeckend, zusammen. Es trat ein Augenblick der tiefsten Stille ein; endlich brach der Alte in lautes Schluchzen aus.

Oskar Wiener

Vom stillen Jüdel

Es war im Juni des Jahres 1286, und im Prager Getto rüstete man sich, das jüdische Pfingstfest zu feiern, den Tag der Offenbarung, da Moses die steinernen Gesetzestafeln auf dem Berge Sinai empfing. Die »Breite Gasse« war voll Menschen, denn bald sollte in den Bethäusern der Gottesdienst beginnen, aber plötzlich klang vom Badhof her das Rasseln einer Trommel und jetzt erschien, von einem Knäuel lärmender Gassenjungen begleitet, der Ausrufer der Judengemeinde. Alles drängte sich neugierig an den Mann heran, war es doch sonderbar genug, daß an einem Feiertag, wo alle Geschäfte ruhten, eine amtliche Nachricht verkündet wurde. Aber noch seltsamer schien die Nachricht selbst. Was sich die Leute zuschrien und zuflüsterten, war kaum zu glauben. Eine solche Ehre hatte das verachtete Getto noch nie erfahren: Der König wollte in eigener Person die Judenstadt besuchen.

Groß war die Freude. »Der König kommt!« scholl es jubelnd durch die Gassen. Ein reitender Eilbote war vom Hradschin nach dem Rathaus gesprengt und hatte angezeigt, daß seine Majestät König Wenzel II. von Böhmen im Verlaufe des Tages noch die Judenstadt und ihre Merkwürdigkeiten zu besichtigen wünscht. Die Nachricht machte ungeheures Aufsehen. Trauten sich doch die Juden nur selten über die neun Tore ihrer Stadt heraus und lebten hinter den Mauern abgesondert und abgestumpft durch langjährige Leiden. Jetzt aber kam der König zu ihnen, und sie wußten sich nicht zu fassen vor Staunen und freudigem Stolz.

Und wahrhaftig: um die dritte Nachmittagsstunde meldeten laute Fanfarenstöße die Ankunft der königlichen Familie. Man hatte aus

Rücksicht für den Herrscher in allen Synagogen das Abendgebet schon am Nachmittag verrichtet; jetzt stand der Rosch-ha-kohol, der Primator, vor dem Rathause, umgeben von den Ältesten der Gemeinde, und vor der Altneuschule stand der Oberrabbiner Böhmens, der hohe Rabbi Jonathan, bekleidet mit dem seidenen Talar und der polnischen Pelzmütze. Noch dröhnten die Glocken der Teynkirche herüber, als König Wenzel mit seiner jungen Gemahlin Jutta vor dem Judenrathaus anlangte. Bis zur Erde neigte sich der Rosch-ha-kohol Reb Feiwel, und der hohe Rabbi bat um die Erlaubnis, sein Haupt bedeckt zu lassen, und segnete den Herrscher mit feierlicher Gebärde.

Wenzel war sehr gnädig, und auch Jutta, die deutsche Kaiserstochter, lächelte herablassend der jauchzenden Menge zu. Nachdem die Majestäten die Merkwürdigkeiten der Altneuschule besichtigt hatten, wurde der Rückweg angetreten. Das königliche Paar, gefolgt vom Hofstaat, durchschritt eben die Belelesgasse, als zum unbeschreiblichen Entsetzen der Leute von einem Hause ein wuchtiger Ziegelstein herniederpolterte. Hart schlug er vor der königlichen Majestät auf den Boden, und die Juden schlossen vor Bestürzung die Augen, um nicht zu sehen, was dem heiligen Haupte des gottgesalbten Königs widerfahren sollte. So hatte sich die Freude jählings in Grausen gewandelt. Die Vivatrufe waren verstummt, und tödliche Angst lastete auf allen Herzen.

Der König lebte; der Ziegelstein hatte nicht einmal sein Gewand gestreift, aber totenblaß und mit gefurchter Stirn bestieg er den Wagen und fuhr sehr ergrimmt davon. Zurück blieb die bleiche Furcht und die schreckliche Angst über die Folgen dieser Untat. Das war ein trauriges Pfingstfest, alles weinte und bat Gott um Schutz vor der drohenden Gefahr. Mit einem Mal verödeten die Gassen, alles Volk strömte in die Bethäuser und die Altneuschule war gedrängt voll Menschen. Da stürzte der Rosch-ha-kohol in die Synagoge und reichte Rabbi Jonathan ein amtliches Schreiben. Der durchflog die Zeilen, wurde weiß wie die gekalkte Wand und lief die Treppe hinauf, die zur Lade Gottes führte. Hoch hob er die Thorarolle und ergreifend klang der Anfang des Gebetes: »Herr! Herr! Allbarmherziger, langmütiger Gott!«

So war es geschehen. Ein grauenhaftes Unwetter sollte sich über die Prager Juden entladen. Sie hatten binnen acht Tagen den Elenden auszuliefern, der von dem verfluchten Hause in der Belelesgasse den Ziegelstein auf das geheiligte Haupt des Monarchen geschleudert hatte. Und war der Ruchlose innerhalb einer Woche der strafenden Obrigkeit nicht übergeben, dann sollte am neunten Tag die Prager Judenstadt einer schrecklichen Plünderung und Verheerung anheimfallen.

Durch das Getto schlich schlotternd das Gespenst der Todesfurcht. Der Rosch-ha-kohol war gleich am zweiten Tag dieses unsäglich traurigen Pfingstfestes nach der Kleinseite gegangen, um beim Staatsrat Zawisch von Rosenberg eine Audienz zu erbitten. Aber die Bedienten des allmächtigen Mannes jagten Reb Feiwel mit Hohngelächter aus dem Palaste. Traurig kehrte der Primator heim, ohne Hoffnung, beim König einen Fürsprecher zu finden, und er verzweifelte daran, der Retter seiner Gemeinde zu werden.

Das fluchbeladene Haus, von dessen Dach der Ziegel herabgefallen, war gleich nach dem unglücklichen Ereignis vom Keller bis zum obersten Gesimse durchsucht worden, aber kein Mensch fand sich darin, denn es war baufällig und von den Bewohnern längst geräumt. Sicher hatte sich aus dem morschen Dache der Ziegelstein von selbst gelöst, und nun sollte die ganze Judenstadt für diesen tückischen Zufall leiden. Tausend unschuldige Menschen sollten der Wut des Pöbels preisgegeben werden. Er pochte schon ungeduldig an die eisernen Tore der Judenstadt, wie immer bereit, seine Vaterlandsliebe mit dem Blut der Verachteten an die Mauern zu schreiben.

Niemand wagte sich mehr aus dem Getto, die Männer streuten Asche auf ihr Haupt und saßen Tag und Nacht auf dem Fußboden der Altneusynagoge, um zu fasten und zu beten. Und die Frauen erhoben ihr Wehgeschrei und lagen draußen auf den Gräbern des Beth-Chaim und beschworen die Geister der Vorfahren, Fürsprache im Himmel zu halten für das heimgesuchte Volk. Aber je näher der Tag herankam, an dem die Juden den ruchlosen Frevler der Behörde auszuliefern hatten, um so stiller wurde es im Getto. Die Klagen verstummten, die Unglücklichen hatten keine Tränen mehr und die ganze Judenstadt glich einem Totenhaus. In Schmerz erstarrt erwartete sie ihr Schicksal.

Es lebte unter den anderen ein schlichter unscheinbarer Mann, dem ging das Unglück aller sehr zu Herzen. Der Dürftigsten einer, ernährte er sein Weib und drei Kinderlein mühselig genug mit der Nadel, denn Schime Scheftels war seines Zeichens ein Schneider und von großem Fleiß. Das stille Jüdel nannten sie ihn im Getto, weil er so still und bescheiden war und sich um nichts bekümmerte, als nur um sein Handwerk. Und doch besaß dieser armselige Flickschneider eine heldenhafte Seele.

Am Abend vor dem dreizehnten Sivan, dem letzten Tag der unheilvollen Woche, küßte er Frau und Kinder zum letztenmal und ging ruhig aus dem Hause. So ruhig, als hätte er nichts Besonderes vor. Aber ein großer Entschluß war im Herzen des stillen Jüdels gereift und jetzt ging Schime Scheftels geraden Wegs nach dem Schloß und gab sich dort als der Ruchlose aus, der den Königsmord versucht hatte. Damit war sein Leben verwirkt, doch war er bereit, es freudig hinzuopfern auf dem Altar der Bruderliebe.

Und dann kam der Tag, ein trüber regenschwerer Tag, an dem ganz Prag nach dem Getto strömte, denn ein seltsames Schauspiel war zu sehen. An dem Königsfrevler sollte die Gerechtigkeit Vergeltung üben. Und da führten sie ihn schon, den verruchten Menschen, der nach dem Haupt des Gesalbten einen Stein geschleudert hatte. Von reitenden Landsknechten geleitet schritt er dahin, bleich, aber gefaßt und mit niedergeschlagenen Augen, als schämte er sich fast seines Heldentums. Neben dem stillen Jüdel ging der Rabbi und verhieß ihm den seligsten Gottessegen für den Märtyrertod. Niemand hörte die tröstenden Worte wie nur Schime selbst, denn die Ketten des Gefesselten rasselten laut.

Vor dem Haus in der Belelesgasse, aus dem alles Unglück gekommen war, hielt der Zug und der Richtplatz für das stille Jüdel wurde schnell hergerichtet. Da blieb kein Judenauge trocken, aber die fremden Zuschauer spotteten über den kleinen Schneider und verwünschten ihn laut. Unten vor dem fluchbeladenen Hause standen mit aufgepflanzten Spießen die Reisigen und oben vom Dache schaute Schime Scheftels noch einmal gegen Osten, faltete andächtig die Hände und dann stürzte er sich in die Spieße.

Drei Tage trauerte ganz Israel in Prag um den Märtyrer. Zehn Tage hindurch ward in der Altneusynagoge sein Sterbelicht gebrannt und noch heute nach sechshundert Jahren betet man dort für das Seelenheil des heldenmütigen Mannes. Aber schon zwei Jahre nach seinem Opfertod bestieg Zawisch von Rosenberg das Blutgerüst, denn der Vertraute König Wenzels war des Hochverrats schuldig erklärt. Ehe der Henker nach dem Grafen griff, ließ dieser den hohen Rabbi Jonathan aus Prag holen und gestand ihm reuig, daß er vor zwei Jahren einen seiner Diener angestiftet hatte, den Ziegel in der Judengasse auf das Haupt des Königs zu schleudern. So kommt unter der Sonne alles an den Tag, und die Vorsehung duldet nicht, daß ein Manne, dem höchster Ruhm gebührt, mit Schimpf genannt wird.

Auguste Hauschner

Der Tod des Löwen

Der Kaiser fuhr mit einem Schrei aus unruhigem Schlummer auf. Noch hielt er den wilden Lärm, dessen Nachhall ihm in den Ohren dröhnte, für die Täuschung eines Traumes, da wiederholte sich das Kampfgetöse. Ein Schuß... noch einer. Und das verknäuelte Johlen Verfolgender und Gejagter.

Er wagte nicht, sich hochzurichten; sein Herz schlug wie ein Hammer gegen seine Rippen, aus den verwirrten Haaren lief der Strom des Schweißes in die hin und her gewühlten Kissen. Hatten sich die Banditen in das Schloß geschlichen? Würde er, wenn er den Kopf nach rückwärts wandte, einem Blick begegnen, der seinen Willen lähmte, ihm in den Adern das Blut erstarren ließ?

»Hilfe! Hilfe!«

Verzerrt klang seine Stimme ihm entgegen, als werde sie von bösen Mächten aufgefangen und erstickt. Er preßte die Augen zu, riß sie, von der Finsternis gepeinigt, wieder auf, starrte in den Schein der Lampe, um die rötlich ein Schimmer schwebte, der ohne Ursprung schien, wie aus sich selbst erzeugt; wie angenagelt lag er, regungslos, mit angehaltenem Atem. Doch eine unwillkürliche Bewegung brachte das schwere Lichtgestell, das dem Nachttisch dicht zur Seite stand, zu Fall. Krachend fiel es mit seinem eisernen Gewicht zu Boden, aus den Wölbungen des Saales antwortete der Widerhall, die Dielen knatterten und knackten, wie unter leise hintappenden Sohlen.

»Zu Hilfe! Zu Hilfe!«

Die Todesfurcht, sieghafter als die seelische Beklemmung, jagte den Kaiser aus dem Bett. Im Laufen packte er eines der an der Wand befestigten Rapiere und stürzte zu dem Klingelzug, alles auf den Boden schleudernd, was an Möbeln und Geräten ihm den Weg verstellte.

Rutzky, der Kammerdiener, duckte sich in der offenen Tür, um der Metallfigur, die durch die Luft flog, auszuweichen. »Majestät?«

»Schurke!« brüllte ihn der Kaiser an, »bist du mit den Verschworenen im Bunde, daß du dich versteckst, indessen mich die Meuchelmörder überfallen?«

Behende wich der Angegriffene dem wild geschwungenen Degen aus. »Ich habe im Vorzimmer gewacht, nach meiner Pflicht. Majestät sind von keinerlei Gefahr bedroht.«

»Das lügst du«, schrie der Kaiser. »Ihr seid alle miteinander im Komplott. Du und der Mayer und der Rumpf.«

»Majestät geruhen sich zu irren«, versicherte der Angegriffene, hinter der Deckung eines Eichentisches, »die edlen Herren schlafen, wie seit Wochen schon, im Schloß, um Hochdero Befehlen jederzeit bereit zu sein.«

»So geh und rufe sie!« Der Kaiser schmetterte den Säbel mit der Schneide auf den Tisch, daß sie zollbreit in die Fasern des Holzes drang. »Und wehe dir, wenn sie nicht gleich zur Stelle sind!«

Schon stand ein hochgewachsener Mann, in sorgfältiger Tageskleidung, auf der Schwelle. Sein graues Haar, es mochte früher schwarz gewesen sein, legte sich, spitz in die Stirn gewachsen, kurzgeschoren an den Schädel, der Kinnbart umsäumte, einer Binde gleich, das hagere Gesicht, aus dem die Backenknochen standen, wie Erhöhungen am Rande eines Tales. Jeder Eingang in sein Wesen war versperrt, die Blicke waren durch die Lider zugehängt, die schmalen Lippen durch die dichte Schnurrbartbürste.

Fest und entschieden trat er auf den Herrscher zu; aber in die Stimme legte er den gebührenden Respekt. »Majestät sehen mich aufs äußerste erschreckt. Ist Euer Liebden etwas zugestoßen?«

Hinter ihm war Doktor Mayer eingetreten, des Kaisers Leibarzt und Skribent. Er hatte einen Schafpelz über das Nachtgewand geworfen, die rötlichblonden Haare hingen ihm tief auf die kleinen, in das Fleisch der Wangen einsinkenden Äuglein, um den vollen genießerischen Mund lag eine ehrliche Bestürzung. »In was für einem Zustand muß ich meinen Fürsten finden? Im Hemd und barfuß. Allergnädigster können sich aufs heftigste verkühlen.«

Mit des Kammerdieners Hilfe hüllte er seinen Gebieter in den von Nerz umsäumten Mantel, zog ihm die seidenen Strümpfe an, half ihm in die weichen, warmen Schuhe.

Noch zitterten des Kaisers Glieder, aber er suchte seiner Haltung Würde zu verleihen und seiner Sprache Festigkeit. »Laßt augenblicklich das Schloß in allen Winkeln untersuchen, Obrist Rumpf. Feinde haben sich eingeschlichen, sie wollen mir ans Leben, meine Leibwache ist überrumpelt, in den Gängen wird gekämpft.«

»Mein erlauchter Fürst ist von einem Wahn befangen«, antwortete Rumpf, stolz aufgerichtet, doch mit einer Stimme, die sich ehrerbietig beugte, »im Schloß herrscht vollständige Ruhe. Aber was da draußen in der Neustadt schießt und mordet, das sind freilich Feinde. Feinde unseres Glaubens, Ketzer, die nach waffenlosen Katholiken, unbeschützten Priestern jagen.«

»Schweigt!« Der Kaiser stampfte zornig auf den Boden, »ich will davon nichts hören, ich will Ruhe haben.«

Der Obristkämmerer, immer in der gleichen vorschriftswidrigen Gestrecktheit und der Untertänigkeit im Ton, setzte furchtlos seine Rede fort: »Es ist in Eurer Hoheit eigene Macht gegeben, sich diese Ruhe zu verschaffen. Entzieht den Ketzern Eure Huld, werdet, Habsburgs Tradition getreu, wieder unserer heiligen Kirche streitbarer, bedingungslos ergebener Sohn.«

»Habe ich Euch nicht das Wort verboten?« schrie der Kaiser und mit einem Stöhnen, in dem seine etwas nach rechts verdrehte Oberlippe schmerzlich zuckte: »Oh, wie sie alle an mir zerren. Der eine sagt mir so, der zweite anders. Sie machen mich noch toll mit ihren Reden.« Wie in Verzweiflung hob er zu Mayer seine Hände auf. »Ihr wollt mein Arzt sein und duldet, daß dieser Mensch meine Gesundheit untergräbt?«

In dem rundlichen Gesicht des Doktor Mayer waren die kleinen Augen schon lange ängstlich hin und her gegangen. »Euer Liebden täten besser, unsern Herrn jetzt allein zu lassen. Er bedarf der Schonung.« Wie mit zufälliger Wendung trat er dicht an den Kämmerer heran. »Hebt Eure politischen Praktiken für einen geeigneteren Zeitpunkt auf.«

Aus des Obristen dunkler Haut war jeder Blutstropfen gewichen, indessen er die Worte unterwürfig zu seines Fürsten Füßen hinzulegen schien. »Niemand leidet peinvoller unter dem Zustand Seiner Majestät als ich, und darum wünsche ich es sehnlichst, daß er die schweren Sorgen der Regierung einem Kräftigern übergibt.«

Als sei ihm eine Wunde unsanft angerührt, bäumte sich der Kaiser auf. Das Rapier in der verkrampften Faust, schoß er wie ein Rasender auf seinen Kämmerer zu. »Verräter! bekennst du dich so offen zu deiner Schändlichkeit?«

Ehe der Leibarzt und der Diener ihm zu Hilfe springen konnten, hatte Rumpf beherzt die Waffe angefaßt, und des Bluts nicht achtend, das ihm die Finger überströmte, die Spitze von sich abgeschoben. »Majestät kränken einen alten Freund und erprobten Diener ohne Grund.« Der Stahl fiel klirrend an die Erde.

»Schließt die Türen«, gebot der Kaiser, »untersucht ihn. Nehmt ihm ab, was er an Gift und Dolchen bei sich verbirgt!«

Der Obrist trat mit stolzer Haltung vor. »Ich bin bereit, mich zu entkleiden, bis auf die Haut.«

Doch der Kaiser, ohne ihn zu hören, befahl, daß man die Wache rufe. Der Männer Zögern, sein Verlangen zu erfüllen, bestärkte seinen finstern Verdacht. »So ist das Fürchterliche wahr. Meine Leibwache ist überfallen. Ich höre ihren Schritt nicht mehr.«

Der Obristkämmerer, sein Leinentuch um die verletzten Fingerspitzen, näherte sich mit Gelassenheit dem Fenster. »Der Schritt der Wache ist nicht hier herauf zu hören, weil Majestät die Fensterladen haben schließen und die schweren Vorhänge darüberziehen lassen. Wenn Majestät gestatten, daß ich beides öffne?«

Ohne des Kaisers Antwort abzuwarten, schob er die Brokatstoffe beiseite und öffnete den Riegel. Die kalte Nachtluft drang herein, und durch die Stille klang das harte Klipp-Klapp, mit dem die Tritte der Soldaten von den Steinen widerhallten. »Ist mein erlauchter Fürst nun überzeugt, daß treue Untertanen ihn umgeben, vor und in dem Schloß und auch außerhalb desselben? Trotz aller Unbill, die sie darum leiden.«

Mit dem Schall zugleich war ein sonderbares Licht von draußen in den Saal geströmt. Purpurflammend und doch düster überfiel es den Monarchen, der ihm in Hast und Angst den Rücken kehrte. »Verschließen – zuziehen – daß ich ihn nicht erblicke.« Sein Gesicht war fahl.

Der Obristkämmerer wagte es, dem Gebot entgegen, einige Minuten beim offenen Fenster zu verweilen. Vor ihm lag die Stadt im weiten Kreis gebreitet. Alle Einzelheiten waren in ihr aufgehoben. Jenseits der Schießscharten der Schloßummauerung und der grasbewachsenen Bastionen hoben sich die Konturen der Kirchen und Adelsschlösser, die aus den schmalen, ärmlichen Behausungen der Kleinen Seite ragten, ein paar Öllampen bezeichneten den Weg der Moldaubrücke, doch in der Neustadt war jede Deutlichkeit verlöscht, sie verschwamm zu einer Masse, in die hier und da aus einem Wirtshausfenster ein blasser Funken sprang. Die alte Stadt schien ganz verschmolzen mit den Hügeln, die hinter ihr in die Höhe stiegen, auf ihnen ruhte die Halbkugel des Firmaments, blauschwarzer Atlas mit hellem Sternengold durchstickt. Aber quer über seine Wölbung lief, gleich einem mörderischen Tier, das die kleinen Sterne jagte, die grelle Feuersbrunst eines Kometen. Seine Rute krümmte sich nach Osten, wie ein Türkensäbel, und Blut schien aus seinem Rot auf den Schlaf der dunkeln Stadt zu tropfen. »Merkwürdig sieht er heute aus«, sprach der Obrist, während er nachdenklich den Flügel schloß.

»Hat sich etwas an ihm verändert?« flüsterte der Kaiser, wie gegen seinen Willen von einer innern Gewalt gedrängt. Und er löste das Gitter seiner Hände ein wenig von dem erschrockenen Gesicht.

»Das hat es, mein kaiserlicher Herr«, sagte der Leibarzt, und aus seiner Sprache ging, wie von seinem Körper, etwas Rundes, Beruhigendes aus, »und sehr zu seinem Vorteil, will mich bedünken. In den vergangenen Tagen schien er mir, mit seiner gelblichroten Farbe, nach Martis gewalttätiger, bösartiger Art zu schlagen. Während er mir heute heller und freundlicher erscheint, als inkliniere er zu Jovis heller, edler Natur.«

Des Kaisers Blicke flackerten unruhig an seinem Leibarzt auf und nieder. »Und was für ein Prognostikum stellt Ihr danach auf?«

»Ich meine«, sagte Doktor Mayer und warf seine Zuversicht wie einen Fehdehandschuh der finstern Verbissenheit des Kämmeres zu, »daß der Himmel Euch damit ein Zeichen gibt, er wolle seinen Zorn von unsern Landen wenden und ihn nach jenen Reichen kehren, die ohnehin durch den Kometen am härtesten bedroht erscheinen. Denn er wirft seine Rute nach ihrer Lage hin.« [...]

An den linken Burgflügel, dort, wo sich die Flucht seiner Gemächer an den Thronsaal schloß, hatte sich der Kaiser eine zugedeckte Treppe legen lassen, die ihn ungesehen in den tief gelegenen Garten führte. Die Ebene des Parks war kreuz und quer von Laubgängen durchlaufen; des Sommers, wenn ihre dichtbebuschten Zweige sich zur Wölbung ineinanderbogen, boten sie Verborgenheit, jetzt war ihr Dach zerrissen, das Gerüst der Zweige reckte sich in Nacktheit auf. Und ringsumher waren die Reize der Natur zerstört; die Geheimnisse des Irrgartens waren preisgegeben, künstliche Grotten (in heißen Julinächten tönte lockende Musik aus ihren Muscheln, und das Gerank der Rosen fiel über sie hinweg, wie blonde Locken über die Stirnen schöner Mädchen) waren kahl und stumm, Reif lag auf den Rasenplätzen, die im Maienmonat, smaragdgrün, die Samtschleppen der weißen Pfauen trugen; der Palmenwald, die Beetepracht der seltenen Pflanzen hielten in Glashäusern ihren Winterschlaf, die quecksilberne Bewegung der Wasser, die in granitnen Becken sprangen, um Marmorstufen spielten, aus blumigen Verstecken plätscherten und rauschten, war von dem Anhauch rauher Winde angehalten und erstarrt.

Der Fuß des Kaisers hatte sich gesträubt, den Schutz der Treppe zu verlassen. So weit und frei die Flur, und doch so reich an Unterschlupf, um aus dem Hinterhalt zu zielen und zu treffen. Der Himmel zündete das Licht dazu, aus dem dunkeln, mit Sternenflimmergold bestickten Kleid streckte Gott die Fackel seines Zorns hervor.

Wem leuchtete sie Untergang? Ihm, dem der Herr selber das Joch der Herrschaft auferlegte? Oder jenem, der auf der Lauer lag, seinem königlichen Bruder den Purpur von den Schultern zu reißen?

Gespenst über Gespenst. Im Schloß wird man von Mauern erstickt, im Freien schreckt die Grenzenlosigkeit des Raums. Der, dem Reiche unterworfen waren, er hatte nicht das schmale Obdach eines Menschenherzens, um sich darin zu bergen.

Wie eine Antwort auf die innere Not kamen seltsame Geräusche, über den Garten, durch die Nacht. Rollendes Gebrüll, dumpfes Heulen, das grelle Pfeifen eines großen Vogels. Ruft ihr mich, meine Tiere? Eng in seinen Mantel eingenestelt, den Blick dem wohlbe-

kannten Boden angeheftet, versuchte der Monarch die Außenwelt zu leugnen, indem er sie nicht ansah.

Vor ihren Marmorkrippen, auf weichen Decken über frischer Streu, lagen die edeln Pferde und schnoben unruhig aus hellen Nüstern in die heiße Luft des Stalls. Und die Raubtiere, in dem Gebäude nebenan, waren in beängstigter Erregung. Fauchend umkreisten sich in ihren Käfigen die Tiger und die Leoparden, der Adler, ungefesselt, doch seiner Flügelkraft beraubt, der mit gesträubten Federn auf eisernem Gerüste hockte, stieß, mit vergeblichem Versuch sich aufzuschwingen, spitze Pfiffe aus, als wolle er auf eine Beute stoßen. Und der Berberlöwe Mehmet Ali, in einem Winkel seines Zwingers wie zum Sprung geduckt, peitschte klopfend mit dem Schweif den Boden, kam nicht wie sonst, den kaiserlichen Freund zu grüßen, folgte auch dem Zuruf, der ihn locken sollte, nicht.

Der Wärter, von der Liegestatt springend und in Demut vor dem hohen Herrn gebeugt, nahm alle Heiligen zu Zeugen, daß er keine Schuld an dem Unbehagen seiner Pfleglinge, der Herren Bestien, trage. Aber sie seien klüger als die Menschen. Sie spürten, ohne ihn zu sehen, den grimmigen Kometen (der Mann bekreuzte sich dabei). Es wäre, als sei der Teufel selbst in sie gefahren (und wieder machte er das Kreuzeszeichen über Stirn und Brust), sie seien tückisch, rauften, verlangten auszubrechen. Der Herr Mehmet aber sei ganz trüben Sinns und verweigere seit Tagen schon die Nahrung.

Mehmet Ali war des Kaisers Liebling. Durch eine Weissagung waren ihrer beider Schicksale verknüpft: des Löwen Ende sollte dem Monarchen Tod bedeuten. Seinem Rang gemäß wurde der Berber auch behandelt, reicher als die der anderen Gefährten war sein Gelaß vergoldet, und ein Arzt war zu seinem Wohl bestellt.

Diesen aus dem Bett zu schellen und zur Rechenschaft zu ziehen, war des Kaisers erste Regung. Halt! Er gebot, vorher noch schnell ein Kitzlein abzuschlachten, mit dem er selbst des Kranken Gaumen reizen wollte.

Auf des gewürgten Lämmchens Schnauze (mitten aus dem Schlaf war es unter der Mutter Leib hervorgeholt) schien der Wehlaut noch zu schweben. Der Geruch seiner unschuldigen Jugend fiel in die Witterung der Bestien und steigerte ihre Lüsternheit zur Gier, sie bellten und miauten, bissen einander um den Vorrang, den Leckerbissen zu erreichen. Nur Mehmet Ali hielt sich stumm zurück und weigerte sich der Versuchung.

Vor dem Zwinger stand der Menschenbeherrscher, finster in den Falten seines schwarzen Samts, drinnen, im Hintergrund seiner Behausung, hielt sich das gewaltigste der Tiere, in seiner ganzen Länge hingestreckt, den Kopf gramvoll tief herabgesenkt. Regungslos. Nur von Zeit zu Zeit lief ein Zittern durch die eingefallenen Flanken.

Dem Kaiser, außer sich über die Vergeblichkeit der Schmeichelei und Überredung, wie unsinnig vor dem bedrohlichen Symbol der eignen Zukunft, kam die Erinnerung eines bösen Spiels, zu dem er, in Verzweiflungsstunden, den wilden Kameraden abgerichtet hatte. Den Arm mit dem kleinen Leichnam weit in das Löwenhaus gestreckt, zischte er dem Teilnahmlosen zu: »Nimm's, oder es kriegt es der Matthias.«

Und taumelte zurück, da Mehmet ihn mit einem Satz erreichte und ihm den Kadaver so wütend aus den Fingern riß, daß er der Geistesgegenwart bedurfte, die eigene Hand vor dem zermalmenden Gebiß zu retten.

Aber der Kaiser lachte. Ein wüstes Lachen, aus den Untergründen seiner Menschlichkeit. In dem Triumphausbruch des Hasses mischte sich das wütende Geknurr des Löwen, der, die Lammesleiche unter sich, mit breiten Pranken den zarten Gliederbau zerbrach. Die Bestien, von Neid gestachelt, heulten ihre Roheit zur Begleitung. Und der Monarch, von Tumult, ekler Ausdünstung und Blutgestank selbst zur Brutalität der Tierheit aufgewühlt, tanzte zwischen ihnen hin und her, fletschte die Zähne, rüttelte an den Eisenstäben, führte unzusammenhängende Gespräche mit seinen Favoriten.

Die aufgeschreckten Pferde bäumten sich, daß ihre Ketten klirrten, und wieherten angstvoll in den Lärm hinein. Dem kleinen Häuflein Menschen in dem öden Garten zitterte das Mark im grausenden Gebein. Nach langem Zaudern und uneiniger Beratung wagte sich Doktor Mayer, an den bleichen Stallknechten vorüber, in das Raubtierhaus hinein.

Ein Hexensabbat. Im Kreis der Zornigen, zwischen den aufgepeitschten großen Katzen, der Kaiser, Wahnsinn in den Zügen, barhaupt, gesträubten Haars, Aug in Auge mit dem Berberlöwen, dem, zwischen dem Gewirr der Mähne, ein tückisch gelbes Licht aus der enggewordenen Pupille brach. »Wir beide, Mehmet! Du und Ich! Er mag sich hüten!«

»Zu Hilfe!« schrie der Kaiser, in der Verwirrung seinen Leibarzt nicht erkennend, und in der Meinung, die Bewegung, die ihn, die Heiligkeit der Majestät vergessend, rasch aus der unheilvollen Nähe ziehen wollte, bedeute einen Überfall. Dann, klarer werdend: »Was untersteht Ihr Euch, hier einzubrechen und mich aufzuspüren?«

»Verzeihung, königlicher Herr«, die trockenen Lippen fanden kaum den Ton, »die Sorge, Euch bedroht zu wissen, mitten zwischen wilden Tieren.«

»Tiere?« höhnte ihn der Kaiser. »Und was seid denn Ihr? Nur daß Ihr sprechen könnt und lügen. Diese aber sind meine aufrichtigen Freunde. Und das Blut, nach dem sie lechzen, ist das meine nicht.«

Doch schon hatte die Gewohnheit der Verstellung Macht über ihn gewonnen und seinem innern Aufruhr eine Maske vorgelegt. Er setzte das Barett auf, das Doktor Mayer von dem Boden aufhob und demütig überreichte, ließ seine Kleider säubern und glätten, in einem Becken Wasser über die blutbefleckten Hände fließen. [...]

Was im Zwinger dort zugrunde ging, war ihm nicht das Dasein seines Wüstentiers, das Todesurteil über Rudolfs des Zweiten Doppelgänger wurde dort gefällt. Es war gelähmt, wie der Vogel von dem Blick der Schlange; taumelnd ließ er sich in den Lehnstuhl gleiten und erduldete das leidvolle Erlebnis seines eigenen Sterbens. Jeder Schmerz, der des Löwen Existenz verkürzte, drang zerstörend in sein Fleisch; das Blut in seinen Adern erstarrte von der Kälte, die in des Löwen Säfte schlich.

Er dachte: das also wird mein Ende sein, so werde ich mich in die Dunkelheit verkriechen, ehe das große Rätsel mich verschlingt. Die Vorstellung der jenseitigen Morgenröte, in die er in seiner Sünden Nacktheit vor den Richter werde treten müssen, kniete auf ihm und knebelte ihn wie ein Alb. Er hieß sein Gewissen in die Tiefe des Erlebens tauchen, um nach dem Zeugnis einer guten Tat zu suchen; aber er schreckte schlotternd zurück, da ihm der Pakt begegnete, der gestern mit dem Satan abgeschlossen worden war, und der Brudermord und die Schändung der heiligen Dreieinigkeit.

Da warf sich der Kaiser der Verzweiflung in die Arme, er stammelte Gebete, er gelobte Bußübungen, heilige Messen und geweih-

te Kerzen. Er schwor die Feindschaft mit Matthias ab, er wollte sich mit seinem Volk versöhnen, den Glauben seiner Väter nicht mehr mit Zauberei beflecken und auch den andern Religionen ein Gerechter sein.

Er fühlte, wie sich Schicht auf Schicht von der Belastung seiner Seele löste, um die Wurzel seines Knabenglaubens bloß zu legen, daß Gott dem aufrichtig Bereuenden verzeihe.

Die Hoffnung auf Erhörung durchrieselte ihn noch einmal wie ein Feuerstrom, und in unerklärbarem Kontakt schien sie sich auch dem Löwen mitzuteilen. Er hob den schweren Rumpf, drehte ihn mit Anstrengung zur Seite und schickte aus dem verzotteten, verfilzten Urwald seiner Mähne zwei vorwurfsvolle Lichte zu dem Menschenkameraden. Der meinte, ihre Bitte zu verstehen; mit Aufwand aller seiner Kräfte griff er in die Gitterstäbe und schob die Gefängnistüren auf. Er löste seinem Freunde die Knechtschaft, frei sollte fortan leben, der ein Freigeborener war.

Drang die Botschaft noch in Mehmet Alis Sinn? Witterten seine Nüstern noch die eindringende Luft? Oder war es der letzte Kampf, der ihm die Glieder packte, sie vorwärts schleuderte, bis in die Käfigöffnung, wo sie, eine entseelte plumpe Masse, niederbrachen.

Man fand den Kaiser, wie erblindet, nach dem Ausgang tappen. Er verlangte nach dem Beichtvater, nahm gleich den Wunsch wieder zurück und befahl, daß man ihm einen Magier namens Renus Cysatus hole, den außer Rutzky niemand kannte und der nicht aufzufinden war. Darauf verstummte er; durch Stunden hörte man ihn nicht mehr reden.

In der Nacht sagte er zum Kammerdiener und zu Doktor Mayer, die ihn nicht verlassen durften: »Ich hätte ihm die Freiheit früher wiedergeben sollen, es war zu spät.«

Auch der Umkehr Rudolfs des Zweiten galt das: zu spät. Sein getrübter Geist vermochte nicht mehr, aus der Dumpfheit seines Kerkers in freie Menschlichkeit zu treten. Indes er sich in wechselnden Entscheidungen verzehrte, ging der Vorhang über dem letzten Akt des Dramas seines Lebens auf.

Schon geriet der Stein ins Rollen, den er gelockert hatte, schon setzte sich, von ihm gerufen, oberhalb der Donau das Unheil in Bewegung, schon bebte der Boden unter den Schritten der Bewaffneten, die von ihm angeworben waren, gegen seiner Väter Land. Verwüstung und Verderben ließen sie zurück.

Nicht lange mehr, dann brechen sie in Böhmen ein, zertreten seine Fluren, morden seine Männer, erwürgen seine Kinder, schänden seine Frauen.

Die Luft wird schwer sein von dem Wehgeschrei der Witwen und der Waisen.

Böhmens Sonne ist im Niedergang, am Horizont erheben sich die Schatten großer Finsternisse: es dämmert des dreißig Jahre langen Krieges grause blutigrote Nacht.

Max Brod

Wachs im Ohr

Es dämmert.

Die rauchbraune Morgendämmerung eines Wintertages.

Süße Worte der Mutter haben den kleinen Dawid aus dem Schlaf geschmeichelt. Es war noch ganz dunkel, ganz kalt. Aber man schläft nicht so lange! Noch ehe man frühmorgens in die Lernstube geht, wo man dann den ganzen Tag zubringt, noch eine Stunde zuvor sitzt man zu Hause und lernt.

Nicht alle Kinder zwar! Andern mag die Schule genügen. Du aber, der Sohn solch eines Gelehrten, eines heiligen Mannes...

Und so sitzt der zehnjährige Knabe, zart, blaß, fröstelnd, unheimlich wie die Dämmerung selbst, sitzt und lernt.

Die Knie auf dem Sesselsitz – anders erreicht er den hohen Tisch nicht recht. Beide Ellbogen aufgestützt, die beiden Fäustchen an den Wangen – so ist es ihm am bequemsten.

»Und du sollst lieben den Ewigen, deinen Gott, mit deinem ganzen Herzen, mit deiner ganzen Seele und mit deiner ganzen Kraft. – Hiezu bemerkt man: Mit deinem ganzen Herzen, das bedeutet: mit beiden Trieben, sowohl mit dem guten wie mit dem bösen Trieb.«

Der Knabe hält ein.

Er versteht nicht. Nochmals liest er laut, singend. Hebt einzelne Worte hervor, wie es die Großen tun, wenn sie um einen Satz der

Mischna streiten: »Du sollst lieben den Ewigen... auch mit dem bösen Trieb...«

Er versteht nicht.

Aber glücklicherweise gibt es Rat für solche Fälle. – Auf der riesigen Folioseite, die er vor sich aufgeschlagen hat, sind rings um den Text alle die berühmten Kommentare gedruckt. Ein breiter Rahmen, doppelt so breit wie inmitten der Text. In winzigen Buchstaben umkränzen die Anmerkungen unseres Lehrers Raschi und der Tossafoth-Schule die ewige Wahrheit des Talmudtraktates Brachoth. – Geübten Blickes sucht der Knabe unter den Erklärern nach. Immer singt er, und sein kleiner Körper schaukelt auf und nieder über dem breiten Buch.

Seine Gedanken glühen. Laut hält er den letzten Ton aus, laut und lang fragt er noch einmal: »Auch mit dem bösen Trieb?«

Doch wie das Wort verklingt, erschrickt er plötzlich. Leiser Nachhall schwebt durch das leere Zimmer. Der Knabe fürchtet sich vor den Dämonen der Nacht. Zwar weiß er, daß die Geister keine Gewalt über ihn haben, solange er sich mit der heiligen Lehre beschäftigt. Aber nun stockt er ja, nun kann er mit einemmal nicht weiterdenken. Und schallte sein letztes Wort nicht wie eine Beschwörungsformel? Dunkle Gewalten ziehen herauf, die er nicht versteht. Ängstlich blickt er nach dem Türpfosten. Dort hängt in silberner Kapsel das Pergament mit den Schriftversen, an denen kein Gespenst vorbei kann. Wie aber, wenn die Mesusa fehlerhaft wäre, wenn nur ein Buchstabe, ja das Köpfchen eines Buchstabens fehlte! Auch das kommt vor – und dann nützt die Formel nichts, dann treiben die bösen Geister ihren Spott mit ihr. – Schlaftrunken wehrt das Kind ab. Wenn nun die schreckliche Unholdin zurückkehrte, die Bath-Chorin, die »Tochter der Freiheit«? Jeden Menschen umschlingt sie ganz fest, solange er schläft. Erwacht er, so hält sie ihn nur noch an den Fingerspitzen fest. – Wohl hat der Knabe gleich nach dem Erwachen die Hände gewaschen, hat sorglich das Waschwasser hinausgetragen und weggeschüttet, um Bath-Chorin zu entfernen. Doch nun fühlt er, daß sie durch den Türspalt eindringt. Auf den Fingernägeln fühlt er sie, wo die Kobolde am liebsten nisten. Die Schedim, die alle menschlichen Gestalten annehmen können. Nur behalten sie immer ihre Hühnerfüße, und daran erkennt man sie. Wie oft schon hat er Mehl vor seinem Bett ausgestreut, um am nächsten Morgen ihre scheußlichen Fußabdrücke sehen zu können...

Das Lichtchen auf dem Holztisch flackert. Und nun schrickt Dawid zusammen. Ein Poltern nebenan, ganz deutlich...

Nebenan sitzt der Vater und lernt. Immer lernt der Vater. Von fünf Uhr morgens an sitzt er an den Büchern, spät nach Mitternacht erst schläft er ein. Er schläft am Tisch, an dem er lernt. Den Arm legt er auf das Buch, den Kopf auf den Arm. So schläft er allnächtlich. Er schilt, wenn man ihn nicht nach drei Stunden weckt. Sind doch schon sechzig Atemzüge Schlafes ein Vorgeschmack des Todes, den der Fromme nicht kennen soll. – Nur am Freitag, in der Sabbatnacht legt sich der Vater zu Bett. Auch damit erfüllt er ein Gebot. Der Vater tut nichts, was nicht Erfüllung eines Gebotes wäre...

Lilith, die Königin aller Nachtgespenster, – Lilith, die Gattin Samaels, fürchtet der Knabe. Lilith ist es, die die Seelen der erhabensten Menschen versucht. Selbst Adam hat eine Zeitlang mit ihr gelebt, als er nach der Sünde vor Ewa zurückscheute. Dann kehrte er zu Ewa zurück. Seither Liliths Haß wider alle Kinder Ewas; und die größten Seelen haßt sie am wütendsten. Dawid würde sich nicht wundern, wenn Lilith, die Feuerfrau, nebenan in des Vaters Stube sich zu schaffen machte.

Und wieder Lärm.

Der Knabe kann nicht länger allein bleiben. Er öffnet die Tür zum Studierzimmer des Vaters. In der Tür bleibt er schweigend stehen. Wie er es von der Mutter gesehen hat. Niemand im Hause wagt es, den Vater anzureden. Man wartet in der Tür, bis der Vater aufschaut und einen bemerkt.

Aber der Vater sitzt ja gar nicht am Tisch. Er ist aufgesprungen, hat den Sessel zurückgeschleudert.

Die eine Hand vergräbt sich in den großen, silber-weißen Bart, der bis an den Gürtel reicht. Die andere ist mit gespreizten Fingern emporgehoben, zittert. Die Lippen, bleich wie der Bart, wollen sprechen, können nicht.

Der Knabe springt ans Fenster, auf das die weitgeöffneten Augen des Greises gerichtet sind.

Unten der beschneite Hof mit dem Brennvorrat. Eine dunkle Gestalt schlüpft zwischen den Holzstapeln hervor, ist eben im Begriff, über die Mauer zu klettern.

Plötzlich kommt Leben in den schreckensstarren Körper des Vaters. Er reißt das Fenster auf, beugt sich weit vor und ruft, so laut er kann, der verschwindenden Gestalt nach. Das eine Wort: »Heffker!«

Dawid begreift. »Heffker«, das heißt »herrenlos«. Der Vater hat das Holz unten für herrenlos erklärt, um die Sünde des Diebstahls zu verhüten. Nicht der Dieb hat ihn erschreckt, sondern die scheußliche Sünde, die begangen werden sollte. Der Dieb klettert davon. Aber er ist kein Dieb mehr, – ein einfacher armer Jude, der von herrenlosem Gut so viel, als erlaubt ist, für seinen Bedarf genommen hat.

Und nun sitzt der Vater wieder an seinem Tisch. Das schöne, regelmäßige Gesicht hat schnell in seinen Frieden zurückgefunden. – Dawid möchte nach der Erklärung seiner schwierigen Stelle fragen. Aber ist es denn möglich, den Vater zu stören? –

So schleicht er wieder in sein Zimmer, auf Fußspitzen.

Doch kann er die weißen Lippen nicht vergessen, denen das Wort »heffker« sich entringt. Die Sache selbst erscheint ihm nicht sehr sonderbar. Auch denkt er nie nach über das, was der Vater tut. Der Vater tut ja unbedingt das Richtige. Aber der ungeheure Anblick, die fassungslosen Augen des frommen Mannes, in denen das Böse sich spiegelte, – das steht den ganzen Tag vor ihm. Auch in der Schule, wo er unaufmerksamer ist als sonst und mehrmals mit der Rute gestraft wird.

*

Der Vater ist Gelehrter. Für Lebensunterhalt, selbst Wohlstand, sorgt die Mutter, deren Alteisenkram im Erdgeschoß guten Ertrag bringt.

Simson Lemel, der Schreiber, so wird der Vater in der Judenstadt genannt. Er schreibt Thorarollen; mit besonderer Vorliebe aber schreibt er die heiligen Verse für die Tefillin, die Denkriemen, die man beim Morgengebet an Stirn und Hand befestigt. – Er schreibt, weil es ihm Freude macht, bei Erfüllung eines göttlichen Gebotes behilflich zu sein. Das Entgelt seiner Arbeit gibt er den Armen, – neben dem Zehnten seines Einkommens, das ohnehin den Armen gehört.

Sein ganzes Leben ist dem Preise des Schöpfers gewidmet. Keinen Augenblick vergißt er, daß er vor dem König aller Könige steht, dessen Herrlichkeit die Erde voll ist.

Am Morgen erhebt er sich wie ein Löwe zum Dienste des Herrn. So raten es die Weisen. Gleichsam ungeduldig stehe man auf, voll Feuer und Kraft, als wolle man die Morgenröte wecken.

Der Verlauf des Tages ist in den heiligen Schriften genau vorgeschrieben. Simson Lemel kennt den geweihten Inhalt jeder Stunde. Es gibt nichts, was nicht zu seiner Zeit geboten oder verboten wäre. Hiedurch steht alles im Zusammenhang mit dem Herrn der Welt. Das Anziehen des Hemdes wie die Reihenfolge, in der man die Schuhe anlegt und die Schuhschnallen schließt, ist durch Überlieferung geregelt. Selbst wer nur die Verrichtung der Notdurft verzögert, übertritt schon das Verbot, sich nicht zu verunreinigen. Gottes gedenkt man beim Essen wie beim Trinken. Alles geschieht um seinetwillen. Er hat den Menschen als ein Wunder geschaffen, denn der Mensch gleicht einem Schlauche voll Luft – und wiewohl dieser Schlauch Öffnungen hat, entweicht die Luft nicht, sondern wird zurückgehalten. Es ist offenbar vor dem ruhmvollen Throne des Herrn, daß das Leben des Menschen sich nicht eine Stunde lang erhalten könnte, wenn nur eines der hohlen Glieder geschlossen oder eines der geschlossenen geöffnet würde. Deshalb gedenke der Mensch seines Erhalters. Deshalb trägt er Schaufäden an seinem Leibe, vorn zwei und hinten zwei, damit er gleichsam von Geboten umringt sei.

Wenn Simson Lemel an seine tägliche Beschäftigung, das Schreiben der Denkriemenverse, geht, hat er die zahlreichen hierauf bezüglichen Vorschriften vor Augen. Kein Buchstabe darf den andern berühren, jeder muß von einem freien Raum umgeben sein. Die Buchstaben sind dick zu schreiben, damit sie nicht frühzeitig wieder verwischt werden. Die Innen- und Außenseite der Buchstaben schön abzurunden, ist ein gutes Werk. Wiewohl nach einer milderen Ansicht jede schwarze Tinte erlaubt ist, mag sie Gallnuß enthalten oder nicht, legt sich Simson Lemel seit jeher die Strenge auf, nur mit Gallnußtinte zu schreiben, die mit Holz- oder Ölruß vermengt ist. Das Fell, aus dem das Pergament bereitet ist, muß mit Gallnuß oder Kalk und einzig und allein zum Zwecke der Erfüllung des Denkriemengebotes gegerbt werden. Kein Buchstabe darf durch ein Löchlein in zwei Teile geteilt sein, jeder Tintenfleck kann das Geschriebene unbrauchbar machen, denn es ist verboten, im Inneren eines Buchstabens zu radieren. Äußerste Sorgfalt wendet Simson an. Denn sind die Denkriemen auch nur mit dem geringsten Fehler behaftet, so versäumt der, welcher sie anlegt, täglich das Gebot des Anlegens, und die Sünde fällt auf den Schreiber zurück. Daher muß der Schreiber sehr gottesfürchtig und in Sachen der Gebote ängstlich sein. Sooft der Gottesnamen vorkommt, muß er sagen, daß er diesen Namen in der richtigen Absicht des Gottesnamen niederschreibt. Auch achtet Simson besonders darauf, die Zeilen gleich und jeden Buchstaben deutlich wie in einem Zuge zu formen, – denn es heißt: die Gegenstände, die zur Vollziehung eines Gebotes erforderlich sind, sollst du schön machen. – Übrigens ist er bemüht, die Vorschriften des Rabbenu Ascher und des Maimonides miteinander in Einklang zu bringen, indem er von mehreren möglichen Verfahren stets dasjenige wählt, in dem diese beiden großen Autoritäten übereinstimmen. Auch hiedurch erwirbt er sich ein Verdienst.

Ist er nicht mit seinen Denkriemen beschäftigt, so studiert er. Am Nachmittag versammeln sich seine Schüler, von denen einige noch älter sind als er. Denn man schätzt seine scharfsinnigen Auslegungen. Dennoch gibt es keinen bescheideneren Menschen als ihn. Mit fünfzig Jahren hat er einst begonnen, die Ergebnisse seiner Forschungen niederzuschreiben. Bis dahin hatte er aber nur die Schriften der »Früheren«, das heißt der Erklärer vor Maimonides studiert, denn er ging sehr gründlich und methodisch zu Werk, wie es dem erhabenen Gegenstand entsprach. Nun schrieb er eine Zeitlang sehr eifrig; doch es war sehr vieles dabei, was die Schriften der »Späteren« längst bekanntgegeben hatten, ohne daß er es wußte. Aus Ehrfurcht wagten Freunde und Schüler nicht, darauf aufmerksam zu machen. Als es dann doch geschah, strich Simson Lemel ruhig das Geschriebene durch und legte es in die Lade. Keinen Augenblick reute es ihn, sich auf diese Art fruchtlos abgemüht zu haben. Kannte er denn den Begriff des Ruhmes? Und ist nicht jede Beschäftigung mit der Lehre in sich selbst höchstes Glück und die eigentliche Bestimmung des Menschen?

So lebt Simson Lemel nun schon im sechzigsten Jahre seiner schlichten, unerschütterten Herzensruhe. Er kennt den Sinn seines Lebens und er kennt den Sinn der Welt: Gott zu dienen. Er weiß auch, daß es Myriaden von Geheimnissen gibt, und er ehrt diese

Geheimnisse, indem er das Joch der himmlischen Herrschaft auf sich nimmt. In seiner Mäßigkeit, ja Enthaltsamkeit, ist er gleichmäßig heiter, doch kann er, zur Feier des Sabbats oder der Freudenfeste, auch kindlich froh werden, und seine fröhlichen Stunden sind von demselben Frieden erfüllt wie seine ernsten. Fünf Kinder hat ihm Krankheit weggerafft, nur der Jüngste ist am Leben geblieben. Aber nie hat man ein Wort der Auflehnung oder gar der Verzweiflung aus seinem Munde gehört.

Nie hat er auf seinem Wege gewankt, nie auch nur Zögern oder Aufregung verraten.

Deshalb kann Dawid nicht vergessen, wie der Vater heute mit geweiteten, wahnsinnig verdrehten Augen dreingeblickt hat. War es das Böse selbst, war es Lilith, die er drunten im Hofe gesehen hatte? Wie grauenvoll anzuschauen muß die Sünde sein, wenn sie selbst einen Frommen wie den Vater so zu versteinern vermag!

Und doch heißt es, daß man »auch mit dem bösen Triebe« Gott lieben solle...

Der Knabe kann das durchaus nicht begreifen. Und es gibt niemanden, den er fragen könnte. [...]

*

Zu ungewohnter Stunde kommt Dawid heim. – Es ist noch Tag. Der Kramladen noch geöffnet.

Nur der taubstumme Gehilfe sitzt im Laden. Dawid bekommt Angst. Wo ist die Mutter, die Fleißige, die sonst nie auch nur für einen Moment das Geschäft verläßt, die sich bis zum Zusammenbrechen abmüht vom Morgen bis in die tiefe Nacht? Nicht da. Vergebens schreit Dawid auf den Burschen ein. Seltsam, dieser stille Mensch inmitten des weiten Gewölbes, in dem es bei jedem Schritt klirrt von rostigen Eisenhaufen, alten verbogenen Werkzeugen, bis zur Decke aufgestapelten Metalltrümmern. Laute Klagestimmen hört der Knabe, rasselnde, greisenhaft scheltende Stimmen wie vorhin aus dem Kirchenumzug hervor, – unheimlich ist ihm die ganze Welt, aber diese dunkle Rumpelkammer am unheimlichsten seit je.

Er eilt die schmale niedrige Treppe hinauf. Unvermittelt tritt er ins Wohnzimmer. Die Mutter ist hier. Und auch der Vater – nicht bei seinen Büchern.

Der Vater sitzt in einem Lehnstuhl und die Mutter hält ihre Hand an seinem Ohr. Dawid bemerkt, daß die Eltern bei seinem Eintritt verlegen werden.

»So früh zurück heute?« sagt der Vater.

Aber Dawid kann nicht antworten. Er sieht nur immer nach der Hand der Mutter. Wachs ist in dieser Hand.

Und das erschreckte Gesicht der Guten! »Habe ich dich erschreckt?« möchte Dawid rufen. Er kann nicht reden. Nun öffnet die Mutter den Mund. Aber Dawid will nicht, daß sie spricht. Ihm ist, als müßte er im nächsten Augenblick etwas ganz Furchtbares zu hören bekommen, – etwas, was weit grauenvoller ist als alles, was ihm an diesem Tage schon zugestoßen ist, grauenvoller als am frühen Morgen die unerklärliche Talmudstelle und der entsetzte Blick des Vaters, schrecklicher als die feurige Prozession mit Kerzen und Glockenklang...

»Der Vater hat Zugluft bekommen«, flüstert kaum hörbar die Mutter, »deshalb streiche ich ihm Wachs ins Ohr.«

Der Vater wendet sich heftig gegen sie: »Aber Dobra, was redest du? – Weißt du den Satz nicht: Nicht lügen darf der Rest Israels und in ihrem Munde finde sich keine Zunge des Trugs. – Nein, mein Kind, es ist nicht so...«

Die Mutter hebt flehend die Hände auf.

»Vielmehr hat der König durch seinen Burggrafen angeordnet, daß allwöchentlich drei aus der Gemeinde in die Kirche Sankt Valentin zu gehen haben.«

Die Mutter bricht in Tränen aus.

»Auch dies ist nur zur Prüfung um unserer Sünden willen. – Drei aus der Gemeinde müssen die Predigt anhören, die man Bekehrungspredigt nennt. Diesmal ist das Los auf mich gefallen. Es ist nicht üblich, sich den Lasten der Gemeinde zu entziehen. Wir aber«, und ein listiges Lächeln, wie es Dawid an seinem großen, schönen Vater noch nie gesehen hat, gleitet vorbei, »wir aber haben den Brauch angenommen, daß wir den Lästerworten mit Wachs den Eingang in unser Ohr verwehren. Früher versuchte man zu schlafen. Aber da bestellten sie einen Büttel, der uns aufweckte. Vom Wachs wissen sie nichts... Aber glaube nicht, daß es so bleiben wird«, fährt er fort, da er Dawids zu Tode gequältes Gesichtchen sieht, »man wird eine Abordnung zum Fürsten senden, der uns gnädig ist, man wird ihm Vorstellungen machen und ihn bitten…«

Mit geballten Fäusten fährt das Kind auf: »Warum bitten, bitten! Warum müssen wir immer nur bitten!«

»Dawid!«

»Die anderen sollen bitten – und wir ihnen befehlen und gnädig sein.«

Lange spricht der Vater nichts. Er sieht nur die Mutter an, die immer noch weint. »Worin habe ich gefehlt, daß mein Knabe hochmütigen Sinnes geworden ist?« Und zu Dawid: »Ich will dir die Antwort geben, warum wir immer nur bitten müssen und warum die andern befehlen. – Doch nicht heute. Heute steht die Sonne tief. Wenn die Tage am längsten sind, dann sollst du deine Antwort haben.«

»Warum heute nicht?«

Der Vater lächelt: »Du sollst nicht so jäh sein, Dawid. Du sollst warten lernen. Bald fünfzehnhundert Jahre wartet unser Volk auf die Erlösung. Und du willst dich nicht ein halbes Jahr gedulden?« –

»Lieber Vater, so lange – so unendlich lange!«

»Strafe ihn nicht«, ruft die Mutter. Doch segnend legt sich die Vaterhand auf seinen Scheitel: »Es ist ein gutes Zeichen für einen Frommen, ungeduldig zu sein hinsichtlich der Erlösung. Sei fromm und ungeduldig, mein Sohn.«

VII. Angst

Herbert von Fuchs

Unsere tägliche Höllenfahrt

Lächeln

Ich kenne keinen Prager Juden, der das gute Lächeln kann.

Das gute Lächeln, das der ungewollte Reflex einer harmonischen Seele ist, nichts weiter.

Wenn wir Prager Juden lächeln, dann wissen wir sehr genau, *daß* wir lächeln. Wir wissen auch, *warum* wir lächeln; es ist manchmal Selbstgefallen, manchmal Spott, manchmal der Wunsch, anderen angenehm zu sein. Niemals aber das Aussonnen einer latenten Heiterkeit, das Zurückstrahlen empfangener Lichtbündel. Nicht wir selbst sind in unserem Lächeln, sondern wir stehen neben unseren verzogenen Mundwinkeln und sehen ihnen zu. –

Aber wenn wir ganz aufrichtig sind, dann vergeht uns selbst dieses Lächeln.

Wissen

Die individuellen Entscheidungsmöglichkeiten der Juden in den mitteleuropäischen Städten sind überall im Prinzip die gleichen. Ungleich ist nur die Intensität des Bewußtseins dieser Entscheidungsmöglichkeiten.

Ich glaube, diese Intensität des Bewußtseins ist nirgends größer als in Prag. Dadurch verstärken und verschärfen sich hier alle Dinge und Begriffe; sie werden eckiger, heftiger; sie verschieben sich und verzerren sich; sie werden grandioser und grotesker.

Auch die Kontraste: mystisches Mittelalter und Neurasthenie up to date treffen sich täglich auf der Straße.

Auch das Schicksal: es schreitet auf geräuschvollen Stiefelabsätzen viel hörbarer als anderswo.

Alles wird hier hörbarer und so unangenehm deutlich, daß die graziös vertuschende Lebensdiplomatie anderer Städte in Prag unzulänglich wird; hier gibt es nur reizlose, massive Lebenslügen.

So werden unsere Lebenslügen vor uns selbst zu ungeheuren Tatsachen, die kein Vorbeischlüpfen kennen. Hierzulande läßt sich der Teufel von niemand um die Unterschrift prellen, die Unterschrift, die besagt: wir wissen von uns!

Nur dem Sünder, der von seiner Sünde nichts wußte, ist Strafe zugleich auch Belehrung – vielleicht Rettung. Für den bewußten Sünder bedeutet Strafe Zusammenbruch.

»Vergib ihnen, Herr, denn sie wissen nicht, was sie tun – –«

Wir wissen es!

Wir Ichsünder

Wir sind Schwerbeladene, Schweratmende. Furchtbares Schuldgewicht ist uns aufgewälzt und mit dem Rücken zugleich muß sich das Gesicht bodenwärts beugen. Eine endlose Lastträgerkarawane keucht sich zur nächsten Generation hinauf.

Ist es ein Trost, daß unser bodenwärts gedrücktes Gesicht es uns leicht macht, den anklagenden Tornister hinten nicht sehen zu müssen? Wir fühlen ihn doch! Er hält uns gepackt mit einem Griff kalten Entsetzens.

Wir fühlen ihn, aber andere haben sich angepaßt und sind inwendig auch schon ein breiter gebogener Rücken geworden. Ihnen ist der Schritt vom Lastenträger zum Lastentier gelungen. Leise, diese Zurechtgebogenen wollen wir nicht stören, sie sollen begeistert an ihrer guten Verdauung weiterarbeiten, raubt ihnen nicht das Glück ihres Unwissens!

Aber uns wollen wir dieses Bekenntnis zuflüstern, Mund zu Mund, dieses Spruches Stichflamme soll von einem zum anderen hinüberzischen und uns umschlingen als das glühende Ordensband einer geheimen Brüderschaft:

Wir sind Verbrecher nach innen, Verbrecher am Ich.
Wir verleugnen uns täglich aus Bequemlichkeit, aus Gescheitheit, aus Feigheit.
Haben einen komplizierten Kulissenrahmen für unser Scheindasein gebaut
aus Stuck und Pappe, aus Speichel und Schwindel.
Dort tanzen wir Alltagsbuffos, wir Selbstüberjohler
einen unechten, schamlosen Pöbel-Apachentanz,
bis der ekelgrau-harte Morgen uns in kalte Verzweiflung zurückbläst –.

Die Folterkammer
Wer sich am Nebenmenschen versündigt, den straft das Gesetz; der Sünder am Ich wird gezüchtigt durch das Leiden am Ich. Seine Lebenslüge zerreißt ihn in zwei Teile, voll feindseliger Bereitschaft aufeinander loszuspringen wie wütende Bullenhunde.

So wird er selbst Verneiner seiner Tat, Verhöhner seiner Sehnsucht, Vernichter seiner Lust. Stets wird sein Fuß in der Mitte der Schrittbahn zurückgedreht, die eigene Ferse stemmt sich den Zehen entgegen; stets wird der befruchtende Südwind unterwegs vom Nord überfallen und zu einem mörderischen Wirbel gezwungen, an dem beide zugrundegehen.

In unseren behaglichen Betten lauert der Traumalp uns auf und unsere gute Mahlzeit bedrückt uns, ehe wir satt sind. Unser Kuß wird vom Zweifel zerfressen, noch ehe er Kuß geworden, und unseres Geistes beste Baugründe sind von Jauchekanälen unterwühlt.

Wir leben in einem Labyrinth, in dem uns tausend Hohlspiegel tausend hassenswerte Grimassen entgegenschleudern, tausend tükkische Gestalten aus schamlosen Glasscheiben entgegenspringen lassen, da, dort, links, rechts, oben, unten, überall, Feinde überall, oh, auf jeden einzelnen losstürmen können, ihn niederzuwürgen – so! – aber da stöhnt nur die eigene Kehle auf! Stöhnt auf in der eigenen Faust! Erstickt in der eigenen Wut – denn hier, in diesem teuflischen Spiegelzimmer ist nichts zu sehen, nichts zu bekämpfen als unser Ich, nur unser Ich – in diesem Marterlabyrinth, das uns unbegreiflich zwingt, Peiniger und Gepeinigter zugleich zu sein und die Doppelschuld böser Lust und süßer Qual über uns auftürmt. –

Sie ist zweigespalten, unsere Folterkammer, wie wir selbst es sind, das ist ihr niederträchtigster Witz, eigentlich ist das alles doch nur glänzendes, freundliches Spiegelglas, nicht wahr, du brauchst dich nur ein wenig dranzulehnen und fühlst seine kühlende Liebkosung – aber, aber, mein Freund!

Ja, diese unbeweisbare, unergreifbare, glatte, schlüpfrige Folterkammer spielt mit uns das gleiche verlogene Verstecken, das wir mit unserem Ich spielen, mit diesem Ich, das wir oft in einen heimlichen Koffer hineinstopfen, wie Mörder die zerstückelten Leichen ihrer Opfer. Oh, in dieser Atmosphäre wird alles Angst und Beklemmung, Haß und Zerrissenheit. Wie leiden wir durch die Gesichter unserer Nächsten, durch den Dunst aller Menschen um uns!

Und, wie sind wir zugleich so sehnsüchtig, so brünstig ausspähend nach einem Irgendwas, dem sich die irrenden Hände anklammern dürfen! Jede Berauschtheit, die uns glückt, jede Frau, die uns naht, jede Idee, die sich uns preisgibt, möchten wir mit dem Blasebalg der Selbstsuggestion großblähen, alles betteln wir stumm um einen Inhalt an, um einen Scheininhalt wenigstens, an dem wir uns füllen dürfen mit dem Kokain großer Ekstasen. –

Die ewigneue Zwangsjacke

Wenn wir unser Prager Dasein auf kurze Zeit verlassen, wirkt es in unserer Erinnerung wie eine unbegreifliche Grimasse. Wie konnten wir nur diese kräftevergeudende Sinnlosigkeit, dieses bürgerliche Wurstelpraterei, dieses Panoptikum seelischer Mißgeburten solange ertragen?

Von der Ferne besehen verliert alles schnell seine Tragik, sieht aus wie eine mit infantiler Bösartigkeit erfüllte Kinderstube. – Und dann steigen stolze Gelöbnisse in uns auf und das befreiende Wohlgefühl innerer Sicherheit. –

»So kann und darf es nicht wieder kommen! Jetzt ist die Wahrheit in uns unbesiegbar stark!«

Aber dann kehren wir zurück und alles, alles kommt trotzdem wieder. Die alten Gesichter, die alten Wege, die alten Lügen. Langsam geht uns die innere Distanz zu dieser Umwelt verloren, Atavismen werden wirksam, schwächende, verführerische Erinnerungen steigen auf. Ein Faden nach dem anderen, ein unsichtbarer Webstuhl speit sie in endlosen Windungen über uns aus. Wir wehren uns, zerreißen die ersten feindlichen Gewebe – aber der unsichtbare Webstuhl will nicht stille stehen, neue, immer dichter gestaffelte Angriffswellen umfluten unsere Einsamkeit.

Die Zwangsjacke legt sich um uns, harmlos und freundschaftlich. –

Sie ist so verlockend warm, diese Zwangsjacke, man kann sich so leicht in sie hineinlügen. –

»Es ist ja vielleicht gar keine Zwangsjacke«, sagen wir tröstend zu unserem ermattenden Ich.

Und im nächsten Moment ist es schon zu spät.

Das Sühneopfer
Das Ende kann nur sein: Hysterie oder stummverbissene Selbstzerfleischung für den, der nicht mehr die Hoffnung hat, in schuldlose, tierische Unbewußtheit zurücksinken zu können.

Das Schicksal kennt keine Gnade, wenn keine Sühne war.

Es gibt nur eine Sühne: die schmerzhafte Reinigung. Niemand soll glauben, er könne die Schmerzhaftigkeit umgehen. Unsere Lebenslügen fressen sich tief in uns hinein und wer sie herausreißt, bespritzt sich mit eigenem Blut.

Wer an der Ichsünde krankt, kann nur geheilt werden, wenn er den infizierten Teil seines Ich rücksichtslos herausschneidet.

Kommt diese Reinigung zu spät, dann läßt uns das Schicksal an ihr verbluten. Es geht auf Leben und Tod, das darf auch dem Kranken am Ich nicht verschwiegen werden.

Aber einen anderen Weg gibt es nicht für die Rückkehr zur inneren Wahrheit als dieses Blutopfer, dieses eigenen Blutes Opfer.

Und es gibt keinen Weg als die innere Wahrheit zum inneren Frieden.

Franz Kafka

Der Proceß

Beim Eintritt wäre er fast hingefallen, denn hinter der Tür war noch eine Stufe. »Auf das Publikum nimmt man nicht viel Rücksicht«, sagte er. »Man nimmt überhaupt keine Rücksicht«, sagte der Gerichtsdiener, »sehn Sie nur hier das Wartezimmer.« Es war ein langer Gang, von dem aus roh gezimmerte Türen zu den einzelnen Abteilungen des Dachbodens führten. Trotzdem kein unmittelbarer Lichtzutritt bestand, war es doch nicht vollständig dunkel, denn manche Abteilungen hatten gegen den Gang zu statt einheitlicher Bretterwände, bloße allerdings bis zur Decke reichende Holzgitter, durch die einiges Licht drang und durch die man auch einzelne Beamte sehen konnte, wie sie an Tischen schrieben oder geradezu am Gitter standen und durch die Lücken die Leute auf dem Gang beobachteten. Es waren, wahrscheinlich weil Sonntag war, nur wenig

Leute auf dem Gang. Sie machten einen sehr bescheidenen Eindruck. In fast regelmäßigen Entfernungen von einander saßen sie auf den zwei Reihen langer Holzbänke, die zu beiden Seiten des Ganges angebracht waren. Alle waren vernachlässigt angezogen, trotzdem die meisten nach dem Gesichtsausdruck, der Haltung, der Barttracht und vielen kaum sicherzustellenden kleinen Einzelheiten den höheren Klassen angehörten. Da keine Kleiderhaken vorhanden waren, hatten sie die Hüte, wahrscheinlich einer dem Beispiel des andern folgend, unter die Bank gestellt. Als die, welche zunächst der Tür saßen, K. und den Gerichtsdiener erblickten, erhoben sie sich zum Gruß; da das die folgenden sahen, glaubten sie auch grüßen zu müssen, so daß alle beim Vorbeigehn der zwei sich erhoben. Sie standen niemals vollständig aufrecht, der Rücken war geneigt, die Knie geknickt, sie standen wie Straßenbettler. K. wartete auf den ein wenig hinter ihm gehenden Gerichtsdiener und sagte: »Wie gedemütigt die sein müssen.« »Ja«, sagte der Gerichtsdiener, »es sind Angeklagte, alle die Sie hier sehn, sind Angeklagte.« »Wirklich?« sagte K. »Dann sind es ja meine Kollegen.« Und er wandte sich an den nächsten, einen großen schlanken schon fast grauhaarigen Mann. »Worauf warten Sie hier?« fragte K. höflich. Die unerwartete Ansprache aber machte den Mann verwirrt, was um so peinlicher aussah, da es sich offenbar um einen welterfahrenen Menschen handelte, der anderswo gewiß sich zu beherrschen verstand und die Überlegenheit, die er sich über viele erworben hatte, nicht leicht aufgab. Hier aber wußte er auf eine so einfache Frage nicht zu antworten und sah auf die andern hin, als seien sie verpflichtet ihm zu helfen und als könne niemand von ihm eine Antwort verlangen, wenn diese Hilfe ausbliebe. Da trat der Gerichtsdiener hinzu und sagte, um den Mann zu beruhigen und aufzumuntern: »Der Herr hier fragt ja nur, auf was Sie warten. Antworten Sie doch.« Die ihm wahrscheinlich bekannte Stimme des Gerichtsdieners wirkte besser: »Ich warte –« begann er und stockte. Offenbar hatte er diesen Anfang gewählt, um ganz genau auf die Fragestellung zu antworten, fand aber jetzt die Fortsetzung nicht. Einige der Wartenden hatten sich genähert und umstanden die Gruppe, der Gerichtsdiener sagte zu ihnen: »Weg, weg, macht den Gang frei.« Sie wichen ein wenig zurück, aber nicht bis zu ihren frühern Sitzen. Inzwischen hatte sich der Gefragte gesammelt und antwortete sogar mit einem kleinen

Lächeln: »Ich habe vor einem Monat einige Beweisanträge in meiner Sache gemacht und warte auf die Erledigung.« »Sie scheinen sich ja viele Mühe zu geben«, sagte K. »Ja«, sagte der Mann, »es ist ja meine Sache.« »Jeder denkt nicht so wie Sie«, sagte K., »ich z. B. bin auch angeklagt, habe aber, so wahr ich selig werden will, weder einen Beweisantrag gestellt noch auch sonst irgendetwas derartiges unternommen. Halten Sie denn das für nötig?« »Ich weiß nicht genau«, sagte der Mann wieder in vollständiger Unsicherheit; er glaubte offenbar K. mache mit ihm einen Scherz, deshalb hätte er wahrscheinlich am liebsten, aus Furcht irgendeinen neuen Fehler zu machen, seine frühere Antwort ganz wiederholt, vor K.'s ungeduldigem Blick aber sagte er nur: »was mich betrifft, ich habe Beweisanträge gestellt.« »Sie glauben wohl nicht, daß ich angeklagt bin«, fragte K. »Oh bitte gewiß«, sagte der Mann, und trat ein wenig zur Seite, aber in der Antwort war nicht Glaube, sondern nur Angst. »Sie glauben mir also nicht?« fragte K. und faßte ihn, unbewußt durch das demütige Wesen des Mannes dazu aufgefordert, beim Arm, als wolle er ihn zum Glauben zwingen. Aber er wollte ihm nicht Schmerz bereiten, hatte ihn auch nur ganz leicht angegriffen, trotzdem aber schrie der Mann auf, als habe K. ihn nicht mit zwei Fingern, sondern mit einer glühenden Zange erfaßt. Dieses lächerliche Schreien machte ihn K. endgültig überdrüssig; glaubte man ihm nicht daß er angeklagt war, so war es desto besser; vielleicht hielt er ihn sogar für einen Richter. Und er faßte ihn nun zum Abschied wirklich fester, stieß ihn auf die Bank zurück und gieng weiter. »Die meisten Angeklagten sind so empfindlich«, sagte der Gerichtsdiener. Hinter ihnen sammelten sich jetzt fast alle Wartenden um den Mann, der schon zu schreien aufgehört hatte, und schienen ihn über den Zwischenfall genau auszufragen. K. entgegen kam jetzt ein Wächter, der hauptsächlich an einem Säbel kenntlich war, dessen Scheide, wenigstens der Farbe nach, aus Aluminium bestand. K. staunte darüber und griff sogar mit der Hand hin. Der Wächter, der wegen des Schreiens gekommen war, fragte nach dem Vorgefallenen. Der Gerichtsdiener suchte ihn mit einigen Worten zu beruhigen, aber der Wächter erklärte doch noch selbst nachsehn zu müssen, salutierte und gieng weiter mit sehr eiligen aber sehr kurzen, wahrscheinlich durch Gicht abgemessenen Schritten.

K. kümmerte sich nicht lange um ihn und die Gesellschaft auf dem Gang, besonders da er etwa in der Hälfte des Ganges die Möglichkeit sah, rechts durch eine türlose Öffnung einzubiegen. Er verständigte sich mit dem Gerichtsdiener darüber, ob das der richtige Weg sei, der Gerichtsdiener nickte und K. bog nun wirklich dort ein. Es war ihm lästig, daß er immer einen oder zwei Schritte vor dem Gerichtsdiener gehen mußte, es konnte wenigstens an diesem Ort den Anschein haben, als ob er verhaftet vorgeführt werde. Er wartete also öfter auf den Gerichtsdiener, aber dieser blieb gleich wieder zurück. Schließlich sagte K. um seinem Unbehagen ein Ende zu machen: »Nun habe ich gesehn wie es hier aussieht, ich will jetzt weggehn.« »Sie haben noch nicht alles gesehn«, sagte der Gerichtsdiener vollständig unverfänglich. »Ich will nicht alles sehn«, sagte K., der sich übrigens wirklich müde fühlte, »ich will gehn, wie kommt man zum Ausgang?« »Sie haben sich doch nicht schon verirrt«, fragte der Gerichtsdiener erstaunt, »Sie gehn hier bis zur Ecke und dann rechts den Gang hinunter geradeaus zur Tür.« »Kommen Sie mit«, sagte K. »Zeigen Sie mir den Weg, ich werde ihn verfehlen, es sind hier so viele Wege.« »Es ist der einzige Weg«, sagte der Gerichtsdiener nun schon vorwurfsvoll, »ich kann nicht wieder mit Ihnen zurückgehn, ich muß doch meine Meldung vorbringen und habe schon viel Zeit durch Sie versäumt.« »Kommen Sie mit«, wiederholte K. jetzt schärfer, als habe er endlich den Gerichtsdiener auf einer Unwahrheit ertappt. »Schreien Sie doch nicht so«, flüsterte der Gerichtsdiener, »es sind ja hier überall Bureaux. Wenn Sie nicht allein zurückgehn wollen, so gehn Sie noch ein Stückchen mit mir oder warten Sie hier bis ich meine Meldung erledigt habe, dann will ich ja gern mit Ihnen wieder zurückgehn.« »Nein, nein«, sagte K., »ich werde nicht warten und Sie müssen jetzt mit mir gehn.« K. hatte sich noch gar nicht in dem Raum umgesehen in dem er sich befand, erst als jetzt eine der vielen Holztüren, die ringsherum standen sich öffnete, blickte er hin. Ein Mädchen, das wohl durch K.'s lautes Sprechen herbeigerufen war, trat ein und fragte: »Was wünscht der Herr?« Hinter ihr in der Ferne sah man im Halbdunkel noch einen Mann sich nähern. K. blickte den Gerichtsdiener an. Dieser hatte doch gesagt, daß sich niemand um K. kümmern werde und nun kamen schon zwei, es brauchte nur wenig und die Beamtenschaft wurde auf ihn aufmerksam, würde eine Erklärung seiner

Anwesenheit haben wollen. Die einzig verständliche und annehmbare war die, daß er Angeklagter war und das Datum des nächsten Verhöres erfahren wollte, gerade diese Erklärung aber wollte er nicht geben, besonders da sie auch nicht wahrheitsgemäß war, denn er war nur aus Neugierde gekommen oder, was als Erklärung noch unmöglicher war, aus dem Verlangen festzustellen, daß das Innere dieses Gerichtswesens ebenso widerlich war wie sein Äußeres. Und es schien ja, daß er mit dieser Annahme recht hatte, er wollte nicht weiter eindringen, er war beengt genug von dem, was er bisher gesehen hatte, er war gerade jetzt nicht in der Verfassung einem höhern Beamten gegenüberzutreten, wie er hinter jeder Tür auftauchen konnte, er wollte weggehn, und zwar mit dem Gerichtsdiener oder allein wenn es sein mußte.

Aber sein stummes Dastehn mußte auffallend sein und wirklich sahen ihn das Mädchen und der Gerichtsdiener derartig an, als ob in der nächsten Minute irgendeine große Verwandlung mit ihm geschehen müsse, die sie zu beobachten nicht versäumen wollten. Und in der Türöffnung stand der Mann, den K. früher in der Ferne bemerkt hatte, er hielt sich am Deckbalken der niedrigen Tür fest und schaukelte ein wenig auf den Fußspitzen, wie ein ungeduldiger Zuschauer. Das Mädchen aber erkannte doch zuerst, daß das Benehmen K.'s in einem leichten Unwohlsein seinen Grund hatte, sie brachte einen Sessel und fragte: »Wollen Sie sich nicht setzen?« K. setzte sich sofort und stützte, um noch bessern Halt zu bekommen, die Ellbogen auf die Lehnen. »Sie haben ein wenig Schwindel, nicht?« fragte sie ihn. Er hatte nun ihr Gesicht nahe vor sich, es hatte den strengen Ausdruck, wie ihn manche Frauen gerade in ihrer schönsten Jugend haben. »Machen Sie sich darüber keine Gedanken«, sagte sie, »das ist hier nichts Außergewöhnliches, fast jeder bekommt einen solchen Anfall, wenn er zum ersten Mal herkommt. Sie sind zum ersten Mal hier? Nun ja, das ist also nichts Außergewöhnliches. Die Sonne brennt hier auf das Dachgerüst und das heiße Holz macht die Luft so dumpf und schwer. Der Ort ist deshalb für Bureauräumlichkeiten nicht sehr geeignet, so große Vorteile er allerdings sonst bietet. Aber was die Luft betrifft, so ist sie an Tagen großen Parteienverkehrs, und das ist fast jeder Tag, kaum mehr atembar. Wenn Sie dann noch bedenken, daß hier auch vielfach Wäsche zum Trocknen ausgehängt wird – man kann es den Mietern nicht gänzlich untersagen, – so werden Sie sich nicht mehr wundern, daß Ihnen ein wenig übel wurde. Aber man gewöhnt sich schließlich an die Luft sehr gut. Wenn Sie zum zweiten oder drittenmal herkommen, werden Sie das Drückende hier kaum mehr spüren. Fühlen Sie sich schon besser?« K. antwortete nicht, es war ihm zu peinlich, durch diese plötzliche Schwäche den Leuten hier ausgeliefert zu sein, überdies war ihm, da er jetzt die Ursachen seiner Übelkeit erfahren hatte nicht besser, sondern noch ein wenig schlechter. Das Mädchen merkte es gleich, nahm, um K. eine Erfrischung zu bereiten, eine Hakenstange die an der Wand lehnte und stieß damit eine kleine Luke auf, die gerade über K. angebracht war und ins Freie führte. Aber es fiel soviel Ruß herein, daß das Mädchen die Luke gleich wieder zuziehn und mit ihrem Taschentuch die Hände K.'s vom Ruß reinigen mußte, denn K. war zu müde, um das selbst zu besorgen. Er wäre gern hier ruhig sitzen geblieben, bis er sich zum Weggehn genügend gekräftigt hatte, das mußte aber um so früher geschehn je weniger man sich um ihn kümmern würde. Nun sagte aber überdies das Mädchen: »Hier können Sie nicht bleiben, hier stören wir den Verkehr« – K. fragte mit den Blicken, welchen Verkehr er denn hier störe – »ich werde Sie, wenn Sie wollen, ins Krankenzimmer führen.« »Helfen Sie mir bitte«, sagte sie zu dem Mann in der Tür, der auch gleich näher kam. Aber K. wollte nicht ins Krankenzimmer, gerade das wollte er ja vermeiden, weiter geführt zu werden, je weiter er kam, desto ärger mußte es werden. »Ich kann schon gehn«, sagte er deshalb und stand, durch das bequeme Sitzen verwöhnt, zitternd auf. Dann aber konnte er sich nicht aufrechthalten. »Es geht doch nicht«, sagte er kopfschüttelnd und setzte sich seufzend wieder nieder. Er erinnerte sich an den Gerichtsdiener, der ihn trotz allem leicht herausführen könnte, aber der schien schon längst weg zu sein, K. sah zwischen dem Mädchen und dem Mann, die vor ihm standen, hindurch, konnte aber den Gerichtsdiener nicht finden.

»Ich glaube«, sagte der Mann, der übrigens elegant gekleidet war und besonders durch eine graue Weste auffiel, die in zwei langen scharf geschnittenen Spitzen endigte, »das Unwohlsein des Herrn geht auf die Atmosphäre hier zurück, es wird daher am besten und auch ihm am liebsten sein wenn wir ihn nicht erst ins Krankenzimmer sondern überhaupt aus den Kanzleien hinausführen.« »Das ist es«, rief K. und fuhr vor lauter Freude fast noch in die Rede des

Mannes hinein, »mir wird gewiß sofort besser werden, ich bin auch gar nicht so schwach, nur ein wenig Unterstützung unter den Achseln brauche ich, ich werde Ihnen nicht viel Mühe machen, es ist ja auch kein langer Weg, führen Sie mich nur zur Tür, ich setze mich dann noch ein wenig auf die Stufen und werde gleich erholt sein, ich leide nämlich gar nicht unter solchen Anfällen, es kommt mir selbst überraschend. Ich bin doch auch Beamter und an Bureauluft gewöhnt, aber hier scheint es doch zu arg, Sie sagen es selbst. Wollen Sie also die Freundlichkeit haben, mich ein wenig zu führen, ich habe nämlich Schwindel und es wird mir schlecht, wenn ich allein aufstehe.« Und er hob die Schultern, um es den beiden zu erleichtern ihm unter die Arme zu greifen.

Aber der Mann folgte der Aufforderung nicht, sondern hielt die Hände ruhig in den Hosentaschen und lachte laut. »Sehen Sie«, sagte er zu dem Mädchen, »ich habe also doch das Richtige getroffen. Dem Herrn ist nur hier nicht wohl, nicht im allgemeinen.« Das Mädchen lächelte auch, schlug aber dem Mann leicht mit den Fingerspitzen auf den Arm, als hätte er sich mit K. einen zu starken Spaß erlaubt. »Aber was denken Sie denn«, sagte der Mann noch immer lachend, »ich will ja den Herrn wirklich hinausführen.« »Dann ist es gut«, sagte das Mädchen indem sie ihren zierlichen Kopf für einen Augenblick neigte. »Messen Sie dem Lachen nicht zuviel Bedeutung zu«, sagte das Mädchen zu K., der wieder traurig geworden vor sich hinstarrte und keine Erklärung zu brauchen schien, »dieser Herr – ich darf Sie doch vorstellen?« (der Herr gab mit einer Handbewegung die Erlaubnis) »– dieser Herr also ist der Auskunftgeber. Er gibt den wartenden Parteien alle Auskünfte, die sie brauchen, und da unser Gerichtswesen in der Bevölkerung nicht sehr bekannt ist, werden viele Auskünfte verlangt. Er weiß auf alle Fragen eine Antwort, Sie können ihn, wenn Sie einmal Lust dazu haben, daraufhin erproben. Das ist aber nicht sein einziger Vorzug, sein zweiter Vorzug ist die elegante Kleidung. Wir d. h. die Beamtenschaft meinte einmal, man müsse den Auskunftgeber, der immerfort, undzwar als erster mit Parteien verhandle, des würdigen ersten Eindrucks halber, auch elegant anziehn. Wir andern sind, wie Sie gleich an mir sehn können, leider sehr schlecht und altmodisch angezogen; es hat auch nicht viel Sinn für die Kleidung etwas zu verwenden, da wir fast unaufhörlich in den Kanzleien sind, wir schlafen ja auch hier. Aber wie gesagt, für den Auskunftgeber hielten wir einmal schöne Kleidung für nötig. Da sie aber von unserer Verwaltung, die in dieser Hinsicht etwas sonderbar ist, nicht erhältlich war, machten wir eine Sammlung – auch Parteien steuerten bei – und wir kauften ihm dieses schöne Kleid und noch andere. Alles wäre jetzt vorbereitet einen guten Eindruck zu machen, aber durch sein Lachen verdirbt er es wieder und erschreckt die Leute.« »So ist es«, sagte der Herr spöttisch, »aber ich verstehe nicht, Fräulein, warum Sie dem Herrn alle unsere Intimitäten erzählen, oder besser aufdrängen, denn er will sie ja gar nicht erfahren. Sehen Sie nur, wie er, offenbar mit seinen eigenen Angelegenheiten beschäftigt, dasitzt.« K. hatte nicht einmal Lust zu widersprechen, die Absicht des Mädchens mochte eine gute sein, sie war vielleicht darauf gerichtet ihn zu zerstreuen oder ihm die Möglichkeit zu geben sich zu sammeln, aber das Mittel war verfehlt. »Ich mußte ihm Ihr Lachen erklären«, sagte das Mädchen. »Es war ja beleidigend.« »Ich glaube, er würde noch ärgere Beleidigungen verzeihen, wenn ich ihn schließlich hinausführe.« K. sagte nichts, sah nicht einmal auf, er duldete es, daß die zwei über ihn wie über eine Sache verhandelten, es war ihm sogar am liebsten. Aber plötzlich fühlte er die Hand des Auskunftgebers an einem Arm und die Hand des Mädchens am andern. »Also auf, Sie schwacher Mann«, sagte der Auskunftgeber. »Ich danke Ihnen beiden vielmals«, sagte K. freudig überrascht, erhob sich langsam und führte selbst die fremden Hände an die Stellen, an denen er die Stütze am meisten brauchte. »Es sieht so aus«, sagte das Mädchen leise in K.'s Ohr, während sie sich dem Gang näherten, »als ob mir besonders viel daran gelegen wäre, den Auskunftgeber in ein gutes Licht zu stellen, aber man mag es glauben, ich will doch die Wahrheit sagen. Er hat kein hartes Herz. Er ist nicht verpflichtet, kranke Parteien hinauszuführen und tut es doch, wie Sie sehn. Vielleicht ist niemand von uns hartherzig, wir wollten vielleicht alle gern helfen, aber als Gerichtsbeamte bekommen wir leicht den Anschein als ob wir hartherzig wären und niemandem helfen wollten. Ich leide geradezu darunter.« »Wollen Sie sich nicht hier ein wenig setzen«, fragte der Auskunftgeber, sie waren schon im Gang und gerade vor dem Angeklagten, den K. früher angesprochen hatte. K. schämte sich fast vor ihm, früher war er so aufrecht vor ihm gestanden, jetzt mußten ihn zwei stützen, seinen Hut balancierte der Auskunftgeber auf den gespreizten Fingern, die Frisur war zerstört, die Haare hingen ihm in die schweißbedeckte Stirn. Aber der Angeklagte schien nichts davon zu bemerken, demütig stand er vor dem Auskunftgeber, der über ihn hinwegsah, und suchte nur seine Anwesenheit zu entschuldigen. »Ich weiß«, sagte er, »daß die Erledigung meiner Anträge heute noch nicht gegeben werden kann. Ich bin aber doch gekommen, ich dachte ich könnte doch hier warten, es ist Sonntag, ich habe ja Zeit und hier störe ich nicht.« »Sie müssen das nicht so sehr entschuldigen«, sagte der Auskunftgeber, »Ihre Sorgsamkeit ist ja ganz lobenswert, Sie nehmen hier zwar unnötiger Weise den Platz weg, aber ich will Sie trotzdem solange es mir nicht lästig wird, durchaus nicht hindern, den Gang Ihrer Angelegenheit genau zu verfolgen. Wenn man Leute gesehn hat, die ihre Pflicht schändlich vernachlässigen, lernt man es mit Leuten wie Sie sind Geduld zu haben. Setzen Sie sich.« »Wie er mit den Parteien zu reden versteht«, flüsterte das Mädchen. K. nickte, fuhr aber gleich auf, als ihn der Auskunftgeber wieder fragte: »Wollen Sie sich nicht hier niedersetzen.« »Nein«, sagte K., »ich will mich nicht ausruhn.« Er hatte das mit möglichster Bestimmtheit gesagt, in Wirklichkeit hätte es ihm aber sehr wohlgetan sich niederzusetzen; er war wie seekrank. Er glaubte auf einem Schiff zu sein, das sich in schwerem Seegang befand. Es war ihm als stürze das Wasser gegen die Holzwände, als komme aus der Tiefe des Ganges ein Brausen her, wie von überschlagendem Wasser, als schaukle der Gang in der Quere und als würden die wartenden Parteien zu beiden Seiten gesenkt und gehoben. Desto unbegreiflicher war die Ruhe des Mädchens und des Mannes, die ihn führten. Er war ihnen ausgeliefert, ließen sie ihn los, so mußte er hinfallen wie ein Brett. Aus ihren kleinen Augen giengen scharfe Blicke hin und her; ihre gleichmäßigen Schritte fühlte K. ohne sie mitzumachen, denn er wurde fast von Schritt zu Schritt getragen. Endlich merkte er, daß sie zu ihm sprachen, aber er verstand sie nicht, er hörte nur den Lärm der alles erfüllte und durch den hindurch ein unveränderlicher hoher Ton wie von einer Sirene zu klingen schien. »Lauter«, flüsterte er mit gesenktem Kopf und schämte sich, denn er wußte, daß sie laut genug, wenn auch für ihn unverständlich gesprochen hatten. Da kam endlich, als wäre die Wand vor ihm durchrissen ein frischer Luftzug ihm entgegen und er hörte neben sich sagen: »Zuerst will er weg, dann aber kann man ihm hundertmal sagen, daß hier der Ausgang ist und er rührt sich nicht.« K. merkte, daß er vor der Ausgangstür stand, die das Mädchen geöffnet hatte. Ihm war als wären alle seine Kräfte mit einem Mal zurückgekehrt, um einen Vorgeschmack der Freiheit zu gewinnen, trat er gleich auf eine Treppenstufe und verabschiedete sich von dort aus von seinen Begleitern, die sich zu ihm herabbeugten. »Vielen Dank«, wiederholte er, drückte beiden wiederholt die Hände und ließ erst ab, als er zu sehen glaubte, daß sie, an die Kanzleiluft gewöhnt, die verhältnismäßig frische Luft, die von der Treppe kam, schlecht ertrugen. Sie konnten kaum antworten und das Mädchen wäre vielleicht abgestürzt, wenn nicht K. äußerst schnell die Tür geschlossen hätte. K. stand dann noch einen Augenblick still, strich sich mit Hilfe eines Taschenspiegels das Haar zurecht, hob seinen Hut auf, der auf dem nächsten Treppenabsatz lag – der Auskunftgeber hatte ihn wohl hingeworfen – und lief dann die Treppe hinunter so frisch und in so langen Sprüngen, daß er vor diesem Umschwung fast Angst bekam. Solche Überraschungen hatte ihm sein sonst ganz gefestigter Gesundheitszustand noch nie bereitet. Wollte etwa sein Körper revolutionieren und ihm einen neuen Proceß bereiten, da er den alten so mühelos ertrug? Er lehnte den Gedanken nicht ganz ab, bei nächster Gelegenheit zu einem Arzt zu gehn, jedenfalls aber wollte er – darin konnte er sich selbst beraten – alle zukünftigen Sonntagvormittage besser als diesen verwenden.

Hermann Ungar

Die Verstümmelten

Franz Polzer kehrte am Kloster um. Er schlug den Weg nach Hause ein. Das, was ihm der Pfleger nun anvertrauen wollte, wenn er vorzeitig vom Spaziergang heimkehrte, hatte ihn seit gestern abend ununterbrochen beschäftigt und beunruhigt.

Am Karlsplatz beschleunigte er seinen Schritt. Als Polzer noch auf der letzten Stufe stand, öffnete sich vor ihm schon geräuschlos die Wohnungstür.

Der Pfleger ergriff ihn am Arm und zog ihn rasch über die Schwelle. Er hatte den Finger an die Lippen gelegt. Polzer sah ihn fragend an.

»Er muß ihr Geld geben!« Sonntag flüsterte so leise, daß Polzer Mühe hatte, ihn zu verstehen. »Alle müssen ihr wohl geben, der Tenor, der Student, weiß Gott, wer sonst noch! Kommen Sie!« sagte er.

Sie standen vor der Tür zu Polzers und Klara Porges' Schlafzimmer. Die Tür war geschlossen.

Der Pfleger hob den Fuß und stieß ihn kräftig gegen die Tür. Das Schloß knackte und brach und die Türflügel wichen vor Franz Polzer weit auseinander.

Polzer hörte einen Schrei. Er erkannte die Stimme der Witwe. Sie stand nackt im Zimmer. Sie bückte sich und hob ihr Hemd vom Boden und hielt es sich vor den Leib.

Polzer bewegte sich nicht. Er sah Klara Porges nicht an. Die Witwe raffte ihre Kleider zusammen und ging an Polzer vorbei in die Küche.

Polzer sah Franz Fanta an. Er wollte sich umdrehen und sehen, ob der Pfleger noch hinter ihm sei, aber er konnte den Blick von Franz Fanta nicht abwenden. Franz Fanta stand knapp an der Mauer zwischen den Fenstern. Der Kopf war leicht hintenüber geneigt, die Augen waren halb geschlossen, als wartete er.

Was wird geschehen, dachte Franz Polzer. Worauf warten wir?

Ihm war, als habe er ihn schon so gesehen. Vor vielen Jahren einmal. Hatten sie einander nicht damals weinend geküßt und umarmt? Und wartete er, Polzer, nun nicht, all die Jahre nicht, daß dieser ihn wieder küsse und umarme? Ja, darauf wartete er. Alles war wie ein versunkener Traum: Wo waren diese Glieder, in welchem Lazaretthof waren diese Glieder begraben, er hatte von einem häßlichen Namen getraumt, von einem widerlichen Namen, von den blutigen Wunden seiner schwangeren Frau. Die ganze Nacht nun hatte er unter Büchern die Hose geplättet und morgens die Schuhe geputzt. Nur die Hände mußte er verbergen. Oh, nun hob der Nackte die Arme vor sich, als fürchte er sich. Oh, Scham und Rührung waren also auch in ihm!

An der Wand hing der Mantel. Zögernd trat Polzer über die Schwelle. Franz Fanta hatte den Kopf in den Armen geborgen. Sein Rücken bewegte sich. Er weinte.

»Schäme dich nicht«, sagte Franz Polzer.

Er legte den Mantel über ihn.

Er sah Frau Porges schon angekleidet in der Küche stehen. Langsam ging er in die Küche zu ihr.

»Kommen Sie«, sagte er. Nichts regte sich in ihm.

Sie sah ihn fragend an.

»Kommen Sie!« wiederholte er. »Sie brauchen den Hut nicht.«

Sie traten auf die Straße. Sie trug keinen Hut. Wohin wollte er? Er sah sie ohne Hut, und er wunderte sich, daß er sich an nichts erinnere. Es war keine Angst in ihm, kein Haß, als er sie ansah. Alles war bewegungslos.

Es ist gut, daß sie keinen Hut trägt, dachte er. Wir sind kleine Leute, dachte er. Wir müssen schlechte Kleider tragen, wir müssen! Da kommt alles her. Besser für uns, die guten Kleider zu zerreißen, als sie zu tragen, dachte er.

Sie traten in ein kleines Café. Sie setzten sich an einen Tisch, der abseits an der Wand stand. Sie saß ihm gegenüber. Ihr Gesicht war bleich und dick wie das Gesicht einer Leiche. Ihre Augen wichen ihm aus. Er sah sie ruhig an. Ihr Haar war vom Wind an den Schläfen zerrauft. Wo war das alles schon geschehen?

Er wußte, daß er nun zu sprechen beginnen würde. »Was war das?« sagte er. Er vernahm, fremd, den Klang seiner Stimme. Ihm war, als habe er seine Stimme noch nie gehört.

Sie führte das Taschentuch an die Augen.

»Weinen Sie nicht«, sagte er.

Sie zuckte mit den Achseln.

»Ich will alles wissen«, sagte er.

Er sah sie schweigend an. »Quäle mich nicht! Sieh mich nicht an! Sieh mich nicht so an! Du weißt es ja! Wozu fragst du mich noch?« sagte sie.

Sie drückte das Tuch gegen das Gesicht.

»Wie es kam«, sagte er.

Sie rückte auf dem Stuhl.

»Wie es kam... Was soll das! ... Er sah mich immer so an...«

»Er ist noch ein Knabe«, sagte Polzer leise, »ich habe ihn sehr geliebt.«

Es bewegte sich nichts an ihm.

»Wie es kam«, sagte er.

»Gott, quäle mich nicht! Was heißt das, wie es kam! Wie kommt das! ...«

»Alles!« sagte er.

Er neigte sich über den Tisch. Er sah ihr Gesicht an. Er erschrak über dieses Gesicht. Wieso war dieses Gesicht vor ihm, dieses bleiche Gesicht!

»Ich habe dir alles gesagt.«

Warum konnte er nicht aufstehen und fort? Was hielt ihn an ihr?

»Alles... Alles mußt du hergeben! ...Das Geld... Warum willst du Geld von ihm? ... Und die andern...« Er hob die Hände. Sie sah sein verzerrtes Gesicht. »Alle haben dich gehabt, alle, der Student, der Tenor, die Herren aus der Bank, am Ende auch Karl, wer noch, wer noch!«

»Man lügt«, rief sie. Sie wich seinem Blick aus. »Er lügt, wer es dir gesagt hat, lügt! Er soll ersticken an dieser Lüge, wer es dir gesagt hat!«

»Schwöre, daß er lügt!«

»Ich schwöre, nur laß mich!«

»Ich lasse dich nicht«, sagte er. Warum geht es mich an, dachte er. »Nein, nein, ich lasse dich nicht.«

»Schwöre mir bei deiner Mutter, bei deiner toten Mutter«, sagte er. »Schwöre, daß du ihre Asche verfluchst, wenn er wahr spricht... Schweigst du? Warum schweigst du, warum schwörst du es nicht?«

»Quäle mich nicht«, sagte sie schluchzend.

»Also schwörst du es nicht. Also hat man die Wahrheit gesprochen.«

Sie schwieg.

»Gestehe es!« sagte er.

»Du weißt es doch«, sagte sie leise.

Da begriff Franz Polzer, daß sie ihm gehöre.

Er ließ die Arme sinken. Was sollte er nun? Was sollte nun noch?

»Alle«, sagte er, »alle... o Gott.«

Sie weinte.

Er sah den dunklen Flaum über den leblos fetten Wangen. Wie eine Leiche, dachte er. Er wußte, daß sie häßlich sei. Nun konnte er nie los von ihr. Sie hatte schwarze Haare zwischen den Brüsten.

»Wer noch?« fragte er leise.

»Niemand, niemand, o Gott, quäle mich nun nicht mehr!«

»Schwöre«, sagte er.

»Ich schwöre.«

Er schüttelte den Kopf.

»Nein, so nicht. Das Kind in meinem Bauch soll eine krumme Mißgeburt sein, der Aussatz soll es in meinem Leibe fressen... schwöre so!«

»Nein«, sagte sie, »nein, nein!«

»Nicht alle.«

Er schüttelte langsam den Kopf.

»So viel Unrecht leiden...« Sie schluchzte.

»Und das Kind«, sagte er, »und das Kind.«

Bald würde das Kind da sein. Bald würde dieser Bauch weit aufgehen. Wer hatte diesen Bauch so schwellen gemacht? Alles mußte sie sagen, alles wollte er aus ihr reißen, alles mußte er wissen, denn nun gehörte sie ihm, nun konnte er nicht fort von ihr, wie die roten Hände gehörte sie ihm, bis an ihr Ende, bis an sein Ende Tag und Nacht, immer mußte er alle Schmach aus ihr quälen und wieder tragen. Sie sollte keinen Hut mehr tragen, immer den nackten Scheitel wie eine, die im Laden steht, so mußte es sein. Man hatte ihn aus der Bank gejagt. Warum doch, dachte er, hat man mich aus der Bank gejagt? Nun ist alles hereingebrochen.

Er sah sie schweigend an. Sie trocknete ihre Tränen.

»Ich habe dir alles gesagt«, sagte sie. »Nun ist es gut, Polzer! Alles ist vergangen. Das Kind ist von dir, Polzer! Wir werden heiraten. Alles wird gut!«

Er erhob sich.

»Ja, ja«, sagte er. ––

In dieser Nacht schlief Polzer nicht. Er saß aufrecht im Bett. Er hörte den Schritt des Pflegers aus dem Nebenzimmer. Er hielt den Atem an und lauschte. Wer wollte etwas von ihm? Was wollte der Pfleger von ihm?

Manchmal hörte er einen tiefen Seufzer. Wie wenn ein Sterbender seufzt. Hatte der Pfleger geseufzt? Polzer wollte schreien. Aber sein Atem kam trocken aus dem Hals.

Er schloß die Augen nicht. In seinen Ohren klang die eintönige Stimme des Pflegers. Wo hatte er sie gehört?

»Das Böse ist nicht für den Bösen da. Denn für ihn ist nichts da. Auch das Böse ist für den Gottesfürchtigen da. Nur der Gottesfürchtige kann es erleiden und dieses ist die Gnade. So geht er ihm nicht aus dem Wege, sondern, wenn es da ist, nimmt er es auf sich. Denn er muß bis zu Ende tun und bis zu Ende erleiden.«

Die Schritte verstummten.

Frau Porges schlief. Sie lag auf dem Rücken. Nun konnte sie nicht mehr auf der Seite liegen. Polzer sah sie im Dunkel nicht. Aber er wußte, wie die Decke sich über ihrem Leib wölbte bis zum Hals. Und wie darüber der Scheitel lag.

Er saß im Bett und blickte unverwandt und bohrend in das Dunkel, dorthin, woher ihr Atem kam. In dieser Nacht dachte er an alles. Alles war lebendig nacheinander und zugleich. Später wußte er es nicht mehr. Manchmal erhellte sich ihm ein Augenblick aus dieser Nacht wie ein vergessenes, wiedergesprochenes Wort. Ihm war, als sei es ein Stein, unter dem Entsetzliches vergraben liege. Wie im Traum quälte er sich, diesen Stein von der Stelle zu wälzen, aber es war, als gebe er nach allen Seiten nach und doch weiche er nicht.

Es war still und nur ihr Atem ging. Aber war es nicht, als schleiche etwas? Durch den Flur in das Zimmer? Oh, es war doch alles Feste gelöst, oh, es hatte doch nichts Gesetzliches mehr Bestand.

Was knarrte? Hatte der Kasten geknarrt? War das kein Schritt auf der Diele, daß sie plötzlich knarrte, ein schleichender Schritt, ein Mörderschritt! Fremde Türen gingen im Haus, öffneten sich und schlossen sich. Was schlich durch das Dunkel? Sollte er aufstehen, bebend an den Türen stehen und lauschen, in die finstern Ecken mit den Händen tasten?

Ging der Mörder durchs Haus?

Seine Augen schmerzten. Er bewegte sich nicht. Klara Porges schlief. Warum schlief sie? Hörte sie es nicht? Wie hatte sie es gesagt?

»Alles ist vergangen. Alles wird gut.«

Nichts wird gut, nichts ist vergangen. Alles ist da und alles ist wach, wie kann es vergangen sein! Das Heiligenbild hängt nicht mehr an der Wand neben dem Bett wie zu Hause. Das ist vergangen, aber die Nacht ist nicht vergangen, wie sie war, als er im Bett lag und die Schritte knarrten und er im Flur stand und die Tür aufging und der nackte Schatten kam und der Vater. Nichts ist vergangen. Aber sie atmete, als wenn es vergangen wäre, die Schwangere, als wenn dieser Gedanke nicht mehr wäre, der einmal plötzlich da war, dieser unbegreifliche, entsetzliche Gedanke. Ihr Bauch atmete mit. Das Kind im Bauch atmete, das lebendige Kind. Bald wird der Bauch geöffnet sein und das Kind wird vor Polzer liegen, nackt, mit Schlauchgliedern und tiefen Einschnitten im Fleisch an den Gelenken, ein Mädchen mit einem Strich zwischen den Schenkeln. Nein, nein, das wollte er nicht. Das alles wollte er nicht, das alles sollte nicht sein. Aber das alles mußte sein, denn nichts konnte vergangen sein. Sie war häßlich und alles war eine Qual. Aber es mußte alles eine Qual sein und mußte alles häßlich sein. Ja, ja... So erst war es sein, wenn es häßlich war, er war selbst häßlich, mit roten Händen – – o Gott, warum hatte er den neuen Anzug genommen – – er hatte den Dienstmädchen die Gurken verkauft und die Tante hatte ihn gehalten mit ihren Nägeln an den Fingern, wenn der Vater ihn schlug, und Milka hatte ihn auf der Treppe ergriffen. Die Decke wölbte sich über dem Bauch und der Scheitel lag darüber. Von wem war das Kind in dem Bauch? Alle hatten sie mißbraucht. So gehörte sie ihm. Aber es war nicht vergangen.

Er wollte aufstehen, die Schwangere wecken. Ganz nah wollte er das Gesicht vor ihren Kopf legen und den Scheitel, den Scheitel... »Nichts ist vergangen«, wollte er sagen. Es war nicht zu Ende. »Sprich!« Alles sollte sie sagen. Wie sie den Knaben verführt habe, gelockt... er wußte doch nichts, der Knabe... wie sie ihn ergriffen, an sich gezogen habe. Und von den andern, von allen, alles sollte sie sagen, sollte sich winden und es sagen, wie sie auf ihr gelegen waren, wohin sie mit ihren Händen gegriffen haben, hierhin und dorthin, dieser und jener, genau, genau, wie jeder, wie er es getan habe, wie oft und wie lang, und wie sie geseufzt und geatmet habe, alles sollte sie sagen.

Er wollte die Decke wegziehen und sie sehen. Den geschwollenen Bauch, die Haare zwischen diesen Brüsten, die sich zur Seite schoben, wenn sie lag, das fette Gesicht, die Hände, die alle Männer gegriffen hatten, überall hin. Sie war häßlich und mißbraucht. Ihr Körper war gelb. Aber: so mußte es sein. So war sie unter ihnen gelegen, unter allen, und alle hatten sie gebraucht, aber jeder hatte seine Art, seine eigene Art, und von jedem mußte sie es sagen: so und so. Und von wem dieser Leib groß war, von wem das Kind war! Er sollte sie aufdecken und den Leib ansehen: Oh, alles war häßlich und eine Qual, aber es durfte nicht anders sein.

Der Student, der Tenor und alle, einer nach dem andern, nein, es durfte nicht vergangen sein, bis zu Ende mußte man es tragen. Noch schlief sie. Aber nun stand er auf. Er stand neben dem Bett. Die Decke wölbte sich bis zum Hals, wo noch, o Gott, wo noch hatte sich die Decke so entsetzlich über dem Bauch gewölbt, und da lag der Scheitel. Er wollte die Decke fortziehen, daß er den Bauch sehe, in dem das Kind lag mit dem offenen greuelhaften Spaltstrich zwischen den Schenkeln, das Kind in dem mißbrauchten Bauch, auf dem sie alle gelegen waren, einer wie der andere auf seinem Kinde, auf seinem Bauch. Nackt sollte er sein, wie vor Karl, dem sie ihn hinhielt, zu seiner Hand, daß er darauf taste.

Er lauschte. Keine Uhr ging. Nichts regte sich. Die Nacht verging. Keine Türen öffneten sich leise. Alles schlief. Die Schritte schliefen, das fremde Haus schlief, das Messer schlief, die Schürze mit dem Blut der Kälber schlief. Klara Porges schlief. Ihr Kopf lag zur Wand gedreht auf dem Polster. Der Scheitel lag da, weiß, zwischen den schwarzen Haaren links und rechts. Nichts war vergangen. Auch er war nicht vergangen, immer war er da, seit jeher war der Scheitel da, den der Wind zerstörte; denn sie trug keinen Hut.

Sie schlug ihn und sie quälte ihn und immer hatte sie ihn geschlagen und das Brot versperrt. Aber nun konnte er den Scheitel zerstören. Sie schlief. Er konnte diese Nadel aus dem Knoten nehmen, diese und diese, dann würde er zerfallen. Er mußte es leise tun, damit sie nicht erwache.

Der Knoten löste sich. Sie bewegte sich nicht. Sie atmete tief. Er nahm das Haar in die Hand. Er wollte den Scheitel verdecken. Es knisterte unter dem Haar. Er ließ das Haar los. Es fiel auseinander. Auf dem Polster lag Geld.

Polzer bewegte sich nicht. Er sah das Geld an. Das ist das Geld, dachte er. Das ist das Geld. Von allen unter dem Scheitel das Geld. Für den Bauch das Geld. Ihre Ohren lagen bloß. Er hatte noch nie ihre Ohren gesehen. Die Ränder waren nicht umgebogen, es waren ausgeplättete Ohren. Sie waren gelb wie Wachs von Kirchenkerzen, tote, ausgeplättete Ohren. Man konnte mit der linken Hand die Nase einen Augenblick lang zuhalten. Dann spannte sich die Haut über der Kehle. Die Kehle mußte gespannt sein. Denn die Haut ist fett, und es bildeten sich Fältchen. Er erschrak. Es hatte zu lange gedauert. Sie warf den Kopf. Sie hatte die Augen geöffnet.

Sie hatte etwas gesprochen. Es hatte wie aus dem Schlaf geklungen.

Er wartete. Er hatte den Kopf über sie geneigt. Nun schlief sie wieder. Sie atmete ruhig und tief. –

Am Morgen schlich Polzer aus dem Zimmer. Er schloß leise die Tür hinter sich. Er trat beim Pfleger ein. Der Pfleger wusch sich.

Auch Karl war wach.

Polzer trat auf das Bett zu.

»Sie trägt es im Haar«, sagte er. Seine Stimme war heiser. Er ließ sich auf den Stuhl fallen.

Karl und Sonntag blickten ihn an. Er war bleich und seine Füße zitterten.

»Das Geld«, sagte er, »das Geld.«

Er erhob sich.

»Ich will fort«, sagte er.

Er tastete, als sehe er nichts, bis er zur Tür fand.

Zwei Stunden später stand er vor dem Haus. Die Portiersfrau kehrte den Hausflur.

»Was ist das für ein Säckchen, Herr Polzer«, fragte sie.

»Ich habe es auf der Treppe gefunden«, erwiderte er. »Jemand hat es verloren.«

»Das ist Frau Porges' Kopftuch«, sagte sie.

»Dann hat sie etwas dareingeschlagen und es auf dem Weg verloren. Einen Kohlkopf vielleicht.«

»Es ist voll Blut«, sagte sie.

»Also einen Kalbskopf vielleicht«, sagte Franz Polzer, »oder sonst dergleichen.«

Er ging die Treppe hinauf und trat bei Karl ein.

»Nun«, sagte Karl. »Was ist denn! Du hast wohl schlecht geträumt heute, Polzer?«

»Sie trägt das Geld im Haar. Dort trägt sie das Geld. Wo ist Herr Sonntag?«

»Er ist fortgegangen. Er geht morgens immer in die Kirche. Nun muß er bald zurück sein.« Karl neigte sich vor. Er sah Polzer auf den Schoß, wo das Bündel lag. Sein Blick flackerte.

»Du bist ein Kalb, Polzer«, sagte er, »du bist ein Kalb! Ich kann dich nicht retten, Polzer. Du weißt, wie man einen Menschen tötet, er hat es dir deutlich gesagt. Man drückt ihm die Nase zu. Am Ende wirst du daran glauben. Ich weiß mehr, Polzer, aber ich bin der Nächste, sieh mich an, Polzer, sieh mich an!«

»Was ist denn?« fragte Polzer.

»Schweig«, sagte Karl. »Rette sich wer kann! Es geht uns allen an den Kragen.«

Er schloß die Augen.

Als Sonntag kam, saß Polzer noch immer neben Karl.

»Was haben Sie in der Hand?« fragte der Pfleger.

»Ach ja«, sagte Polzer. Er hielt es noch immer auf den Knien. »Sie hat etwas darein eingeschlagen und es verloren. Ich fand es auf der Treppe.«

»Darf man sehen, was es ist?« fragte der Pfleger.

Er zog an der Masche, zu der die Zipfel des Tuches geschlungen waren. Er hob das Tuch und Klara Porges' Kopf rollte von Polzers Schoß auf den Boden.

Der Haarknoten war gelöst. Aber der Scheitel war nicht zerstört. Polzer bemerkte es genau. Denn der Kopf stand unbeweglich auf der Halsfläche vor ihm auf dem Boden.

VIII. Katastrophe

Tony Brook

Begegnung mit dem Golem

Meine Reise nach Prag war – genau genommen – eine Flucht. Ich floh vor der grauenhaften, genial organisierten Dummheit und Bösartigkeit, die mich umgab, vor der Einsamkeit, die mich in den Nächten würgte und am Tage frösteln ließ, vor der Armut, die aus allen Ritzen meines minderen Mietzimmers grinste, vor dem verlockenden Traum eines schönen, selbstgewählten Todes, der mir süß sein schwarzes Lied ins Ohr sang.

Am Abend stand es noch keineswegs fest, wohin ich fahren würde, nur *daß* ich verreisen mußte, war klar, – es war – wenn es überhaupt noch Auswege gab – der einzige. Meine Wirtin ließ mich gern ziehen: sie hatte es satt, von Ultimo zu Ultimo des Mietzinses wegen vertröstet zu werden und mir noch obendrein kleinere Beträge für die Notdurft des Tages borgen zu müssen. Sie war eine harte Frau, diese Wirtin, rechtschaffen und indiskret, aufdringlich und laut, und auch der schalste Rest von Liebe war aus ihrem erkalteten Witwenherzen geschwunden, so daß es selbst bei der täglichen Züchtigung ihres kleinen Sohnes nicht weich wurde, wiewohl das Kind so markerschütternd schrie und schluchzte, daß selbst fremde Hausgenossen sich des Mitleids nicht erwehren konnten...

Dieses verfluchte Haus, genannt »Familienheim«, verließ ich freudig. Das war die einzige Freude in diesem trübsten Jahre meines Lebens, in dem mir die Welt als ein einziges gegen mich geschmiedetes Komplott erschien.

Aber die Freude war matt, sie hatte nicht Kraft genug in sich, mich aufzurichten, in mir auch nur den Entschluß des Kofferpakkens reifen zu lassen.

Der Anblick des bunten Gewirrs aus Kleidern, Büchern, Manuskripten, das den schmutzigen Fußboden bedeckte, lähmte mich geradezu, ich warf mich – in Kleidern, wie ich war – aufs Bett, rauchte eine Zigarette nach der anderen und starrte hinauf zu dem brüchigen Plafond, als könnte von dort die Gnade kommen, die mich erlöste.

So fand mich Medardus, der einzige Freund, der nach dem Nachtmahl gekommen war, um sich von mir zu verabschieden. Er sah das fürchterliche Tohuwabohu in meinem Zimmer und meine eigene

Entschlußlosigkeit, legte wortlos Mantel und Rock ab und begann, meine Siebensachen höchst sorgfältig in meinen alten, ererbten Koffer zu verstauen.

Dankbar und gerührt sah ich ihm bei dieser Arbeit von meinem Lager aus zu und feuerte ihn auch gelegentlich durch ermunternde Zurufe bei seiner Tätigkeit an.

Nach einer knappen Stunde war das ordnende Werk vollbracht. Verschnaufend stand der starke, gutmütige Junge vor mir.

»Dös hätt' mer g'schafft«, sagte er in heiterstem Bayrisch, das wir, noch aus unser gemeinsamen Schülerzeit bewahrt, zuweilen im Gespräch bevorzugten.

»Die Reise kann also beginnen«, antwortete ich mit geheuchelter Fröhlichkeit.

»Wohin fährst du eigentlich?«

Ich überlegte kaum, es war gleichgültig, was ich antwortete.

»Nach Prag.«

»Nach Prag – bist du eingeladen, oder fährst du in Geschäften?«

»In Geschäften« log ich, »ich habe mit einem Verleger einen Vertrag über mein neues Buch abzuschließen.«

»Na, dann wünsch' ich dir recht viel Glück dazu; was für ein Buch ist es denn?«

»Meine Novellen«, sagte ich gleichmütig, »du kennst das meiste davon, lauter altes Zeug.«

Als wir uns später bei einem Glase Burgunder gegenübersaßen, spürte ich, daß ich vor diesem Freunde nicht zögern durfte, die Wahrheit zu bekennen.

»Medardus, ich habe dich belogen!«

»–?–«

»Es erwarten mich keinerlei Geschäfte in Prag.«

»Und warum fährst du dann?«

»Es ist ein letzter Versuch, mein Lieber, dieser erstickenden Verlassenheit davonzulaufen, diesem Außer-allen-Zusammenhängen-stehen, dieser verfluchten ›Freiheit‹, die ein Vogel-frei-sein ist, dieser Leere um mich, die so groß ist, daß sie mich inwendig zu zersprengen droht: du mußt das verstehen – eigentlich gäbe es für mich nur eine Abreise ohne alle Wiederkehr, aber weil ich dazu zu feige bin, mache ich eine kleine Reise – sie ist ein Surrogat; weiter nichts.«

Der gute Medardus machte zage Versuche, mich aufzuheitern – es war nicht mehr nötig. Ich begann, Glas um Glas des herrlichen Weines hinunterzugießen, freute mich an der Benommenheit, die über mich kam, an der Scheinkraft, die mich erfüllte. Ich wünschte mir rotes Weinlaub, um es ins Haar zu flechten, und sang, sang, daß die Gäste in der Wirtsstube halb belustigt, halb verärgert mir zuhören mußten, ob sie wollten oder nicht.

Wie ich nach Hause kam, weiß ich nicht mehr genau. Aber ich entsinne mich sehr deutlich des Augenblicks, da ich durch heftige Schläge gegen die Türe geweckt wurde. Mein Freund Medardus, der friedlich neben mir im Bette schlummerte, war rascher munter als ich. Er eilte an die Türe, um zu fragen, was es gäbe.

»Der neue Mieter ist da, um einzuziehen.« Die Stimme der Wirtin bebte vor Entrüstung.

Verschlafen wie ich war, konnte ich doch feststellen, daß der Mann zu Recht den Raum begehrte. Es war Mittag vorbei und ich lag noch immer in den Federn.

Daß ich den Prager Zug versäumt hatte, versteht sich von selbst. Fluchtartig – was blieb uns anderes übrig – verließen wir mein Elendszimmer, indes der neue Mieter nervös im Flur auf und nieder ging.

Wie immer, nach starkem Alkoholgenuß, brannten mir Hals und Magen, und boshafte Kobolde hämmerten auf mein armes Gehirn los. Ich verhockte den Tag lesend, rauchend, dösend in einem Café, ärgerte mich über mich selbst, ekelte mich vor der Welt bis zum tatsächlichen Erbrechen und fuhr schließlich mit dem Abendzug doch noch – den Weg über Klagenfurt nehmend – nach Prag.

*

Es bleibt nachzutragen, daß die Stadt, aus der ich floh, meine einstmals heitere, jetzt von irrwitzigen Barbaren unterjochte Vaterstadt München war, die ich überschwänglich liebte und deren »Fall« ich beweinte – ein bayerischer Jeremias.

Es bleibt ferner nachzutragen, warum ich diesen Bericht der Begegnung mit dem Golem nicht an Ort und Stelle – in Prag – beginne, sondern weitschweifend (und wie manchem scheinen mag) selbstverliebt, geringfügige Dinge, die mit der Sache nichts zu tun haben, erzähle. Es ist nicht das schlechte Gewissen, das mich zu dieser epischen Ehrenerklärung veranlaßt, vielmehr mein erzählerisches Verantwortungsgefühl, denn die Prager Vorgänge werden recht eigentlich erst verständlich, wenn man meine damalige Gemütsverfassung berücksichtigt, die durch nichts sinnfälliger aufgezeigt werden kann, als durch das – bestimmt unerfreuliche – Vorspiel meiner sinnlosen Prager Reise.

*

War sie das wirklich? Sinnlos? Das ist schwer zu beantworten. Denn was ist sinnvoll? – Etwa das Nützliche? Ach, dies wäre doch wohl zu platt gedacht und verfehlte das Ziel so gründlich, daß wir dies Argument nicht einmal zu widerlegen brauchen. – Ich fuhr also über Klagenfurt in die goldene Stadt und stand mitten in der schwarzblauen Nacht auf dem Wilsonbahnhof, der still, wie eine Kirche, seine Hallen vor mir auftat.

Mein Hotel, der gute alte »Blaue Stern«, besonders würdig durch den Umstand, daß er die Ehre hatte, einmal den Kaiser Franz Joseph und öfter den Dichter Jacob Wassermann zu beherbergen, lag mitten in der Stadt, in der belebtesten Straße, die sich bescheiden und unzutreffend »Graben« nannte.

Ich konnte gar nicht anders, als so nobel wohnen, denn die Befreier Deutschlands, die es dahin gebracht hatten, daß niemand mehr als zehn Mark mit sich über die Grenze nehmen durfte, beglückten die Bürger mit der sinnigen Einrichtung sogenannter »Hotelgutscheine«, die im Inland gekauft und bezahlt wurden und gegen deren Vorweis sich dann in Prag oder Paris oder Buxtehude leben ließ. Die Sache hatte, das versteht sich, viele Haken. Einer davon war, daß man teuere Hotels wählen mußte, da die billigen Herbergen der Organisation, die die segensreichen Scheine ausgab, nicht angeschlossen waren.

Solchermaßen moralisch gedeckt, erwählte ich – des Kaisers und des Dichters eingedenk – den »Blauen Stern« zum Domizil und investierte in diesen Entschluß die Früchte eines läppischen Theaterstückchens, das ich für einen wohltätigen Verein »nach Maß« gearbeitet hatte.

Der Nachtportier war ein mürrischer und eigenwilliger Mann, der sich nur unter Flüchen zum Öffnen des Tores bereit fand; aber endlich landete ich dennoch in meinem bescheidenen Zimmer, das den fad-süßlichen Geruch aller Hotelzimmer, zumal sehr alter, atmete. Das Knarren des Schrankes und der Dielen gewann etwas Abenteuerlich-Gespenstisches, das die Haut erschauern machte.

Ein Schriftsteller soll nicht sagen – »unbeschreiblich« ––, und doch bleibt mir keine Wahl: unbeschreiblich dies Glücksgefühl, das mich beherrschte, als ich am nächsten Morgen mein Hotel verließ, um ein wenig durch die Stadt zu spazieren. Das laute Treiben, das Graben und Wenzelsplatz erfüllte, nahm mich auf, verschlang mich. Über dem alten Pulverturm flatterte eine Dezemberwolkenfahne. Die Cafés waren schon am hellen Vormittag künstlich beleuchtet. Aber all das war es nicht, was mich so tief beglückte, daß ich hätte jubeln und singen mögen und den Nächstbesten umarmen vor Seligkeit!

Die Quelle meiner Seligkeit war – ein Zeitungsstand gegenüber dem »Blauen Stern«. Was an einem einfachen, wiewohl auswahlreichen Zeitungsstande dermaßen beglückend wirken kann, versteht nur der, welcher, gleich mir, zum ersten Male die Grenzen des Dritten Reiches hinter sich lassend, ein freiheitliches Land betritt, in dem es noch so etwas gibt wie die Freiheit des Geistes, die sich nirgendwo schöner, schlagender manifestiert als in der Freiheit der Presse. Es versteht sich von selbst, daß ich fast das ganze Geld, das ich bei mir trug, in Zeitungen, Zeitschriften und Broschüren anlegte und mich dann in ein Café zurückzog und fliegenden Pulses las und las – las, bis mich der Kopf schmerzte und mir die Augen brannten, las, was ich wußte und selbst erlebt hatte und dennoch in seiner ganzen Furchtbarkeit kaum zu denken wagte.

Was man in meiner deutschen Heimat sich nur zuzuraunen wagte, das war hier in aller Öffentlichkeit zu lesen: unfaßbar, die Erde hatte noch Raum für Länder, in welchen die Wahrheit gestattet war. Oh, großes Glück des Gefangenen, dem sich die Kerkertür auftut! Oh, Petrusgefühl – durch die Mauern des Gefängnisses geführt zu werden an der Hand eines Engels!

So furchtbar, niederschmetternd das Gelesene war – Folterberichte aus Konzentrationslagern und SA-Kellern, Statistiken politischer Hinrichtungen –, so unendlich beseligend war die Tatsache, daß uns Getretenen doch noch die letzte Waffe geblieben war, der Schrei! Der Schrei, der gehört werden mußte, weil er aus blutig gerissenem Munde, weil er aus totwunder Seele drang.

Als ich das Kaffeehaus verließ, war es bereits dunkel geworden. In tausend grellen Farben strahlte die fremde Stadt, die mich in wenigen Stunden wieder den Glauben an die Menschen gelehrt hatte. Ach, freilich, es war wenig, was ich gesehen hatte: nur Papier, keine Tat. Aber die Jahre in der dumpfen Haft hatten mich bescheiden gemacht: offenes Bekenntnis zur Wahrheit erschien mir als etwas Unerhörtes, als Offenbarung. Das Selbstverständliche war mir zum Erlebnis geworden.

Es ist nicht blasphemisch, wenn ich rundweg bekenne, Gott wiedergefunden zu haben in diesen Schriften der – Gottlosen. Die untere Stufe des göttlichen Thrones hatten sie sichtbar gemacht, die Stufe der »Gerechtigkeit«, über der in Traumfernen die Aureole der letzten Stufe sichtbar wird, die »Liebe« heißt. War nicht auch etwas von ihr in den Zeilen dieser Bekennenden, deren Gott nur scheintot war? Wie aus versunkenen Glocken läuteten mir die Verse des großen Liebenden ins Ohr:

Es reget sich die Menschenliebe –
Die Liebe Gottes regt sich nun...

*

In mir war etwas aufgebrochen: ich wußte, daß ich mit meiner Verzweiflung nicht allein stand, daß Menschen lebten, die Mund und Wort hatten für mein Leid. Aber ich wollte, konnte es dabei nicht bewenden lassen, mußte selbst sprechen, wenigstens zu einem Menschen, der mir nahe stand. Meine Schwester lebte in Amerika.

Sie war damals mit knapper Not davongekommen und stand nun in ihrer neuen Heimat in den vordersten Reihen der Kämpfer gegen das große Unrecht. Ich hatte ihr nicht schreiben können, wie übel es mir ergangen war, sie wußte nichts von den bangen Tagen, die ich zitternd vor Furcht und Entrüstung im Gefängnis verbracht hatte, nichts von den Demütigungen, denen ich ausgesetzt war, ein Rechtloser unter Rechtlosen, zwei lange Jahre hindurch.

Ich schrieb nun einen Brief an sie. Einen Brief? Ach, es wurde fast ein kleines Buch. Ich erzählte, klagte an, berichtete und fluchte. Es war ein unordentliches Beieinander von Tatsachen und Wertungen, es war der Aufschrei eines übervollen Herzens.

Freilich, solche Briefe ändern nicht die Läufte der Zeit. Dennoch fühlte ich mich wie befreit von einer langen Schuld, als ich den Brief in den Kasten geworfen hatte.

*

Am nächsten Morgen beim Frühstück entfaltete ich eine Zeitung und das erste, was mir auffiel, was mit Riesenlettern auf mich zusprang, mir an den Hals ging und mich würgte, war die Notiz:

»Tschechoslowakische Postbehörden appellieren an den Haager Schiedsgerichtshof.«

Was war vorgefallen? Die Sache war die: deutsche Beamte hatten im Auftrage ihrer Regierung Postsäcke erbrochen, die von der Tschechoslowakei nach U. S. A. gingen und Deutschland als Zugangsland zum Meere passierten; Briefe waren gelesen worden, und auf Grund solcher Lektüre hatte man zahlreiche Verhaftungen vorgenommen. Offen gestanden: diese Zeitungsmeldung wirkte auf mich wie ein euphemistisch mitgeteiltes Todesurteil.

Es war für mich kaum möglich, in Prag zu bleiben. Ich hatte nichts bei mir als ein kleines Handköfferchen, alles andere war meinem Freunde Medardus zur Obhut anvertraut worden. Mannigfache Bindungen, Bindungen des lieben Brotes, fesselten mich damals noch an mein Rabenvaterland. Ich war ratlos. Sollte ich hier bleiben? Sollte ich es wagen, trotz allem nach Deutschland zurückzufahren?

»Eine jede Kugel trifft ja nicht...«

Das sträflich optimistische Soldatenliedchen fiel mir ein, aber dann tauchten mir wieder dunkle Bilder auf, Bilder des Jammers und der Schmach – Konzentrationslager, SA-Keller – »Schutz«-Haft. Ich leugne nicht: ich fürchtete mich, wie immer sich einer nur fürchten kann, dem keine andere Wahl bleibt, als seinen Henkern in die Arme zu laufen.

Die Stadt hatte ihr Antlitz verändert. Alle Häuser blickten bösartig auf mich. Die Spitzen der Dome reckten sich wie Galgen in den rauchgeschwärzten Himmel. Die Ecken lachten mich aus und die vornehmen alten Palais der »Kleinseite« schlossen vor mir ihre Portale. Sie wollten nichts mit mir zu tun haben. Ich war ein Gezeichneter. Ein entlaufener Sträfling. Ein Zum-Tode-Verurteilter.

Überall saßen plötzlich Spione. Im Café, auf dem Postamt, in der Buchhandlung, in der ich antifaschistische Bücher erstanden hatte. Der Nachtportier aber, der mürrische Alte, war das Oberhaupt der Verschwörer. Alle mutmaßliche Freiheit war Lug: eine Falle nur, in die ich gelockt werden sollte. Man hatte sicher bereits alle Maßnahmen zu meiner Verhaftung getroffen. Ging ich nicht gutwillig zurück, nun, so würde man mich über die Grenze zu locken wissen. Es war kein Ausweg. Prag ein Eingang zum Konzentrationslager Dachau vor München, mein Hotel eine Filiale des Braunen Hauses, der Nachtportier ein »alter Kämpfer«.

*

Wer erinnert sich nicht des arabischen Märchens vom reichen Mann, der als Bettler vor die Türe seiner Freunde kommt und allerorten schmählich davongejagt wird? So erging es mir. Ich kannte zwar nur zwei Leute in Prag, aber sie ließen mich schändlich im Stiche, wiesen mir kalt und herzlos die Türe; ja, der eine verdächtigte mich sogar übler Schwindelei und drohte, die Polizei herbeizurufen, wenn ich nicht sein warmes, reiches Haus im Nu verließe. Ach, die Erde gleicht oft den Lesebüchern aufs Haar und der Himmel hängt teilnahmslos, wie ein graues Laken, über Sündern und Gerechten und denkt nicht daran, sich zu öffnen und Pech und Schwefel auf die Hartherzigen, Gold und heiße Würstchen und ein Glas Pilsener aber auf den unschuldig Verfolgten zu ergießen. Erde, wie gleichst du dem Lesebuch; Himmel, wie bist du ihm fern!

Es wurde Abend, wurde Nacht.

Die Stadt Prag sah aus tausend Lichtfensteraugen auf den einsamen Wanderer, der zu so ungewöhnlicher Stunde einen Spaziergang unternahm. Alles drängte nach Hause, in die Theater, Kinos, Vortrags- und Konzertsäle; nur ich ging – ein Verlorener, ein Bettler – schlendernden Schrittes über die Karlsbrücke dem Hradschin zu. Untröstlich, wie Drohungen, starrten die Brückenheiligen in den sternlosen Nachthimmel. Schwarz, ein irdischer, doppelt trostloser

Himmel, lag die Moldau unter den Pfeilern des Gewölbes. Ja, sie lag. Es war keine Bewegung zu sehen in ihrer Schwärze.

Glücklicher St. Nepomuk, dachte ich, du starbest in diesem Gewässer; die Märtyrerkrone, wie ein siebenfaches Licht, strahlte sie um dein schmales Haupt!

Und ich? Auch ich werde sterben in diesem Fluß – soll ich etwa lieber armselig verhungern in einem Straßenwinkel? Aber kein Licht und keine Krone wird mich umgeben. Ausgespien werde ich verrecken, ohne Glanz, ohne Trost, und kein Auge wird feucht werden, außer dem meinigen, das die Moldau überreich netzen wird.

So, in trübsinnige Gedanken versponnen, lehnte ich am Brückenwehr und starrte auf das träge Gewässer unter mir, als mir plötzlich jemand schwer die Hand auf die Schulter legte.

Erschrocken wandte ich mich um. Ein breitschultriger, hochgewachsener Kerl stand hinter mir, das Gesicht von einer Schirmmütze fast verdeckt, den riesigen Leib in einen ungeheuren Pelzmantel gehüllt und um den Hals einen Wollshawl geschlungen, der dem Manne ein vermummtes Aussehen verlieh.

Der Mann hatte etwas geradezu Entwaffnendes. Die natürliche Reaktion auf solch plumpe Vertraulichkeit wäre doch ein »Herr, was erlauben Sie sich!« gewesen. Aber die ganze Haltung des Riesen war unendlich gutmütig, eine unfaßbare Milde ging von ihm aus, die jede Empörung im Keime ersticken mußte. Auch von Furcht vor dem fremden Manne konnte nicht die Rede sein. Mein erster Eindruck war – Christopherus. Er glich, ich kann nicht genau angeben wieso, diesem gutmütigen heiligen Riesen, der kleine Menschlein dienstfertig durch den reißenden Fluß trägt.

Der Gewaltige sah auf mich herab und sagte holprig, die Worte kullerten ihm aus dem Munde:

»Kommen Sie, bitte, mit mir; mein Herr erwartet Sie zum Tee...«

»Es muß ein Irrtum sein«, entgegnete ich, »ich bin fremd hier: es ist unmöglich, daß Sie mich meinen«, und ich nannte ergänzungshalber meinen Namen.

»Ja, eben Sie soll ich zum Tee bitten – zu Herrn Dr. Čiska«, sagte der freundliche Riese, »wollen wir zu Fuß gehen oder ziehen Sie es vor, ein Taxi zu nehmen?«

»Ist es weit von hier?« Ich war selbst erstaunt über meine Frage, die einer Annahme der Einladung gleichkam.

»Für Sie wohl«, meinte der Fremde, und maß mich herablassenden Blickes: ich war ein Knirps, ein Nichts neben ihm.

Und damit faßte er mich an der Schulter. »Gehen wir«, sagte er, »hier ist es kalt.«

Ich folgte ihm willenlos, bestieg mit ihm ein Auto (er mußte ein offenes wählen, da ein geschlossenes ihn nicht zu fassen vermochte), und dahin ging's durch die erleuchteten Straßen der abendlichen Stadt. Von den Kirchen schlug es acht. Der Wenzelsplatz schillerte in Rot und Grün und Orange. Die Stadt atmete Lust und Gefahr, Glück und Untergang, das Leben selbst saß auf den Kandelabern und sang ein tschechisches Lied.

Unser Wagen raste in außergewöhnlichem Tempo, wie mir schien, durch das Gewirr der Straßen. Der Lenker lachte aller Verkehrsampeln. Der Wind pfiff mir um den Hut. Mit einem Male befiel mich entsetzliche Angst. »Ich bin verloren«, schrie es in mir, »ich werde entführt! O ich Narr, warum bin ich diesem fremden Riesen gefolgt. Man wird mich über die Grenze bringen, verhaften. Man hat meinen Brief gelesen, hat mich beobachtet. Man wird mich langsam in einem Konzentrationslager zu Tode schinden. O glückliches Los, in den Wellen der Moldau ertrunken zu sein; o Schönheit des Todes aus freier Entscheidung!« Ich wollte schreien, aber die Angst schnürte mir die Kehle zu. Ich wollte aus dem rasenden Wagen springen, aber meine Beine waren so schwach, daß ich mich nicht erheben konnte. Ich saß reglos, wie von einem Alptraum befangen, keiner Gebärde mächtig.

Der Riese neben mir redete kein Wort. Er machte den Eindruck eines Schlafenden. Teuflische Ruhe, dachte ich, der Kerl ist seines Fanges sicher. »Nach getaner Arbeit ist gut ruhen.« Wie ausgeleiert doch mein Gehirn ist, stellte ich fest; in solcher Situation fallen mir die banalsten Sprichwörter ein. Dann war die Angst wieder da: groß und lebendig. Rot und dunkel. Ich war naß von Schweiß. Das Hemd klebte mir am Leib; den Hut hatte ich in den Nacken geschoben. Meine Zähne schlugen aufeinander wie im Schüttelfrost. Häuserzeilen flogen an uns vorbei, lichteten sich mehr und mehr. Wir näherten uns der Peripherie der Stadt.

Ich riß mich zusammen. Jetzt mußte ich handeln. Ich sah noch ein paar Menschen auf der Straße. Der äußerste Zeitpunkt war gekommen. Hinausspringen, koste es, was es wolle! Besser tot oder ein

Krüppel, als in den Händen dieser Teufel, zum Tier erniedrigt, langsam, schmerzvoll verenden. Zwei-, dreimal versuchte ich aufzustehen. Es gelang nicht. Meine Knie gaben nach, oder der scharfe Wind warf mich zurück. Mein Begleiter nahm meine mißglückten Fluchtversuche nicht zur Kenntnis. Endlich gelang es mir: ich stand bereits, meine Hand lag auf der Klinke des Wagenschlages...

»Sind Sie irrsinnig!« schrie da der riesenhafte Kerl, der aus seiner Lethargie erwacht schien, und riß mich mit eisernem Griff zurück auf den Polstersitz. Es war aussichtslos, Widerstand zu leisten. Der Mann verfügte – nicht verwunderlich bei seiner Größe – über schier übernatürliche Kräfte.

»Was wollen Sie denn?« fragte er vorwurfsvoll und zugleich begütigend. »Wir sind doch schon am Ziel.«

Er rief dem Chauffeur etwas auf Tschechisch zu, worauf dieser hielt, bezahlte ihn, das wirkte – wiewohl es nur Komödie sein konnte – beruhigend und half mir, der ich am ganzen Leibe zitterte, aus dem Auto.

Wir standen vor einem villenartigen Häuschen, das vom weißlichen Licht einer Straßenlaterne angestrahlt wurde.

Ohne daß jemand geläutet hätte, öffnete sich die Türe, in deren Rahmen ein livrierter Diener stand, der einen altmodischen Kerzenleuchter trug.

»Entschuldigen schon, die Herrschaften«, sagte der Diener, »'s hat Kurzschluß geben.«

Er geleitete uns in ein dielenartiges Empfangszimmer, stellte den dreikerzigen Leuchter auf den Tisch und entfernte sich beim spärlichen Licht eines Streichholzes.

Alle Tatkraft war restlos aus meinem Blute gewichen. Ich saß steif vor Angst auf meinem Sessel und fror. Der Riese, der weder Mantel noch Mütze abgelegt hatte, saß mir wortlos gegenüber.

Endlich öffnete sich die Türe und herein trat – Klara. Klara Ricksterholm, die Gefährtin meiner Jugendjahre, ein stilles blondes Mädchen, das für mich eine Erfüllung unausgesprochener Wünsche war. Ich hatte sie seit über zehn Jahren nicht mehr gesehen, nie mehr etwas von ihr gehört. Und nun stand sie vor mir, im trüben Schein der Kerze. Noch immer siebzehnjährig, wie mir schien.

»Guten Abend, Peter«, sagte sie einfach und reichte mir ihre kühle kleine Hand.

»Klara« – ich war nicht fähig, einen Satz oder nur ein Begrüßungswort zu sprechen. Als Heimat und mütterliche Geborgenheit erschien mir die Jugendfreundin, die Halbvergessene, hier in dem fremden Haus, in der fremden Stadt. Alle Angst, aller Argwohn fiel von mir wie ein altes Kleid.

»Ich habe erfahren, daß du hier in Prag bist, und unserem getreuen Josef« (sie wies auf den stummen Riesen) »dein Bild gezeigt. Der Gute hat die sonderbare Gabe, jedermann, dessen Bild er einmal sah, ausfindig zu machen. Und, siehst du, nun hat er dich ja hergebracht. Welch eine Freude!«

Ich war so verwirrt, daß ich keine rechte Antwort fand. Was waren das für Ungereimtheiten? Ein fremder Mensch sollte mich nach einem Bild aus meiner Gymnasiastenzeit in dieser großen Stadt auffinden; und woher wußte Klara, daß ich in Prag war? Fragen über Fragen. Ich beschloß, im Laufe des Abends der Sache noch auf den Grund zu gehen. Vorerst sagte ich nur:

»Wie reizend, du hast noch das Bildchen, das ich dir damals schenkte...«

»Ich werde es nie wegwerfen«, sagte Klara und lächelte. Dann, wie um alles Gesagte auszuradieren, fügte sie zögernd hinzu: »Du weißt, ich sammle Photographien seit jeher mit Eifer.«

Während sie noch sprach, trat ein dürres Männchen ein, kahlgeschoren, und seine unruhigen, vorgewölbten Augen von einer Brille bedeckt.

»Mein Mann Dr. Čiska – mein Jugendfreund Peter«, stellte Klara vor. Dr. Čiska streckte mir die Hand hin:

»Freut uns ungemein, daß Sie uns die Ehre machen. Hoffentlich haben wir noch Licht heute abend. Ich habe schon um den Installateur geschickt, aber so spät wollen die Leute nicht mehr kommen.«

Unter gleichgültigen Reden führte er mich in sein Arbeitszimmer, das eine Mischung von chemischem Laboratorium, Bibliothek und Maleratelier war. Das Ganze wirkte durch das spärliche Kerzenlicht etwas gespenstisch; ja, ich erschrak bis auf den Grund meines Herzens, als Klaras und mein Schatten einander an der Wand begegneten, an der ein Skelett stand, das eine alte Kupfermünze an einem Seidenbändchen um den Hals trug.

Das Gespräch kam nur schleppend in Gang.

Endlich fragte ich geradezu, wer denn dieser sonderbare Diener

Josef sei, der die Gabe besäße, einen fremden Menschen mitten im Gewühl der großen Stadt aufzuspüren?

Dr. Čiska zuckte unter meiner Frage zusammen.

Dann sagte er ausweichend: »Es ist schwierig, Ihnen, als Laien, diesen seltsamen Fall von Somnambulismus, den wir Psychiater kennen, zu erklären. Es sind – wenn Sie so wollen – magische Kräfte, über die der Kranke zu gewissen Zeiten verfügt und die ihn zu solch außergewöhnlichen Leistungen befähigen, wie es die Auffindung total fremder Menschen ist.«

»Und woher wußten Sie, daß ich hier bin?«

»Das hat uns«, sagte Dr. Čiska stockend, »auch Josef berichtet. Meine Frau ordnete dieser Tage alte Photographien, darunter war auch die Ihre, mein Herr. Der Zufall wollte es, daß sie zuoberst lag, als Josef ins Zimmer trat. Er starrte auf das Bild, besann sich eine Weile, und sagte schließlich: ›Der Herr ist in Prag – soll ich ihn suchen gehen?‹ Und sehen Sie«, schloß der Doktor seinen Bericht, »daß Sie nun hier sitzen – das ist der Erfolg dieses Experimentes. Meine Frau schickte nämlich Josef tatsächlich nach Ihnen aus und befahl ihm, Sie, falls er Sie wirklich fände, zu uns zu bitten.«

Indes Čiska heißen Tee in die bereitstehenden Tassen goß, sagte er noch, wie um die sonderbare Erzählung abzuschwächen: »All das wundert uns nicht. Wir sind an noch Tolleres bei Josef gewöhnt.«

Während er redete, hatte Klara unterm Tisch meine Hand ergriffen und drückte sie so fest, daß ich mir in die Unterlippe beißen mußte, um nicht vor Schmerz aufzuschreien. Ihre Knie näherten sich den meinen und der Hauch ihres Mundes streifte meine Wange wie ein flüchtiger Kuß eines sehr unerfahrenen Mädchens. Klaras Augen brannten sich in meine Augen ein, daß ich sie schließen mußte. Es war, als geschähe eine Umarmung, nur die Stille *nach* dem Sturm, der Abendwind von Eden, war uns nicht beschieden.

Als ich zufällig auf Dr. Čiska sah, erschrak ich zutiefst. Die Augen hinter seiner Brille hatten sich mit so drohendem Gefunkel gefüllt, daß ich entsetzt Klaras Hand fahren ließ.

Čiska lachte breit, zeigte dabei seine schwarzen, schadhaften Zähne.

»Übrigens«, sagte Čiska, als vollendete er einen Satz, der in Wahrheit nie begonnen wurde, »können Sie beruhigt zurückreisen; Josef sagt, Ihr Brief sei nicht gelesen worden –«

Ich hatte nicht mehr die Kraft zu antworten. Waren alle Gesetze der Natur aufgehoben? Woher wußte dieser fremde Mann, diese Mischung aus Engel und Dämon, um meine unausgesprochene Sorge? Ich konnte weder fragen noch irgend etwas entgegnen.

»In einer halben Stunde geht Ihr Zug«, sagte Čiska. Es war keine Güte mehr in seiner Stimme. Sie klang wie das Zerscherben brüchigen Tons.

Gehorsam erhob ich mich. Čiska sagte: »Gute Reise.« Dann entfernte er sich grußlos.

Klara führte mich noch in den Flur. Es war dunkel um uns, und wir waren allein. Aber ich wagte nicht einmal, ihr die Hand zum Abschied zu reichen. Mir war, als weinte Klara leise und ihre Tränen tropften in den geöffneten Kelch meines Herzens.

Josef erwartete mich vor dem Tor und half mir in das bereitstehende Auto. An meinem Hotel vorbei, wo wir meinen Koffer holten, fuhren wir zum Bahnhof.

Ich erreichte den Zug gerade, als er sich in Bewegung setzte. Josef reichte mir meinen Koffer zum offenen Fenster hinein; dabei fiel ein Lichtstrahl auf seine Brust. Einen Lidschlag lang schien es mir, als leuchte auf der Brust des Riesen ein hebräischer Buchstabe, anzusehen wie ein dreimastiges Schiff, dessen Fahnen wider die Fahrtrichtung wehten.

Dann fuhr der Zug aus der Halle.

Ludwig Winder

Sabotage

Josef Rada, ein kleiner Beamter des Verkehrsministeriums in Prag, verließ am Morgen des 15. März 1939 ahnungslos seine Wohnung und ging in sein Amt. Er hatte rosige Wangen und ernste, graublaue Augen. Die rosige Tönung seines bartlosen, runden Gesichts gab ihm ein jugendliches Aussehen, aber die ernsten, immer besorgten Augen, die von kleinen, scharfen, strahlenförmig sich ausbreitenden Fältchen umgeben waren, verrieten sein Alter. Er war zweiundfünfzig Jahre alt. Er ging langsam und vorsichtig. Vor acht Jahren hatte er sich als Beamter einer kleinen Station in Südböhmen beim Heben eines schweren Koffers einen Bruch zugezogen. Es hatte nicht zu seinen Amtspflichten gehört, Gepäckstücke zu heben; aber der einzige Gepäckträger des entlegenen Gebirgsbahnhofs war ein älterer, kränklicher Mensch gewesen, und Rada hatte ihm die schwerste Arbeit abgenommen. Seit damals ging der einstige Sportliebhaber, der sich drei Jahrzehnte lang als Turner betätigt hatte, so langsam und vorsichtig wie ein Mann, der erst durch eine späte Erfahrung die Tükken, die dem menschlichen Körper innewohnen, kennengelernt hat.

Auf der Straße war nichts Ungewohntes zu sehen. Der Morgen war kalt, es schneite. Rada dachte an eine Tariftabelle, die er auszuarbeiten hatte. Er war ein tüchtiger Tariffachmann; zwar nur ein untergeordneter Hilfsbeamter, weil er nie an einer Hochschule studiert hatte, aber in der Tarifabteilung des Verkehrsministeriums gab es nicht viele Kenner des Tarifwesens, die sich mit ihm messen konnten. Er stellte die kompliziertesten Tariftabellen zusammen, die sein Chef, der Abteilungsvorstand, als sein eigenes Werk, als seine eigene Leistung dem Minister überreichte. Josef Rada war nicht auf Anerkennung und Lob erpicht. Wenn seine Berechnungen genehmigt wurden, war er zufrieden.

Die Tabelle, die er heute zusammenzustellen hatte, war eine heikle Arbeit, weil sie den tragisch veränderten Verhältnissen, die seit einem halben Jahr das Arbeitssystem des Ministeriums von Grund auf zerstört hatten, Rechnung tragen mußte. Der Münchner Vertrag, die Abtrennung der Sudetengebiete, hatte den Wirkungskreis des Verkehrsministeriums wesentlich verkleinert. Es gab jetzt weniger Eisenbahndirektionen, mit denen die Tarifabteilung zu verkehren hatte, aber bedeutend mehr Instanzen. Vor allem war seit dem 1. Oktober 1938 das Einverständnis der reichsdeutschen Behörden, die das Eisenbahnnetz der abgetretenen Gebiete übernommen hatten, auf Schritt und Tritt erforderlich, selbst wenn es sich nur um eine völlig unwesentliche Tarifänderung handelte. Der Verkehr mit den deutschen Behörden war schwierig; sie ließen keine Gelegenheit ungenützt, den nur noch scheinbar unabhängigen tschechischen Ämtern Verdruß zu bereiten. Infolgedessen war der Minister gereizt; die Abteilungsvorstände desgleichen; und die untergeordneten Beamten bekamen unablässig alle Peinlichkeiten dieses Zustandes zu spüren.

Trotzdem war Josef Rada nach dem Münchner Diktat, das die junge Republik und das tschechische Volk der Willkür des Tschechenfeindes Hitler ausgeliefert hatte, ein ruhiger, unermüdlicher Arbeiter geblieben. Seine Augen hatten schon in seiner Jugend besorgt in die Welt geblickt; aber er war nie furchtsam oder ängstlich gewesen. Der Ausdruck des Besorgtseins, der seinen Augen anhaftete, entsprang dem Willen dieses mit einem zarten Gewissen belasteten Menschen, alle Pflichten, die ihm auferlegt waren, untadelig und vollkommen zu erfüllen. Er fühlte sich in vielleicht übertriebenem Maße für das Wohlergehen seiner Familie und für die Ersprießlichkeit seiner amtlichen Tätigkeit verantwortlich. Es war unvermeidlich, daß dieses strenge Pflichtbewußtsein zuweilen in Pedanterie ausartete; aber das ganze Wesen des Mannes, der unbeirrbar seinen bescheidenen Lebenszweck im Auge behielt, machte es selbst seinen spottlustigen Kollegen unmöglich, ihm anders als mit großer Achtung zu begegnen. [...]

Rada saß reglos an seinem Schreibtisch. Er sah seine Kollegen Havelka und Beran eintreten. Sie öffneten die Fächer ihrer Schreibtische und untersuchten stumm den Inhalt. Der rechthaberische Havelka sagte nicht, daß er recht gehabt habe. Daß der Kollege Havelka sich stumm an seinen Schreibtisch gesetzt hatte und stumm mit hastig grabenden und schaufelnden Händen den Inhalt des Schreibtisches zu untersuchen begann, erfüllte Rada mit einer nie gekannten Verzweiflung. Die traumhaft langsamen Handbewegungen des weißhaarigen Kollegen Beran, der jedes Papier, das er dem Schreibtisch entnahm, mit dem Daumen der rechten Hand glättete, vertieften Radas Verzweiflung. Nach einigen Minuten ging Havelka zu dem Kachelofen und verbrannte einige Papiere. Dann setzte er die Suche fort. Der junge Pytlik trat ein, sah die aufgerissenen Schreibtischladen und sagte: »Das muß ich auch machen.« Während er seinen Schreibtisch untersuchte, berichtete er: »Das Haus ist unter Bewachung. Am Haupteingang stehn deutsche Soldaten. Im Präsidium ist die Gestapo.«

Der weißhaarige Beran fragte: »Soll ich meine Parteilegitimation verbrennen?« Der junge Pytlik lachte gequält auf und sagte: »Ich dachte, daß Sie nur dem Verein konzessionierter Moldauangler angehören, Herr Beran.« Der alte Mann sagte nur ganz ruhig: »Ich wünsche Ihnen, daß Sie in der nächsten Zeit Ihren Humor nicht verlieren, Pytlik.« – »Ich bitte«, rief der immer hastiger seine Papiere prüfende Havelka, »keine überflüssigen Reden jetzt. Es kann jeden Augenblick jemand kommen.« Der alte Beran nickte, ging zum Ofen und steckte seine Parteilegitimation ins Feuer. »Was der Mensch alles erlebt«, murmelte er, setzte sich und legte alle Papiere, die er untersucht hatte, in die leeren Schreibtischläden. »Und Sie«, sagte er zu Rade, »Sie haben gar nichts zu verbrennen?« – »Hier nicht«, antwortete Rada, »vielleicht zu Hause.« Havelka, der wieder vor dem Ofen kniete, sagte: »Stimmt nicht. In der mittleren Lade haben Sie etwas Gefährliches. Etwas sehr Gefährliches sogar.« Rada öffnete die mittlere Lade seines Schreibtisches. Dort lagen die eingerahmten Photographien des verstorbenen Präsidenten Masaryk und des Präsidenten Benesch, der seit dem Herbst im Ausland lebte. »Hochverrat«, sagte Havelka. »Geben Sie her«, sagte der junge Pytlik, »ich trage sie auf den Dachboden. Dort liegen in einer großen Kiste alle Bilder, die bis zum Herbst an den Wänden hingen.« Er nahm die beiden Photographien, legte sie in eine großformatige Zeitung und verließ auf den Fußspitzen das Zimmer.

Um elf erschien der Abteilungsvorstand und sagte: »Meine Herren, bereiten Sie sich vor. Ich hoffe, daß in unsrer Abteilung alles unverändert bleibt, aber man weiß nicht, was kommt.«

Nach der Mittagspause betraten drei deutsch sprechende Männer, die Zivilkleidung trugen, das Zimmer. Die vier Beamten, die aufstanden, glaubten im ersten Augenblick, es sei die Gestapo, beruhigten sich jedoch, als sie hinter den Fremden einen höheren Beamten des Präsidiums, den Ministerialrat Dr. Fobich, eintreten sahen; er führte offenbar die Vertreter der deutschen Eisenbahnbehörden in alle Abteilungen des Ministeriums. Er sagte in fließendem Deutsch: »Das da gehört zur Tarifabteilung, meine Herren. Wir haben Raummangel, so daß die Beamten einer Abteilung in verschiedenen Stockwerken, teilweise sogar in verschiedenen Gebäuden arbeiten. Die andern Kanzleien der Tarifabteilung befinden sich im vierten Stock.« Während er sprach, blickte er einem der Fremden, einem etwa vierzigjährigen Rothaarigen, der einen kurzen Pelz trug, in die Augen. »Kann man sich mit den Leuten in deutscher Sprache verständigen?« fragte der Rothaarige. Der tschechische Ministerialrat sagte: »Nicht sehr gut im allgemeinen.« Der Rothaarige hüstelte, drehte sich um und ging. Die anderen folgten. Zuletzt verließ

Dr. Fobich das Zimmer. In der Tür wandte er den Kopf und winkte dem ihm nachblickenden Rada lächelnd zu.

Die vier Beamten setzten sich. »Sie kennen den Ministerialrat Fobich gut, Herr Rada, nicht wahr?« sagte der junge Pytlik. Rada antwortete nicht.

Er nahm die Tariftabellen, mit denen er sich am Morgen befaßt hatte, in die unmerklich zitternden Hände. Minutenlang versagten seine Augen; dann meisterte er seine Erregung und begann zu arbeiten. Die drei Kollegen besprachen leise – lauerte die Gestapo nicht hinter der Tür? – die unmittelbaren Gefahren, die ihnen drohen mochten. Rada beteiligte sich nicht an dem Gespräch. Er wünschte nichts zu sehen und nichts zu hören.

Um sechs Uhr waren die Amtsstunden abgelaufen. Die Kollegen gingen. Rada verließ als letzter den Amtsraum. Beim Verlassen des Hauses mußte er der Wache seine Legitimationspapiere zeigen. Vom Dach des Ministeriums wehte eine Hakenkreuzfahne. Er ging nach Hause. [...]

*

Die Abteilung III arbeitete bei Tag und Nacht. Sie war für die rasche, glatte, jede Stockung ausschließende Beförderung der deutschen Soldaten und des Kriegsmaterials an die polnische Grenze verantwortlich. Der Dienst war militärisch organisiert. Die Gestapo stand unsichtbar hinter jedem Schreibtisch. Die tschechischen Beamten arbeiteten verbissen, in einem Zustand unaufhörlicher Überreiztheit. Stumm und verbissen trugen sie die Last dieses elenden Lebens, aufrechterhalten von einer großen Hoffnung. Sie alle hofften: Einmal wird diese Qual zu Ende sein. Einmal werden wir uns rächen. Aber diese Hoffnung, die einem unbeugsamen Willen, einem unbeugsamen Glauben entsprang, schien irrsinnig. Mit unwiderstehlicher Gewalt drangen Hitlers Armeen in Polen vor.

Rada saß in einem kleinen Zimmer, das sich neben dem Arbeitszimmer des Sektionschefs Fobich befand. In der Mitte des kleinen Zimmers stand Radas Schreibtisch. Am Fenster saß eine deutsche Stenotypistin oder Sekretärin, Fräulein Elsbeth Puhl. Sie betrat jeden Morgen gegen neun das Zimmer mit dem Gruß: »Heil Hitler!« Rada, der – wie in der Tarifabteilung – zwei Minuten vor acht zu arbeiten begann, erwiderte den verhaßten Gruß an manchen Tagen mit den Worten: »Guten Morgen, Fräulein!« An manchen Tagen erwiderte er den Gruß nicht, sondern beugte sich tiefer über seine Akten und spiegelte vor, nichts zu sehen und nichts zu hören. An manchen Tagen beantwortete er die dienstlichen Fragen Fräulein Puhls – sie stellte jeden Tag Dutzende von Fragen an ihn, da sie der tschechischen Sprache nicht mächtig war und deshalb ohne Unterlaß auf Hindernisse stieß – korrekt und höflich. An manchen Tagen stellte er sich taub. Er tat es nicht, um die Stenotypistin zu ärgern, er tat es aus Angst, die Geduld und die Selbstbeherrschung zu verlieren. Er fürchtete, daß er einmal, statt eine korrekte und höfliche Antwort zu geben, etwas Furchtbares sagen, nein, brüllen, herausschreien werde, ein Wort, das ihn verraten, ihn und seine Familie ins Verderben stürzen könnte. Deshalb schwieg er manchmal beharrlich und ließ alle Fragen Fräulein Puhls unbeantwortet. Vorsorglich hatte er ihr gleich am ersten Tag gesagt: »Ich höre schlecht, Fräulein.« Da sie aber bald merkte, daß er manchmal nicht hören wollte, beklagte sie sich bei dem Sektionschef über Radas Unhöflichkeit. Fobich antwortete: »Sie dürfen ihm das nicht übelnehmen; er ist ein Sonderling. Ein hochanständiger, verläßlicher Mensch, aber ein Sonderling. Ich kenne ihn seit meiner Kindheit.«

Rada hatte angenommen, daß er, da Fobich von einer Vertrauensstellung gesprochen hatte, Geheimakten zu bearbeiten haben werde: Korrespondenzen mit den deutschen Militärbehörden hatten ihm unheilvoll vorgeschwebt, gefährliche Protokolle, undurchsichtige Aktionen. Mit derartigen Arbeiten wurde Rada jedoch nicht betraut. Er vermutete, daß sie Fräulein Puhl vorbehalten seien, die zweimal täglich in Fobichs Arbeitszimmer hinter verschlossenen Türen Diktate aufnahm. Vermutlich gab es noch andere Vertrauenspersonen, denen Fobich wichtige Arbeiten anvertraute, obwohl er behauptet hatte, daß er sich auf keinen Menschen in seiner Abteilung verlassen könne. Radas Arbeit diente hauptsächlich der Regelung der Fahrpläne. Er hatte die Abfertigungstermine der Züge zu errechnen, die auf bestimmten Strecken eingeschoben werden mußten. Diese Berechnungen hatte er aufgrund der festgesetzten Fahrgeschwindigkeiten anzustellen. Ob die Züge dem Mannschaftstransport, der Waffenbeförderung oder dem Güterverkehr außerhalb der militärischen Zone dienten, ging aus den Arbeitsgrundlagen, die ihm zur Verfügung gestellt wurden, nicht hervor; diese Einzelheiten wurden von anderen Beamten ausgearbeitet, vor denen man die Abfertigungstermine der Züge geheimhielt. Dieses System der Geheimhaltung sollte den Verrat militärischer Geheimnisse sowie Sabotageakte verhindern. [...]

*

Um acht Uhr abends betrat Rada die Wohnung des Hausbesorgers Musil. Novák wartete bereits. Er saß am Tisch, auf dem eine Eisenbahnkarte lag, die er studierte. Er stand nicht auf, sondern reichte Rada sitzend die Hand und sagte: »Schön, daß Sie kommen. Sperr die Tür zu, Emil.«

Musil verschloß die Tür.

»Setzen Sie sich zu mir, Herr Rada«, sagte Novák, »ich zeige Ihnen vor allem auf der Karte, wo unsre starken Positionen sind. Sie müssen sehr gut aufpassen; es ist am besten, nichts Schriftliches zu besitzen. Also machen Sie keine Notizen, und behalten Sie im Kopf, was ich Ihnen sage. Am wichtigsten sind für uns selbstverständlich die Hauptstrecken, die den größten Teil der Transporte nach dem russischen Kriegsschauplatz bewältigen. Aber auch jede andere Strecke kann mitunter enorm wichtig werden. Sehr wichtig ist jede Strecke, die Pilsen berührt, denn die Skodawerke sind die zweitgrößte Waffen- und Munitionsfabrik, die der Feind besitzt. Ich zeige Ihnen jetzt die größten Widerstandszentren, die wir haben.«

Er drückte den Mittelfinger der rechten Hand auf eine Stelle der Eisenbahnkarte. »Hier ist ein großer Teil der Beamtenschaft und die gesamte Arbeiterschaft im Dienst unserer Organisation tätig, hier läßt sich viel machen. Ebenso hier.« Er drückte den Mittelfinger auf eine andere große Station. »Weiter: hier. Und hier. Und hier.« Der Mittelfinger wanderte von einer Station zur andern. »Das sind unsere stärksten Festungen auf den Hauptstrecken. Haben Sie sich die Stationen gut gemerkt? Wiederholen Sie die Stationsnamen, Herr Rada.«

Der Mittelfinger blieb auf dem Kreis, der die zuletzt genannte Station bezeichnete, haften. Rada betrachtete gebannt die verstümmelte Hand, den kräftigen Mittelfinger, der die Weisungen gab. Den Zeigefinger hat ihm eine Maschine abgehackt, dachte Rada; tut es sehr weh, wenn einem ein Finger abgehackt wird? Während er diesem Gedanken nachhing, sagte er wie ein Schüler in der Geographiestunde die Namen der Stationen auf, die Novák genannt hatte.

»Jetzt nenne ich Ihnen die Stationen, auf die wir uns im Umkreis der Skodawerke verlassen können«, sagte Novák. »In Pilsen selbst wollen wir nichts versuchen, weil dort die Gestapo eine ganze Spitzelarmee in Bereitschaft hält. Wohin man spuckt auf dem Pilsener Bahnhof – überall sind zehn Gestapospitzel. In Prag ist es nicht anders.«

Trotzdem ist kürzlich in Karolinenthal ein Munitionszug entgleist.«

»Richtig. Aber diese Aktion hat große Opfer gefordert. Wir wollen künftig womöglich Aktionen innerhalb des Prager Rayons vermeiden. Ich zeige Ihnen jetzt unsere wichtigsten Bastionen in der Umgebung der Skodawerke.«

Novák nannte einige Stationsnamen. Der Mittelfinger wanderte auf der Karte von einer Station zur andern. »Wollen Sie die Stationsnamen wiederholen?«

Rada sagte die Stationsnamen auf.

»Gut. Jetzt müssen Sie noch wissen, wo unsere verläßlichsten Streckenwärter sind«, sagte Novák. »Das ist nicht mehr so leicht im Kopf zu behalten, es sind zu viele. Aber es ist nicht notwendig, daß Sie sich jedes Wärterhäusel merken. Es genügt, wenn Sie sich merken, auf welchen Teilstrecken wir am leichtesten arbeiten können.« Wieder wanderte der Mittelfinger auf der Karte umher. Novák nannte Zahlen. Jede Zahl bedeutete ein Wärterhaus.

»Langsam, bitte«, sagte Rada, »ich will mir die Zahlen ins Gedächtnis einprägen.«

»Das ist unmöglich. Sie werden gleich sehn.«

Novák nannte sehr viele Zahlen. »Alle diese Zahlen können Sie nicht im Kopf behalten«, sagte er dann.

»Nein, ein so gutes Gedächtnis hab ich nicht«, sagte Rada. »Aber wenn ich mir diese Zahlen notiere, kann ich sie im Laufe einer Woche auswendig lernen. Ich würde die Notizen nach einer Woche vernichten. Selbst wenn die Gestapo den Zettel bei mir fände, könnte sie nicht erraten, was er bedeutet.«

Novák überlegte.

»Gut«, entschied er, »notieren Sie die Zahlen. Glauben Sie, daß

Sie alle Zahlen innerhalb einer Woche Ihrem Gedächtnis einprägen können wie ein Gedicht?«

»Ich will es versuchen. Ich hab eine unglaubliche Anzahl ganz unwichtiger Tarife im Kopf, die mich längst nichts mehr angehen.«

»Aha«, sagte der Portier, der am Fenster stand, »das ist also Ihr Steckenpferd.«

»Es ist nicht mein Steckenpferd«, sagte Rada lächelnd, »aber wenn ich eine Arbeit übernehme, streng ich mich an.«

»Das wird uns zugute kommen«, sagte Novák. »Versuchen Sie also, die Zahlen auswendig zu lernen. Und vernichten Sie den Zettel, den Sie jetzt mitnehmen, für alle Fälle nach einer Woche.«

Er diktierte die Zahlen. Rada schrieb.

»Werden Sie aber wissen, was die Zahlen bedeuten?« fragte Novák, nachdem er alle Zahlen diktiert hatte.

»Ja. Die Lage der Wärterhäuschen finde ich in den Streckenverzeichnissen, die in der Abteilung III liegen.« [...]

*

Eine Woche später, an einem Donnerstag, brachte er zum erstenmal Musil eine Information. Ein aus sechsunddreißig mit Munition beladenen Waggons bestehender Zug stand abfahrbereit auf einem Rangierbahnhof in Brünn. Es war festgesetzt worden, daß der Zug am folgenden Nachmittag, um 17 Uhr 15, abfahren sollte. Rada gab an, zu welcher Stunde und Minute der Zug die Stationen passieren würde, deren Personal der unterirdischen Organisation angehörte; überdies hatte er ausgerechnet, wann der Zug die Wärterhäuschen passieren würde, die als Stützen der unterirdischen Organisation in Betracht kamen. Er nannte die Nummer jedes Wärterhäuschens und die Stunde und Minute, zu der sich der Zug an jedem dieser Wärterhäuschen vorbeibewegen würde. Er hatte ein übriges getan und auch ausgerechnet, zu welcher Stunde und Minute der Zug jeden Tunnel passieren würde, der auf der Hauptstrecke lag.

»Wunderbare Arbeit«, sagte Musil. [...]

*

Er blickte einige Male verstohlen auf die Uhr. Sechs Minuten nach sechs mußte der Munitionszug die erste Station erreicht haben, die den Sabotageakt begünstigte. Um halb sieben verließ Fräulein Puhl das Amt. Jetzt näherte sich der Zug dem Wärterhäuschen 7234, das Novák als eine »Festung des Widerstands« bezeichnet hatte. Um sieben Uhr beschloß Rada, bis zehn in dem Amtszimmer zu bleiben. Um 9 Uhr 40 mußte der Munitionszug, wenn sich vorher nichts Außerordentliches ereignete, den Punkt erreicht haben, der die letzte Möglichkeit zu einem Sabotageakt bot. Wenn bis zehn keine Meldung über eine Eisenbahnkatastrophe einlief, war der Sabotageakt nicht zustande gekommen. [...]

Nun betrat Fobich Radas Zimmer und sagte: »Ach, du bist noch hier, Rada, das ist mir sehr angenehm, weil ich dir noch ein paar Aufträge für morgen geben will, ich muß nämlich morgen früh wieder dienstlich verreisen.« Er übergab Rada einige Aktenstücke und erteilte ihm einige Aufträge. Dann ging er. Gleich darauf läutete in Fobichs Zimmer das Telephon. »Hier Sektionschef Fobich«, hörte Rada. Der Sektionschef, der in Radas Zimmer bereits den Mantel angehabt und den Hut in der Hand gehalten hatte, war von der Treppe in sein Arbeitszimmer zurückgekehrt, um zu hören, was der Anruf bedeutete. Nachdem er sich gemeldet hatte, herrschte in seinem Arbeitszimmer Stille, so daß Rada glaubte, das Telephongespräch sei zu Ende und Fobich habe das Arbeitszimmer und das Amtsgebäude verlassen. Plötzlich hörte Rada aber Fobichs Stimme. Etwas mußte geschehen sein. Die Stimme war unbeherrscht. Sie hatte einen veränderten Klang. Fobich rief ungeduldig: »Weiter!« – »Ich höre! Weiter!« Und noch zweimal: »Weiter!« Dann rief er: »Ich rufe in fünf Minuten an, bleiben Sie am Telephon!«

Rada wußte, daß Fobich soeben die Meldung von einer Eisenbahnkatastrophe erhalten hatte. Die unbeherrschte Stimme hatte es verraten. Sie war kaum wiederzuerkennen gewesen. Sie hatte verzweifelt geklungen wie die Stimme eines Menschen, vor dessen entsetzten Augen ein Haus einstürzt.

Rada blieb sitzen. Wild schlug sein Herz. Er rührte sich nicht. Er dachte: Es ist geglückt! Er dachte: Ich hab es vollbracht! Er dachte: Ich hab es nicht vollbracht, aber ich hab mitgeholfen, es ist geglückt. Er dachte: Wenn Edmund es wüßte – er wär mit mir zufrieden. Edmunds Stimme wird mir nicht mehr zurufen: »Warum erfüllst du deine Pflicht nicht, Vater?«

In Fobichs Arbeitszimmer läutete das Telephon. Rada konnte nicht verstehen, was gesprochen wurde, aber er hörte ein Wort, das ihn mit tiefer Freude erfüllte: »Munition«, es kehrte einige Male wieder, war deutlich vernehmbar. Die Stimme am Telephon klang immer noch unbeherrscht, es war Fobichs Stimme, und sie war es nicht, Fobich schien die Fassung verloren zu haben. [...]

Gleich darauf war Fobichs Zimmer von vielen Stimmen erfüllt. Rada erkannte keine dieser Stimmen. Er hörte das Gestampfe schwerer Röhrenstiefel. Die Tür wurde aufgerissen. Fobich stand in der Tür. Rada erblickte den Minister und mehrere schwarze Uniformen. Fobich war sehr bleich. Er starrte Rada an, als ob er ihn nicht erkannte, und sagte: »Rada, ein Unglück ist passiert. – Heute ist Permanenzdienst. – Wer noch im Amt ist, hat hierzubleiben.« Dann schloß er die Tür. Die Männer entfernten sich. Totenstille trat ein. Fobich hatte mit dem Minister und mit den Schwarzuniformierten das Amtszimmer verlassen.

Rada klopfte an die Tür des Amtszimmers. Niemand meldete sich. Er öffnete die Tür. Er trat an Fobichs Schreibtisch. Er erblickte einen Zettel. Auf dem Zettel war die Zahl 36 aufgeschrieben, sonst nichts.

Rada wußte: 36 Waggons.

Moshe Yaakov Ben-Gavriel

Die neue Saga von Prag

Es gibt wohl kaum eine Stadt in Europa, in der mehr Sagen, Mythen und Legenden entstanden als in Prag. Die Deutschen erzählen die ihren, denn Prag war einmal deutsch, damals, als Wenzeslaus, der Mongolensieger, sie gerufen hatte, um aus dem Kastell an der Vltava die Stadt an der Moldau zu machen. Die Tschechen haben ihre Legenden um die Zlatá Praha gesponnen, denn das »Goldene Prag« ist die Stadt auch des andern Wenzeslaus, der den Meister Hus zum Rektor gemacht und die tschechischen Brüder Wiklifs vor dem eifernd geifernden Gegenpapst Baldassare Cossa geschützt hat. Die Juden aber wissen mehr Sagen und Legenden um die »Böhmische

Mutter in Israel« als alle andern zusammen. Sie beginnen nicht erst beim Hohen Rabbi Löw und auch nicht mit der Geschichte der »Goldenen Gasse«, sondern weit früher, in jenen verdämmerten Zeiten, da die sagenhafte Libussa, als sie Prag gründete, die Juden im Traum gesehen hatte. Sie verkündete das Gesicht ihrem Sohn Nezamysl, erzählen die Juden, der es weitergab von Geschlecht zu Geschlecht, bis der Herzog Hostiwit den Thron bestieg und ihm die Ahnfrau im Traum befahl, die von den Wenden aus Moskowien verdrängten Juden herbeizurufen. Eine Legende bauten sie auf die andere; eine unendliche goldene Kette von Sagen, die die Zeit und alle ihre Judenverfolgungen überdauerte, wie ihre Altneuschul alle Brände des Gettos überlebte, weil immer zwei geheimnisvolle Tauben sich auf dem Dach des Gotteshauses niederließen, sobald es in der Judenstadt zu brennen begann. Stets ließen sich irgendwo rettende Tauben in Prag nieder, wenn die Blutlüge ausgerufen wurde, und immer entstanden neue Legenden, die trotz Blut und Gewalt immer wieder, Haß und Lüge vergessend, versöhnlich und verzeihend ausklangen. Selbst wenn gegen den Intriganten Taddäus ein Golem geschaffen werden mußte, selbst wenn ein Märtyrer sich in die Lanzen der Landsknechte stürzen mußte, um die Judenstadt vor dem ersten Rosenberg, Zawisch, dem Staatskanzler, zu retten.

Freilich dann, in unsren Tagen, da die neue Lüge eines andern Rosenberg von Blut und Rasse nach Prag kam, verstummte die Legende. Keine rettenden Friedenstauben wurden in der Karpfengasse gesehen, nicht in der Meislova, nicht auf dem Judenfriedhof, und der von der Mythe jahrhundertelang gegrabene Gang von der Altneuschul nach Jerusalem war nicht aufzufinden. Die Saga der Juden von Prag war zu Ende gekommen.

Die Tschechen aber begannen, einander eine neue Art von Legende ins Ohr zu flüstern: kein Gettomärchen war es, keine von den so plastischen Legenden der deutschen Gotik und kein verschnörkeltes fränkisch-italienisch-tschechisches Barockgeschichtchen. Es war Neugesagtes, das man einander überall, wo man zu flüstern wagte, erzählte: die neue Saga von Prag. Keiner wußte, woher sie kamen, die neuen, erregenden Legenden um den geheimnisvollen Alten aus dem Dachgeschoß in der Karpfengasse. Eines Tages waren sie da und liefen von Hinterhof zu Hinterhof durch das heimgesuchte Prag.

Die erste Geschichte begann in jener Zeit aufzutauchen, als Karl Maria Glaser daranging, auch die Wohnung im Dachgeschoß in das große Reinemachen einzubeziehen. Er schickte den neuen Hausmeister, der den längst verschollenen Stepanik ersetzte, hinauf, um dem unbekannten Mieter die Kündigung überreichen zu lassen, da die Miete längst überfällig war, die dieser früher der Božena stets am Monatsersten zur Bezahlung in den Korb gelegt hatte. Der Hausmeister kam ergebnislos zurück; auf sein Klopfen sei keine Antwort gekommen, und es scheine, als sei überhaupt niemand in der Wohnung. Glaser sagte, er möge einen Schlosser holen oder aber selbst die Tür gewaltsam öffnen... Doch nein, das könne als Hausfriedensbruch ausgelegt werden, setzte er dann, überlegend, fort und gab Befehl, das zuständige Polizeikommissariat zu verständigen. Als Grund der Anzeige möge angegeben werden, man befürchte, daß dem Mieter etwas zugestoßen sei.

Die Polizisten, welche die Wohnung öffneten, konnten konstatieren, daß nichts zugestoßen war. Der Platz war nicht nur menschenleer, sondern leer im Sinn des Wortes, wenn man von einem Tisch, einem Stuhl und einem Bett absah. Fußspuren mehrerer Männer ließen darauf schließen, daß die Wohnung an einem Regentag ausgeräumt worden war, wobei man aber nicht den normalen Weg über die Treppe benutzt hatte, sondern den ungewöhnlichen, um nicht zu sagen, jeder Art von Verdacht Tür und Tor öffnenden über die Dächer der benachbarten Häuser und durch eines der bei Nacht zwar versperrten, aber unbewachten Magazine am Ende der Karpfengasse ins Freie hinaus.

Der Bezirkskommissar, in der naiven Freude, endlich wieder einmal eine unpolitische Sache erwischt zu haben, meldete den Fall der Polizeidirektion, welche den Befehl gab, einen Steckbrief nach dem verschwundenen Mieter Jaromir Neplatka zu erlassen. Da zeigte es sich aber, und damit trat gleichzeitig die politische Polizei, nämlich die Gestapo, in Aktion, daß weder ein Foto noch auch eine Beschreibung des Vermißten aufzutreiben war. Es fanden sich zwar schließlich ein paar Leute, darunter der in diesem Bericht kurz erwähnte Dr. Bloch, von denen jeder den Gesuchten einmal von Gesicht zu Gesicht gesehen hatte. Ihre Beschreibungen aber waren derart vage und einander so widersprechend, daß selbst die in solchen Dingen überaus gewandte Gestapo nicht fähig war, einen Steckbrief zu verfassen. Unter all den Details, die sie über diese zweifellos gefährliche Persönlichkeit zusammentrug, gab es nur ein einziges Merkmal, das, weil von zwei der Einvernommenen unabhängig voneinander angegeben, möglicherweise richtig war: daß der Mann sein Sprechen gelegentlich durch ein trockenes Aufhusten unterbreche, das wie ein Kichern klinge. Dies war alles, was die Gestapo ihren Agenten mit auf dem Weg geben konnte, als einzigen Anhaltspunkt bei ihrer Suche. Da man nicht einmal wußte, ob er groß oder klein, blond oder grau oder gar vielleicht Besitzer einer Glatze war, brachten sie in den ersten Wochen ein paar Dutzend von trockenen Hustern ein, die man aber wieder laufenlassen mußte, weil sie in der Lage waren, sich in unwiderlegbarer Weise ausweisen zu können. Man gab daher die Suche schließlich auf, oder – besser gesagt – sie schlief von selbst ein.

Eine andere Geschichte, die man bald darauf zu erzählen begann, war die: Eines Tages erschien ein Mann im Waisenhaus in der deutschen Stadt Saaz, zwei, drei Autostunden von Prag. Er hatte das Parteiabzeichen im Knopfloch und wies ein Papier vor, in dem die Leitung der Anstalt angewiesen wurde, das Waisenkind Bedřich Zelenka zu übergeben. Zwecks Überführung in ein Waisenhaus in Prag.

Da der Mann in sehr bestimmter und kurz angebundener Weise sprach, in einer Art, die mehr Befehl als höfliche Mitteilung war, verfehlte er nicht, den Eindruck eines an Befehlen Gewöhnten, also eines höheren Parteifunktionärs oder Beamten, zu erwecken, so daß man sich beeilte, den kleinen Zelenka sofort zur Abreise bereitzumachen. In der Zwischenzeit versuchte der Leiter der Anstalt, den Fremden in ein Gespräch zu verwickeln, um, zumindest auf Umwegen, zu erfahren, warum die Behörden über den erst kürzlich eingelieferten Zögling nun anders verfügten. Der Mann aber blieb einsilbig, schaute wiederholt ungeduldig auf die Uhr und unterschrieb schließlich den Übergabeschein, ohne ihn auch nur flüchtig durchzulesen. Er unterschrieb ihn mit dem Namen Prag.

»Ihr Name ist Prag?« fragte der Waisenvater etwas erstaunt.

»Ja, Prag. Warum auch nicht?« antwortete der Fremde in einem scharf abweisenden Ton, der sicherlich nicht zur Fortsetzung des Gespräches ermunterte, nahm das Kind, das mit einer Mundharmonika in der Hand im gleichen Augenblick in die Empfangshalle gekommen war, und ging mit einem kurzen, beinahe wie ein Fluch ausgestoßenen »Heil Hitler!« zu seinem Auto hinaus.

Der Junge hatte kein Wort gesagt, doch als er im Wagen saß, steckte er den blonden Kopf zum Fenster hinaus und rief ein »Dank schön für den Aufenthalt!« zurück. Dann setzte er die Harmonika an den Mund und begann, ein tschechisches Lied zu spielen. Herr Prag aber drückte wortlos den Hut etwas tiefer in die Stirn, hustete trocken auf, was wie ein leises Kichern klang, gab Gas und fuhr ab.

Dem Waisenvater, der Köchin und einer Kinderpflegerin, die dem Auto nachschauten, blieb nichts in Erinnerung als der blonde Lockenkopf Bedřichs und das trockene Aufhusten des Fremden. Ein paar Tage später, der Leiter der Anstalt hatte die Bestätigung des Herrn Prag mit der Meldung der Transferierung an seine vorgesetzte Behörde geschickt, ein paar Tage später kamen zwei Gestapobeamte. Sie machten den aus allen Himmeln fallenden Angestellten des Waisenhauses die Eröffnung, daß es sich um nichts weniger als um eine Entführung handle und daß dieser Herr Prag schon längst auf ihrer Suchliste stünde. »Ein Kidnapper«, sagte der eine der beiden Beamten, vermutlich um anzudeuten, daß er nicht ungebildet sei, und der andere setzte sich hin und begann die Einvernahme des Personals. Da erwies es sich, daß jeder der Gefragten eine völlig andere Personenbeschreibung des Entführers zu Protokoll gab. Die Kinderpflegerin behauptete sogar auf die Frage nach besonderen Merkmalen, daß er vermutlich ein steifes Bein hätte, da er sichtlich gehinkt habe, was aber von allen andern mit Bestimmtheit bestritten wurde.

Nachdem die beiden Beamten verärgert abgezogen waren, meinte die Köchin, daß man vielleicht das trockene Aufhusten als besonderes Merkmal hätte angeben sollen, um der Gestapo doch irgendwie dienlich zu sein. Aber der Waisenvater sagte, daß es viele Leute mit trockenem Husten gäbe. »Auffällig«, meinte er mehr zu sich selbst als zu den Hausgenossen, »war nur der Name: Präger kann ein Mensch heißen oder Prager, aber keinesfalls Prag... Prag, lächerlich! Als wäre er ein lebendes Sinnbild der Stadt oder ihrer Seele! Ausgeschlossen!« sagte er kopfschüttelnd, denn er war ein lyrischer Mensch, für den auch eine Stadt eine Seele haben kann.

Die Geschichte, natürlich mit einer Unzahl von Details ausgeschmückt, wie sie die Volksphantasie schnell zur Hand hat, ging bald von Mund zu Mund. Wiewohl außer einigen wenigen Gestapoagenten noch niemand von dem trockenen Hüsteln als besonderem Kennzeichen etwas wußte, war man sich schnell einig, daß der Held der Geschichte kein anderer sein konnte als der mysteriöse Unbekannte aus der Karpfengasse. Seine Transzendenz aus dem Menschlichen in die Sphäre legendärer Volkshelden hatte begonnen, und wie es bei Legenden und Volkssagen üblich ist, wurden ihm manche unerklärliche Vorfälle der letzten Zeit in die Schuhe geschoben: Prag war daran, sich einen synthetischen Volkshelden zu schaffen, wie Robin Hood einer war oder Wilhelm Tell oder der Räuberhauptmann Rosza Šandor.

Daß der Bäckergeselle František nicht nur der Božena, sondern besonders auch ihm seine Rettung verdankte, hatten manche Patrioten in Prag schon gewußt, ehe noch Herr Neplatka zum großen Unbekannten emporgerückt war; man hatte den Alten auch mit der Wegeskamotierung der fünfzigtausend Handgranaten aus den Skoda-Werken – die Volksphantasie erhöhte die Zahl von Tag zu Tag – in Verbindung gebracht und hatte manchen in eine flüsternd weitergegebene Geschichte verwandelten Wunschtraum mit den Worten begonnen: »Haben Sie schon gehört? Da hat der Neplatka dem Prušáci schon wieder eine feine Geschichte eingefädelt!«

So wuchs der Unbekannte aus der Karpfengasse über sich selbst hinaus, wurde ein neuer Teil der uralten Saga von Prag, in dem alles vereint war, was dem Volk in seiner Erniedrigung Hoffnung gab. Alles Geschehen in Prag, das geeignet war, der Schadenfreude, der einzigen Freude der Machtlosen, Nahrung zu geben, wurde ohne weiteres mit dem Namen des von keinem gesehenen und von vielen gesuchten Mannes in Verbindung gebracht. Doch als eines Nachts auf den von der Untergrundbewegung an Hausmauern geklebten Handzetteln mit der Inschrift »Vergeßt niemals, was die Deutschen uns getan haben!«, noch ehe die Polizei sie entfernen konnte, das Wort »Deutsche« mit dem Wort »Nazis« überklebt worden war, kam kein Mensch auf die Idee, diese ungewünschte Umgestaltung einer gerade aktuellen Weltanschauung dem mysteriösen Alten in die Schuhe zu schieben. Es hatte ja schließlich auch niemand erfahren, daß in dieser Nacht von zwei Gestapoleuten gemeldet worden war, daß sie zweimal in stillen Gassen, einmal beim »Ungeld«, das andere Mal hinterm Klementinum das fatale trockene Husten gehört hatten, das wie ein höhnisches Kichern klang. Sie seien sofort in die Richtung gelaufen, aus der es gekommen war, aber sie hätten in den dunklen Gäßchen die Orientierung verloren. Zwei von ihnen ausgefragte tschechische Polizisten hätten angegeben, daß seit einer halben Stunde kein Mensch vorbeigekommen sei.

Der Name Neplatka wurde bald auch in den Kreisen der Nazis ein geflügeltes Wort, ein Spottwort zwar, aber mit einem leisen Nachklang des Unbehagens. Man sagte zueinander: »Der Neplatka soll dich holen!« oder: »Du verdammter Neplatka!« Aber man spitzte dabei unwillkürlich die Ohren, ob man nicht ein verdächtiges Hüsteln höre, über das nun infolge einer Indiskretion der Agenten schon ganz offen gesprochen wurde.

Die Legende vom mysteriösen Huster war schließlich bis zur Spitze, bis zum Obergruppenführer, vorgedrungen, der sie zuerst mit einem ärgerlichen »Laßt mich in Ruhe mit derartigem Blödsinn!« von sich wies. Er ließ sich aber dann doch die Akte bringen, die auf dem Umschlag die Bezeichnung *Neplatka* mit einem großen roten Fragezeichen trug, und studierte mit Aufmerksamkeit alle die Gerüchte, die die Gestapo an Stelle von Fakten emsig zusammengetragen hatte.

»Unsinn«, sagte er, »die ganze Sache ist unsinnig! Ausgeburt der Phantasie einiger aus dem Reich hierherversetzter Beamter, die dem Milieu des alten Alchimistengäßchens und anderer in der Literatur verwendeter Prager Lokalitäten erliegen. Na ja«, fügte er dann hinzu, »das kommt davon, wenn man Intelligenzlern, die nichts Besseres zu tun wissen, als Bücher zu lesen, verantwortliche Posten gibt!«

Trotzdem aber fuhr auch er nervös zusammen, wenn er hinter sich plötzlich ein Hüsteln hörte, und eines Tages sagte er seinem Sekretär, er möge sich den Abend freihalten und ihn auf einem nächtlichen Spaziergang durch die Stadt begleiten. »Vielleicht haben wir Glück«, setzte er mit einem nicht ganz natürlichen Lächeln hinzu, »und treffen den berühmten Huster… Natürlich gehen wir, um nicht aufzufallen, ohne Leibwache, ganz inkognito.«

Dem Sekretär fiel Harun al Raschid ein, da auch er einer von den Intelligenzlern war, aber er sagte nichts, denn ihm war es vor allem darum zu tun, seinen Posten zu behalten. Diesen Posten hatte er weder politischer Waghalsigkeit in den Zeiten nationalsozialistischer Anfänge zu verdanken noch auch persönlicher Tapferkeit in Saalschlachten oder gar einer niedrigen Parteinummer, sondern einzig und allein der Tatsache, daß seine Mutter eine nahe Verwandte des allmächtigen Reichsführers Himmler war. Er war ein stiller junger Mann von nicht allzu fester Gesundheit, der das mitunter stürmische Spiel und Widerspiel seiner Nerven nur mit jener äußersten Anstrengung kontrollieren konnte, welche ihm die trotz Himmlerscher Protektion stets gefährdete Stellung im Vorzimmer des Obergruppenführers erhielt. Von einer zu einem gespensterreichen Mystizismus neigenden Mutter bis in die späte Pubertätszeit mit Schauergeschichten aller Art aufgezogen, lag ihm durchaus nichts daran, eine immerhin prononcierte und nichts weniger als beliebte Persönlichkeit ohne jede Bedeckung durch die nächtlichen Straßen einer feindlich gesinnten Stadt zu begleiten. Im ersten Augenblick, da sich ihm alle daraus denkbaren grauenhaften Möglichkeiten zu einem niederdrückenden Vorstellungsbild zusammenballten, war er nahe daran, zu sagen, daß dies eigentlich nicht zu seinem rein bürokratisch gedachten Wirkungskreis gehöre. Er unterdrückte aber rechtzeitig die Bemerkung, als ihm die Worte des großmächtigen Onkels vor seiner Abreise nach Prag einfielen: »Vergiß niemals, Heinz, daß unbedingter Gehorsam erste Pflicht ist und daß man das Maul niemals gegen einen Vorgesetzten aufmachen darf. Wenn du in Prag nicht gut tust, hilft dir kein Himmel und kein Himmler, und du hast zum Militär einzurücken. Verstanden?«

Er hatte verstanden, steckte für alle Fälle eine kleine Pistole, von deren Gebrauchsweise er eine nur sehr oberflächliche Ahnung hatte, in die Tasche und meldete sich zur bestimmten Stunde bei seinem Chef.

Sie verließen nach elf Uhr die Burg und schlugen die Richtung zur Altstadt ein. Der Obergruppenführer rauchte, die Hände tief in den Taschen vergraben, wortlos seine Zigarre, wobei er von Zeit zu Zeit einen mißtrauischen Blick in die schweren, selten vom kleinen Licht einer Straßenlampe erleuchteten Hausschatten warf. Der Sekretär wieder erlaubte sich einige Male, Bemerkungen fallen zu lassen, welche auf die Tatsache Bezug nahmen, daß diese Art der Romantik, sicherlich nicht in die des Dritten Reiches passend, einen überaus hinterhältigen Eindruck mache. Sein Vorgesetzter ging, ohne dazu Stellung zu nehmen, wortlos weiter. Nur auf der Karlsbrücke blieb er einen Augenblick stehen, warf den Zigarrenstummel in weitem Bogen in die Moldau und fragte, dem glühenden Faden nachschauend: »Von wem ist denn eigentlich der ›Geisterseher‹? Von Goethe oder von Schiller?«

Die Frage schien aber rhetorisch gedacht zu sein; er setzte, ohne die Antwort abzuwarten, den Weg fort. Als sie in die Karlsgasse einbogen, schlug die Uhr von der Teynkirche und, in ihr Läuten einfallend, die des Rathauses halb zwölf. Sie gingen ziellos, schweigend und, da sie Schuhe mit Gummisohlen trugen, auch geräuschlos durch die engen Gäßchen, ohne auch nur einen einzigen Menschen zu treffen.

Plötzlich blieb der Obergruppenführer stehen. In der kleinen gelben Lichtinsel einer einsamen Straßenlampe erhob sich vor einer Hauswand das Standbild eines Mannes mit einem langen Bart und einer merkwürdig hohen Kopfbedeckung.

»Haben Sie eine Ahnung, wer das sein soll?« fragte er seinen Begleiter.

»Nein«, antwortete der Sekretär und schaute sich pflichtschuldig um, als wollte er jemanden suchen, der imstande wäre, die Sache aufzuklären. Zwei in der Nähe stehende tschechische Polizisten zogen sich, als sie deutsche Worte hörten, leise in die völlige Finsternis einer Hauseinfahrt zurück. Da kam plötzlich aus dem Schatten hinter den beiden Deutschen eine Männerstimme: »Das ist, wenn Sie erlauben, daß ich Ihre Frage beantworte, kein anderer als der Hohe Rabbi Löw.«

Die beiden fuhren erschreckt herum. Der Sekretär griff dabei an die Tasche, in welcher der Revolver steckte. »Wer... wer spricht da?« fragte sein Chef.

»Ein Nachtwandler«, kam die Antwort, »aber ein durchaus unschuldiger, sozusagen ein Amateurnachtwandler, der aber, dies zu betonen scheint vielleicht nicht unwichtig, um etwaige unliebsame Zwischenfälle auszuschließen, eine achtschüssige Pistole, Marke Steyr 1928, in der Hand hält. Eine Wiederholung der Handbewegung des jungen Herrn nach der Revolvertasche zum Beispiel, gleichgültig, Sie werden verstehen, meine Herren, warum, gleichgültig, ob sie eine Waffe oder nur den Schlüsselbund enthält, könnte also leicht zu unliebsamen Mißverständnissen Anlaß geben... Und nun, nachdem ich auf diese Weise die Situation geklärt habe, bin ich gern bereit, den Herren Auskünfte detaillierter Art über dieses Standbild, respektive über die Persönlichkeit zu geben, die es darstellt.«

Die beiden Angesprochenen – sie hatten, ohne zu denken, wie auf Kommando die Hände in die Sicht des Unsichtbaren vor den Bauch gebracht – versuchten mit ihren Blicken erfolglos das Dunkel zu durchdringen. Der unbekannte Sprecher hatte seinen Standplatz derart gewählt, daß er, außerhalb der Lichtinsel der Lampe, in der fast absoluten Dunkelheit eines tiefgesetzten Torbogens stehend, völlig mit dem Hintergrund verschmolz.

»Gestatten Sie, meine Herren, daß ich mich vorstelle«, sagte die Stimme in durchaus akzentfreiem Deutsch, »mein Name ist Prag. Ganz einfach Prag, genau wie diese Stadt; ohne Vornamen und auch ohne Adelsprädikat, also nicht von Prag, sondern schlicht und einfach... oh, verzeihen Sie, ich scheine zu weitschweifig zu werden, die Herren werden ungeduldig, besonders der Herr Obergruppenführer...«

Als wäre dies das Stichwort gewesen, fand dieser endlich die Sprache und stieß heraus: »Donnerwetter, woher wissen Sie denn, wer ich bin?«

Ein kleines Kichern kam aus dem Dunkel, das wie ein trockenes Husten klang.

»Mein Gott!« schrie der Sekretär auf. »Das ist doch der...«

»Jetzt spricht man nicht von Gott«, sagte der Mann im Dunkel, »Gott ist ewig und ihr seid doch nur auf tausend Jahre berechnet!«

Den Sekretär hatte ein fatales Zittern überkommen. Eine Geschichte fiel ihm ein, die ihm die Mutter in ihrer makabren Sensationsfreudigkeit aus der Zeitung vorgelesen hatte, als er sieben oder acht Jahre alt gewesen war, eine Geschichte über einen Zigeuner irgendwo im Mecklenburgischen, der Kindern in dunklen Hauseingängen auflauerte und sie dann erwürgte. Er fühlte Schweiß auf der Stirn, und gleichzeitig lief ihm ein Frösteln über den Rücken. Er schaute verzweifelt nach rechts und nach links: Schatten nur und Halbschatten, weit unten noch eine Laterne und die Ruhe einer tiefschlafenden Stadt. Sein Chef schaute weder nach rechts noch nach links; er starrte, von der Stimme irgendwie fasziniert, krampfhaft in das Dunkel. »Sie kennen mich also«, sagte er, ohne die Stimme zu heben, mehr wie eine Feststellung als eine Frage.

»Kennen wäre zuviel gesagt«, kam ein wenig spöttisch die Antwort; »wer kann schon von sich sagen, daß er seinen Nebenmenschen kennt? Das wahrlich möchte ich nicht von mir behaupten, denn wenn dies der Fall wäre, mein Herr, wäre ich dem Mann gleich, vor dessen Standbild Sie – Sie verzeihen – etwas merkwürdig klein erscheinen. Vermutlich aus Gründen historischer Perspektiven. Aber immerhin: Ich weiß, wer Sie sind, denn Sie sind ja so bekannt, daß selbst ein mißgünstiger tschechischer Polizist nicht umhin könnte, Ihren Leichnam sofort zu agnoszieren, wenn, sagen wir, wenn jetzt ein Ziegel vom Dach oder das Standbild hinter Ihnen auf Sie fiele.«

Die beiden Männer drehten unwillkürlich den Kopf nach hinten.

»Nein, nein«, lachte der Unsichtbare auf, »haben Sie keine Furcht, die Historie ist niemals voreilig.«

»Zum Teufel, ich bin an Philosophie nicht interessiert«, stieß der Obergruppenführer verärgert hervor, »sagen Sie endlich, was Sie von uns wollen... Gut, Sie sind augenblicklich der Stärkere, denn Sie sind unsichtbar und haben eine Waffe in der Hand. Also, was wollen Sie? Geld? Hier...«

Ein neuerliches Lachen unterbrach ihn, ein überaus unangenehmes Lachen. »Nein, mein Herr«, sagte der Mann, der sich Prag nannte, »was ich will, ist nichts anderes, als daß Sie Angst haben, verstehen Sie? Einen kleinen Teil nur jener tierischen grauenhaften Furcht, in der nun ein paar Tausend Menschen in dieser Stadt leben müssen. Wissen Sie, hier in der Nähe, nur ein paar Schritte von hier, gibt es in der Karpfengasse ein Haus, das könnte man, wenn man so sagen kann, als Beispielhaus der Angst...«

In diesem Augenblick griff der Sekretär, dessen Zittern sich über den ganzen Körper verbreitet hatte, ein halb unterdrücktes Röcheln ausstoßend, wild nach dem Arm seines Begleiters, um sich festzuhalten. Die Hand griff aber ins Leere, und er glitt langsam zu Boden.

»Er hat schwächere Nerven als Sie, Herr Obergruppenführer«, konstatierte die Stimme sehr sachlich, »vermutlich ein Intelligenzler... Nun gut, er wird wieder zu sich kommen... aber freilich, Leute wie er laufen Gefahr, aus solchen kleinen Zwischenfällen eine Erinnerung fürs Leben mit sich zu nehmen, eine Erinnerung, die, sich von Jahr zu Jahr dann maßlos steigernd, schließlich...«

»Verdammt noch mal«, unterbrach ihn der andere, »glauben Sie ja nicht, daß Sie mir etwas suggerieren oder gar daß Sie mich hypnotisieren können. Ich bin aus anderem Holz als dieser Junge da. Heraus mit der Sprache, was wollen Sie? Wenn Sie die Absicht haben, mich zu erschießen, wozu die Umstände? Sie sind ja im Vorteil... solange keine Patrouille vorbeikommt...«

»Wollte ich Sie töten, dann wäre unsere Unterhaltung Zeitverschwendung. Und überdies, mein Herr – wozu Sie töten? Sie sind zu leicht zu ersetzen; man trifft den Feind nur dann, wenn man Unersetzliches vernichtet.«

Der Sekretär erwachte aus seiner Ohnmacht. Setzte sich auf und starrte blicklos vor sich hin. Irgendwo in der Ferne verhallten Schritte einer marschierenden Abteilung. Die Uhren auf dem Altstädter Ring schlugen zwölf.

»Mitternacht«, konstatierte der Mann im Dunkeln, »die beste Stunde, Märchen zu erzählen.«

»Der Teufel möge Ihre Märchen holen! Kommen Sie endlich zum Schluß«, zischte der Obergruppenführer und trat unwillkürlich einen Schritt vor.

»Sofort, sofort!« kicherte es aus der Finsternis. »Gleich komme ich zum Schluß, um so mehr, als vermutlich in ein paar Minuten eine Streife Ihrer SS vorbeikommen wird. Ich möchte Ihnen nur noch ein ganz kleines Märchen erzählen, eine von den Prager Mythen, die erst vor ein paar Jahren entstanden, zur Zeit, als man dieses Denkmal errichtete. Damals kam die Legende auf, daß der Golem in dieser Nacht einigen Prager Honoratioren im Traum erschienen sei und prophezeit habe, man würde eines Tages das Denkmal des Hohen Rabbi Löw wieder entfernen und der, welcher den Befehl dazu gibt, werde durch das sterben, mit dem man es vom Platz heben würde: durch den Strick.«

Da lachte der Deutsche kurz auf. »Hören Sie, wenn ihr hier in Prag keine besseren Geschichten erfindet... Na ja, die sehr realen Geschehnisse der letzten Zeit haben euch eben die Erfindungskraft genommen. Im übrigen...« Er unterbrach sich und schaute mit einem kalten Blick auf den Sekretär, der sich langsam erhob und wortlos auf das Denkmal starrte. »Verdammt!« fuhr er ihn an, »Mensch, nehmen Sie Ihre Nerven zusammen... und vor allem, putzen Sie Ihren Anzug ab!«

Der Sekretär antwortete nicht, schaute weiter bewegungslos auf das Standbild, bis plötzlich aus dem Dunkel hinter ihm wieder das fatale Hüsteln aufklang. Da lief neuerlich ein Zittern über seinen Körper. Im nächsten Augenblick drehte er sich um und rannte auf den Altstädter Ring zu.

Sein Chef rief ihm einen Fluch nach und machte eine Bewegung, als wollte er ihm folgen.

»Noch nicht, Herr Obergruppenführer, noch einen kleinen Augenblick«, kam die Stimme aus dem Dunkel, »ich bin Ihnen den Schluß der Geschichte schuldig. Hören Sie: Vor ein paar Tagen träumten wieder einige Honoratioren dieser Stadt in der gleichen Nacht den gleichen Traum. Dieses Mal aber erschien nicht der Golem, sondern sein Erzeuger, der Hohe Rabbi Löw, der Große Rabbi, dem auf dem Standbild hinter ihnen die Frauengestalt, seine Tochter, jene Rose reicht, in der sich der Tod verborgen hatte, welcher nicht wagte, sich ihm anders zu nahen. Der Hochheilige Rabbi sagte ihnen, verstehen Sie, jedem einzelnen sagte er genau die gleichen Worte aus dem Talmud: ›Den Gerechten‹, sagte er, ›setzt man keine Denkmäler, denn ihre Werke sind ihre Denkmäler.‹ Welchem Traumherrn soll man nun glauben? Was meinen Sie? Dem Golem oder seinem Erzeuger?«

Es kam zu keiner Antwort; in diesem Augenblick bog eine Streife der SS aus der nächsten Gasse heraus. Der Obergruppenführer stieß wieder einen Fluch aus und sprang mit einem Satz in das Dunkel hinein. Sein Sprung aber kam um den Bruchteil einer Sekunde zu spät: Ein Tor fiel vor ihm zu, hinter dem sich ein trockenes Hüsteln entfernte, das wie ein höhnisches Kichern klang.

Er ließ, in die dunkle Tornische gedrückt, die Streife an sich vorbeimarschieren, ohne sie anzurufen. Dann ging er, die Hände zu Fäusten verkrampft, mit gesenktem Kopf über die Karlsbrücke zurück. Hinter ihm, in der Gegend des Judenfriedhofs, erklang ein Lied, ein richtig fröhliches Lied, gespielt auf einer Mundharmonika.

Die beiden Polizisten, die endlich ihre verkrampften Glieder wieder in Bewegung bringen konnten, kamen aus ihrem Versteck heraus, machten ein paar Turnübungen und zündeten sich Zigaretten an.

»Mir scheint«, sagte der eine, »das war der Neplatka.«

Durch sie, die zufällig ganz passabel Deutsch verstanden, kam die Geschichte sehr schnell unter die Leute, so daß man sich nicht weiter wunderte, als zwei Tage später das Standbild des Hohen Rabbi Löw entfernt wurde. Eine Menge Leute schaute den Arbeitern höhnisch schweigend zu, die nicht richtig wußten, wie sie die Sache angehen sollten, da sie den Befehl erhalten hatten, unter keiner Bedingung einen Strick, ja nicht einmal eine Kette zu verwenden.

Das war die letzte richtige Geschichte, die man sich über den mysteriösen Alten aus der Karpfengasse zuraunte. Die andern, die dann folgten, konnten keinen wahren Kern haben, denn ihnen fehlte jene fast unwirkliche Bereitschaft des Vergebens, die irgendwo ein kleines Tor der Rückkehr zur Liebe offenhält: Es waren nur Haßlegenden und Propagandamärchen.

So durfte man annehmen, daß das eines Tages aufkommende Gerücht auf Wahrheit beruhte, dem zufolge Herr Neplatka, oder wie immer auch sein Name war, das Tor endgültig hinter sich zugeschlagen habe. Er blieb verschwunden und mit ihm Bedřich, der harmonikaspielende Hussitenknabe.

Und damit endet die Saga von dem Haus in der Karpfengasse 115, denn ohne Helden und ohne Heilige gibt es keine Legenden, keine Märchen und letzten Endes auch keine Wirklichkeit.

Paul Reimann

Hausmeister Karel Prokupek

An einem der letzten Märztage des Jahres 1939 glitt ein Taxi geräuschlos über den Wenzelsplatz. Der große Platz, der sonst um diese Tageszeit von einem bunten Menschenstrom erfüllt war, schien ausgestorben. Die letzten Passanten, die sich noch im Stadtzentrum aufhielten, standen wartend an den Stationen der Straßenbahn. Die geselligen Prager zogen es vor, den Abend in ihren Wohnungen zu verbringen, wo ihnen der Anblick der arrogant auftretenden deutschen Soldaten und Offiziere erspart blieb.

Das Taxi hielt in einer der kleinen, winkligen Gassen der Prager Altstadt mit ihren wunderlich verschnörkelten barocken Häusern. Zwei Männer stiegen aus. Der Jüngere von beiden wies auf eines der Häuser und sagte: »Hier ist es.« Gleich im Parterre lag die kleine

Stube, die Hausmeister Karl Prokupek mit seiner Frau Ruzena und seiner kleinen zweijährigen Tochter bewohnte. Der jüngere Mann stellte, nach kurzer Begrüßung, seinen Freund vor und erklärte die Ursache des abendlichen Besuches. Sein Freund, von der Gestapo gesucht, mußte seine Wohnung verlassen, und es handle sich darum, ihm für einige Tage, bis eine passende Wohnung gefunden sei, Unterkunft zu gewähren. Prokupek bedachte sich kaum einige Sekunden. Selbstverständlich könne der Freund hier wohnen. Bei ihm sei es so sicher wie nirgends. Denn als Hausmeister besitze er das Vertrauen der Polizei, und wenn Erhebungen über Hausbewohner angestellt würden, wende man sich an ihn. Er habe eine kleine Gerümpelkammer mit separatem Eingang, die jeder Beobachtung entzogen sei, weil gegenüber dem Haus eine höhere Brandmauer liege. Eine sicherere Wohnung lasse sich kaum denken. Die Besucher ließen sich in der kleinen Stube nieder; in wenigen Minuten stand ein einfaches Prager Nachtmahl, Krenwürste mit einem Krug Bier, auf dem Tisch.

Vier Tage habe ich in der Gerümpelkammer des Hausmeisters Prokupek zugebracht, der Raum war so eng, daß ich den ganzen Tag auf dem Bett liegen oder sitzen mußte. Dreimal am Tag drehte sich der Schlüssel im Loch, und Ruzena brachte dem Gast sein Essen, erkundigte sich – mitleidig-besorgt – um sein Befinden und verschwand geräuschlos, wie sie gekommen war. Und einmal sagte sie: »Das muß furchtbar sein, so zu leben. Ich möchte nicht in Ihrer Haut stecken.« An die Gefahr, die sie selber auf sich nahm, schien sie gar nicht zu denken. Erst am späten Abend, wenn das Haustor verschlossen war und keine Gefahr eines unerwarteten Besuches drohte, begab sich der Gast in die unten liegende Hausmeisterwohnung. Da berichtete Prokupek über die Dinge, die er draußen auf der Straße beobachtet hatte. Einmal erzählte er mit Freude, daß Hunderte Prager in den letzten Tagen nebenan am Altstädter Ring Kränze und Blumensträuße am Grab des unbekannten Soldaten niedergelegt hatten. General Blasewitz sei, um den tschechischen Patrioten den Wind aus den Segeln zu nehmen, am Grabe erschienen und habe dort auch einen Kranz niedergelegt. Ein anderes Mal erzählte er von einer Verkäuferin, die sich geweigert hatte, deutsches Geld von einem deutschen Soldaten anzunehmen. All diese kleinen

Episoden, die den Widerstand des Prager Volkes gegen die Okkupanten bezeugten, dienten den Bewohnern der kleinen Hausmeisterwohnung als Beweis der ungebrochenen Volkskraft. Wenn der Gesprächsstoff erschöpft war, trat Prokupek an seinen kleinen Radioapparat und drehte und drehte, bis schließlich – wie aus unendlicher Ferne – eine leise Stimme zu vernehmen war. Man mußte sich direkt neben den Apparat setzen, um die tschechische Radiosendung aus Moskau zu hören. Ruzena hatte inzwischen ihr zweijähriges Töchterchen zu Bett gebracht und setzte sich mit zum Radio. Draußen auf dem Straßenpflaster dröhnten die Schritte deutscher Soldaten und SS-Leute in hohen Stiefeln, die dumpf von den Mauern der engen Gasse wiederhallten.

Wer war Karl Prokupek? Kein Redner, kein Agitator oder Journalist, kein Mann der Öffentlichkeit: ein einfacher, kleiner tschechischer Mensch, der ohne viel Worte – als eine Selbstverständlichkeit – seine Pflicht tat, der auch im Augenblick der furchtbarsten nationalen Katastrophe keine Minute verzweifelte. Und seine Frau Ruzena war eine Prager Hausfrau, die den Haushalt besorgte, Stiegen wusch, ihre kleine Tochter betreute und nebenbei ihrem Mann half, Flüchtlinge dem Zugriff der Gestapo zu entziehen. Wenn ich in den letzten Jahren von dem wachsenden Widerstand der Prager Volksmassen las, die den deutschen Henkern und Unterdrückern das Leben zur Hölle machten, da tauchte oft in meiner Erinnerung das Bild einer kleinen Hausmeisterwohnung in der Prager Altstadt auf, in der in den späten Abendstunden ein Mann an den Radioapparat tritt und angespannt lauscht, um zu erfahren, was man draußen in der Welt den unterirdischen Arbeitern des Prager Volkes zu sagen hat. Und jetzt habe ich erfahren, daß Karl Prokupek und seine Frau Ruzena erschossen wurden, weil man in ihrer Wohnung »unangemeldete Personen« gefunden habe, die eine »gegen das deutsche Reich gerichtete Aktivität« entfalteten. Ihr seid nicht umsonst gestorben – und in Prag leben noch immer Zehntausende Prokupeks. Sie sind nicht auszurotten, denn Prokupek – das ist das tschechische Volk selbst, das leben und frei sein wird, bald, sehr bald.

H. G. Adler

Die Verbotenen

Niemand hat euch gefragt, es wurde bestimmt. Man hat euch zusammengetrieben und keine lieben Worte gesagt. Viele von euch haben versucht, einen Sinn zu finden, so wart ihr es selbst, die fragen wollten. Doch es war keiner da, der geantwortet hätte. »Muß es denn sein? Noch ein Weilchen... einen Tag... einige Jahre... Wir hängen am Leben.« Aber es war still, nur die Angst sprach, die konnte man nicht hören. Alte Leute haben sich nicht dareinfinden können. Ihr Jammern war ekelhaft, so daß sich vor das Bedauern der Unbetroffenen eine häßlich verkühlende Wand stellte, das war die Mauer der Erbarmungslosigkeit. Das Grinsen bleibt unvergeßlich, es hat alle Müdigkeit überdauert und begann schon in den zerstörten Wohnungen. Eigentlich waren die Wohnungen gar nicht zerstört, noch waren sie in ordentlichen Häusern unter unbeschädigten Dächern bestellt. Im Stiegenhaus haftete der eingebeizte Geruch, der jedem Hause seine unverlöschliche Eigenart verleiht, solange es steht.

Das Dasein des Unbelebten kann sehr verlockend erscheinen, doch folgt es Gesetzen, die haben wenig mit unserer Reise gemein, sobald wir nicht die Gegenstände an uns nehmen und uns in ihnen wiedererkennen. Wohl spricht man von verrufenem Mauerwerk, aber auch das ist nur ein Gleichnis für ein unbegreifliches Geschehen, demgegenüber das Sichtbare, das Spürbare viel mehr Eigenart beweist. Alles kann verlassen werden, bloß vom Leben scheidet sich nichts, solange nur es von sich selber weiß. Darum stehen die Häuser unbeteiligt da, wenn wir uns von ihnen abwenden. Da wurde laut gerufen: »Wendet euch ab!« Man hat es nicht mit diesen Worten gerufen, man hat es überhaupt nicht gerufen, und doch ist es verkündet worden, wenn es auch niemand hören mußte. Um den war es freilich übel bestellt, der es nicht hörte, denn der hockte in seinem Hause, als ob es sein wahres und einziges Eigentum wäre, das sich von ihm nicht trennen könne.

Da war eine Stube und andere Stuben. Die Einsamkeit hatte Wunden, denn die Türen standen offen, doch die Fenster waren sanft verschlossen und dicht mit schwarzen Tüchern verhängt. Das wurde Verdunklung genannt. Überall war Verdunklung, die nächtlichen Straßen von Stupart lagen in harter Finsternis. Doch im Haus war Licht. Nicht im Stiegenhaus draußen, nein, auch dort war es finster. Die Glühbirnen waren mit häßlich blauer Farbe gestrichen und von schwarzen Papierschirmen umhüllt, die ließen keine Strahlen durch und sandten kreisrund bloß einen matten Lichtkegel aus. Nur schwer stapften bei dieser Dunkelheit Schritte über die Stufen, aber die rastlosen Boten schreckte das nicht, weil ihre Eile Furcht verbreitete, vor der das Licht zurückwich. Sie kamen meist am späten Abend oder auch während der Nacht, wenn sie ihre Botschaft brachten, der sich ein entsetztes Licht nicht versagte. »Du sollst nicht wohnen!« Das war die gedruckte Meldung, die sie übermittelten. Die Menschen warteten schon auf das Unheil, das sie wußten, und darum waren die Wohnungen bereits zerstört, bevor sich das starke Geschoß eines Fliegers ihrer erbarmte. Die Flieger kamen viel später, den ausgehöhlten Schutt zur Ernte aufzuknacken, aber nicht um die Entführung der aus den Häusern Verbannten zu rächen, von denen sie kaum etwas ahnten und die den Fliegern gleichgültig waren, wenn sie nach Meßblättern den Ausschnitt einer Stadt bestimmten, den sie vernichten wollten. Hart dröhnten vom nächtlich durchdonnerten Himmel die rasenden Maschinen herab und ließen ihre mörderische Fracht auf die Vergänglichkeit fallen, die derart ihrer erst inne wurde, da sie plötzlich in sich zerbarst. Es waren also keine Wohnungen mehr, die das Verderben erreichte, es waren verlassene Brutstätten, ausgeplünderte Höhlen oder unrechtmäßiges Gut, das im Besitz von Räubern nicht gedieh. Doch dies ereignete sich viel später und erreichte die zuerst Betroffenen nicht mehr, denen man längst verkündet hatte: »Du darfst nicht wohnen!«

Bedenke es wohl, welches Anrecht du hast, einen Aufenthalt zu genießen, wo du sein dürftest, bloß weil du sein darfst. Frage dich selber, wenn du auf der Flucht bist und aller Habe enthoben, ein Einsamer zwischen den unheimlich gewordenen Gehäusen. Einmal sind sie an dich herangetreten, deine Feinde waren es, deine Freunde, du kannst dies nicht unterscheiden, und sie nahmen alles von dir. Falls sie milde verfuhren, hießen sie dich, einige Reste zu sammeln, denn du wirst so manche Dinge brauchen und nach vielerlei Habe schreien. Lächerlich ist aller Besitz geworden, aber trotzdem scheint er unerläßlich wichtig geblieben. Da liegen die Ranzen gepackt, sauber hergerichtet und vorbereitet mit Fleiß. Du kannst es nicht lassen und weißt nun, wie eigen dir zumute ist. Du erhebst dich im Mantel vom Sessel und läßt dich wieder auf ihn niederfallen. Was einem gehört, muß man versuchen. Es ist doch gestattet?

»Haben Sie schon daran gedacht, meine liebe Frau Lustig? Morgen kommen Sie an die Reihe! Fahrt ins Blaue. Ich habe was gehört. Ich weiß es bestimmt.«

Selig ist der Unglaube, der die Unseligkeit des Künftigen mit dem Schutzmantel des Augenblicks verbirgt, denn jetzt ist alles von Dunkel verschleiert. Kein Schutz wird gesucht, wenn Hoffnung und Schweigen allein den Fortgang der Zeit verraten und glaublich machen. Doch eigentlich ist alles unglaublich, was den Schrecken unterbricht. Unseliger Glaube! Unglaublich ist die Tapferkeit, unwahrscheinlich der Glaube und jede Erwartung, aber in der Wohnung sind die Geräte versammelt. Da ist auch die Tapferkeitsmedaille des alten Doktor Lustig, da ist das Schreiben des Regimentskommandanten. Es ist unglaublich, aber nur das Unglaubliche schützt.

»Es wird nicht so arg werden. Man sollte... Man könnte... Er hat so viel Gutes getan! Anerkennung... Verdienst...«

Worte mischen sich ein in das Grauen, das sind Bekannte, denn die Sprache gehört uns nicht mehr; fremd entringt sie sich dem, der anhebt zu reden. Aber dann rinnen die Worte fort, sie scheinen noch vertraut. Liebe Worte, fortgeschwommene Worte, meine Worte, deine Worte, sie reißen Wände ein und richten sie auf, sie fügen sich dicht, undurchdringlich und sicher. Ja, die Wände sind da, auch sie sind bekannt, alles bekannt, so daß sich fast ein Behagen einstellen könnte, um jedes auszulöschen, was einer als Bedrohung empfände. Die Verdunklung wäre nicht mehr zu fürchten.

»Wenn Sie sich mit etwas Ernstem beschäftigen, wenn Sie...«

So klingt es immerfort. Doch den Abfall muß man fortschaffen, weil er zu leicht hinderlich wird. Der Schmutzeimer in der Wohnung ist zu klein; wie leicht könnte er überfüllt werden. Auf dem Hofe rasten die Müllbehälter in tiefem Frieden, auch das Gerüst zum Teppichklopfen steht noch dort, die kreisrunden Haken für die Wäscheleine halten im Mörtel. »Man hat es verboten!« Was wurde verboten? Nichts, das ist ein wildes Gerücht, das den stillen Frieden des Abfalls mit Krieg überzieht. Doch alle Gerüchte sind wild und werden stets von der Wahrheit übertroffen. Schon so oft wurde nach der Wahrheit gefragt, die allzu Ernsten haben es getan, auch die kleinen Lacher wollten sie wissen. Jene selbst, die sich ihres Unwissens brüsten, sind nicht für immer dieser Frage enthoben, denn man beschäftigt sie.

Die Fremdlinge stehen frech und breitspurig in der Wohnung und weiden sich unbekümmert geschäftig an einem Anblick, den sie doch nicht zu verstehen scheinen. Milch wurde mit Himbeersaft gemischt, das ergibt ein besonderes Getränk. Man hat sehr viel getan, doch nichts ist geschehen, auch jetzt wird nichts bemerkt. Nur an Schlaf ist nicht einmal zu denken. Es ist sinnlos, daß man aufgebettet hat, aber bedachter Absicht entspringt es wohl, weil die Stunde fortgeschritten ist, wovon sich ein Blick auf die verlegene Uhr überzeugt. Zeitig früh wurde sie aufgezogen, so darf man ihr bis zum nächsten Morgen vertrauen. Dann soll sie wieder aufgezogen werden.

»Sagen Sie mal, kann man gar nichts machen? Ich möchte morgen noch was erledigen. Außerdem bin ich fest überzeugt, daß alles auf einem Irrtum beruht.«

An dem Irrtum ist nicht zu zweifeln, doch liegt er woanders und ist weder bei denen, die zu uns kamen, noch bei uns. Er ist auch nicht im Haus und nicht auf der Straße. Wahrscheinlich steckt er in erinnerungsloser Ferne, in der Klage, die man über die Geschöpfe erhoben hat. Nein, er ist nirgendwo.

Man soll sich nicht auf den Diwan setzen, weil man die Polster zerdrücken könnte. Erst heute wurde sorgfältig alles hergerichtet! Mit einer weichen Bürste, um den zarten Stoff zu schonen, haben Ida und Karoline alles geputzt und geglättet. Sie haben sich demütig gebückt, damit es ordentlich aussehen sollte, selbst wenn ein Besuch nicht mit Gewißheit zu erwarten war. In einigen Tagen wird Leopold seinen fünfundsiebzigsten Geburtstag feiern. Zerline hat gegen Geld und gute Worte ein paar Zigarren für den Vater eingehandelt. Einige Verwandte und Freunde sollen kommen, wirklich, denn noch sind nicht alle fort. Sie sollen sanft läuten und sich für zwei Stunden in dieser Stube versammeln. Kuchen wird vorbereitet sein, Kuchen und Kaffee mit Milch und sehr viel Zucker, wie Leopold ihn gerne reichlich in die Tasse schiebt. Fast alle Vorbereitungen sind schon getroffen, auch ein Ei für den Kuchen ist bereit. Karoline hat es sich in den Kopf gesetzt, eine eigensinnige Frau. Unvorhergesehenes Schicksal? Das kommt nicht in Betracht, ist auch nur Täuschung. Das Unbekannte findet nicht statt. Man hat sich genau an die Vorschriften zu halten. Leopold achtet die Gesetze und sonst nichts auf der Welt. Gegen Ungerechtigkeiten muß Berufung eingelegt werden. Seine Zwecke hat man hartnäckig zu verfolgen, selbst wenn man sie nicht erreicht.

»Bitte machen Sie keine Umstände, Frau Lustig! Auch wenn Sie jetzt das Haus verlassen, was ich Ihnen nicht ersparen kann, so ist noch lange nicht gesagt, daß Sie wirklich fahren. Viele sind gegangen und dann doch nicht gefahren. Sie wurden ausgewechselt. Dort kann man die Sache regeln.«

Das alles wird gehört. An der Regsamkeit der Sinne mangelt es nicht, die sind gewärtig und fassen auf. Nichts ist unverständlich, denn alles wurde von den Stellen so gut bedacht, daß keine Schwierigkeiten entstehen. Wer die langen Listen durchblättert, findet alle Richtlinien. Du mußt dich nur entschließen und du bist frei, wenn du willig dem Zwange gehorchst. Die Vorsehung wurde ein Buch, das von Menschen geschrieben wird. Sie haben ihre Bedürfnisse wie ich und du, sie haben auch unsere Sorgen. Doch außerdem haben sie noch andere Sorgen, denn sie bescheiden sich nicht mit ihrem Teil, weswegen es ihre Vorgesetzten als Entschuldigung oder, je nachdem, auch als Erklärung bereit haben, von Übergriffen zu sprechen, sobald sie einen von uns streichen.

Pauls Hände strichen über die Saiten von Zerlinens Laute, bevor sie zur Pflichtabgabestelle für Musikinstrumente gebracht wurde. Das war vor einigen Tagen. Er nahm die Laute von der Wand und entfernte die Bänder, die Zerline zusammenfaltete und in eine Schachtel mit anderen Erinnerungen packte. Paul riß mit fünf von den sechs Saiten der Laute die Seele aus und schnitt mit einem Messer ihr empfindliche Wunden in den Leib. Zerline klagte über den Mord, die Laute sei doch kein Abfall. Jetzt aber war sie es, niemand wird sich an ihren Tönen mehr freuen. Zuletzt zog Paul noch einen Wirbel heraus und warf ihn ins Feuer. Lauter Übergriffe. Werke der Nacht erhoben sich. Zerline zögerte, die Laute zu schlagen, nur leise griff sie nach ihr, als Paul sie unter den Arm nahm und abzog.

Das Gesicht der Hausbesorgerin ließ sich jeden Abend blicken, ein fettes, ein rundes Gesicht, trunken von mühsam gezügelter Gier.

Bald mußte sie ihre Gelüste nicht mehr bezähmen. Auch heute war sie da und bestaunte die fremden Männer. Frau Lischka war nicht zu trauen, doch konnte sie durch Geschenke versöhnt werden, dann war sie eine treue Seele, und es drohte keine Gefahr. Zerline erschrak, wenn sich die Hausbesorgerin ihr in den Weg stellte, aber Karoline und Ida verstanden sich mit ihr auf gespielt vertrauliche Weise. Mit feistem Behagen schmolz Frau Lischkas Gruß durch das Treppenhaus. »Mein Mann, der Lischka, sauft zu viel. Der Herr Doktor sollte ihm mal sagen, was da passieren kann.« Sie machte dabei ein Zeichen, mit dem sie ihren Mann begrub. Doch Karoline sagte Leopold kein Wort, denn der schien in Erinnerungen versponnen und verstand nicht, was um ihn herum in Bewegung geraten war und schon längst über ihn und alle Ahnungslosen das Urteil gesprochen hatte.

Alles Menschliche ist voll von Urteilen, weswegen es nicht verwunderlich scheint, wenn einmal ausgesprochen wurde, daß ohne Urteil kein Bewußtsein möglich sei. Der Mensch ist ein urteilendes Wesen. Darum muß er Urteile erfahren und leiden, bis das letzte Urteil von ihm gefällt und empfangen ist. Dann ist der Wille entschwunden oder wird gebrochen, ein Viertel, zwei Viertel, die Stunde hat geschlagen, und die große Reise wird angetreten, die zugleich den Abschluß einer anderen großen Reise bildet, Bewegung unablässig, diese wie auch jene Reise. Alles wird unbestimmt, da neue Entscheidungen verfügt werden, deren Vollzug von den hier herrschenden Stellen gerade nur eingeleitet werden kann, ohne in seinem Ablauf noch übersehen zu werden; denn in dem bekannten Bereich wird wohl die Vermittlung des Jenseitigen vorbereitet, doch wie er aufgeschlossen wird, bleibt unbekannt und geht über alle Voraussetzungen der Befehlsgewaltigen hinaus. Sie selber haben keine Macht, sie rufen nur, was sie befehlen sollen, und weisen ihre Beglaubigungen vor.

Diesmal trifft es den Haushalt von Dr. Leopold Lustig, dem sein Fortbestand gekündigt wird, aber mehr läßt sich nicht versichern, weil es gerade die Befehlsgewaltigen sind, die über die Folgen ihrer Anordnungen keine klare Übersicht erlangen, während diese Boten Schicksale zerstreuen. Ein mitgebrachter Zettel wird hervorgeholt und überreicht, die mitgesagten Worte können nicht mehr wichtig sein. Alles wird aufgelöst, die Himbeerflasche fällt vor Schrecken um, der Teppich rötet sich. Eine mühsame Handbewegung greift nach der schwerfällig rollenden Flasche, die langsam aufgehoben und auf den Tisch gestellt wird.

»Es kann doch nicht so böse sein, weil es nicht sehr weit ist, und so haben wir ein bestimmtes Ziel.«

Aber man wird nicht schlafen können, die Nacht ist zerstört. Die Verdunklung ist wertlos, wenn in den Verstecken das Licht brennt und den ewigen Schlaf verscheucht. Der Schlaf ist nicht ewig, das ist Einbildung, denn wäre er ewig, so würde er keine Unterbrechung dulden, die Gültigkeit aller amtlichen Verfügungen wäre angefochten. Aber wo es Lebende betrifft, die dem Befehl zur Reise gehorchen, wird heute kein Schlaf sein, weil alles abzugeben ist, die Schlüssel dürfen nicht in den Türen bleiben und sind zusammenzubinden, die Ausweise, die den Namen verbürgen, sind für die Trennung von der namenlos verbleibenden Erscheinung vorzubereiten, weil auf die Erlaubnis ihrer Zusammengehörigkeit verzichtet werden muß, das Vermögen bleibt bei der Ablösung von Eigentum und Inhaber in Stupart zurück und muß der Ordnung wegen in langen Listen gebeichtet werden. Es ist angeordnet, und das Amt soll keine Mühe mit den Resten haben, wenn die Verbotenen die brüchigen Häuser verlassen. Keiner säumt, wenn der Befehl kommt, denn es steht geschrieben: »Du darfst nicht…«

Wir alle sind verboten, weil wir nicht die sind, die wir sein möchten, doch auch die möchten wir nicht sein, weil man uns zur Wunschlosigkeit angehalten hat. So sind wir nichts mehr als Gehör, das zum Werkzeug des Gehorsams wird, erwartungsvolle Reisegefährten, deren Müdigkeit hinreichen würde, die gesamte Menschheit in Schlaf zu versetzen. Da ist es erstaunlich, daß die Gehilfen nicht müde sind. Nur wir sind übermüde. Aber allen gebricht es an Schlaf, für den, so sagt man, die Zeit hinreichen soll, die uns in unerforschlicher, doch naher Zukunft bevorsteht.

Die einzelnen Handgriffe können sorgsam und ohne Hast verrichtet werden. Jetzt sind wir da, es wird uns nichts genommen. Wenn wir die Pflichten erfüllen sollen, können wir nicht ohne Zeit unser Auslangen finden, was ihr doch einseht. Ihr seid nicht so böse und wißt auch, daß wir nicht so böse sind. Genaugenommen ist alles ein Irrtum, doch die Fehler sind einmal da, für ihre Folgen müssen wir aufkommen. Das Bewußtsein kann sich üben, wessen es fähig ist, wenn alle Erfahrungen versagen und ein starres Gelächter sich in sonst regungslosen Mienen festsaugt. Aber die Ungeduld! – die Ungeduld bringt uns noch um…

»Beeilen Sie sich! Halten Sie uns nicht auf! Spätestens um Mitternacht müssen wir dort sein!«

Das ist unmöglich, denn das ist nicht viel länger als eine Stunde. Es muß noch alles vorbereitet werden. Selbst Frau Lischka findet diese Eile nicht nötig, es ist doch Nacht, und der Herr Doktor ist so alt, und Frau Ida Schwarz hat Rheumatismus. Man soll sich bitte einmal ihre Hände ansehen. Bestimmt wird auch nicht bei Nacht verreist, denn das ist ganz unmöglich. Aber die Boten entgegnen, daß einer von ihnen sofort mit dem Doktor und Frau Schwarz aufbrechen kann. Jetzt fahren noch die Straßenbahnen, und die anderen können gehen, doch so bald wie möglich, die angenehme Winterluft wird alle erfrischen. Nur los, nur los!

IX. Ausklang

Friedrich Torberg

Im Untergrund des stalinistischen Prag

Montag, drei Uhr nachmittag, Papierhandlung und Theaterkartenbüro Vaněk, Vinohrady, Jaromirská 8. Pünktlich sein. Vorsichtig sein. Nicht zu Fuß gehen – das dauert zu lange und steigert das Risiko unerwünschter Begegnungen. Kein Taxi nehmen, wenn es nicht sein muß – wir haben Nachrichten, daß die Zahl der Spitzel und Provokateure unter den Taxichauffeuren ständig anwächst. Natürlich ist man auch im Autobus und in der Straßenbahn nicht völlig gesichert, weder vor unerwünschten Begegnungen noch vor Spitzeln, aber da kann man einen etwaigen Beobachter durch geschicktes Umsteigen irreführen und abschütteln. Nicht zu eilig umsteigen und nicht zu oft. Nichts überhasten. Unter allen Umständen ruhig bleiben. Immer ein fingiertes Fahrtziel vorbereitet haben, um es auf Befragen sofort angeben zu können. Immer dran denken, daß die Entdeckung des wirklichen Fahrtziels katastrophale Folgen für alle Beteiligten hätte. Immer dran denken, daß –

Danke, Komár. Das genügt mir schon, Komár. Ich bin kein Neuling in diesen Dingen. Du vergißt, daß ich ungefähr ein halbes Dutzend illegale Grenzübertritte hinter mir habe.

Nein, damit haben wir sogar gerechnet. Und wir verlassen uns darauf, daß du den Kopf klar behalten wirst. Sonst hätten wir dich nicht in diese Gruppe eingeteilt.

Was ist denn los mit dieser Gruppe?

Es sind zwei oder drei mit besonders schwachen Nerven dabei. Natürlich die Unpolitischen. Die haben ja immer die Hosen voll. Aber sie lassen sich's etwas kosten, und wir brauchen Geld. Die Bestechungen werden immer höher und die Bestochenen immer unsicherer. Wahrscheinlich können wir diese Route nicht mehr lang benützen.

Schöne Aussichten.

Macht nichts. Dann organisieren wir eine andre. Und diesmal wird's noch klappen. Bist du sicher, daß bei dir alles dichtgehalten hat?

Soweit man dessen sicher sein kann – ja.

Keine Möglichkeit einer Denunziation? Keine Anzeichen von Überwachung?

Nichts.

Keine verdächtige Begegnung?

Eine einzige. Ein ehemaliger Redaktionsdiener.

Er hat dich erkannt?

Erkannt, angerülpst und stehngelassen. Es war bei Nacht.

Du bist immer nur bei Nacht ausgegangen?

Ich war in dieser ganzen Zeit nur zweimal bei Tag auf der Gasse.

Hm. Wann zuletzt?

Vor ungefähr zwei Wochen.

Sehr weit weg von deinem Versteck?

Ganz nahe und für ganz kurze Zeit. In einem Kaffeehaus. Beim ersten Mal war ich allerdings auf dem Belvedere, an einem Sonntag, und es waren einige Stunden.

Hm. Und das war wann?

Vor einem Monat. Warum fragst du?

Vielleicht bist du nicht mehr gewohnt, dich bei Tageslicht in der Stadt zurechtzufinden. Vielleicht wird dich der Betrieb am Anfang ein bißchen verwirren.

Das kann ich mir gar nicht vorstellen.

Deshalb sag ich's dir ja. Damit du nicht nervös wirst. Nach ein paar Minuten legt sich das von selbst.

Um so besser. Noch etwas?

Das andre kommt morgen. Drei Uhr. Sei pünktlich.

Ja. Danke.

Für den Weg von der Palackystraße in Smichov zur Jaromirská in Vinohrady muß man mindestens eine halbe Stunde rechnen. Jetzt ist es bald viertel drei. Jetzt könnte man gehen. Oder wäre es noch zu bald? Denn »pünktlich sein« heißt ja nicht nur: nicht zu spät kommen, es heißt auch: nicht zu früh kommen. Also lieber noch ein paar Minuten warten. Und lieber hier als draußen in Vinohrady, wo man vielleicht erst nachdenken müßte, wie man die überflüssigen Minuten unauffällig vergeuden soll. Nichts überhasten. Lieber noch einmal das gestrige Gespräch mit Komár durchgehen und noch einmal den Weg in die Jaromirská detaillieren, ob auch alles ganz genau aufeinander abgestimmt ist. Ein letztes Mal.

Pünktlich sein und vorsichtig sein – das sowieso. Öffentliche Verkehrsmittel benützen und je nach Bedarf ein paarmal umsteigen – gut. Ein fingiertes Fahrtziel vorbereitet haben – hab ich, ich fahre

weiter nach Straschnitz, zum Friedhof. Das heißt, daß ich eine Straßenbahn nehmen muß, die über Vinohrady nach Straschnitz geht – zum Beispiel den Elfer. Gut. Den Elfer kann ich entweder an der Ecke Graben-Wenzelsplatz erreichen oder draußen an der Stefanik-Brücke. Natürlich werde ich mich nicht an einer der verkehrsreichsten Ecken des Stadtzentrums aufstellen, um auf eine Straßenbahn zu warten, sondern ich werde zur Stefanik-Brücke fahren, und zwar mit dem Zwölfer, den hab ich gleich hier oben an der Plzenská. Gut. Der Zwölfer bleibt aber die ganze Zeit diesseits der Moldau, auf einer einsamen Strecke ohne Variationsmöglichkeiten – nicht gut. Es wäre bedeutend besser, wenn ich unten an der Zborovská einen Autobus nehme und bis zum Nationaltheater fahre. Dann bin ich am jenseitigen Moldauufer, kann mir irgendeine Kailinie aussuchen, zum Beispiel den Siebzehner, der wirklich den Fluß entlangfährt und mir an jeder Brücke Gelegenheit zum Umsteigen gibt – und an der Stefanik-Brücke steig ich in meinen Elfer um. Sehr gut. Ausgezeichnet. Zur Zborovská hinunter geh ich zu Fuß, und jetzt geh ich auch schon, denn es ist zwei Uhr zwanzig und höchste Zeit. Sonst finge ich vielleicht noch einmal zu rekapitulieren an, und mir brummt schon der Schädel. Ohnehin ein übles Zeichen, daß ich erst nachdenken mußte, was ich mit ein paar verfrühten Minuten in Vinohrady machen würde. Ein oder zwei Stationen weiterfahren und zurückgehen, das ist doch klar.

An Toniks und Zdenkas Wohnung vorbei, die schlafen noch, und selbst wenn Zdenka schon wach wäre, säße sie jetzt nicht in der Küche, um durch die Scheiben zu spähen und mich vielleicht am Fortgehen zu hindern. Außerdem bin ich seit Samstag wieder so gut wie nicht existent für sie und wieder der lästige Aftermieter. Nun, in ein paar Tagen ist das alles vorbei. Das will übrigens auch noch genau überlegt sein: wie ich aus dieser Bude wegkomme. Aber nicht jetzt. Dazu muß ich erst meine genauen Instruktionen haben mit den genauen Zeitangaben, und dazu muß ich erst wissen, ob Wera – nein, nicht jetzt, nur das nicht. Das ist etwas ganz andres. Das hat mit dem, was ich jetzt unternehme, nichts zu tun. Vielleicht wird es noch etwas damit zu tun bekommen, aber jetzt nicht.

So. Hinaus. Da sind wir. Wieder einmal bei Tageslicht auf der Gasse, zum ersten Mal seit wann? Seit jenem Nachmittag, an dem die ganze Nacht ihren Ursprung nahm, die ganze Nacht, zu der es nicht gekommen ist, zu der es mit Recht nicht gekommen ist – und jetzt Schluß damit. Jetzt aber wirklich und endgültig Schluß damit. Wieder einmal bei Tageslicht auf der Gasse, das genügt. Und ich hätte es nicht einmal bemerkt, wenn Komár nicht davon gesprochen hätte.

Natürlich hätte ich es bemerkt. Ich wäre nur nicht darauf vorbereitet gewesen, und vielleicht hätte es mich dann wirklich ein bißchen verwirrt. Da aber Komár mich darauf vorbereitet hat, verwirrt es mich nicht. Ich bemerke es nur. Ich bemerke gewissermaßen, daß ich es bemerke. Es war sehr vernünftig von ihm, mich darauf vorzubereiten. Da sieht man's wieder. Die denken eben an alles. Und das zeigt sich nicht bloß in solchen Kleinigkeiten, sondern in ihrer ganzen Art. Na ja. Die waren eben schon jahrelang unter den Nazis in der Illegalität. Die haben einen Überblick und eine Sicherheit, vor der sich unsereins mitsamt der ganzen Emigration und dem ganzen Krieg verstecken kann. Ich hätte mich mit meinen Grenzübertritten nicht so vor ihm auftun sollen. Ich werde mich bei ihm entschuldigen.

Was er damit gemeint hat, daß ich mich im Tageslicht vielleicht nicht zurechtfinden würde, ist mir allerdings unklar. Doch nicht, daß ich inzwischen meine Ortskenntnis eingebüßt hatte? Es mag zwar auch solche Fälle geben, Fälle von plötzlichem Gedächtnisverlust unter einer ungewohnten Belastung – aber ein solcher Fall bin ich nicht. Ich kenne mich tadellos aus, ich weiß genau, welche Straßen dort oben an der Kreuzung zusammentreffen und wohin sie führen und –

Halt, halt, halt. Was tu ich denn. Ich geh ja in die verkehrte Richtung. Ich geh ja hinauf zur Plzenská statt hinunter zur Zborovská. Ich wollte doch hinuntergehen und geh hinauf, verdammt noch einmal. Und ich geh ja nicht mehr, sondern ich bin stehngeblieben und steh immer noch da, wer weiß wie lange schon. Und wohin jetzt. Ich wollte doch in der Zborovská den Autobus nehmen. Also in die Zborovská. Also hinunter. Also umkehren. So.

Nein, gewiß ist das niemandem aufgefallen. Es weiß ja auch niemand, daß ich ursprünglich hinuntergehen wollte und statt dessen hinaufgegangen bin, und warum gerade dort hinauf, wo das kleine Kaffeehaus liegt – nein, niemand weiß das, nicht einmal ich. Und ich hätte auch gar nicht stehnbleiben müssen. Ich hätte ruhig weitergehen können und ruhig um die nächste Ecke biegen und – hätte, hätte, müssen, können. Was soll das. In der Tat bin ich stehngeblieben, habe kehrtgemacht und gehe jetzt den gleichen Weg zurück. Und in der Tat hat sich alles durchaus nicht ruhig abgespielt. Und wenn auch niemand etwas gewußt hat, so könnte es doch jemand bemerkt haben. Zwar sieht es im Augenblick nicht danach aus, aber wir wollen jetzt einmal annehmen – nein, das wollen wir nicht. Das fehlte noch. Als wäre es nicht genug an dem, worauf man wirklich achtgeben muß. Als müßte man sich noch etwas dazuerfinden.

Es war jedenfalls eine sehr aufschlußreiche Entgleisung. Und jetzt verstehe ich auch schon besser, was Komár mit dem Zurechtfinden gemeint hat. Und damit, daß ich nicht nervös werden soll.

Interessant. Ich weiß nicht mehr, wo hier die Autobusstation ist. Ich dachte, sie wäre an dieser Ecke. Interessant. Sollte das Zurechtfinden sich nun doch auf die Ortskenntnis beziehen? Und sollten zwei Wochen ausreichen, um – langsam, langsam. Es sind schließlich keine zwei Wochen, sondern beinahe sieben, meine Dachkammerexistenz hat am 25. Februar begonnen, und heute ist schließlich der 12. April. Und was die Autobusstationen in der Zborovská betrifft, so ist es überhaupt schon Monate her, daß sie mir geläufig waren. Trotzdem. Ich hätte geschworen, daß an dieser Ecke eine Station ist. Wo ist sie denn?

Sie ist, dort kommt der Autobus, sie ist eine Ecke zuvor, natürlich, ich seh auch schon die Stationstafel, wenn ich mich sehr beeile, müßte ich noch zurechtkommen, wie hab ich die Tafel nur übersehen können, rasch, der Autobus hält schon, vielleicht erwisch ich ihn noch – nein, doch nicht. Er fährt schon wieder an. Auch gut. Da brauch ich wenigstens nicht mehr zu laufen.

Oder doch? Bremst er? Vielleicht meinetwegen? Keine Spur. So fahr doch endlich los. Warum fährst du nicht? Wo du schon siehst, daß ich nicht einmal diese wenigen Schritte noch laufen will. Fahr. Einer von uns beiden wird sich entschließen müssen. Gut, dann also ich.

Er bremst. Natürlich meinetwegen. Dieses verdammte Humpelbein. Da verwandelt sich sogar ein Prager Autobuschauffeur in ein menschliches Wesen und wartet.

So, da bin ich. Danke schön. Genau das hab ich mir gewünscht: daß ein Autobus eigens für mich noch einmal stehnbleibt, daß meinetwegen der ganze Verkehr stockt, daß alle Passagiere mich anglotzen. Nur immer hübsch unauffällig. Danke schön.

»Können Sie nicht bei der Station einsteigen?«

Blöde Frage. Was soll ich dir auf diese blöde Frage antworten. Idjott. Idiot.

»Wissen Sie nicht, wo die Station ist?«

»Danke, jetzt weiß ich's.«

Und wenn er mich jetzt noch fragt, warum ich's vorher nicht gewußt hab, werde ich hörbar unhöflich. Wie kommt er dazu. Was dem Chauffeur recht ist, kann dem Kondukteur billig sein. Wenn der Chauffeur wartet, soll mich der Kondukteur nicht ins Verhör nehmen. Er soll mir den Fahrschein geben und Schluß.

»Also wohin?«

Warum »also«? Aber da hat er zufällig recht. Auf den Autobussen, zum Unterschied von der Straßenbahn, muß man unbefragt das Fahrtziel nennen. Zonentarif.

»Nationaltheater.«

Was ist denn jetzt wieder los. Was will er denn. Ich hab ihm zwei Kronen gegeben, und die Strecke Zborovská–Nationaltheater kostet eine Krone achtzig. Auf was wartet er?

»Den Tarif kennen Sie auch nicht?«

»Nein.« Oder bin ich vielleicht dazu verpflichtet, auch dazu? Ruhe. Nicht nervös werden. Nein, ich bin nicht verpflichtet. »Ich bin hier fremd.«

Das war überflüssig. Das war verdammt überflüssig. Aber irgend etwas mußte ich doch sagen.

»Zwei fünfzig.« Ganz von oben herab, wie man eben mit einem Dorftrottel spricht, der sich in die Stadt verirrt hat. Kann mir nur recht sein. Ruhe.

»Hier, bitte. Entschuldigen Sie.«

»Erst den Chauffeur aufhalten und dann mich. Wenn wir lauter solcher Passagiere hätten –.«

Ruhe. In ein paar Minuten legt sich das von selbst.

Hat sich schon gelegt. Neue Station, neue Passagiere. Schon vorbei. Gott sei Dank.

Aber der Kümmerliche da, auf dem Sitz, vor dem ich stehe, der mit dem grauen, gestutzten Schnurrbärtchen und dem peinlich saubern, peinlich unpassenden Homburghut auf dem Kopf – der soll mir nicht so verständnisvoll zulächeln. Womöglich wird er mich noch trösten oder gar in ein Gespräch verwickeln wollen.

Nein, auch das ist vorbei. Er hat zwar noch einmal gelächelt oder zu lächeln versucht, aber jetzt hat er's aufgegeben und schaut anderswohin. Schämt sich vielleicht oder ist gekränkt. Tut mir leid. Ich kann ihm nicht helfen. Und jetzt wird ein Sitz frei, vier Bänke weit entfernt, da kann ich ungestört verschnaufen. So. Und was habe ich denn bis jetzt geleistet.

Ich habe, es ist jetzt genau halb drei, ich habe vor zehn Minuten das Haus verlassen, bin zuerst in die falsche Richtung gegangen, habe plötzlich innegehalten und kehrtgemacht, für jedermann sichtbar, jedoch ohne sichtbaren Grund, wie ein Irrer. Dann habe ich an einer falschen Ecke auf den Autobus gewartet, bin ihm entgegengelaufen, habe zu laufen aufgehört, habe wieder zu laufen angefangen und bin, von allen Passagieren bemerkt, schließlich doch eingestiegen. Und dann hatte ich ein Geplänkel mit dem Kondukteur, das von den Passagieren desgleichen bemerkt wurde und in dessen Verlauf ich mich als Fremden bezeichnet habe. Ich habe mir wirklich nichts entgehen lassen, von Anfang an. Schon wenn mich in der Palackystraße zufällig jemand beobachtet hätte, wie ich da plötzlich stehngeblieben und zurückgaloppiert bin, hätte er neugierig werden müssen. Daß jemand mich nicht bloß zufällig beobachtet hätte, sondern absichtlich, schalte ich aus. Ein absichtlicher Beobachter wäre mir nicht verborgen geblieben. Und wäre mir weniger gefährlich als irgendein Unbeteiligter, dem mein Benehmen auffiele. Das sind überhaupt die Gefährlichsten: denen plötzlich etwas auffällt und die sich auch schon darum zu kümmern beginnen – aus purer Wichtigtuerei, oder, in Zeiten wie diesen, auch noch aus Servilität, aus Angst, aus der Hoffnung auf Lohn oder Ehre, aus schäbigen oder Gott behüte sogar aus ehrlichen Motiven. In Zeiten wie diesen wimmelt es von freiwilligen Geheimpolizisten. Jeder ist geeignet und jeder ist willkommen. Auch der Kümmerliche mit dem unpassenden Homburghut könnte sich soeben zu solchem Nebenberuf entschlossen haben. Wahrscheinlich hält er den Blick, mit dem er mich jetzt betrachtet, für verstohlen. Wahrscheinlich glaubt er, ich hätte ihn nicht bemerkt. Das soll er nur glauben. Ich wäre der letzte, der ihn daran irremachen wollte. Ruhe.

Aber die paar Minuten, in denen das alles, laut Komár, von selbst vorübergeht, dauern jetzt schon ein bißchen lange. Eigentlich müßte ich über derlei Anfechtungen jetzt schon hinaus sein. Ein harmloses, kümmerliches Männchen von Mitte Fünfzig, dem ich nichts nachweisen kann außer einem mißglückten Versuch, mir sein Mitgefühl zu bekunden, dürfte mir jetzt nicht länger als die Verkörperung feindseliger Wachsamkeit erscheinen. Der will in Ruhe gelassen werden, sonst nichts. Hat offenbar die legendären besseren Tage noch miterlebt und sich aus diesen Tagen auch den viel zu schönen Homburg mitgebracht. Nein, so sieht kein Verfolger aus, weder ein freiwilliger noch ein berufsmäßiger.

Ein freiwilliger vielleicht nicht. Aber ein berufsmäßiger? Müssen die sich denn unbedingt durch gelbe Schuhe und einen steifen schwarzen Hut kenntlich machen? Das war einmal. Ich weiß nicht, welche Änderungen sich da vollzogen haben, seit ich in meiner Dachkammer stecke. Wenn Stationen verlegt und Tarife erhöht werden, ohne daß ich es weiß, können auch graue Homburghüte an die Stelle von Melonen treten. Warum nicht? Und warum sollten die neuen Hilfskräfte, die ein neuer und ständig anschwellender Überwachungsapparat heranzieht, nicht ganz genau so aussehen wie der dort? Und jetzt hat er schon wieder herübergeschaut.

Die Minuten, von denen Komár gesprochen hat, die sogenannten Komár-Minuten, sind zwar noch nicht ganz abgelaufen – aber ich bin doch schon weit genug, um mir den Luxus vollkommen willkürlicher, an den Haaren herbeigezogener Phantasien zu leisten. Dazu habe ich immerhin schon die Ruhe und die Nerven. Immerhin.

Auch weiß ich sehr wohl, daß ich an der nächsten Station aussteigen muß, denn die nächste Station ist das Nationaltheater. Wäre ich noch so nervös wie zuvor, dann hätte ich die Station überfahren und hätte abermals einen Anstand mit dem Kondukteur gehabt. Das hätte zu allem Bisherigen sehr gut gepaßt. Ich stelle fest, daß es nicht geschehen ist. Ich mache Fortschritte. Ich verlasse jetzt meinen Sitz, drücke mich zum Ausgang und –

Und das war natürlich vorauszusehen: daß der Homburg, wenn ich an ihm vorbeikomme, mir einen Blick zuwerfen würde. Diesem Blick hätte ich ausweichen müssen. Ich bin ihm aber nicht ausgewichen, und jetzt hat er auch noch meinen Gegenblick erwidert.

Antoinette von Kahler

Messias

Der Messias schlief den Schlaf der Gerechten, endlos, tief und traumlos. Gabriel rüttelte ihn etwas unsanft und unwillig: »Wie lange willst du noch schlafen?« schrie er ihm ins Ohr. Der Messias blinzelte träge und gähnte: »Was soll's? Warum weckst du mich?« frug er halbwach. »Steh auf!« herrschte ihn Gabriel an. »Hörst du nicht das Jammern und Wehklagen der Juden? Hörst du nicht, wie sie nach dir schreien in tiefer Not?« »So haben sie immer geschrien«, sagte der Messias kopfschüttelnd, »und sooft ich kam, hieß es: ›Zu früh bist du gekommen, es ist noch nicht an der Zeit.‹ Weiß Gott, ich war immer bereit, aber ich bin irre geworden an mir selber und an meiner Mission.«

»Waren nicht die Türen offen, und stand nicht der Stuhl für dich bereit in jedem Hause der Frommen? Haben sie dich nicht geladen zu ihrem Sabbatmahl?« – »Ja, ja – das taten sie, doch dies genügte nicht«, antwortete bekümmert der Messias. »Nur die wenigen Frommen und die mühseligen, in Not Geratenen haben mich bewillkommt und geladen. Die Hochstehenden und die in Reichtum Schwelgenden wollten mich nicht anerkennen, nichts mit mir zu tun haben. Immer war es die Uneinigkeit, der Hochmut und der Zwist unter ihnen, der meiner Mission im Wege stand. Und so ist der Jammer immer lauter geworden, und das Elend hat sie nun alle überwältigt.«

»Trotzdem mußt du es noch einmal versuchen!« sagte Gabriel strenge. »Eile, ehe es zu spät wird, hilf, wo du helfen kannst, und täusche nicht das Vertrauen in die Verheißung Gottes.«

Seufzend erhob sich der Messias, hüllte sich in seinen Mantel und griff nach dem abgenützten Wanderstab.

»Mit so wenig gutem Willen wirst du diese Mission nie erfüllen«, rief ihm Gabriel nach. »Aufrecht mußt du sein, opfermutig, begeistert!« Ein trauriger Blick aus zurückgewendetem Antlitz war die Antwort des Messias, ehe er dem Auge Gabriels entschwand. Langsam, unentschlossen wanderte er mit so schwerer Aufgabe belastet die wohlbekannte Straße abwärts, ab und zu stillstehend und lauschend, woher der unendliche Jammer an sein Ohr tönen werde.

HUGO STEINER-PRAG

Aber rings umher war es totenstill. Er kam zu den Straßen der Juden, doch wo waren sie, die seine Hilfe angefleht hatten? Rauch und Asche deckten die Stellen, wo einst die empfangsbereiten Wohnstätten gestanden waren. Die Gotteshäuser? Trümmerhaufen, in denen die geschändeten Heiligtümer moderten. Umgestürzte Grabsteine bezeichneten noch die letzten Ruhestätten der Väter. Auch im Grabe sollten sie die Ruhe nicht finden. Aber wo waren die Lebenden, die vom Haß Verfolgten, Gepeinigten, Gedemütigten, von Gott und von den Menschen Verlassenen? Weiter und weiter wanderte der Messias durch zerstörte Orte, zwischen verwüsteten Feldern mit Bombentrichtern in zerrissener Erde. Trostlosigkeit lag schwer über der verschütteten Flur. Wo waren sie, die er suchte? Schauer durchlief seine alten Glieder – zu spät – zu spät –.

Da, an einer Ecke zwischen verbrannten Häusern fiel ein Schatten über seinen Weg. Erstaunt blickte er auf – es war der Tod! Er grinste höhnisch, als er den Messias erblickte: »Da kommst du nun, um die Juden zu erlösen! Wer braucht dich noch? Ich habe sie erlöst, erlöst, erlöst!« jubelte er. »Ich habe ihnen geholfen aus aller Not des Daseins – sie sind erlöst! Geh deiner Wege! Es gibt keine Juden mehr.«

»Keine Juden mehr?« murmelte entgeistert der Messias. »Was bin ich dann? Wozu bin ich geschaffen?« »Bleibe, was du immer gewesen!« sagte tröstend der Tod. »Bleibe ein ausgeträumter Traum, eine unerfüllte Hoffnung!«

Stöhnend verbarg der Messias sein zerfurchtes Antlitz in seinem Mantel. Dann blickte er hinauf zum Himmel, der sein Himmel nicht mehr war. Aber was schlich da plötzlich einher auf staubiger, trostloser Straße? In zerlumptem Kaftan, den Knotenstock in der Hand – ein Jude! Verwittert und grau das Gesicht, tiefliegend, abgründig die Augen, verwirrt das weiße Haar und der lange Bart, der die Brust bedeckte.

»Ahasver«, rief der Tod, »Ahasver, an dich habe ich vergessen!« Der Messias stand starr, verzückt im Anblick der verwitterten Gestalt. Es war also dennoch nicht ganz ausgestorben, das uralte, unglückselige Geschlecht!

Ahasver reckte sich hoch auf – majestätisch stand er da – Verkörperung der Tradition des Volkes Israel. »Ja, ich bin es, bin der Ahasver, dem der Tod nichts anhaben kann! Der Fluch hat mich erhalten, hat mich gestählt auf meiner unseligen Wanderschaft durch die Jahrtausende. Unzerstörbar bin ich, und mein Same wird keimen, wachsen, gedeihen, trotz Feuer und Wasser, trotz Mord, Brand, Haß und Mißgunst! Völker sah ich dahinschwinden wie welkes Gras, und ihre Spuren sind verwischt, verschollen ist ihr Name. Und dennoch waren sie die Starken, unter deren Tritt die Erde erdröhnte – Israel ist nicht ausgelöscht, es gedeiht im Verborgenen, und sein Platz bleibt diese Erde!« Der Tod erschauerte vor dieser Weissagung, und er entschwand in der Richtung der Schlachtfelder. Der Messias sank aufschluchzend an Ahasvers Brust. »Um deinetwillen will ich bleiben, was ich war, die ewige Hoffnung auf Erfüllung, auf Gerechtigkeit, auf Menschlichkeit und auf Erbarmen!« Und sie schritten vereint weiter auf dunkler, ausgebrannter Straße – wohin?

Anhang

Nachwort

Totenhaus

Prags deutschsprachige Prosa ist so gut wie verschüttet. Kafkas Schatten wurde im nachhinein so übermächtig vergrößert, daß er fast alle andern Autoren verdeckt. Selbst die Stadt, die diese Prosa hervorgebracht hatte, löste sich bei den meisten Kafka-Interpretationen in Nebel auf.

Prags deutschsprachiger Beitrag zur Weltliteratur ruht in einem Totenhaus. Beweint wurde er kaum. Wer hätte ihn schon vermissen können? Ermordet, bestenfalls geflüchtet war der eine Teil des Publikums: die Juden Prags; verjagt nur wenige Jahre später der andere, die letzten Prager deutscher Sprache. Was die Nazis übriggelassen hatten, würgten die Stalinisten. Und dennoch ließ sich dieses allgemeine Gefühl nicht umbringen: Prag, eine unheimliche Stadt. Tschechischsprachige Prager spannen den Faden der Erzählkunst fort, der den deutschsprachigen mit Gewalt zerrissen worden war.

Seit der Jahrhundertwende hatte es die böhmische, dann tschechoslowakische Metropole unter dem Hradschin zu einer deutschsprachigen Literatur von Weltrang gebracht. Gemeint sind mehr als Kafka, Rilke, Werfel. Dazu zählen auch Max Brod, Gustav Meyrink, Oskar Baum, Paul Leppin, Ernst Weiß, Ludwig Winder, Leo Perutz, Hans Natonek, Hermann Ungar, Paul Kornfeld, Johannes Urzidil, H. G. Adler, Friedrich Torberg.

Viele Prager Autoren entkamen knapp den nationalsozialistischen Konzentrationslagern, einigen, wie Paul Kornfeld und Oskar Wiener, gelang es nicht. Viele, sicher weit mehr, als wir bisher wissen, hatten Verwandte und Freunde als Opfer des Holocaust zu beklagen, so H. G. Adler, Max Brod, Ludwig Winder, die Familien Kafka und Ungar. Spätestens unter dem Zeichen dieser Ausrottung gewinnt die Prager Literatur Symbolkraft für das ganze Jahrhundert. Ihre Erfüllung fällt mit ihrem Tod zusammen. Die Welt als Gebeinhaus, geahnt von einer bedrängenden Prosa zwischen Getto und Traum, bitterer Wirklichkeit und Gespensterreich, zwischen Kampf, Geschichte und Angst.

Erzählendes Judentum

Der älteste Text dieses Lesebuches kam 1834 heraus (Seligmann Kohn), der jüngste 1953 (Leo Perutz). Die Zeit scheint angehalten worden zu sein. Beide Texte entstammen dem Getto, der Josefstadt, dem fünften Stadtbezirk. Dessen Mauern, Winkel, Häuser, Spelunken ließen sich kurz vor 1900 nur äußerlich einreißen, in der Seele, in den Ängsten und Träumen der Prager Juden lebte dieses Häusergewirr weiter, noch zwei Generationen lang.

Dieses Lesebuch stellt zugleich noch etwas anderes dar als ein Totenbuch: ein vor allem jüdisches Lesebuch. Die Prager Juden empfanden ihren jahrhundertealten Friedhof als »Haus des Lebens«. In einem bewundernswerten Erzählstrom überlieferten sie uns ihr Dasein. So gelang es ihnen, dem zweiten Tod, dem des Vergessens, zu entrinnen. Von den 35 Autorinnen und Autoren dieses Buches sind nur sieben nicht jüdischer Abstammung: Brand, Herlossohn, Leppin, Meißner, Meyrink, Rilke und Urzidil. Gerade ein Fünftel.

Entdeckungen

Erst wer sich von Prags Beschränkung auf Kafka löst, kann zu den Wurzeln des deutsch erzählenden Prag vorstoßen, zu den ältesten jüdischen Autoren: Seligmann Kohn, Siegfried Kapper und Salomon Kohn. Nicht umsonst besteht die erste deutschsprachige Prager Prosa aus Gettoerzählungen. Diesen Anfängen ist Prags deutsche Erzählkunst treu geblieben, bis zum entsetzlichen Ende. Die Welt als ein kollektives Getto.

Auf der Suche nach weniger bekannten Erzählern stieß ich auf Talente, die Prags Prosa um weitere Varianten bereichern. Herbert von Fuchs zum Beispiel: offenbar ein Prager Jude. Sein Text »Unsere tägliche Höllenfahrt« drückt im Ton des besten Expressionismus aus: Die Lebenslüge ist unausweichlich, ohne sie ließe sich nicht leben – und dennoch muß ihr der tägliche Kampf gelten; wer unterliegt, sinkt vom Lastenträger zum Lasttier herunter.

Die zweite Entdeckung betraf Hans Klaus, der Kafka gut kannte. Max Brod hat kurz an ihn erinnert. Das wurde überlesen. Klaus' Erzählung »Die Verklärung des Dr. Schourek« spielt in der brüchigen Welt der Prager Kleinseite, des barocken Stadtviertels am linken Moldauufer mit den zerfallenden Adelspalästen.

Endlich stieß ich noch auf Arthur David Heller. Die Kafka- und die Prag-Forschung kennen ihn nicht, in Prag weiß man nichts mehr von ihm. 1938 verlieren sich die Spuren seines Lebens. Heller war Arzt, nebenher ein vielseitiger Schriftsteller und Journalist, ein sozialistischer Zionist der Partei *Poale Zion*. Er verkehrte nicht in den literarischen Zirkeln der Prager Kaffeehäuser. Wer sich da ausschließt und statt dessen nachts in den Prager Vorstädten die Treppen zu den Dachböden hinauf- und in die Keller hinabsteigt, um mittellose Patienten zu versorgen, den straft die Literaturgeschichte mit Nichtbeachtung. Hellers vergessenen Roman »Meister Unruhig« fand ich zufällig: in einem Katalog des Versandantiquariats Frank Albrecht (Schriesheim bei Heidelberg). Ich bekam ein Widmungsexemplar. Auf das Vorsatzblatt hatte Heller im Oktober 1929 einen hebräischen Vers aus der Bibel geschrieben, aus den Sprüchen der Väter 1,10: »Liebe die Arbeit, und hasse das Herrschen.« Ein charakteristisches Zitat für den sozialistischen Zionismus von *Poale Zion*, mit einer wohltuenden Neigung zur Herrschaftslosigkeit: zum Anarchismus.

»Meister Unruhig«, offensichtlich ein autobiographisches Bekenntnis, stellt meines Erachtens den letzten großen jüdischen Roman des alten Prag dar. Lange befürchtete ich, Heller sei wie Tausende anderer Juden der Tschechoslowakei in einem Konzentrationslager umgekommen. Nur noch in Londoner Kreisen der Prager Emigranten konnte man mit dem Namen Heller etwas anfangen. Karl Baum, Hellers letzter noch lebender Freund, bewahrt die Erinnerung an Heller und dessen letzte, englisch geschriebene Briefe.

Grenzliteratur

Die Prager Prosa wurde immer wieder als große Stadtliteratur empfunden und mit der Literatur von Wien oder Triest verglichen. Gerne zog man die Grenzlage zur Erklärung des besonderen Charakters heran. Doch warum weisen dann Grenzstädte wie Basel, Strasbourg, Breslau oder Bozen keine vergleichbare Literatur auf?

Prager marxistische Germanisten, voran Eduard Goldstücker, suchten die Gründe für Prags herausragende literarische Fruchtbarkeit tiefer. Sie fanden die Antwort in einer Mischung aus optimistischem tschechoslowakischem Nationalismus und naivem Marxismus. Prags deutschsprachiges Judentum sei nur deshalb literarisch so produktiv geworden, weil es sich ethnographisch unweigerlich auf dem Abstieg befand. Das deutschsprachige Prag habe eine sich ständig verkleinernde Sprachinsel dargestellt, literarisch vor allem von nur elftausend Juden getragen. Je deutlicher Prag eine tschechische Stadt geworden sei, zudem eine überwiegend proletarische, desto stärker habe sich das deutschsprachige Judentum bedroht gefühlt.

Dieser Erklärungsversuch trug noch die brachiale Siegessicherheit der Stalin-Ära zur Schau. Der Staatskapitalismus in seiner tschechoslowakischen Version fühlte sich dem skeptischen, geängstigten Judentum haushoch überlegen. Die Brutalität des Stalin-Regimes, ein letztes Mal im Slánsky-Prozeß (1952) sich austobend, lag unter einem Tabu. Das morbide Weltgefühl des deutschsprachigen Prag schien dagegen längst der Vergangenheit überantwortet, die Sehnsucht nach Erlösung nur noch eine Aufgabe der aufsteigenden tschechoslowakischen Arbeiterklasse zu sein.

Der jüngste Fortgang der Geschichte hat diesen Erklärungsansatz in Scherben verwandelt. Eine günstige Voraussetzung, um die erstaunliche Breite der deutschsprachigen Prager Prosa zu entdecken. Über eine allgemeingültige Erklärung, warum gerade Prag zu einer Hochburg deutschsprachiger Literatur, einer noch heute faszinierenden Erzählkunst wurde, verfüge ich nicht. Wer lesen will, muß sich schon dem Abenteuer der einfühlsamen, teilnehmenden Lektüre überlassen. Das Rätselhafte dieser Prosa läßt sich nicht durch noch so kluge Überlegungen auflösen.

In einem nicht geographischen Sinne können wir die deutschsprachige Prager Prosa durchaus als Grenzliteratur verstehen. Gerade das Judentum im Zentrum Mitteleuropas saß erzählend zwischen allen Stühlen. Es gab sich, wie es Urzidil stellvertretend formulierte, hinternational. Kriege ließen sich damit nicht anfangen, geschweige denn gewinnen. Es war keine Prosa für den Schützengraben, eher schon für's allgemeine Lazarett, in dem man eines Tages wider Willen aufwachen wird.

Die Prager Prosa eignet sich nicht für Eilige. Die touristisch arg strapazierte Stadt an der Moldau läßt sich mit ihr nicht garnieren. Die verrauchte Heiterkeit eines Kaffeehauses wird man vergeblich ersuchen. Eher taugt dieses Lesebuch zu einer stillen Lektüre an der Moldau, auf der Kampa-Insel, in einem alten Garten der Kleinseite, in einer Ecke des Veitsdomes oder auf dem Judenfriedhof.

Grundsätze der Auswahl

Es geht mir um deutschsprachige Autorinnen und Autoren, die in Prag geboren sind oder eine Zeitlang dort gelebt haben. Eine Ausnahme: Moshe Yaakov Ben-Gavriel. Im letzten Kapitel seiner Prager Saga »Das Haus in der Karpfengasse« spricht das sterbende jüdische Prag in der Kollektivgestalt des Neplatka. Eine frisch gebliebene Geschichte, zu der der Autor in Palästina Anregungen emigrierter Prager bekommen haben könnte. Den Text schrieb er 1943 hebräisch.

Die Auswahl aus der Fülle Prager Prosa erfolgt unter dem Motiv »die unheimliche Stadt«. Deutschnationale Prosa, die gelegentlich Prags Anziehungskraft für sich einzuspannen suchte, bleibt unberücksichtigt. Autobiographien sind ebenso ausgeschlossen. Autobiographisch gefärbte Erzählkunst war mir jedoch willkommen, sofern sie das Motiv der unheimlichen Stadt zum Ausdruck brachte. Antoinette von Kahlers kurzer Text »Messias«, geschrieben am 20. Februar 1943, ist der einzige, der nicht direkt mit Prag zu tun hat. Als in den Vereinigten Staaten unter den Juden bekannt wurde, daß die Naziführung auf der Wannsee-Konferenz beschlossen hatte, die europäischen Juden rasch und restlos zu ermorden, fand die Autorin diese Antwort. Viele Amerikaner hielten den Nazi-Beschluß des Holocaust lange für Propaganda, die böhmisch-jüdische Erzählerin ahnte die grauenvolle Wahrheit.

Die Prager Stadtkultur brachte einen großartigen viel zu wenig bekannten Illustrator und Grafiker hervor: Hugo Steiner-Prag. Was an der Moldau erzählt wurde, erhielt in seinen kongenialen Bildern ein düsteres, beängstigendes Antlitz. Noch zwei Generationen später ist davon nichts verblichen. Die gezeichnete Vorahnung einer rasanten Fahrt in den Tod.

Reutlingen, Oktober 1991 *Hellmut G. Haasis*

Autoren- und Quellenverzeichnis

H(ans) G(ünther) Adler, geb. 2.7.1910 in Prag, gest. 21.8.1988 in London. Erzähler, Lyriker, Historiker des Holocaust. 1930–33 Studium der Musik- und Literaturwissenschaft, Soziologie und Philosophie in Prag, Dr. phil.; 1935–41 Sekretär und Lehrer am Volksbildungshaus Urania in Prag. 1941 Deportation in ein Arbeitslager, 1942 ins KZ Theresienstadt, 1944 ins KZ Auschwitz. Seine Frau Gertrud Klepetar ist dort 1944 ermordet worden. 1945 Rückkehr nach Prag, Erzieher von Waisenkindern. 1947 Emigration nach England. 18 seiner Angehörigen sind von den Nazis ermordet worden.

Werke (u. a.): Theresienstadt 1941–45 (1955); Die verheimlichte Wahrheit (1958); Der Kampf gegen die »Endlösung der Judenfrage« (1958); Die Juden in Deutschland (1960); Unser Georg (1961); Die Erfahrung der Ohnmacht (1964); Der Fürst des Segens (1964); Sodoms Untergang (1965); Panorama (1968); Ereignisse (1969); Der verwaltete Mensch (1974); Fenster (1974); Viele Jahreszeiten (1975); Die Freiheit des Menschen (1976); Spuren und Pfeiler (1978); Blicke (1979); Stimme und Zuruf (1980); Vorschule für eine Experimentaltheologie (1987).

Die Verbotenen * 322

Aus: Eine Reise. Erzählung. Bonn 1962 (bibliotheca christiana), S. 9–16.

Rechte bei Jeremy Adler, London/England.

Paul Adler, geb. 4.4.1878 in Prag, gest. 8.6.1946 in Zbraslav bei Prag. Erzähler, Japan-Spezialist. Jurastudium in Prag; Übersiedlung nach Wien; Studienreisen nach Italien; lebte 1912–20 in der Künstlerkolonie von Hellerau bei Dresden, Kriegsgegner; 1933 Rückkehr nach Prag.

Werke (u. a.): Elohim (1914); Nämlich (1915); Die Zauberflöte (1916); Vom Geist der Volkswirtschaft (1917).

Der Spiegel des Kindes 56

In: »Bohemia«. Prag, 85. Jg., Nr. 81, 22. März 1912, S. 1f. Rechteinhaber nicht ermittelbar.

Oskar Baum, geb. 21.1.1883 in Pilsen, gest. März 1941 in Prag. Erzähler, Romancier, Dramatiker, Organist und Klavierpädagoge.

Werke (u. a.): Uferdasein (1908); Das Leben im Dunkeln (1909); Ein Schicksal (1912); Die Memoiren der Frau Marianne Rollberg (1912); Die böse Unschuld (1913); Zwei Erzählungen (1918); Die verwandelte Welt (1919); Die Tür ins Unmögliche (1920); Das Wunder (1920); Die neue Wirklichkeit (1921); Der Feind (1926); Der pünktliche Eros (1927); Drei Frauen und ich (1928); Nacht ist umher (1929); Die Schrift, die nicht log (1931); Zwei Deutsche (1934); Das Volk des harten Schlafes (1937).

Das junge Geschlecht. Novelle 196

Aus: Das jüdische Prag, 1917. Nachdruck 1978, S. 28–32. Rechteinhaber nicht ermittelbar.

Moshe Yaakov Ben-Gavriel, (bis 1924: Eugen Hoeflich) geb. 15.9.1891 in Wien, gest. 18.9.1965 in Jerusalem. Erzähler, Romancier, Essayist, Journalist. Studium in Wien. 1917 als österreichischer Verbindungsoffizier mit der türkischen Armee in Jerusalem, später Rückkehr nach Wien. 1927 Rückkehr nach Palästina für eine deutsche Nachrichtenagentur.

Werke (u. a.): Der Weg in das Land (1918); Feuer im Osten (1920); Der rote Mond (1920); Die Pforte des Ostens (1923); Palästinabuch für empfindsame Reisende (1932); Frieden und Krieg des Bürgers Mahaschavi (1952); Das anstößige Leben des Großen Osman (1955); Kumsits (1956); Israel (1957); Der Mann im Stadttor (1960); Die sieben Einfälle der Thamar Dor (1962); Ein Weg beginnt mit dem ersten Schritt (1963); Die Gedichte (1964); Kamele trinken aus trüben Brunnen (1965).

Die neue Saga von Prag * 305

Aus: Das Haus in der Karpfengasse. Berlin-Dahlem 1958 (Colloquium). Nachdruck der Lizenzausgabe Berlin (DDR) 1967 (Volk und Welt), S. 269–287. © Colloquium Verlag, Berlin.

Karl Brand, (Pseudonym für Karl Müller), geb. 1895 in Prag, gest. 17.3.1917 in Prag. Lyriker, Erzähler. Als Handelsschüler mit Franz Werfel bekanntgeworden, publizierte in der »Aktion«.

Werk: Das Vermächtnis eines Jünglings. Herausgegeben von Johannes Urzidil. Mit einem Vorwort von Franz Werfel. Wien–Prag–Leipzig 1920 (Ed. Strache): Nachdruck Nendeln 1973 (Kraus Reprint).

Novelle im Traum 66

Aus: Das Vermächtnis eines Jünglings. Herausgegeben von Johannes Urzidil. Mit einem Vorwort von Franz Werfel. Wien–Prag–Leipzig 1921 (Ed. Strache), S. 29–34.

Max Brod, geb. 27.5.1884 in Prag, gest. 20.12.1968 in Tel Aviv. Romancier, Philosoph, Essayist, Dramatiker, Dramaturg, selbstloser Förderer von Kafkas Lebenswerk. Jurastudium in Prag, 1907 Dr. jur.; 1907–24 Beamter der Postdirektion Prag; dann Kulturreferent im Ministerratspräsidium der ČSR, 1929–39 Literatur- und Musikkritiker des »Prager Tagblatts«, verließ 15.3.1939 mit dem letzten jüdischen Sonderzug Prag, Auswanderung nach Palästina. Dramaturg in Tel Aviv.

Werke (u. a.): Tod den Toten (1906); Experimente (1907); Schloß Nornepygge (1908); Ein tschechisches Dienstmädchen (1909); Jüdinnen (1911); Arnold Beer (1912); Tycho Brahes Weg zu Gott (1915); Die erste Stunde nach dem Tod (1916); Eine Königin Esther (1918); Das große Wagnis (1918); Sozialismus im Zionismus (1920); Im Kampf um das Judentum (1920); Heidentum Judentum Christentum (1921); Rëubeni, Fürst der Juden (1925); Stefan Rott oder das Jahr der Entscheidung (1931); Die Frau, die nicht enttäuscht (1933); Franz Kafka (1937); Das Diesseitswunder (1939); Unambo (1949); Der Meister (1951); Armer Cicero (1955); Streitbares Leben (1960); Der Prager Kreis (1966).

*Wachs im Ohr** 243

Aus: Rëubeni, Fürst der Juden. Ein Renaissanceroman. München 1925 (Kurt Wolff), S. 3–11, 24–26. © Ilse Ester Hoffe, Tel Aviv.

Tony Brook, Biographische Angaben ließen sich nicht ermitteln.

Werke (Beiträge) in: »Internationale Literatur. Deutsche Blätter« (Paris 1937); »Jüdische Revue« (Paris–Prag–Mukačevo 1937); »Neue Volks-Zeitung« (New York 1939); »Neuer Vorwärts« (Paris 1939); »Ordo. Organ de Comité juif d'études politiques« (Paris 1938); »Pariser Tageszeitung« (1937).

Begegnung mit dem Golem. Eine Erzählung 281
In: Jüdischer Almanach auf das Jahr 5697. Beilage zur »Selbstwehr«. Redigiert von Felix Weltsch. Prag 1937 (»Selbstwehr«. Jüdisches Volksblatt in Prag), S. 160–174. Rechteinhaber nicht ermittelbar.

Herbert von Fuchs, Biographische Angaben ließen sich nicht ermitteln.
Werke (Zuordnung nicht gesichert): Katharina (1913); Nirwana (um 1913); Prinzessin Parisade oder Das Märchen der tausend und zweiten Nacht (1914).
Unsere tägliche Höllenfahrt 255
Aus: Das jüdische Prag, 1917. Nachdruck 1978, S. 14–16. Rechteinhaber nicht ermittelbar.

Hermann Grab, geb. 6. 5. 1903 in Prag, gest. 2. 8. 1949 in New York. Erzähler, Musikpädagoge, Pianist. Studium der Philosophie und Musik in Prag, Wien, Berlin und Heidelberg, Dr. jur.; Februar 1939 Emigration nach Paris, 1940 über Portugal in die USA (seine Mutter wurde indes nach Polen deportiert, kam dort ums Leben). Musiklehrer in New York. Stand als Musiker dem Kreis um Arnold Schönberg nahe, war befreundet mit Theodor W. Adorno, George Szell und Rudolf Serkin.
Werke (u. a.): Hochzeit in Brooklyn (1957).
Der Stadtpark 75
Aus: Der Stadtpark. Wien–Leipzig 1935 (Zeitbild-Verlag, tatsächlich 1934), S. 29–42.

Auguste Hauschner, geb. Sobotka, geb. 12. 2. 1850 in Prag, gest. 10. 4. 1924 in Berlin. Ihr Mann war der Fabrikant und Maler Benno Hauschner, sie hielt in Berlin einen literarischen Salon. Romancière, Erzählerin.
Werke (u. a.): Doktor Ferenczy (1893); Die Unterseele (1898); Lehrgeld (1899); Frauen unter sich (1901); Kunst (1904); Die sieben Naturen des Dichters Clemens Breißmann (1906); Zwischen den Zeiten (1906); Die Familie Lowositz (1908/10); Die große Pantomime (1913); Der Tod des Löwen (1916); Die Siedlung (1918); Der Versöhnungstag (1919); Die Heilung (1922).

Der Tod des Löwen 231

Aus: Der Tod des Löwen. 1. Aufl. Berlin 1916. Nachdruck der bibliophilen Ausgabe (400 Exemplare) mit Radierungen von Hugo Steiner-Prag. Leipzig–Prag 1922 (K. Andrésche Buchhandlung), S. 5–13, 22–28, 171–174.

Arthur David Heller, geb. 4. 8. 1891 in Prag, gest. 27. 10. 1958 in London, Arzt, Lyriker, Erzähler, Übersetzer, Romancier, Philosoph, Psychologe, sozialistischer Zionist. Seine Schriften wurden 1939 im deutschen Nazi-Reich verboten. Seit 1908 Mitglied der sozialistischen zionistischen Partei Poale Zion, 1938 bei deren letztem Kongreß in Mährisch Ostrau in den Rat gewählt. Führender Mitarbeiter mehrerer jüdischer kultureller und sozialer Vereine. 1934 in die Exekutive der Poale Zion der ČSR gewählt, 1935 Delegierter der Poale Zion beim 19. Zionistenkongreß in Luzern. 1939 Emigration nach England, von da an zog er Englisch, Tschechisch und Jiddisch dem Deutschen vor, schrieb nicht mehr Deutsch. Seit 1940 im Ausschuß der jüdisch-tschechoslowakischen Emigrantenorganisation »Self Aid Association of Jews from Czechoslovakia in England« (London) für die Kulturarbeit verantwortlich. In der britischen Sektion des Jüdischen Weltkongresses. Lebte 1940–44 in Grays (Essex), 1949/50 in Colchester, später in Prudhoe (Northumberland), bis zur Pensionierung 1958 dort als Arzt.

Werke (u. a.): Teile eines Ganzen (1923); Meister Unruhig (1930, tatsächlich 1929); 13 Gedichte und 7 Federzeichnungen (1932); Guttmann (1932); Glauben und Wissen (1936); Politisches und Persönliches (1937); The Prophecy of the Saint »Rim« (1941); Two Scenes. Socrates and the Man in the Street. The Three and the One (1950, Privatdruck nur 50 Stück).

Meister Unruhig 203

Aus: Meister Unruhig. Prag 1930 (tatsächlich 1929) (Die Bücherstube), S. 14–18, 181 f., 192–197.

Georg Carl Herlossohn, (hieß eigentlich Karl Borromäus Sebastian Herloß), geb. 1. 9. 1804 in Prag, gest. 10. 12. 1849 in Leipzig. Erzähler, Lyriker, Romancier, Satiriker, Essayist. Zuerst Hauslehrer und Schreiber in Prag. 1820–22 Jurastudium in Prag und Wien. 1825 Übersiedlung nach Leipzig.

Werke (u. a.): Treu bis in den Tod (1820); Vielliebchen (1827); Emmy (1827); Der Venetianer (1829); Der Ungar (1832); Mephistopheles (1833); Der letzte Taborit (1834); Die Wahnsinnige (1837); Zeit- und Lebensbilder (1839–43); Die Hussiten oder Böhmen (1843); Wallensteins erste Liebe (1844); Die Tochter des Piccolomini (1846); Die Mörder Wallensteins (1847).

Der bittere Kelch der Lebensprosa * 47

Aus: Camera obscura. Novellen, 1. Bd., Altenburg 1845 (Pierer), S. 20–27.

Franz Kafka, geb. 3. 7. 1883 in Prag, gest. 3. 6. 1924 in Kierling (bei Wien). Romancier, Erzähler. 1901–06 Jurastudium in Prag, Dr. jur.; 1908–22 Angestellter in der Arbeiterunfallversicherung; 1923 Übersiedlung nach Berlin. Alle drei Schwestern wurden 1941 / 42 in Konzentrationslager deportiert und umgebracht.

Werke (u. a.): Betrachtung (1913); Der Heizer (1913); Die Verwandlung (1915); Das Urteil (1916); Ein Landarzt (1919); In der Strafkolonie (1919); Der Prozeß (1925); Das Schloß (1926); Amerika (1927); Werkausgaben (1935–37, 1946–54, 1976).

Der Proceß 259

Aus: Der Proceß. Roman in der Fassung der Handschrift, S. 92–107.

Antoinette von Kahler, geb. 16. 7. 1862 in Brünn, gest. 14. 1. 1951 in Princeton (USA). Erzählerin. Mutter des Kulturphilosophen Erich von Kahler (1885–1970). 1884 Heirat, Übersiedlung nach Prag, 1900 nach Wien. Emigration in die USA.

Werke (u. a.): Skizzen und Märchen (1898); Tobias Immerschneller (1909); Kindertheater (20er Jahre); Märchen aus der schlimmen Zeit (nur 200 Exemplare, 2. Aufl. 1922); Märchen und Spiele für Große (20er Jahre).

Messias (1943) 342

Aus: Die Juden in Böhmen und Mähren. Ein historisches Lesebuch.

Herausgegeben von Wilma Iggers. München 1986 (C. H. Beck), S. 373 f. Rechteinhaber nicht ermittelbar.

Siegfried Kapper, geb. 21.3.1821 in Smichov bei Prag, gest. 7.6.1879 in Pisa. Arzt, Lyriker, Erzähler, Übersetzer, war der erste jüdische Autor, der Tschechisch publizierte. Medizinstudium in Wien, Dr. med.; 1847 Arzt in Karlstadt (Kroatien). 1848 in der Akademischen Legion in Wien. Ab 1867 Arzt und Schriftsteller in Prag.

Werke (u. a.): Slavische Melodien (1844); Ceské listy (1847); Befreite Lieder (1848); Lazar, der Serbencar (1851); Die Gesänge der Serben (1852); Südslawische Wanderungen (1853); Falk (1853); Christen und Türken (1854); Die böhmischen Bäder (1857); Die Handschriften von Grünberg und Königinhof (1859); Das Böhmerland (1863/64); Prager Ghettosagen (1896).

Das leere Grab * 16

Aus: Prager Gettosagen. Prag 1896 (R. Brandeis), S. 55–63.

Hans Klaus, geb. 20.9.1901 in Prag-Karlyn, gest. 3.10.1985 in London. Lyriker, Erzähler, Dramatiker, Chemiker. Chemiestudium in Prag. Kunst- und Theaterkritiker für Berliner und Hamburger Zeitungen, schrieb Schauspiele für die deutsche Bühne in Prag. Chemiker in Prag bis März 1939, dann Emigration über Polen nach England. Lebte dort als Lebensmittelchemiker.

Werke (u. a.): Flucht und Zuflucht (1939).

Die Verklärung des Dr. Schourek 131

Aus: Die Verklärung des Dr. Schourek. Eine Lebensgeschichte. Prag 1930 (Verlag der »Wahrheit«), S. 3–11.

Rechte bei Alice Sluckin, Leicester/England.

Salomon Kohn, geb. 8.3.1825 in Prag, gest. 6.11.1904 in Prag. Erzähler, Romancier. Mathematikstudium in Prag an der Technischen Hochschule, dann an der Universität, mußte bald das väterliche kaufmännische Geschäft übernehmen. 40 Jahre lang führend tätiges Mitglied der Prager jüdischen Gemeinde.

Werke (u. a.): Dichterhonorar (1847); Kaddisch vor Kol Nidre (1847); Gesinnung und Liebe (1848); Der Retter (1848); Gawriel

(1854); Spiegel der Gegenwart (1875); Die Starken (1877); Die silberne Hochzeit (1882); Prager Ghettobilder (1884); Neue Ghettobilder (1886); Des Stadtschreibers Gast (1886); Der Lebensretter (1893); Der alte Grenadier (1893); Die Sabatharier in Siebenbürgen (1894); Fürstengunst (1894); David Speier (1896); Alte und neue Erzählungen aus dem böhmischen Ghetto (1896); Ein deutscher Handelsherr (1896); Judith Löhrach (1897).

Reb Jisroel Schachner und Reb Natel Schmeling * 22

Aus: Prager Ghettobilder. Leipzig 1884 (Philipp Reclam jun.), S. 3–10.

In der Hahnpaßgasse * 217

Aus: Sippurim. Eine Sammlung jüdischer Volkssagen, Erzählungen, Mythen, Chroniken, Denkwürdigkeiten und Biographien berühmter Juden aller Jahrhunderte, insbesondere des Mittelalters. Herausgegeben von Wolf Pascheles, 3. Sammlung. Prag 1854 (W. Pascheles), S. 7–13.

Seligmann Kohn, (hieß nach der Taufe Josef Ferdinand Friedrich Korn), geb. 26. 4. 1804 in Prag, gest. 16. 10. 1850 in Teplitz-Schönau. Gründer mehrerer Leihbibliotheken. Lebte in Sachsen, Österreich und Ungarn, ab 1848 in Leipzig. Journalist, Lyriker, Erzähler, Satiriker, Orientalist, Okkultist.

Werke (u. a.): Die Wege zum Reichtum (1828); Zerils des infernalischen Schauspieldirektors Reise auf die Oberwelt (1830); Belial und Astarte (1831); Figaros Memoiren (1833); Panorama von Ofen und Pesth (1833); Die Seleniten oder Die Mondbewohner (1834); Nießwurz-Priesen für Juden und Christen (1834–37); Prag in seiner jetzigen Gestalt. Humoristisches Charaktergemälde (1835); Musamerit (1835); Der Prophet Elias (1837); Das Leben Mosis (1838); Der Mystagog (1838); Leben, Tod und Höllenfahrt des weltberühmten Doctor Faustus (1841); Stimmen aus dem Jenseits (1842); Populäre Mythologie (1845); Polens Selbständigkeit (1848); Die Ansprüche der Slawen (1848); Die prophetische Kraft des magnetischen Schlafes (1849).

Der Prager Tandelmarkt * 11

Aus: Der jüdische Gil Blas. Leipzig 1834 (Friese), S. 56–62.

Paul Kornfeld, geb. 11. 12. 1889 in Prag, gest. 25. 4. 1942 im KZ Lodz. Dramatiker, Romancier, Erzähler. 1914 Übersiedlung nach Frankfurt/Main. 1925 Dramaturg in Berlin, 1927/28 in Darmstadt. 1932 Rückkehr nach Prag. Ende 1941 ins KZ Lodz deportiert.

Werke (u. a.): Die Verführung (1916); Legende (1917); Himmel und Hölle (1919); Gebet um Wunder (1920); Der ewige Traum (1922); Palme oder Der Gekränkte (1924); Sakuntala (1925); Kilian oder Die gelbe Rose (1926); Smither kauft Europa (1928); Jud Süß (1930); Blanche oder Das Atelier im Garten (1957); Revolution mit Flötenmusik (1977).

Gespräch am Abend 71

Aus: Das jüdische Prag, 1917. Nachdruck 1978, S. 33 f.

Paul Leppin, geb. 27. 11. 1878 in Prag, gest. 10. 4. 1945 in Prag. Lyriker, Erzähler, Romancier, Dramatiker, Übersetzer, Essayist. Beamter der Post- und Telegrafendirektion in Prag.

Werke (u. a.): Die Türen des Lebens (1901); Glocken, die im Dunkeln rufen (1903); Daniel Jesus (1905); Der Berg der Erlösung (1908); Severins Gang in die Finsternis (1914); Hüter der Freude (1918); Das Paradies der Andern (1920); Venus auf Abwegen (1920); Der blaue Zirkus (1928); Die bunte Lampe (1928); Rede der Kindesmörderin vor dem Weltgericht (1928); Rhabarber (1930); Blaugast (1933/34); Der Enkel des Golem (1934); Frühling um 1900 (1936); Prager Rhapsodie (1938); Bunterbart verkauft (1938).

Severins Gang in die Finsternis 85

Aus: Ein Prager Gespensterroman. München 1914 (Delphin), S. 7–25, 27–29, 144–146.

Prag in seiner unzugänglichen Schönheit * 155

Aus: Prag. In: »Der Turmhahn«. Staakmanns Halbmonatszeitschrift. Herausgegeben von Karl Hans Strobl. Leipzig, 1. Jg., 1. Juliheft 1914, S. 10–12.

Alfred Meißner, geb. 15. 10. 1822 in Teplitz-Schönau; Freitod 29. 5. 1885 in Bregenz. Erzähler, Romancier, Lyriker, Dramatiker. Medizinstudium in Prag, kurze Zeit Arzt, Schriftsteller. Eng mit Heinrich Heine befreundet. Teilnehmer an der 48er-Revolution, danach Emigration.

Werke (u. a.): Gedichte (1844); Ziska (1846); Revolutionäre Studien aus Paris (1849); Das Weib des Urias (1851); Am Stein (1853); Reginald Armstrong oder die Welt des Geldes (1853); Der Pfarrer von Grafenried (1855); Der Prätendent von York (1855); Heinrich Heine (1856); Die Sansara (1858); Durch Sardinien (1859); Seltsame Geschichten (1859); Zur Ehre Gottes (1860/62); Charaktermasken (1861); Neuer Adel (1861); Dichtungen (1862); Schwarzgelb (1862–64); Novellen (1865); Babel (1867); Unterwegs (1867); Die Sirene (1868); Sacro Catino (1868); Die Kinder Roms (1870); Die Bildhauer von Worms (1874); Oriola (1874); Historien (1875); Feindliche Pole (1878); Auf und nieder (1880); Die Prinzessin von Portugal (1882); Geschichte meines Lebens (1884).

Im Lederhausgäßchen * 28

Aus: Lemberger und Sohn. Eine Prager Judengeschichte. Berlin 1865 (Otto Janke), S. 3–19.

Gustav Meyrink, (Pseudonym für Gustav Meyer), geb. 19. 1. 1868 in Wien, gest. 4. 12. 1932 in Starnberg. Erzähler, Romancier, Dramatiker, Übersetzer. Gymnasium in München und Hamburg, 1884 Handelsakademie in Prag, 1889–1902 Bankier in Prag, als Opfer chauvinistischer militärischer Kreise verhaftet, später freigesprochen. Okkultist. 1903 Übersiedlung nach Wien, seit 1905 freier Schriftsteller in München und in der Schweiz. 1927 Übertritt zum Buddhismus.

Werke (u. a.): Der heiße Soldat (1903); Orchideen (1904); Wachsfigurenkabinett (1907); Bubi (1912); Der Sanitätsrat (1912); Die Sklavin aus Rhodus (1912); Des deutschen Spießers Wunderhorn (1913); Die Uhr (1914); Der Golem (1915); Der Kardinal Napellus (1915); Fledermäuse (1916); Das grüne Gesicht (1916); Der Löwe Alois (1917); Walpurgisnacht (1917); Der Mann auf der Flasche (1920); Der weiße Dominikaner (1921); Der violette Tod (1922); Die heimtückischen Champignons (1925); Goldmachergeschichten (1925); Meister Leonhard (1925); Der Engel vom westlichen Fenster (1927); An der Grenze des Jenseits (1932); Der Uhrmacher (1937); Das Haus zur letzten Latern (1973); Erzählungen und Essays (1974); Die Verwandlung des Blutes (1976).

Der Golem 96

Aus: Der Golem. Roman. 1. Aufl. Leipzig 1915. Nachdruck des 172.–191. Tausend der Gesamtauflage. Bremen o. J. (1931) (Schünemann), S. 126f., 134–147.

Die Stadt mit dem heimlichen Herzschlag 164

Aus: Das Haus zur letzten Latern. Nachgelassenes und Verstreutes. Herausgegeben von Eduard Frank. München–Wien 1973 (Langen Müller Verlag), S. 157–161.

Hans Natonek, geb. 28. 10. 1892 in Prag, gest. 23. 10. 1963 in Tucson (Arizona). Erzähler, Romancier, Dramatiker. Philosophiestudium in Wien und Berlin. Ab 1917 Journalist in Leipzig; 1935 Rückkehr nach Prag; 1938 Emigration nach Frankreich, 1940 Flucht vor den deutschen Nazi-Truppen in die USA. Sein Sohn Wolfgang wurde 1948 als antistalinistischer Leipziger Student von der sowjetischen Geheimpolizei festgenommen, 8 Jahre Haft.

Werke (u. a.): Heilige? Kranke? Schwindlerin? (1927); Schminke und Alltag (1927); Der Mann, der nie genug hat (1929); Geld regiert die Welt oder die Abenteuer des Gewissens (1930); Kinder einer Stadt (1932); Der Schlehmihl (1936); In Search of Myself (1943); Die Straße des Verrats (1982).

Getto 35

Aus: Das jüdische Prag. Eine Sammelschrift mit Texten von Max Brod, Martin Buber u. a. Prag 1917 (Verlag der »Selbstwehr«). Nachdruck Kronberg/Ts. 1978 (Jüdischer Verlag), S. 36–38.

Leo Perutz, geb. 2. 11. 1884 in Prag, gest. 25. 8. 1957 in Bad Ischl. Erzähler, Romancier, Dramatiker. Mathematikstudium in Prag. 1907 Versicherungsmathematiker in Triest, 1908 in Wien. Offizier im 1. Weltkrieg, schwer verwundet. 1919 in den Wiener Arbeiterrat gewählt. 1938 Emigration nach Palästina, lebte in Tel Aviv.

Werke (u. a.): Die dritte Kugel (1915); Das Mangobaumwunder (1916); Zwischen neun und neun (1918); Der Marques de Bolibar (1920); Das Gasthaus zur Kartätsche (1920); Die Geburt des Antichrist (1921); Der Meister des jüngsten Tages (1923); Turlupin (1924); Das Jahr der Guillotine (1925); Der Kosak und die Nachtigall (1927); Wohin rollst du, Äpfelchen (1928); Flammen auf San Domingo (1929); Herr, erbarme dich meiner (1930); Die Reise nach Preßburg (1930); St. Petri-Schnee (1934); Der schwedische Reiter (1936); Morgen ist Feiertag (1935); Nachts unter der steinernen Brücke (1953); Der Judas des Leonardo (1959).

*Mordechai Meisls Gut** 39

Aus: Nachts unter der steinernen Brücke. Frankfurt am Main 1953 (Frankfurter Verlags-Anstalt), S. 233–238.

Otto Pick, geb. 22. 5. 1887 in Prag, gest. 25. 5. 1940 in London. Erzähler, Dramatiker, Journalist, Übersetzer. Zuerst Bankbeamter. 1920–39 Journalist der »Prager Presse«. 1939 Emigration nach London.

Werke (u. a.): Freundliches Erleben (1912); Die Probe (1913); Tschechische Erzähler (1920); Deutsche Erzähler aus der Tschechoslowakei (1922); Wenn wir uns mitten im Leben meinen (1926); Gruß aus Prag (1927); Das kleine Glück (1928); Villa Badlam (1928); Spielende Kinder (1929); Um das deutsche Theater in Prag (1931); Deutsche Lyrik aus der Tschechoslowakei (1931); Preisungen (1937).

Der Saal der Erfüllung 60

Aus: Die Probe. Novellen, Heidelberg 1913 (Saturn), S. 59–67.
Rechteinhaber nicht ermittelbar.

Paul Reimann, (Pavel Reiman), geb. 12. 10. 1902 in Brünn, gest. 1. 11. 1976 in Prag. Journalist, Parteifunktionär, Geschichts- und Literaturwissenschaftler. Studium in Leipzig. 1921 in die KPD, Rückkehr nach Prag. Mitglied der KP der ČSR, Chefredakteur des »Vorwärts«, 1933–35 nach Moskau delegiert. 1939 Emigration über Polen nach England, Redakteur der »Einheit« in London. 1945 Rückkehr nach Prag, Mitarbeiter des Zentralkomitees. 1952 Belastungszeuge im Slánsky-Prozeß. 1962–68 Direktor des Instituts für die Geschichte der KP in Prag, 1969 Prof. für deutsche Literatur in Prag, 1970 Berufsverbot und Parteiausschluß.

Werke (u. a.): Geschichte der Kommunistischen Partei der Tschechoslowakei (1931); Über realistische Kunstauffassung (1943); Das Großdeutschtum und die Böhmische Kulturtradition (1944); Briefe über deutsche und slavische Literatur (1944); Stimmen aus Böhmen (1944); Hans Kudlich: Verlaßt das alldeutsche Narrenschiff (1944); Probleme und Gestalten der deutschen Literatur 1750–1848 (1956); Von Herder bis Kisch (1961).

Hausmeister Karel Prokupek 319

Aus: Stimmen aus Böhmen. Eine Sammlung. Herausgegeben von Paul Reimann und R(udolph) Popper. London 1944, S. 97f. Rechteinhaber nicht ermittelbar.

Rainer Maria Rilke, geb. 4. 12. 1875 in Prag, gest. 29. 12. 1926 in Val-Mont (bei Montreux). Lyriker, Erzähler, Dramatiker. Studium der Kunst- und Literaturwissenschaft in Prag, München und Berlin. Häufiger Wohnortswechsel innerhalb Europas.

Werke (u. a.): Leben und Lieder (1894); Larenopfer (1896); Traumgekrönt (1897); Im Frühfrost (1897); Ohne Gegenwart (1898); Am Leben hin (1898); Mir zur Feier (1899); Zwei Prager Geschichten (1899); Vom lieben Gott und anderes (1900); Das tägliche Leben (1902); Das Buch der Bilder (1902); Worpswede (1903); Auguste Rodin (1903); Das Stunden-Buch (1905); Die Weise von Liebe und Tod des Cornets Christoph Rilke (1906); Requiem (1909); Die Aufzeichnungen des Malte Laurids Brigge (1910); Die weiße Fürstin (1920); Duineser Elegien (1923); Die Sonette von Orpheus (1923).

König Bohusch 173

Aus: Sämtliche Werke, Band 4, Frankfurt am Main 1961, S. 99f., 107–111, 116–120, 140–145, 149f., 156f.

*Stadt der vielen Feindschaften und Falschheiten** 143

Aus: Sämtliche Werke, Band 5, S. 269–472.

Hugo Steiner-Prag, geb. 12. 12. 1880 in Prag, gest. 10. 9. 1945 in New York. Maler, Graphiker, Illustrator, Buchkünstler, Bühnenbildner. Kunststudium an den Akademien von Prag und München. Seit 1907 Prof. an der Akademie in Leipzig, 1919–32 künstlerischer Leiter des Propyläen-Verlags in Berlin, 1934 Rückkehr nach Prag, Gründung der privaten Kunstschule »Officina Pragensis«. 1938 Emigration nach Schweden, 1940 in die USA. Katalog: Hugo Steiner-Prag. Aquarelle, Zeichnungen, Graphik, Buchkunst. Ausstellung der Künstlergilde in der Galerie der Stadt Eßlingen a. N. (1981).

Besuch um Mitternacht 118

Aus: (Vorwort zu The Tales of E. T. A. Hoffmann. New York 1943, deutsch in:) Hugo Steiner-Prag 12. Dezember 1888 – 10. September 1945. Festgabe anläßlich der Gedächtnisausstellung zum 75. Geburtstag (Biblosschriften, Bd. 10). Wien 1955 (Gesellschaft der Freunde der Österreichischen Nationalbibliothek), S. 37–46.

Friedrich Torberg, (hieß ursprünglich Friedrich Kantor-Berg), geb. 16. 9. 1908 in Wien, gest. 10. 11. 1979 in Wien. Erzähler, Romancier, Lyriker, Essayist. 1923 Übersiedlung nach Prag, tschechoslowakische Staatsbürgerschaft. 1938 Emigration in die Schweiz, 1939 nach Frankreich, Kriegsfreiwilliger, 1940 über Portugal in die USA, Drehbuchautor in Hollywood. 1945 Übersiedlung nach New York. 1951 Rückkehr nach Wien.

Werke (u. a.): Der Schüler Gerber hat absolviert (1930); ... und glauben, es wäre Liebe (1932); Die Mannschaft (1935); Der Abschied (1937); Mein ist die Rache (1942); Hier bin ich, mein Vater (1948); Die zweite Begegnung (1950); Lebenslied (1958); PPP – Pamphlete, Parodien, Post Scripta (1964); Das fünfte Rad am Thespiskarren (1966/67); Golems Wiederkehr (1968); Süßkind von Trimberg (1972); Die Tante Jolesch (1975); Die Erben der Tante Jolesch (1977).

Im Untergrund des stalinistischen Prag * 333

Aus: Die zweite Begegnung. Roman. München–Wien 1963 (Langen Müller Verlag); S. 242–251.

Hermann Ungar, geb. 20. 4. 1893 in Boskovice (Mähren), gest. 28. 10. 1929 in Prag. Erzähler, Romancier, Dramatiker. Sprachstudium in Berlin, Jurastudium in Prag, Dr. jur.; 1919 Dramaturg und Schauspieler in Eger, dann in Berlin. 1928 Rückkehr nach Prag, im Außenministerium tätig. Seine Mutter und sein Bruder mit Familie wurden Opfer der Nazis. Als die Schwester 1946 in Tel Aviv davon erfuhr, nahm sie sich das Leben.

Werke (u. a.): Knaben und Mörder (1920); Die Verstümmelten (1923); Die Ermordung des Hauptmanns Hanika (1925); Die Klasse (1927); Die Gartenlaube (1930); Colberts Reise (1930); Der Kalif (1986); Das Gesamtwerk (1989).

Die Verstümmelten 269

Aus: Die Verstümmelten. BS 952, mit einem Nachwort von Dieter Sudhoff, S. 188–194.

Johannes Urzidil, geb. 3. 2. 1896 in Prag, gest. 2. 11. 1970 in Rom. Erzähler, Romancier, Lyriker, Journalist, Essayist. Studium der Germanistik, Slawistik und Kunstgeschichte in Prag. 1921–32 im Pressebeirat der deutschen Gesandtschaft in Prag. 1939 Emigration über Italien nach England, 1941 in die USA, ernährte sich als Hersteller von Ledertaschen.

Werke (u. a.): Sturz der Verdammten (1919); Die Stimme (1930); Goethe in Böhmen (1932); Wenceslaus Holler (1936); Zeitgenössische Maler der Tschechen (1937); Führer durch die tschechoslowakische Republik (1939); Der Trauermantel (1945); Die verlorene Geliebte (1956); Die Memnonsäule (1957); Neujahrsrummel (1957); Denkwürdigkeiten von Gibacht (1958); Das große Halleluja (1959); Prager Triptychon (1960); Das Elefantenblatt (1962); Entführung (1964); Da geht Kafka (1965); Literatur als schöpferische Verantwortung (1965); Prag als geistiger Ausgangspunkt (1965); Die erbeuteten Frauen (1966); Bist du es, Ronald? (1968); Väterliches aus Prag und Handwerkliches aus New York (1969); The living Contribution of Jewish Prague to modern German Literature (1968); Die letzte Tombola (1971); Morgen fahr' ich heim (1971); Bekenntnisse eines Pedanten (1972).

Neujahrsrummel 146

Aus: Die verlorene Geliebte. Erzählungen. München–Wien 1956 (Langen Müller Verlag), S. 97–106, 111–114.

Ernst Weiß, geb. 28. 8. 1882 in Brünn, Freitod vor den deutschen Nazi-Truppen 15. 6. 1940 in Paris. Erzähler, Romancier, Dramatiker. Medizinstudium in Prag und Wien, Dr. med.; Chirurg bis 1920, dann Schriftsteller in Berlin. 1933 Rückkehr nach Prag. Emigration nach Paris.
Werke (u. a.): Die Galeere (1913); Der Kampf (1916); Tiere in Ketten (1918); Mensch gegen Mensch (1919); Das Versöhnungsfest (1920); Tanja (1920); Stern der Dämonen (1920); Nahar (1922); Olympia (1923); Atna (1923); Hodin (1923); Die Feuerprobe (1923); Daniel (1924); Der Fall Vukobrankovics (1924); Männer in der Nacht (1925); Boëtius von Orlamünde (1928); Dämonenzug (1928); Das Unverlierbare (1928); Georg Letham, Arzt und Mörder (1931); Der Gefängnisarzt oder Die Vaterlosen (1934); Der arme Verschwender (1936); Der Verführer (1938); Der Augenzeuge (1963); Gesammelte Werke (1982).
*Prag im anarchistischen Geist** (1933) 167
Aus: Die Kunst des Erzählens. Bd. 16 »Prag«, Frankfurt am Main 1982, S. 124–126.
Der Kampf 186
Aus: Der Kampf. Roman. Berlin 1916 (S. Fischer), S. 174–186, 239–243.

Franz Werfel, geb. 10. 9. 1880 in Prag, gest. 26. 8. 1945 in Beverly Hills (Kalifornien). Erzähler, Romancier, Lyriker, Dramatiker. Studium in Prag, Leipzig und Hamburg. 1912–14 in Leipzig Lektor des Kurt-Wolff-Verlags, lebte nach dem Krieg in Wien. 1938 Emigration nach Frankreich, 1940 über Portugal in die USA.
Werke (u. a.): Der Besuch aus dem Elysium (1911); Der Weltfreund (1912); Die Versuchung (1912); Wir sind (1913); Die Troerinnen (1914); Einander (1915); Gesänge aus den drei Reichen (1917); Gerichtstag (1918); Spiegelmensch (1920); Nicht der Mörder, der Ermordete ist schuldig (1920); Beschwörungen (1923); Ro-

man der Oper (1924); Paulus unter den Juden (1926); Der Tod des Kleinbürgers (1927); Geheimnis eines Menschen (1927); Der Abituriententag (1928); Barbara oder die Frömmigkeit (1929); Das Reich Gottes in Böhmen (1930); Die Geschwister von Neapel (1931); Kleine Verhältnisse (1931); Weg der Verheißung (1936); Jeremias (1937); Der veruntreute Himmel (1939); Die vierzig Tage des Musa Dagh (1939); Das Lied von Bernadette (1941); Jakobowsky und der Oberst (1943); Stern der Ungeborenen (1946).

Im bläulichen Gespensterreich * 108

Aus: Der veruntreute Himmel (VII Ein Vater der Lüge).

Oskar Wiener, geb. 4.3.1873 in Prag, gest. 20.4.1944 im KZ Theresienstadt. Lyriker, Erzähler. Zuerst kurz Beamter, dann Schriftsteller in Prag.

Werke (u. a.): Gedichte (1899); Balladen und Schwänke (1903); Das hat die Liebe getan (1905); Der lustige Kindergarten (1907); Verstiegene Novellen (1907); Kinderland (1910); So endete das schöne Fest (1910); Arien und Bänkel aus Alt-Wien (1914); Anno 15 (1915); Mit Detlev von Liliencron durch Prag (1918); Böhmische Sagen (1919); Das Haupt der Medusa (1919); Deutsche Dichter aus Prag (1919); Im Prager Dunstkreis (1919); Das lustige Buch (1922); Alt-Prager Guckkasten (1922); Rätsel der Deutschen (1924); Für kleine Leute (1925); Hand in Hand (1926).

Stadt der Sonderlinge * 52

Aus: Das Haupt der Medusa. Wien–Prag–Leipzig 1919 (Ed. Strache), S. 135–141.

Vom stillen Jüdel. Eine Sage aus der Prager Judenstadt 227

Aus: Böhmische Sagen. Warnsdorf i. B. und Wien 1919 (Ed. Strache), S. 143–146. Rechteinhaber nicht ermittelbar.

Ludwig Winder, geb. 7.2.1889 in Schaffa (Mähren), gest. 16.6.1946 in Baldock (England). Erzähler, Romancier, Lyriker, Dramatiker. Besuch der deutschen Handelsakademie in Ölmütz. 1907 Journalist in Wien, 1909 in Bielitz (Schlesien), 1911 in Teplitz-

Schönau, 1912 in Pilsen. 1914–39 Redakteur der »Deutschen Zeitung Bohemia« in Prag. 1939 Emigration über Polen nach England.

Werke (u. a.): Gedichte (1906); Das Tal der Tänze (1910); Die rasende Rotationsmaschine (1917); Kasai (1920); Die jüdische Orgel (1922); Hugo (1924); Dr. Guillotin (1924); Die nachgeholten Freuden (1927); Die Reitpeitsche (1928); Dr. Muff (1931); Steffi oder Familie Dörre überwindet die Krise (1935); Der Thronfolger (1938); Die Pflicht (1949).

Sabotage * 295

Aus: Die Pflicht. Roman. Zürich 1949 (Steinberg), S. 5–7, 9–12, 57–59, 121–124, 129f., 136–140.

Wir danken den genannten Verlagen und Rechteinhabern für die freundliche Genehmigung zum Abdruck. Einige konnten leider trotz größter Bemühungen nicht ermittelt werden.

Mit einem *Sternchen bezeichnete Überschriften wurden vom Herausgeber für diesen Band gewählt.

Verzeichnis der Abbildungen

aus dem Hause des Lebens. Mit Steinzeichnungen von Hugo Steiner-Prag. Weimar 1925 (Gesellschaft der Bibliophilen).

Seite 219 Aus: Auguste Hauschner, Der Tod des Löwen. Mit Radierungen von Hugo Steiner-Prag. Leipzig–Prag 1922 (K. Andrésche Buchhandlung).

Seite 237 s. o.

Seite 241 s. o.

Seite 289 Aus: Friedrich Hebbel, Maria Magdalena. Ein bürgerliches Trauerspiel in drei Akten. Mit Radierungen von Hugo Steiner-Prag. Berlin 1923 (Propyläen).

Seite 315 Aus: Emil Vlachek, Die Hühnersteige. Roman. Aus dem Tschechischen von Anna Aurednicek. Mit Illustrationen von Hugo Steiner-Prag. Zürich–Wien–Prag 1935 (Büchergilde Gutenberg).

Seite 335 s. o.

Seite 343 Aus: Hugo Steiner-Prag, Der Golem. Prager Phantasien. Lithographien zu Gustav Meyrinks Roman *Der Golem*. (25 Tafeln). Leipzig 1916.

Wir danken dem Deutschen Literaturarchiv Marbach für die freundliche Zurverfügungstellung der Abbildungen aus Gustav Meyrinks Roman *Der Golem*.

SERIE PIPER

Lesebücher der Weltliteratur

Adieu, Tristesse
Französisches Lesebuch.
Herausgegeben von
Claudia Wenner.
SP 1090.

»Am Tag, als E.M. Forster starb« und andere Erzählungen
Englisches Lesebuch. Herausgegeben von Ingrid Nowel.
SP 1218.

Blütenmond
Japanisches Lesebuch
1650-1900. Herausgegeben
von Ekkehard May und
Martina Schönbein.
Mit 15 sw-Illustrationen.
SP 1192.

Ich ging durch Meer und Steine
Israelisches Lesebuch.
Herausgegeben von
Ita Kaufmann.
SP 1041

Lächelnd über seine Bestatter: Österreich
Österreichisches Lesebuch.
Von 1900 bis heute. Herausgegeben von Ulrich Weinzierl
SP 1040.

Das Leben ist schön und traurig
Russisches Lesebuch.
Herausgegeben von
Heddy Pross-Weerth.
SP 1025.